此页为自学考试教材

专用防伪页

（销售单位盖章处）

本书如有质量问题由本单位负责调换

此防伪页系专门制造

☆ 此防伪页内有黑白水印，透光看水印清晰，水印凹凸感明显

☆ 此防伪页上有开天窗金属线，金属线上印有“自学考试”字样

☆ 此防伪页上徽标 用防伪油墨印刷，该徽标在验钞机紫外光照射下显示鲜艳红色荧光

发现盗版　欢迎举报

☆ 向全国高等教育自学考试指导委员会办公室举报

举报电话及传真：010—62705005

举报网址：www.neea.edu.cn—打击盗版

短信举报：13911597580

☆ 向全国“扫黄打非”工作领导小组办公室举报

举报热线：010—65212870

☆ 向所在地打击盗版执法部门举报

举报热线：12318

全国高等教育自学考试指定教材
采购与供应管理专业(专科)

采购谈判与供应商选择

(附:采购谈判与供应商选择自学考试大纲)
(2008 年版)

全国高等教育自学考试指导委员会　组编
葛建华　编著

机 械 工 业 出 版 社

本书是高等教育自学考试采购与供应管理专业（专科）的指定教材，主要内容包括采购谈判概述、谈判信息准备、谈判人员准备、采购成本与相关知识、谈判方案、正式谈判、驾驭谈判、跨文化谈判、运用谈判策略、价格谈判策略、谈判礼仪、电话谈判、有效沟通、供应商管理、精彩案例。全书内容翔实，阐述清楚，便于自学。

图书在版编目（CIP）数据

采购谈判与供应商选择/葛建华编著．—北京：机械工业出版社，2008.9

全国高等教育自学考试指定教材　采购与供应管理专业（专科）

ISBN 978-7-111-24888-0

Ⅰ．采…　Ⅱ．葛…　Ⅲ．①采购—物资管理—贸易谈判—高等教育—自学考试—自学参考资料②物资供应—物资管理—高等教育—自学考试—自学参考资料　Ⅳ．F25 F715.4

中国版本图书馆 CIP 数据核字（2008）第 124809 号

机械工业出版社（北京市百万庄大街 22 号　邮政编码 100037）
责任编辑：曹雅君　隋兰兰　责任校对：侯　灵
北京瑞德印刷有限公司印刷
2008 年 9 月第 1 版
2011 年 12 月第 3 次印刷
184mm×260mm・21.375 印张・527 千字
标准书号：ISBN 978-7-111-24888-0
定价：32.00 元

本书如有质量问题，请与教材供应部门联系。

组编前言

这是一个变幻难测的世纪，这是一个催人奋进的时代。科学技术飞速发展，知识更替日新月异。希望、困惑、机遇、挑战，随时随地都有可能出现在每一个社会成员的生活之中。抓住机遇，寻求发展，迎接挑战，适应变化的制胜法宝就是学习——依靠自己学习、终生学习。

作为我国高等教育组成部分的自学考试，其职责就是在高等教育这个水平上倡导自学、鼓励自学、帮助自学、推动自学，为每一个自学者铺就成才之路。组织编写供读者学习的教材就是履行这个职责的重要环节。毫无疑问，这种教材应当适合自学，应当有利于学习者掌握、了解新知识、新信息，有利于学习者增强创新意识、培养实践能力、形成自学能力，也有利于学习者学以致用、解决实际工作中所遇到的问题。具有如此特点的书，我们虽然沿用了“教材”这个概念，但它与那种仅供教师讲、学生听、教师不讲、学生不懂，以“教”为中心的教科书相比，已经在内容安排、形式体例、行文风格等方面都大不相同了。希望读者对此有所了解，以便从一开始就树立起依靠自己学习的坚定信念，不断探索适合自己的学习方法，充分利用已有的知识基础和实际工作经验，最大限度地发挥自己的潜能达到学习的目标。

欢迎读者提出意见和建议。

祝每一位读者自学成功。

全国高等教育自学考试指导委员会

2008 年 7 月

编 者 的 话

谈判是人类固有的行为，不论是解决商业问题还是解决事件争端，谈判都可以帮助我们达到目的。从谈判的内容上看，采购谈判属于商务谈判，是组织中重要而又普遍的商业行为。在社会主义市场经济条件下，任何组织想从外部获得商品和服务来满足内部或外部客户的需要，都需要通过谈判与供应商之间就交易形式及利益分配达成某种协议。采购谈判过程中，包含很多复杂问题的处理，例如，如何有效进行谈判、有效处理问题，如何有效提高采购方和供应商的盈利性等，这些内容也是本教材的中心。

本教材的章节设置基本上是循着采购谈判的实际推进步骤展开的，并充分考虑了与CIPS认证指定教材在内容上的相互照应。第1章是全书的理论基础，虽然篇幅不多，但对理解谈判却至关重要。其后的内容实际上可以分为两大模块：第1~5章是有关采购谈判的基础知识和进行采购谈判所必需的各种准备，包括信息准备、人员准备和相关知识准备等。第6~15章是面对面进行采购谈判展开过程中所涉及的知识、策略、技巧和相关知识，包括谈判各个阶段的特点、驾驭采购谈判的技巧、必备礼仪和心理知识等。为了使学生能够了解采购谈判的多种形式，书中还特意在第13章中就电话谈判、电子谈判和函电谈判等的基础知识进行了介绍。在很多组织，无论在采购谈判前的准备阶段，还是在采购谈判达成后的执行阶段，如何管理供应商都是采购谈判者的重要工作内容之一。为此，本书特意在第14章中，对采购谈判所涉及的供应商管理方面的知识有选择性地进行了集中阐述，以方便学生学习，提高有关采购谈判与供应商选择知识的系统性。在第15章中，编者精选了16个案例，从不同侧面为学生提供学习参考，期望帮助学生深刻理解这门应用性很强的课程。

为了帮助学生自学和方便教师指导，加深对课程内容的理解，教材中以小贴士、趣味小思考和实用范例等形式，或是介绍相关知识、或是介绍人们的工作经验、或是引导学生围绕课程内容思考、或是介绍企业的实际做法等，以强化课程内容的知识性和实践性，值得学生认真阅读。其目的是开阔学生视野，加强主动思考，增进对采购谈判实践的了解。在每章最后，编者以“本章问题分析提示”的形式，对每一章中的提问，作出简要分析，为教与学提供参考。同时，每章末还给出了本章的学习路径，对课程内容的学习起着提纲挈领的作用。

自学考试教材的一个重要特点是要求淡化教材编者个人的观点，体现在既定的社会环境下，人们公认的或通常得到共识的观点而非编者个人的学术创新。所以，在该教材的编写过程中，编者参考了有关谈判与采购专业书籍中一些成熟的、已达成共识的观点和内容以及一些从业者的心得体会，相关的作者及书名大都已在最后的参考文献中列出。在此，特向各位作者表示诚挚的感谢！有些资料由于没有详细的作者信息，故未一一列出。在此，也向那些不具名的作者表示诚挚的谢意！同时，也向为本书的出版付出辛勤劳动的全国自学考试委员会经济管理类专业委员会秘书长李金轩教授和自考委员会的相关处室同志表示感谢！

编　者

2008 年 7 月

目　录

全国高等教育自学考试采购与供应管理专业

采购谈判与供应商选择

自学考试大纲

全国高等教育自学考试指导委员会　制定

大 纲 前 言

为了适应社会主义现代化建设事业的需要，鼓励自学成才，我国在20世纪80代初建立了高等教育自学考试制度。高等教育自学考试是个人自学、社会助学和国家考试相结合的一种高等教育形式。应考者通过规定的专业课程考试并经思想品德鉴定达到毕业要求的，可获得毕业证书；国家承认学历并按照规定享有与普通高等学校毕业生同等的有关待遇。经过近30年的发展，高等教育自学考试已为国家和社会培养造就了大批专业人才。

课程自学考试大纲是国家规范自学者的学习范围，学习要求和考试标准的文件。它是按照专业考试计划的要求，具体指导个人自学、社会助学、国家考试、编写教材及自学辅导书的依据。

为更新教育观念，深化教学内容方式、考试制度和质量评价制度改革，更好地提高自学考试人才培养的质量，全国高等教育自学考试委员会各专业委员会按照专业考试计划的要求，组织编写了课程自学考试大纲。

在层次上，新编写的大纲是专科参照一般普通高校专科或高职院校的水平，本科参照一般普通高校本科水平；在内容上，新编写的大纲则力图反映学科的发展变化以及自然科学和社会科学近年来研究的成果。

全国高等教育自学考试指导委员会经济管理类专业委员会参照普通高等学校采购谈判与供应商选择课程的教学基本要求，结合自学考试中采购与供应专业的实际情况，组织编写的《采购谈判与供应商选择自学考试大纲》，经教育部批准，现颁发施行。各地教育部门、考试机构应认真贯彻执行。

全国高等教育自学考试指导委员会

2008年4月

目　　录

I　课程性质与设置目的

采购谈判与供应商选择课程是全国高等教育自学考试采购与供应管理专业（专科）的必考课，是为培养和检验自学应考者对采购谈判知识和实际应用能力而设置的一门专业课程。

采购谈判和供应商选择课程是适应我国社会主义市场经济的要求，为建立组织与供应商之间的交易关系，保证组织正常的经营活动能够有效进行而建立的一门应用性学科。谈判是现实社会中重要而又普遍的商业行为，组织欲从外部供应者获得商品或服务来满足内部和外部客户的需要，都需要通过谈判与供应商之间就交易形式及利益分配达成某种协议。采购谈判过程中，包含很多复杂问题的处理，例如：如何有效进行谈判、有效处理问题，如何有效提高采购和供应商的盈利性等。因此，对于采购与供应管理专业的学生来说，应该具备在计划、管理和执行采购谈判过程中所运用的知识、技巧和能力。

本课程以我国社会主义市场经济条件下组织的采购谈判活动为主要研究领域，以采购谈判活动所涉及的基本理论、谈判行为及其策略、技巧为基本研究对象。开设本课程的目的在于通过对本课程的学习，使自学应考者正确认识社会主义市场经济条件下采购谈判的地位和作用，比较全面地了解采购谈判的理论与方法；初步掌握和学会应用谈判的各种理论知识、策略和技巧，培养其掌握和应用谈判的各种理论与技术，以及培养其准备、计划和执行谈判的能力，以便能够较好地适应相关工作的需要。

该课程是伴随我国社会主义市场经济的兴起与完善而产生和发展的新兴学科。在本课程的学习中，如果学生具备经济学、管理学、财务管理、心理学和管理沟通等方面的基本知识，则有助于更好地学习和掌握本课程的知识。

本课程的章节设置基本上是循着采购谈判的实际推进步骤展开的，第一章是全书的理论基础，虽然篇幅不多，但对理解谈判却至关重要。其后的课程内容实际上可以分为两大模块：第 1 ~ 5 章是有关采购谈判的基础知识和进行谈判所必需的各种准备，包括信息准备、人员准备和相关知识准备等，重点是采购谈判信息准备、谈判人员准备和谈判方案制定。第 6 ~ 15 章是面对面进行采购谈判过程中所涉及的知识、策略、技巧和相关知识，包括采购谈判各个阶段的特点、驾驭谈判的技巧、必备礼仪和心理知识等。其中的重点是正式谈判、驾驭谈判和谈判策略，其他知识则需要在谈判中灵活运用。为了使学生能够了解谈判的多种形式，课程中还特意在第 13 章中就电话谈判、电子谈判和函电谈判等的基础知识进行了介绍。在很多组织，无论在采购谈判前的准备阶段，还是在采购谈判达成后的执行阶段，如何选择和管理供应商，都是采购谈判者的重要工作内容之一。因此，本教材在第 14 章供应商管理中对课程体系所涉及的供应商管理方面的知识进行了有选择性的集中阐述，以方便学生学习，提高知识的系统性。第 15 章的精彩案例中，编者精选了 16 个案例，从不同侧面为学生提供了学习参考，期望帮助学生深刻理解这门应用性极强的课程。

学习和掌握本课程内容，应注意系统性，将课程的框架内容、各部分内容的关联关系以及各部分内容特点结合起来学习，不应片面理解重点和难点内容，这样才能够达到事半功倍的效果。

Ⅱ　课程内容与考核目标

第1章　采购谈判概述

一、学习目的与要求

通过本章的学习，要求学生掌握谈判的概念、特征和分类；掌握采购谈判的概念、要素和基本原则；了解采购谈判的几个阶段。

二、课程内容

1.1　谈　　判

（一）谈判的概念

谈判的概念、谈判的特征、谈判的分类。谈判有广义谈判和狭义谈判之分。

（二）谈判的特征

谈判的特征包括5个方面：互有需求，人们才可能进行谈判；谈判必须有此有彼，至少是两方或两方以上的活动；谈判是一个传递信息、相互协调的过程；谈判可以帮助人们建立或改善社会关系；谈判需要选择恰当的谈判时间、地点。

（三）谈判的分类

不同的划分标准有不同的分类：按人数划分；按谈判的地域划分；按谈判的内容划分。

1.2　采 购 谈 判

（一）采购谈判的概念

采购谈判的概念从3个方面理解：采购谈判是商务行为；采购谈判是一个过程；谈判各方都有明确的经济目的。

（二）采购谈判的基本要素

采购谈判包括谈判主体、谈判客体、谈判议题和谈判目标等4个基本要素。

（三）采购谈判的基本原则

采购谈判有5项基本原则：以获得经济利益为目的；以价值谈判为核心；平等互利、真诚合作；实事求是、友好协商；要求严密性和准确性。

（四）采购谈判流程

采购谈判流程按内容和特点分为4个阶段：准备阶段；开局阶段；磋商阶段；终局阶段。

三、考核知识点

（一）谈判

（二）采购谈判

四、考核要求

（一）谈判

1. 识记：谈判的概念。

2. 简单应用：谈判的分类。

3. 领会：谈判的特征。

（二）采购谈判

1. 识记：（1）采购谈判的概念。
   （2）采购谈判的 4 个要素。

2. 领会：（1）采购谈判的 5 项原则。
   （2）采购谈判流程。

第 2 章　采购谈判信息准备

一、学习目的与要求

通过本章的学习，学生应该了解采购谈判信息的准备过程；掌握采购谈判信息的主要内容；了解信息收集的途径；掌握信息分析的基本方法。

二、课程内容

2.1　信息的定义和分类

（一）信息的定义

信息是人类生存和发展须臾不能离开的东西，具有客观性、价值性、可识别性、可分享或共享性、可传递性、可存储性和时间性 7 大特征。

（二）信息的分类

不同的划分依据可以将信息划分为不同的类别。

（三）采购谈判信息的特点

多边性；零散性；实用性。

2.2　信息收集的内容

（一）市场信息

这类信息主要包括：商品信息、价格信息、行业信息和法律法规信息等。

（二）对手信息

采购谈判对手信息包括 4 个方面：对方组织；谈判需求；谈判人员构成；谈判的心理动机。

（三）己方信息

己方信息包括 4 个方面：所采购商品的信息；谈判小组成员；相互配合能力；采购谈判方案。

2.3 信 息 收 集

（一）信息收集的原则

准确性原则；全面性原则；时效性原则；适用性原则；经济性原则。

（二）信息收集的方法

社会调查；建立信息网络；案头调查。

2.4 信 息 分 析

（一）信息分析的定义

信息分析的定义从3个方面理解：以需求为依托；运用一定方法和加工手段；产生新的信息产品。

（二）信息分析的基本步骤

信息筛选；信息审核；信息加工；形成文字资料；建立知识库。

三、考核知识点

（一）信息的定义及分类

（二）信息收集内容

（三）信息收集

（四）信息分析

四、考核要求

（一）信息的定义和分类

1. 识记：信息的定义。

2. 简单应用：（1）信息的分类。

（2）采购谈判信息的特点。

（二）信息收集内容

1. 识记：（1）商品信息。

（2）价格信息。

（3）法律法规和其他信息。

2. 领会：己方信息。

3. 简单应用：（1）对方组织情况信息。

（2）对方谈判人员组成。

（3）对方需求。

（4）对方谈判的心理动机。

（三）信息收集

1. 识记：信息收集的5个原则。

2. 简单应用：（1）社会调查。

（2）案头调查。

（四）信息分析

1. 识记：信息分析的定义。

2. 领会：信息分析的基本步骤。

3. 简单应用：如何对信息进行加工。

第3章　采购谈判人员准备

一、学习目的与要求

通过本章的学习，学生应该了解对采购谈判人员的素质要求；掌握小组谈判的优缺点；掌握采购谈判分工的基本原则；了解采购谈判人员的培训内容和方法。

二、课程内容

3.1　谈判人员的选用

（一）职业素质

职业道德的涵义；职业道德的表现形式。

（二）业务素质

产品知识；商务知识；其他辅助知识。

（三）心理素质

信心；耐心；诚意。

（四）能力素养

认知分析能力；运筹计划能力；决断能力；应变能力；语言表达能力。

3.2　组建谈判队伍

（一）不同谈判队伍的比较

一对一谈判；小组谈判；不同谈判队伍的优缺点比较。

（二）确定谈判人员

按照在谈判小组的分工，可分为：谈判小组领导；主要成员；技术人员；财务人员；法律人员；语言翻译人员；后备人员。

（三）不同心理动机的谈判者思维

经济型；冒险型；疑虑型；速度型；创造型。

3.3　谈判小组的分工与合作

（一）谈判小组的合作

确定主谈、辅谈；相互配合。

（二）谈判小组的分工

不同条款的洽谈分工：技术条款；商务条款；法律条款。

3.4　谈判小组人员培训

（一）培训的主要课程

供应商管理；采购知识；政策法律；谈判知识。

（二）培训方法

讲授法；案例讨论。

三、考核知识点

（一）谈判人员的选用

（二）组建谈判队伍

（三）谈判小组的分工与合作

（四）谈判小组人员培训

四、考核要求

（一）谈判人员的选用

1. 识记：（1）职业素质。

（2）业务素质。

2. 领会：（1）心理素质。

（2）能力素养。

（二）组建谈判队伍

1. 识记：不同谈判队伍优缺点比较。

2. 领会：不同心理动机的谈判者行为。

3. 简单应用：确定谈判人员。

（三）谈判人员的分工与合作

领会：（1）谈判人员的分工。

（2）谈判人员的合作。

（四）谈判小组人员培训

识记：（1）培训课程。

（2）培训方法。

第4章　采购成本与相关知识

一、学习目的与要求

通过本章的学习，学生能够了解与采购成本有关的主要知识：了解采购计划的主要内容，了解价值链的概念和组成环节，熟悉准时采购的基本思想，了解相关财务知识，了解相关的经济学知识，了解降低采购成本的策略和方法。

二、课程内容

4.1　采购计划

（一）采购认证计划

采购计划的概念；准备认证计划；评估认证需求；制订认证计划。

（二）采购订单计划

准备订单计划；评估订单需求；计算订单容量；制订订单计划。

4.2　采购成本与价值链

（一）采购成本

重点理解采购成本所包含的项目。

（二）价值链

价值链的概念；价值链的意义。

（三）准时采购与采购成本

准时采购的基本思想；准时化采购的特点。

4.3 有效利用财务工具

（一）几个成本术语

固定成本；可变成本；总成本。

（二）盈亏平衡分析

盈亏平衡点；线性盈亏平衡分析；线性量-本-利分析图。

（三）成本分析

直接成本；间接成本；成本分摊。

（四）与采购相关的其他财务术语

利润目标；市场占有率；资本支出；相关成本；毛利率。

（五）采购人员应该了解的支付手段

常见的支付结算手段：银行汇票；银行本票；支票；汇兑；委托收款；信用证。

4.4 运用经济学知识

（一）价格与需求

需求弹性；弹性系数。

（二）采购量与规模经济

规模经济；经验曲线。

（三）市场与垄断

垄断；寡头垄断。

4.5 如何降低采购成本

（一）降低采购成本的原则

（二）影响采购成本的其他因素

所采购产品或服务的类型；年需求量与年采购总额；与供应商之间的关系；产品所处的生命周期阶段。

（三）降低采购成本的方法

选择合适的供应商；学会核价；确定合适的采购批量；建立供应商评估制度等。

（四）采购管理

加强采购流程控制；完善采购基础管理；相互制约、有效监控；规范采购合同；与供应商建立稳定的合作关系。

4.6 供应商的价格策略

（一）定价目标

销售数量最大化目标；收益率最大化目标；竞争均势。

（二）定价方法

成本导向定价法；需求导向定价法；竞争导向定价法。

（三）定价策略

新产品定价策略；折扣与折让策略；地区性定价策略；产品组合定价策略。

（四）价格调整分析

供应商主动调整价格的原因；竞争者对供应商价格调整的反应；采购者对竞争者价格变动的反应。

三、考核知识点

（一）采购计划

（二）采购成本与价值链

（三）有效利用财务知识

（四）运用经济学知识

（五）如何降低采购成本

（六）供应商的价格策略

四、考核要求

（一）采购计划

1. 识记：采购计划。

2. 领会：（1）采购认证计划。

（2）采购订单计划。

（二）采购成本与价值链

1. 识记：（1）采购成本。

（2）价值链的概念。

（3）准时采购。

2. 领会：（1）价值链的意义。

（2）准时化采购的特点。

（三）有效利用财务工具

1. 识记：（1）固定成本。

（2）可变成本。

（3）直接成本。

（4）间接成本。

2. 领会：（1）总成本。

（2）盈亏平衡点。

（3）市场占有率。

（4）常见的支付手段。

3. 综合应用：成本分摊。

（四）运用经济学知识

识记：（1）弹性系数。

（2）需求弹性。

（3）规模经济。

(4) 寡头垄断。

(五) 如何降低采购成本

领会：(1) 降低采购成本的原则。

(2) 降低采购成本的策略。

(3) 影响采购成本的其他因素。

(3) 采购管理。

(六) 供应商的价格策略

1. 识记：(1) 销售数量最大化目标。

(2) 收益率最大化目标。

(3) 竞争均势。

2. 领会：(1) 成本导向定价法。

(2) 需求导向定价法。

(3) 竞争导向定价法。

(4) 折扣与让价策略。

(5) 地区性定价策略。

(6) 供应商调价的主要原因。

第5章　采购谈判方案

一、学习目的与要求

通过本章的学习，学生学会使用波特的五力模型和SWOT分析法分析谈判地位；了解谈判方案的制定过程；学会谈判主题和谈判目标的设定；学会应用供应商感受矩阵；学会确定谈判议题；学会根据谈判过程制定谈判策略。

二、课程内容

5.1　运用五力模型

(一) 五力模型的基本内容

新的竞争对手入侵；替代品的威胁；买方议价能力；卖方议价能力；现存竞争者之间的竞争。

(二) 五力模型应用

决定供应商地位的因素；决定购买者讨价还价能力的因素；替代品对供应商的威胁；市场新的进入者将对企业构成威胁；现有竞争对手的影响。

五力模型对采购者的帮助。

5.2　SWOT分析法

(一) SWOT分析法简介

SWOT可以分为两部分：第一部分为SW，主要用来分析内部条件；第二部分为OT，主要用来分析外部条件。

(二) SWOT分析法应用

分析环境因素；构造 SWOT 矩阵。

5.3 供应商感受矩阵

（一）充分了解供应商

充分了解供应商益处；获得供应商信息的主要途径。

（二）运用供应商矩阵

采购者在供应商心目中的地位：干扰、榨取、开发、核心。

5.4 谈 判 方 案

（一）谈判主题和目标

谈判主题；谈判目标。

（二）谈判议程

确定谈判议题；制定通则议程；制定细则议程；制定议程的原则。

（三）确定谈判的交易条件

价格；支付方式；交货期限及罚金；保证期。

5.5 制定谈判策略

（一）确定谈判模式

双赢式谈判模式；竞争式谈判模式。

（二）制定谈判策略

避免争论；抛砖引玉；留有余地；避实就虚；保持沉默；忍气吞声；情感沟通；先苦后甜；最后期限。

（三）制定谈判策略所需要的信息

支持己方论点的信息；分析供应商。

（四）制定谈判策略的程序

分析现象；找出关键问题；确定目标；形成假设性解决方案；拟定谈判方案；考虑影响谈判策略的因素；谈判评估。

三、考核知识点

（一）运用五力模型

（二）SWOT 分析法

（三）供应商感受分析

（四）制定谈判方案

（五）制定谈判策略

四、考核要求

（一）运用五力模型

1. 识记：五力模型的基本内容。

2. 简单应用：五力模型应用。

（二）SWOT 分析

1. 识记：SWOT 分析法的内容。

2. 简单应用：SWOT 分析法应用。

（三）供应商感受分析

1. 识记：供应商感受矩阵的内容。

2. 简单应用：（1）充分了解供应商。

（2）运用供应商感受矩阵。

（四）制定谈判方案

1. 识记：（1）谈判主题。

（2）确定谈判议程。

2. 领会：制定议程的原则。

3. 简单应用：（1）谈判目标。

（2）制定通则议程。

（3）制定细则议程。

（4）确定谈判的交易条件。

4. 综合应用：制定采购谈判方案。

（五）制定谈判策略

1. 识记：（1）双赢式谈判模式。

（2）竞争式谈判模式。

2. 领会：（1）制定谈判策略所需要的信息。

（2）谈判评估。

3. 综合应用：（1）主要谈判策略。

（2）制定谈判策略的程序。

第6章　正式谈判

一、学习目的与要求

通过本章的学习，学生了解谈判正式谈判的全过程；掌握开局阶段的基本原则及技巧；掌握磋商阶段的中心任务、基本技巧；掌握协议达成阶段的主要任务。

二、课程内容

6.1　开局阶段

（一）创造良好的谈判气氛

创造良好谈判气氛的重要性；开局应遵循的基本原则。

（二）了解对方虚实

6.2　磋商阶段

（一）合理地报价

先报价的利弊；报价时应遵循的原则。

（二）如何还价

还价的策略；及时评估和调整谈判方案。

（三）谈判磋商准则

保持良好气氛；遵循逻辑次序；掌握谈判节奏；尽力沟通说服。

6.3 终局阶段

（一）假性败局

假性败局的分类；化解假性败局。

（二）真性败局

真性败局意味着谈判破裂。

（三）和局

审查和签署协议；谈判总结。

三、考核知识点

（一）开局阶段

（二）磋商阶段

（三）终局阶段

四、考核要求

（一）开局阶段

1. 领会：创造良好谈判气氛的重要性。

2. 简单应用：（1）谈判开局应遵循的基本原则。

（2）了解对方虚实。

（二）磋商阶段

1. 领会：（1）先报价的利弊。

（2）及时评估和调整谈判方案。

2. 简单应用：（1）报价应遵循的原则。

（2）还价的策略。

（3）谈判磋商准则。

（三）终局阶段

1. 领会：（1）假性败局的分类。

（2）真性败局。

（3）和局。

2. 简单应用：（1）化解假性败局。

（2）谈判总结。

3. 综合应用：审查和签署协议。

第7章　驾驭采购谈判

一、学习目的与要求

通过本章的学习，学生应该掌握驾驭采购谈判各个阶段的技巧；了解谈判心理对谈判过程的影响；尝试正确运用谈判的心理技巧。

二、课程内容

7.1 准备阶段的驾驭

（一）保证信息畅通

（二）保留文字资料

7.2 正确驾驭谈判过程

（一）首场开场驾驭

做好首场“三件事”；礼貌友好；安排紧凑。

（二）续场开场的驾驭

正常情况下的续场；紧张情况下的续场。

（三）成功地展开谈判

明确达到目标需要解决多少问题；抓住分歧的实质；不断进行小结并提出任务；掌握谈判的节奏。

7.3 正确驾驭谈判终局

（一）把握成交机会

（二）把握合同签字过程

签字人的选择；合同核对；选择恰当的签字仪式。

7.4 驾驭谈判的基本方法

（一）正确处理分歧

正确评估和调整谈判；合理驾驭谈判议程；打破出现的僵局；合理让步。

（二）打破谈判僵局

（三）学会让步

（四）用好语言工具

注意正确使用语言；提问技巧；答复技巧；说服技巧。

7.5 洞察谈判心理

（一）谈判心理的含义

（二）谈判心理的特点

可观测性；个体差异性。

（三）影响谈判行为的心理因素

需要心理；心理挫折；知觉。

（四）心理特点与谈判行为

不同气质的人在谈判中也有不同的表现。

三、考核知识点

（一）准备阶段的驾驭

（二）正确驾驭谈判过程

（三）正确驾驭谈判终局

（四）驾驭谈判的基本方法
（五）洞察谈判心理
四、考核要求
（一）准备阶段的驾驭
领会：（1）保证信息畅通。
　　　（2）保留文字资料。
（二）正确驾驭谈判过程
1. 简单应用：（1）首场开场驾驭。
　　　　　　（2）续场开场驾驭。
2. 综合应用：成功地开展谈判。
（三）正确驾驭谈判终局
1. 简单应用：把握成交机会。
2. 综合应用：把握合同签字过程。
（四）驾驭谈判的基本方法
简单应用：（1）正确处理分歧。
　　　　　（2）打破谈判僵局。
　　　　　（3）学会让步。
　　　　　（4）用好语言工具。
（五）洞察谈判心理
领会：（1）谈判心理的含义和特点。
　　　（2）影响谈判行为的心理因素。
　　　（3）心理特点与谈判行为。

第8章　跨文化谈判

一、学习目的与要求

通过本章学习，学生应该了解文化的多元性；了解文化对谈判的影响；掌握跨文化谈判中的基本策略；掌握跨文化谈判中的沟通技巧。

二、课程内容

8.1　关 于 文 化

（一）文化的含义和特点
（二）文化的功能

8.2　文化对谈判的影响

（一）不同文化对谈判的认识
（二）不同文化对谈判决策的影响
（三）不同文化对利益的看法
（四）不同文化对合同的看法

（五）不同文化的表达方式对谈判的影响

8.3　跨文化谈判的准备

（一）了解对方成员
（二）了解细小差异
（三）学习对方的语言
（四）让对方了解自己

8.4　跨文化谈判策略

（一）预见文化差异
（二）挖掘差异中的整合机会
（三）用好自身能力
（四）避免民族中心主义
（五）注重礼仪
（六）足够的耐心

三、考核知识点

（一）关于文化
（二）文化对谈判的影响
（三）跨文化谈判的准备
（四）跨文化谈判策略

四、考核要求

（一）关于文化
识记：（1）文化的含义和特点。
　　　（2）文化的功能。
（二）文化对谈判的影响
领会：（1）不同文化对谈判的认识。
　　　（2）不同文化对谈判决策的影响。
　　　（3）不同文化对利益的看法。
　　　（4）不同文化对合同的看法。
　　　（5）不同文化的表达方式对谈判的影响。
（三）跨文化谈判的准备
领会：（1）了解对方成员。
　　　（2）了解细小差异。
　　　（3）学习对方的语言。
　　　（4）让对方了解自己。
（四）跨文化谈判策略
1. 领会：（1）预见文化差异。

(2) 在信息分享中挖掘机会。

(3) 避免民族中心主义。

2. 简单应用：(1) 用好自身能力。

(2) 注重礼仪。

(3) 足够的耐心。

第9章 运用谈判策略

一、学习目的与要求

通过本章学习，学生应该掌握双赢型谈判的策略和技巧；掌握对己有利型谈判的策略和技巧；掌握有限让步的原则和技巧。

二、课程内容

9.1 双赢谈判的策略与技巧

(一) 双赢谈判的基本原则

达成一个明智的协议；谈判要有效率；改善关系。

(二) 双赢谈判的策略与技巧

八项主要策略与技巧。

9.2 对己有利的策略和技巧

十大策略和技巧。

9.3 有限让步

(一) 目标价值最大化原则

(二) 刚性原则

(三) 清晰原则

(四) 弥补原则

三、考核知识点

(一) 双赢谈判的策略与技巧

(二) 对己有利的策略与技巧

(三) 有限让步

四、考核要求

(一) 双赢谈判的策略与技巧

1. 领会：双赢谈判的原则。

2. 简单应用：双赢谈判的各项策略与技巧。

（二）对己有利的策略与技巧

领会：对己有利的各项策略与技巧。

（三）有限让步

1. 领会：（1）目标价值最大化原则。

（2）刚性原则。

2. 简单应用：（1）清晰原则。

（2）弥补原则。

第10章　价格谈判策略

一、学习目的与要求

通过本章学习，学生应该了解影响价格的主要因素；了解底价的制作过程；了解如何进行询价；掌握报价技巧；掌握议价技巧；掌握价格谈判中的基本技巧。

二、课程内容

10.1　影响价格的因素

（一）商品成本

（二）市场竞争状况

完全竞争市场；不完全竞争市场。

（三）其他相关因素

10.2　确定目标价格

（一）确定底价

确立产品规格；收集价格信息；估计价格。

（二）正确进行询价

编制询价文件；选择询价对象；发布询价通告。

（三）处理报价

审查报价单；分析评价报价单；确定可谈判的供应商。

10.3　报价技巧

（一）是否先报价

（二）报价的上下限

（三）报价的起点

10.4　议价技巧

（一）讨价技巧

（二）还价技巧
（三）巧妙讨价还价

10.5　价格让步的技巧

（一）在次要问题上作出让步
（二）不作没有条件的让步
（三）立场坚定
（四）让对方感觉让步来之不易

10.6　驾驭价格谈判

（一）为成功布局
（二）磋商阶段保持优势
（三）终局赢得忠诚

三、考核知识点

（一）影响价格的因素
（二）确定目标价格
（三）报价技巧
（四）议价技巧
（五）价格让步技巧
（六）驾驭价格谈判

四、考核要求

（一）影响价格的因素
领会：（1）商品成本。
（2）市场竞争状况。
（3）其他因素。
（二）确定目标价格
领会：（1）确定底价。
（2）正确进行询价。
（3）处理报价。
（三）报价技巧
1. 领会：（1）是否先报价。
（2）报价的上下限。
2. 简单应用：报价的起点。
（四）议价技巧
1. 领会：（1）讨价技巧。
（2）还价技巧。
2. 简单应用：巧妙讨价还价。

(五) 价格让步技巧

简单应用：(1)在次要问题上作出让步。

(2) 不作没有条件的让步。

(3) 立场坚定。

(4) 让对方感觉让步来之不易。

(六) 驾驭价格谈判

简单应用：(1) 为成功布局。

(2) 磋商阶段保持优势。

(3) 终局赢得忠诚。

第11章　采购谈判礼仪

一、学习目的与要求

通过本章的学习，学生应该了解采购谈判的基本礼仪；了解谈判过程中的主要礼仪；了解涉外谈判的礼仪要点。

二、课程内容

11.1　基 本 礼 仪

(一) 衣着打扮

修饰仪表；适度化妆；着装规范。

(二) 举止适度

坐姿；站姿；行姿。

(三) 把握分寸

距离；手势；目光。

(四) 保持风度

处变不惊；争取多赢。

(五) 礼貌待人

对事不对人；注意礼貌。

11.2　谈判过程中的礼仪

(一) 开局阶段

座次安排；人员介绍；话题导入。

(二) 磋商阶段

报价；讨价还价；让步的礼仪。

(三) 终局

把握谈判达成机会；签字仪式。

11.3　涉外谈判的礼仪精要

（一）着装

（二）基本交往

11.4　就 餐 礼 仪

（一）喝酒的礼仪

（二）西餐礼仪

三、考核知识点

（一）基本礼仪

（二）谈判过程中的礼仪

（三）涉外谈判的礼仪精要

（四）就餐礼仪

四、考核要求

（一）基本礼仪

领会：（1）礼貌待人。

（2）保持风度。

（3）衣着打扮。

（4）举止适度。

（5）把握分寸。

（二）谈判过程中的礼仪

1. 领会：把握谈判达成机会。

2. 简单应用：（1）座次礼仪。

（2）人员介绍。

（3）话题导入。

（4）讨价还价。

（5）让步的礼仪。

（6）签字仪式。

（三）涉外谈判的礼仪精要

1. 领会：着装。

2. 简单应用：基本交往。

（四）就餐礼仪

领会：（1）喝酒的礼仪。

（2）西餐礼仪。

第12章 电话谈判

一、学习目的与要求

通过本章学习，学生应该了解电话谈判的特点；掌握电话谈判的技巧；了解电子谈判；了解函电谈判。

二、课程内容

12.1 电话谈判的优缺点

（一）电话谈判的缺点

（二）电话谈判的优点

12.2 提高电话谈判的效率

（一）事前做好准备

保持愉悦的心情；熟悉谈判内容；准备好借口。

（二）干净利落的开头

调整好通话状态；确认对方此刻是否有时间。

（三）注意随时反馈

询问对方是否听得清楚；态度积极；少听多讲、集中精力；做好记录；在电话中告别。

（四）语言表达技能

（五）倾听的技能

12.3 巧用电话影响谈判

（一）赢得时间

（二）借故换人或放弃谈判

（三）加强谈判地位

（四）促成协议达成

12.4 电话礼仪

（一）接电话的礼仪

（二）打电话的礼仪

12.5 电子谈判

（一）电子谈判的特点

（二）电子谈判的影响因素

（三）提高电子谈判的效率

内容；程序；情感。

12.6 函电谈判

（一）函电谈判的优缺点

（二）函电谈判的基本要求

函电的书写方式；函电的处理。

三、考核知识点

（一）电话谈判的优缺点

（二）提高电话谈判的效率

（三）巧用电话影响谈判

（四）电话礼仪

（五）电子谈判

（六）函电谈判

四、考核要求

（一）电话谈判的优缺点

识记：（1）电话谈判的4大缺点。

（2）电话谈判的4大优点。

（二）提高电话谈判的效率

领会：（1）事先做好准备。

（2）干净利落的开头。

（3）注意随时反馈。

（4）开头表达技能。

（5）倾听的技能。

（三）巧用电话影响谈判

领会：（1）赢得时间。

（2）借故换人或放弃谈判。

（3）加强谈判地位。

（4）促成协议达成。

（四）电话礼仪

简单应用：（1）接电话的礼仪。

（2）打电话的礼仪。

（五）电子谈判

1. 识记：（1）电子谈判的特点。

（2）影响电子谈判的因素。

2. 领会：如何提高电子谈判的成功率

（六）函电谈判

1. 识记：函电谈判的优缺点。

2. 领会：（1）函电的书写方式。

（2）函电的处理。

第13章 有效沟通

一、学习目的与要求

通过本章学习，学生应该了解有效沟通的八项基本原则；掌握谈判提问和回答的技巧；了解肢体语言对有效沟通的影响；了解沟通障碍形成的原因；了解跨文化沟通的障碍和沟通技巧。

二、课程内容

13.1 有效沟通的基本原则

（一）理解有效沟通

沟通和有效沟通；有效沟通的原则。

13.2 沟通技巧

（一）如何提问

提问的方式；提问的技巧。

（二）如何回答

留足思考时间；不必回答所有问题；顾左右而言他；不回答不知道的问题。

13.3 沟通障碍

（一）妨碍沟通的因素

沟通的曲解；空间距离因素；知识结构的限制；主观意志；自负；身体语言。

（二）沟通中的噪声

发送噪声；传输噪声；接受噪声；系统噪声；环境噪声；背景噪声。

（三）减少谈判中的沟通障碍

选择好谈判小组成员；建立信任和睦的关系；明确沟通的目的；正确运用语言文字；及时追踪与反馈。

13.4 良好倾听

（一）倾听的重要性

为说作准备；掩盖自身弱点；发现说服对方的关键点；获得友谊和信任。

（二）倾听的技巧

集中精力倾听；养成记笔记的习惯；尊重对方；不要先入为主；创造良好的倾听环境；有鉴别地倾听。

13.5 跨文化沟通的障碍

（一）障碍产生的深层原因

（二）跨文化沟通技巧

承认文化的差异；耐心倾听并认可对方的想法；尽量让对方听懂。

三、考核知识点

（一）有效沟通的基本原则

（二）沟通技巧

（三）沟通障碍

（四）良好倾听

（五）跨文化沟通障碍

四、考核要求

（一）有效沟通的基本原则

识记：有效沟通的八大原则。

（二）沟通技巧

领会：（1）提问的方式。

（2）提问的技巧。

（3）回答的技巧。

（三）沟通障碍

1. 识记：（1）妨碍沟通的因素。

（2）沟通中的噪声。

2. 领会：减少谈判中的沟通障碍。

（四）良好倾听

1. 识记：倾听的重要性。

2. 领会：倾听的技巧。

（五）跨文化沟通障碍

1. 识记：障碍产生的深层次原因。

2. 领会：跨文化沟通技巧。

第14章 供应商管理

一、学习目的与要求

通过本章的学习，学生应该了解供应商管理的主要内容；了解供应商开发与选择的原则、步骤和基本方法；了解供应商评审的基本内容

二、课程内容

14.1　供应商管理概述

（一）供应商管理的含义

供应商；供应商管理。

（二）供应商管理的意义

节省成本；产品设计与制造过程的保证。

14.2　供应商开发与选择

（一）供应商开发和选择的原则

Q. C. D. S 原则。

（二）供应商开发与选择的步骤

有效区分供应商；供应商的审核与评估；询价报价和合同谈判。

（三）供应商选择的具体方法

14.3　供应商管理制度

（一）供应商管理措施

建立供应商档案管理和准入制度；定期检查；分散风险。

（二）建立供应商评价制度

建立供应商运行评价体系；建立供应商评分制度。

三、考核知识点

（一）供应商管理概述

（二）供应商开发与选择

（三）供应商管理制度

四、考核要求

（一）供应商管理概述

识记：（1）供应商管理的含义。

　　　（2）供应商管理的意义。

（二）供应商开发与选择

1. 识记：供应商开发与选择的原则。

2. 简单运用：（1）供应商开发与选择的步骤。

　　　　　　（2）选择供应商的具体方法。

（三）供应商管理制度

领会：（1）建立供应商管理措施。

　　　（2）建立供应商评价制度。

Ⅲ 关于大纲的说明与考核实施要求

为使本大纲的规定在个人自学、社会助学和课程考试命题中得到贯彻、落实，现对有关问题作如下说明，并提出具体考核实施要求。

一、自学考试大纲的目的和作用

本课程自学考试大纲是根据专业自学考试计划的要求，结合自学考试的特点而制定的。其目的是对个人自学、社会助学和课程考试命题进行指导和规定。使自学、授课以及命题者能够更加准确地把握本学科的知识脉络，并能有效地指导实践，起到有的放矢的作用。

本大纲明确了课程学习的知识点以及深度和广度，规定了课程自学考试的范围和考核标准。因此，它是编写自学考试教材和辅导书的依据，是社会助学组织进行自学辅导的依据，是自学者学习教材、掌握课程内容知识范围和程度以及懂得简单应用的依据，也是进行自学考试命题的重要依据。

二、课程自学考试大纲与教材的关系

本课程自学考试大纲是进行学习和考核的依据，而教材是翔实掌握本课程知识内容与范围的依据。教材的内容是大纲所规定课程的知识和内容的扩展。课程内容可以通过教材对知识点的介绍和举例而更加清晰和全面。教材对考核难度和广度的要求是宽泛的，而大纲所规定考核要求原则上不高于教材的水平，并且本大纲对考核要求的规定会综合考虑，难易适当。

大纲与教材所体现的课程内容应基本一致。教材覆盖大纲里面全部的课程内容和考核知识点。大纲则有所侧重，不一定会面面俱到地将教材的内容体现。（注:如果教材是推荐选用的,其中有的内容与大纲要求不一致的地方,应以大纲规定为准。）

三、关于自学教材与主要参考书

指定教材：《采购谈判与供应商选择》，全国高等教育自学考试指导委员会组编，葛建华编著，机械工业出版社 2008 年出版。

四、关于自学要求和自学方法的指导

本大纲的课程基本要求是依据专业考试计划和专业培养目标而确定的。课程基本要求还明确了课程的基本内容，以及对基本内容掌握的程度。基本要求中的知识点构成了课程内容的主体部分。因此，课程基本内容掌握程度、课程考核知识点是高等教育自学考试考核的主要内容。

对应本大纲 4 个能力层次为：识记；领会；简单应用；综合应用。自学者可以根据相应的能力要求，安排自学计划。

为了能够更有效地指导个人自学和社会助学，本大纲已经指明了课程的重点和难点，在各章的基本要求中也分别指明了各章内容的重点和难点。

本课程共 4 个学分。

为了使自学者能够更加合理地安排学习时间，能够更加扎实地掌握本课程的内容，根据课程的特点，提出以下几个方面建议供考生参考。

1. 通过全面系统的学习掌握本课程的基本知识。本课程内容涉及采购谈判的各个方面，知识范围广泛，各章之间既有联系又有区别。自学应考者首先要全面系统地学习教材的各章，记忆应当识记的基本概念，理解基本理论；其次，要把握各章之间联系，注意区分相近的概念和类似的问题，并掌握它们之间的联系；第三，在全面系统学习的基础上掌握重点，有目的地深入学习重点章节。

2. 把书本学习和应用有机结合起来。自学应考者应在学习书本知识的同时，通过教材中的趣味小思考、实用范例等的学习，灵活应用策略和技巧，分析和解决有关现实问题。鼓励学生将课程内容同我国市场经济现实联系起来，通过比较分析，增强感性认识，更深刻地领会教材内容，将所学知识转化为实际操作能力，提高自己分析问题和解决问题的能力。

五、对社会助学的要求

1. 社会助学者应根据本大纲规定考试内容和考核目标，认真研究指定教材，准确把握本课程与其他课程的不同点和学习要求，对自学应考者进行切实有效的辅导，引导他们防止自学中出现各种偏向。

2. 正确处理基础知识和应用能力之间的关系，引导自学应考者将识记、领会同应用紧密结合起来，把基础知识和理论转化为应用能力，在全面辅导的基础上，着重培养和提高自学应考者分析问题、解决问题的能力。

3. 正确处理重点和一般的关系。虽然课程内容有重点和一般之分，但考试内容是全面的，而且重点与一般是相互联系、不可分割的。社会助学者应指导自学应考者全面系统地学习教材，掌握全部考试内容和考核知识点，在此基础上再突出重点，切勿片面地抓重点，把自学应考者引向猜题押题。

六、对考核内容和考核目标的说明

1. 本课程要求考生学习和掌握的知识点内容都作为考核的内容。课程中各章的内容具有若干知识点组成，在自学考试中成为考核知识点。因此，课程自学考试大纲中所规定的考试内容是以分解为考核知识点的方式给出的。为使考试内容要求标准化，本大纲在列出考试内容的基础上，对各章规定了考核目标，包括考核知识点和考核要求。明确考核目标的目的在于：其一，使自学应考者能够进一步了解考试内容和要求，有目的地、系统地学习教材；其二，便于考试命题者明确命题范围，更准确地安排试题的知识能力层次和难易程度。

由于各知识点在课程中的地位、作用以及知识点自身的特点不同，自学考试将对各知识点分别按 4 个认知(或称能力)层次确定其考核要求。

2. 4 个能力层次从低到高依次是：识记；领会；简单应用；综合应用。

4 个能力层次的说明：

（1）识记：要求考生指导本课程中的名词、概念、原理和知识的含义，并能正确认识或识别。

（2）领会：要求在识记的基础上，能把握本课程中的基本概念、基本原理和基本方法，掌握有关概念、原理、方法的区别与联系。

（3）简单应用：要求在领会的基础上，运用本课程中的基本概念、基本原理和基本方法中的少量知识点，分析和解决一般的理论问题或实际问题。

（4）综合应用：要求考生在简单应用的基础上，运用学过的本课程规定的多个知识点，综合分析和解决稍复杂的理论和实际问题。

3. 在考试之日起 6 个月前，由全国人民代表大会和国务院颁布或修订的法律、法规都将列入相应课程的考试范围。凡大纲、教材内容与现行法律、法规不符的，应以现行法律法规为准。

七、关于考试命题的若干规定

1. 本课程考核方法采用闭卷，笔试满分 100 分，60 分及格。本课程考试总时长为 150 分钟。本课程基本不涉及数学运算。

2. 本大纲各章所规定的基本要求、知识点及知识点下的知识细目，都属于考核的内容。考试命题既要覆盖到章，又要注意主次有别。要突出课程的重点、章节的重点，加大重点内容的覆盖比例。

3. 命题不应超出大纲中考核知识点的范围，考核目标不得高于大纲中所规定的相应的最高能力层次要求。命题着重考核自学者对基本概念、基本知识和基本理论是否了解或掌握，对基本方法是否会用或熟练，不应出现与基本要求不符的偏题或怪题。

4. 本课程在试卷中对不同能力层次要求的分数比例大致为：识记占 20%，领会占 30%，简单应用占 30%，综合应用占 20%。

5. 要合理安排试题的难易程度，试题的难度分为：易、较易、较难和难 4 个等级。每份试卷中不同难度试题的分数比例一般为：易占 20%，较易占 30%，较难占 30%，难占 20%。

考生必须注意：试题的难易程度与能力层次有一定的关系，但二者不是等同的概念。在各个能力层次中对于不同的考生都存在着不同的难度，切勿混淆。

6. 为了考生详细了解考试有关情况，附上样卷，供参考。每次命题时，应要求命题教师严格按照所附样卷的题型，题量、难度、层次进行命题。

高等教育自学考试全国统一命题考试

采购谈判与供应商选择参考样卷

（课程代码　5728）

本试卷满分 100 分，考试时间 150 分钟。

一、单项选择题(本大题共 10 小题,每小题 2 分,共 20 分)

在每小题列出的四个备选项中只有一个是符合题目要求的，请将其代码填写在题后的括号内。错选、多选或未选均无分。

1. 如果按所在地划分，谈判可以分为　【　　】

A. 军事谈判　　B. 主场谈判

C. 一对一谈判　　D. 销售谈判

2. 目前越来越被人们推崇的谈判模式是　【　　】

A. 双赢模式　　B. 我方胜利模式

C. 双输模式　　D. 零合模式

3. 谈判主体是指　【　　】

A. 谈判的目标　　B. 谈判的主题

C. 谈判的发起方　　D. 谈判的日程

4. 职业道德形成的基础是　【　　】

A. 一般的社会实践　　B. 大学

C. 中学　　D. 特定的职业实践

5. 谈判信息准备工作的最后一个重要环节是建立　【　　】

A. 知识库　　B. 录像

C. 分析法　　D. 个人档案

6. 统一定价法又被称为　【　　】

A. 数量定价法　　B. 重量定价法

C. 距离定价法　　D. 邮资定价法

7. 谈判中，细则议程的使用方是　【　　】

A. 第三方　　B. 对方

C. 己方　　D. 双方

8. 以下不属于固定成本的是　【　　】

A. 原料费　　B. 办公费

C. 管理人员工资　　D. 折旧费

9. 谈判者的各种心理活动，是对客观现实的　【　　】

A. 无知觉　　B. 复制

C. 主观能动地反映　　D. 被动感知

10. 美国文化强调客观性，注重各方的责任划分，他们的合同内容往往　【　　】

A. 注重仪式　　B. 界定严密

C. 不知所云　　D. 表达含混

二、简答题(本大题共 6 小题,每小题 5 分,共 30 分)

11. 谈判目标有几个层次？各有什么特点？

12. 价格让步要注意哪些问题？

13. 谈判小组通常包括哪些成员？应遵循什么原则？

14. 谈判中要实现有效沟通应遵循哪些基本原则？

15. 供应商管理对采购谈判有什么意义？

16. 谈判的基本礼仪包括哪些基本内容？

三、论述题(本大题共3小题,共50分)

请阅读下列案例，回答相关问题。

某医院的一次性手术巾采购

案例引导：

A医院欲采购价值100万元的一次性手术巾，而且也找到了相应的供应商C并用其产品作了临床试验，效果很好。C对实验结果也知道得非常清楚，这种情况下，A医院如何能以较低的价格购买到它所需要的一次性手术巾呢？

1. 背景

（1）A医院的基本情况

A医院是一家三甲医院，拥有24间手术室和910张病床。在过去的十多年中，同大多数医院一样，A医院也大幅度地削减了预算，但仍有较大的财务压力。

为了控制财务成本，医院限制并制定了外科医生每年的手术设备和医疗用品预算。这项政策引起了医生们对成本的极大关注，因为一旦预算用完，他们就无法再进行手术，这就意味着他们的业务收入也将减少。

A医院的采购部门共有15人，职责是采购医院所有的医疗和非医疗用品。每年手术的医疗用品价值达1 500万元，其中大约54%从B医疗用品公司采购，30%从C医疗用品公司采购，其余部分由其他的医疗用品供应商提供。

在选择医疗用品时，A医院依据两种评价：有关医护人员的临床评价及采购部门的财务评价。从传统上说，临床评价在采购决策中起主要作用，如果医生想要某种产品，采购部门就订购这种产品。在这种体制下，医院从大量的供应商中分别采购相对很少数量的产品。

现在，由于预算紧缩使采购的资金状况发生了变化，A医院开始以主要供应商协议的方式来建立低成本的稳定的供应商队伍。

老王是A医院的采购主任，他准备为一次性手术巾选购一家供应商。手术巾是在手术中用来遮盖病人的，它是很大的一块布，在某些地方剪掉一小块(切口)，以便在那里进行某种外科手术。过去，A医院一直使用重复可用的麻布巾，但如果改用最近新开发的一次性手术巾可能会节约成本。

尽管财务分析对一次性手术巾很有利，但最终决定前还必须进行临床评价，A医院决定对C公司的一次性手术巾进行试验。由于临床评价效果不错，A医院决定改用一次性手术巾，采购主任老王就此事与C公司的谈判代表进行了洽谈。

（2）C公司的基本情况

C公司是一家专门为医院提供医疗用品的生产企业，面对竞争越来越激烈的市场环境，C公司不断推陈出新，通过低价策略抢占市场。它一直与A医院保持着合作关系，但并不是A医院的最大供应商，它一直争取超越B公司——另一家医药用品生产企业，成为A医院的最大供应商。因此，这次A医院准备购买价值100万元的一次性手术巾为C公司提供了一个很好的机会，C公司无偿为A医院提供了试用品。C公司的领导层也非常迫切地需要得到这一订单，以巩固与A医院的进一步合作。

（3）B公司的基本情况

B公司与C公司属于同样类型的企业，从事医疗用品生产和经营已经数十年，在该行业内的地位举足轻重，而且它生产规模比较大，具有规模效益和规模优势。一直以来，B公司都是A医院的最大供应商。凭借着其低价的优势，B公司一直都占有该行业50%的市场份额，是该行业中市场份额最高的。

2. 谈判过程

2003年5月9日下午3点钟，C公司的谈判代表带领其谈判代表团到达A医院的采购办公室。双方代表进行了一阵寒暄之后，开始进入正题。谈到最后，双方就价格问题僵持不下。于是采购主任老王提议休会，过两天再继续谈判。

C公司的谈判代表回去后开始了紧张的测算，希望得出令A医院信服并接受其价格的有力依据。与此同时，A医院也开始了自己的采购计划。医院采购部宣称将采用公开招标的形式来决定哪家供货商能获得这个100万元的采购合同。因为A医院在选用C公司的手术巾做试验品时，并没有明确表示会从他们那里进货。C公司听说这个消息，对于A医院的做法感到非常不满，他们认为既然他们的产品在临床评价中效果满意，就应该得到这份合同。于是他们积极同A医院采购部门负责人进行接触，A医院采购部主任老王只是说："医院有困难，只能是谁便宜，我们就用谁的。"就再也别无他话。C公司的谈判代表和公司的负责人联系后，最终在A医院发布公开招标的决定前提交了一份修改后的报价单，在价格上作了很大让步。

2003年5月26日，双方签订合约，由C公司向A医院提供一次性手术巾。

3. 谈判中的故事

在与C公司谈判之前，A医院早已试用了B公司的一次性手术巾，对于B公司产品的评价喜忧参半，它满足了手术巾基本的要求，能够盖住病人而且切口的位置也比较合适。可是护理人员更愿意用C公司的产品，他们觉得C公司的产品更容易展开，而且他们认为B公司提供的产品切口处经常破裂，从而使无菌区受到污染，所以他们经常扔掉这种手术巾。

17. 请应用波特的五力模型，帮助采购主任老王分析A医院讨价还价的能力。（15分）

18.（1）根据案例，试写出老王的谈判方案。（10分）

（2）在谈判中，A医院采用了什么策略迫使C公司降价？（5分）

（3）在谈判中，C公司犯了什么错误？（5分）

（4）在谈判中，B公司扮演了一个什么样的角色？（5分）

19. A医院对供应商的选择发生了哪些变化？（10分）

高等教育自学考试全国统一命题考试

采购谈判与供应商选择试题参考答案

（课程代码　5728）

一、单项选择题

1. B　2. A　3. C　4. D　5. A　6. D　7. C　8. A　9. C　10. B

二、简答题

11. 谈判目标分为三个层次：最低目标、预期目标和最高目标。

（1）最低目标。最低目标是谈判必须实现的目标，是谈判的最低要求，是谈判的底线，不能妥协、让步。

（2）预期目标。预期目标是指在谈判中可努力争取或作出让步的范围，是谈判人员应该努力争取实现的目标。

（3）最高目标。最高目标是指己方在谈判中所乐于达成的最高目标，它能在满足采购者的实际需求之外，还能使采购者获得额外的利益。

12. 价格让步要注意以下问题：

（1）在次要问题上作出让步。

（2）不作没有条件的让步。

（3）立场坚定。

（4）让对方感觉让步来之不易。

（5）步步为营。

13. 谈判小组通常包括以下成员：

（1）谈判组领导人。

（2）主要成员，即主谈人。

（3）专业人员，如大型设备采购中的技术人员。

（4）后援人员。

谈判小组应遵循的基本原则有4个，即全面、高效、小而精原则；层次分明、分工明确、团结协助的原则；明确赋予谈判人员权力的原则；明确谈判人员职责的原则，即不同的谈判人员，由于分工不同，其岗位职责也不一样。

14. 谈判中要实现有效沟通应遵循以下基本原则：

（1）信息的真实性。

（2）渠道的适当性。

（3）主体的恰当性。

（4）传递的完整性。

（5）信息代码相同。

（6）目标原则。

（7）连续性原则。

（8）及时性原则。

15. 供应商管理对采购谈判具有重要的意义。

（1）建立相互信任、相互帮助的合作伙伴关系，使供应商和组织能够主动默契地协调工作。这不仅有利于组织提高自己的竞争优势，也有利于供应商提高自己的核心竞争能力。

（2）这意味着组织可以不再像原来那样面向很多的供应商，而是可以选择更少的供应商，并帮助供应商维持其价格的竞争性。

（3）提高了双方的获利能力，具体表现在两个方面：节省成本，保证产品设计和制造过程。

16. 谈判的基本礼仪包括以下基本内容：

（1）衣着打扮。

（2）举止适度。

（3）把握分寸。

（4）保持风度。

（5）礼貌待人。

三、论述题

17.

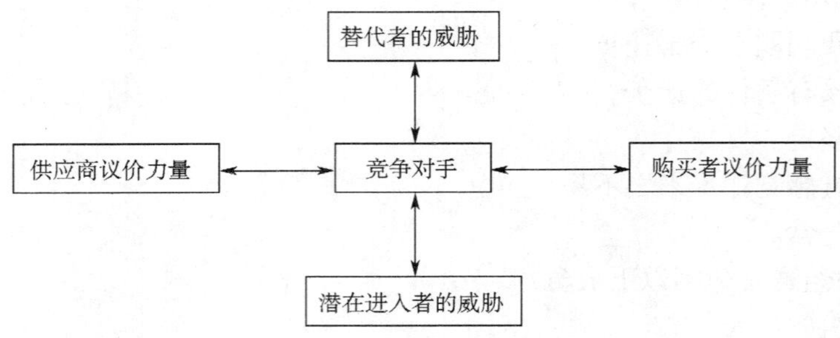

波特的五力分析模型

以下因素会加强购买者的议价能力，增强采购者在谈判中的地位。

（1）市场上只有少量主要客户，采购者所在的组织就是其中之一。

（2）产品的标准化程度高，供应商所提供的产品几乎完全标准化或商品化，即从供应商的角度来看该产品几乎或根本没有差别，很容易在市场上寻找到别的供应商。

（3）供应商对该组织来说并不重要，如供应商的产品在采购者成本中占的比例不大。

（4）购买者对产品的质量不敏感。

（5）市场上没有或难以形成对供应商产品的大批量购买。

18.（1）一个完整的谈判方案通常包括谈判主题和目标、谈判议程、交易条件、谈判策略和谈判方案评估 5 个方面。

（2）A 医院利用市场竞争使供应商产生危机感的策略。A 医院利用己方的市场优势，放出口风要公开招标，使供应商制造感到危机，迫使在医药用品生产企业中处于较劣势地位的 C 公司不得不降价。

（3）C 公司对 A 医院的近况并未作详细的分析与调查，也未对竞争对手 B 公司的产品状况进行认真分析，就被 A 医院要进行招标采购的“烟雾”所迷惑，最终屈服于 A 医院的强势态度。

（4）B 公司作为 A 医院的供应商，虽然在一次性手术巾上并不具备优势，但 A 医院却巧妙地将他树立成 C 公司强有力的竞争对手，充当了 A 医院的谈判砝码。

19. A 医院对供应商的选择发生了以下变化。

A 医院削减了供应商队伍。以前，临床评价在采购决策中起主要作用。如果医生想要某种产品，采购部门就订购这种产品。在这种体制下，医院从大量的供应商中分别采购相对很少数量的用品，实际上增加了供应商管理的难度，也不利于供应商队伍的稳定。

为了控制财务成本，医院限制并制定了外科医生每年的手术预算。在采购预算紧缩的情况下，A 医院开始以主要供应商协议的方式，与少数的供应商建立稳定的合作关系。

这有助于进行供应商管理，也有利于 A 医院有效地降低采购成本。

第1章

采购谈判概述

引导案例 **谈判就在我们身边**

居委会王大妈文化程度虽然不高，但却是化解邻里纠纷的高手。例如谁家楼上因为装修不慎渗水到楼下；谁家的宠物狗踩坏了绿地花草；晚上汽车防盗器的叫声吵得人无法入睡；某家儿女不孝顺老人等，她总能帮助当事的各方坐在一起，通过协商将问题妥善解决而避免不必要的冲突。当然，她买的菜也总比别人便宜，而且看起来也不错。

小张虽然不会买菜做饭，但她穿的时装却因价廉物美，而成为朋友们羡慕的对象。

小李夫妻都是独生子女，因为春节回谁父母家过年而吵得不可开交，最后差点闹离婚。

老孙在年底与老板的对话中成功地实现了自己月薪涨200元的目标，而小赵则因与老板的谈话最后演变成一场争吵而不得不考虑辞职……

这些都是人们经常会遇到的事，这些事的处理都与谈判有关。

本章关键词

谈判、采购谈判、采购谈判要素、采购谈判原则、采购谈判过程

本章学习目标

- 掌握谈判的定义
- 掌握采购谈判的概念、要素
- 了解采购谈判的原则
- 了解采购谈判的几个阶段

在组织涉及的诸多不同领域的谈判中，采购谈判所占的位置越来越重要。因为在组织的经营活动中，生产设备、原材料的购进以及办公设施、设备的采购等都是组织要开展正常经营活动的前提条件。因此，采购谈判已成为组织要维持正常运行不可缺少、无法替代的重要工作内容。本章主要概述采购谈判的含义，采购谈判的要素、特点、作用和基本原则。

1.1 谈判

谈判无处不在，每天都在发生，例如在菜市场与商贩的讨价还价，或与某家具厂协商为所在单位购买一批办公家具等。当人们为了有效并令人满意地满足某项需求时，总要不断地与人交流。因此，每个人都有意无意地扮演着谈判者的角色，谈判也随之延伸到我们日常工作和生活的每个角落，平常而重要。尤其在这个瞬息万变的信息时代，谈判是我们生活中不可缺少的一部分，在我们的实际生活中发挥着越来越重要的作用。特别是工商企业等各种组织，诸多的合作、开发、生产和经营都是通过谈判行为实现的。

1.1.1 谈判的概念

谈判有广义谈判和狭义谈判之分。所有在非正式场合下的交涉、磋商和讨论等，都可以看做广义谈判，而在某一正式场合下的谈判则属于狭义谈判。

关于谈判的书籍有很多，关于谈判的定义也有很多，它们各有侧重，分别涉及谈判中的各个要素。

综合各种定义，本书就谈判给出如下定义。

谈判是一个过程，是指在一定的时间和空间条件下，参与谈判的各方为满足各自的需要和维护各自的利益，就不同的观点、条件和利益等进行协商的过程。

谈判并不是现代社会的产物，从古至今它一直是人们生活的组成部分。只是在商品经济发展到一定阶段时，谈判在社会生活中所发挥的作用越来越为人们所重视。

谈判是一门综合性的科学，它被公认为是社会学、行为学、心理学、管理学、逻辑学、语言学、传播学、公共关系学和众多经济、技术科学的交叉产物；是涉猎广泛、需要许多知识和技巧的、复杂的、高级的脑力劳动。以一宗采购谈判为例，要求谈判者不仅熟悉所采购产品的技术性能、生产工艺，还要了解有关供应商的各种信息，了解与交易有关的各项规律法规、政策、谈判对手的文化特点和谈判心理等。否则，就不能进行有效的协商，不能较好地完成交易活动。

谈判是一项复杂的、需要运用多种技能与方法的专项活动，人们称谈判为艺术，这并不夸张。谈判的成功与否在很大程度上取决于谈判人员能力和水平的发挥，取决于谈判人员对谈判策略和技巧的应用。它要求谈判者具有较高的素质、掌握各种知识、具有一定的修养、善于与人相处，能灵活地处理各种问题。

谈判是一种交际活动，例如怎样清晰、准确地表达自己的立场、观点，了解对方的需要、利益，巧妙地说服对方；怎样在各种社交场合表现出正确的礼仪。

谈判是沟通的艺术，谈判双方的信任与合作是建立在良好的沟通基础上的。沟通的内容十分广泛，包括交流各方的情况、反馈市场信息、倾听对方的讲话、控制自己的情绪、活跃谈判气氛、建立各方的友谊与信任等，这都需要谈判者具备良好的语言表达能力达到良好沟通的目的。而谈判地点、时间和时机的选择，谈判会场的布置、安排等，也都需要一定的策略性。

因此，谈判既是艺术，又是科学。很多学者和谈判专家，将当今世界最新的学科理论与研究成果运用在对谈判的研究和谈判活动中，总结出许多适合于谈判活动的原则与方

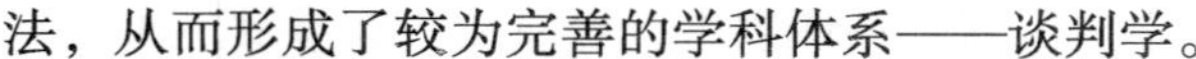

法，从而形成了较为完善的学科体系——谈判学。

> **小贴士 1-1　　关于谈判的若干定义**
>
> （1）美国著名谈判专家尼伦伯格认为：“谈判的定义最为简单，而涉及的范围却最为广泛，每一个要求满足的愿望和每一项寻求满足的需要，至少都是诱发人们展开谈判过程的潜在原因。只要人们为了改变相互关系而交换观点，只要人们是为了取得一致而磋商协议，他们就是在进行谈判。谈判是人们为了改变相互关系而交流意见，为了取得一致而进行磋商的一种行为。”
>
> （2）美国法学教授罗杰·费希尔和谈判专家威廉·尤里把谈判定义为：“谈判是为达成某种协议而进行的交往。”
>
> （3）美国谈判专家威恩·巴罗认为：“谈判是一种双方都致力于说服对方接受其要求时所运用的一种交换意见的技能，最终目的就是要达成一项对双方都有利的协议。”

1.1.2　谈判的特征

仔细分析谈判的定义和研究谈判过程，不难发现，任何谈判都包含着以下特征。

1. 互有需求，人们才可能进行谈判

人们的需求所涉及的具体内容非常广泛，如购房买车等物质需求；为获得晋升或免费学习机会的精神需求等。为了满足这些需求，人们就要通过各种途径和方法与他人交换意见、改善关系，以便达成一致、实现需求，这就是谈判。从本质上讲，谈判的直接原因是因为参与谈判的各方都有自己的需要，或者是各方所代表的某个组织有某种需求，而一方需求的满足又不能无视他方的需求。这种互有需求又有利益冲突的状况，使任何一方都不能仅仅以只追求自己的需要为出发点，而是应该通过与对方交换观点进行磋商，共同寻找能够满足彼此需求而又都能接受的方案。所以说，谈判是建立在人们相互需求的基础上，相互需要推动着人们进行谈判，需求越强烈，谈判的动因就越明确，人们也才可能通过谈判解决矛盾、维护共同利益来达成一致的意见。

2. 谈判必须有此有彼，至少是两方或两方以上的活动

从购物时讨价还价的一对一谈判，到联合国的多边谈判，都说明谈判至少要有两方或两方以上的参加者。也就是说，谈判必须要有谈判对象，只有一方是无法进行谈判活动的；当通过与对方的协商可能满足己方的需要时，才会产生谈判。因此，谈判也是一种人际交往活动，也需要运用社交手段和策略，这些社交手段和策略可能对谈判的结果发生重要影响。

3. 谈判是一个传递信息、相互协调的过程

任何谈判必然伴随着信息的交换和传递。谈判不是为了失败，任何能够达成协议的谈判，都需要彼此传递大量对谈判有用的信息。谈判者就是通过对各种信息的传递来努力寻求协调、达成一致的结果。谈判如果没能够达成协议，说明协调活动是失败的。谈判的整个过程，就是谈判各方提出各自的问题和要求，并就出现的矛盾进行协商、协商、再协商的过程，灵活性、变通性和创造性是谈判的核心。因此，当谈判陷入困境时，人们要学会

从长远的战略出发，另辟蹊径，带领谈判走出困境。在谈判中，协商往往会重复多次，直至谈判终结。如果谈判人员没有较高的素质，是很难胜任谈判工作的。

4. 谈判可以帮助人们建立或改善社会关系

人们的一切活动都离不开一定的社会关系。一项协议的达成，意味着双方建立起一种社会关系，例如一项采购谈判的达成，既是组织的一种交易行为，是商品的所有者和货币持有者之间的关系，又是在不同组织中人与人之间建立起的相互关系。采购行为能否发生，取决于买方和卖方能否建立起新的社会关系。在社会活动中，谈判各方为实现自己所追求的利益，就需要建立新的社会关系，或改善原有的社会关系。而这种关系的建立或改善很多都是通过谈判实现的。因此，谈判在拓展人们的社会关系方面有着积极的作用，那种在谈判中一心想将对方置于失败之地的想法是不可取的。

5. 谈判需要选择恰当的谈判时间、地点

即使在通信和互联网都很发达的今天，绝大多数正式谈判都需要谈判各方面对面地接触，这就要求各方就谈判时间、地点等根据需要和现实条件进行协商来确定。恰当的时间、恰当的地点对所有的谈判参与者来说都是十分重要的。一般说来，在己方所在地进行的谈判(也称主场谈判)对己方有利。因此，为了公平起见，一些重大的多轮谈判常常会选择在主客场轮流进行，或选择在第三地进行。

1.1.3 谈判的分类

按不同的划分标准，谈判可以分为很多种类。

1. 按谈判人数划分

各方都指派一人参加的谈判称为“一对一”的小型谈判，采购量小或采购品种比较单一的谈判往往是“一对一”式的。出席谈判的各方虽然只有一个人，但并不意味着谈判者不要作准备。“一对一”谈判往往是一种最困难的谈判类型，因为双方谈判者只能各自为战，得不到助手的及时帮助。因此，在确定参加这类谈判的人员时，一定要选择那些有主见、有决断力、判断力强、善于单兵作战的人，性格脆弱、优柔寡断的人是不能胜任的。

各方都由几人参与的谈判称为小组谈判，这是一种常见的谈判类型。大多数正式谈判都采用小组谈判的形式，特别是内容重要、复杂的谈判，必须采用小组谈判。这是由小组谈判的特点决定的。一般较大的谈判项目，情况比较复杂，各方有几个人同时参加谈判，各人之间有分工、有协作，取长补短、各尽所能，可以大大缩短谈判时间，提高谈判效率。

组成若干团队参加的某些重大项目的谈判称为大型谈判。组织的重大采购项目谈判，由于事关重大，可能会影响到组织的发展战略、巨额资金支付等，因此，就必须为谈判班子配备阵营强大的、拥有各种高级专家的顾问团或咨询团、智囊团，并采用大型谈判。在谈判全过程中，各个团队必须准备充分、计划周详，不允许存在丝毫破绽、半点含糊。大型谈判的谈判程序严密、时间较长，通常分成若干层次和阶段进行。有时根据需要，大型谈判也可在首席代表之间安排“一对一”谈判，磋商某些关键问题或微妙敏感问题。

2. 按谈判的地域划分

按谈判实际展开的所在地划分，在己方所在地组织的被称为主场谈判；在对方所在地

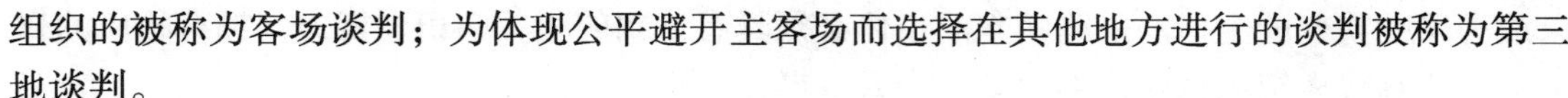

组织的被称为客场谈判；为体现公平避开主客场而选择在其他地方进行的谈判被称为第三地谈判。

主场谈判会给东道主带来不少便利之处，如谈判时间安排、各种谈判资料的准备、谈判过程中出现问题时请示等都比较方便，所以主场谈判人一般都底气十足、谈判运作比较自如。但作为东道主，还必须懂得礼貌待客，如邀请、迎送、接待和洽谈组织等。礼貌可换来对方的信赖，它是主场谈判者谈判中的一张王牌，会促使谈判对手积极思考东道主谈判者的各种要求。

3. 按谈判的内容划分

现实中的谈判多种多样，按照谈判的内容不同，可作不同的划分：如处理政府间相互关系的外交谈判；为达成停战协议而进行的军事谈判；处理遗产的分配和继承的家庭谈判；组织购买原材料、机器设备等的采购谈判等。

本书中，为了研究问题方便，我们把谈判限定在商务活动领域中，把组织商务谈判中的采购谈判以及对供应商的选择，作为本书的主要内容。

1.2　采购谈判

1.2.1　采购谈判的概念

采购谈判是一种商务行为。商务行为是指一切有形资产和无形资产的交换或买卖事宜。按照国际惯例，商务行为可分为以下 4 类。

（1）直接的商品交易活动，如企业购进设备、原材料和销售产品等。

（2）直接为商品交易服务的活动，如运输、仓储和加工整理等。

（3）间接为商品交易服务的活动，如金融、保险、信托和租赁等。

（4）具有服务性质的活动，如饭店、商品信息、咨询和广告等服务。

采购谈判就是组织诸多商务行为中的一种，是谈判的参与者即采购方和供应方为实现自己的经济目的如购进厂房、设备和原材料等生产经营所必需的物资、场所或服务，与供应商就价格、规格、数量、质量、交货方式和付款方式等内容进行协商，以明确双方的权利和义务的过程。采购谈判是在商品经济条件下产生并发展起来的，已经成为现代社会经济生活必不可少的组成部分。从生活中的购物还价，到组织法人之间的合作、国家与国家之间的经济技术交流，都离不开形式和内容各异的采购谈判，很多经济活动就是通过采购谈判进行的。可以说，没有采购谈判，很多日常经济活动便无法进行。

1.2.2　采购谈判的基本要素

采购谈判的要素是指构成采购谈判活动的必要因素，即谈判主体、谈判客体、谈判议题和谈判目标。

1. 谈判主体

谈判主体是指谈判的发起方。在采购谈判活动中，采购方往往是谈判的发起人，任何谈判都是谈判主体和谈判客体相互作用的过程。在谈判过程中，谈判活动的成效在很大程度上取决于谈判主体的主观能动性和创造性，因此，谈判主体对谈判起着至关重要的作用。谈判主体可以是一个人，也可以是一个合理组成的群体，但并不是任何人或群体都可以成为采购谈判的主体。采购谈判的主体必须具有谈判的相关知识、能力，拥有相应的权力，是能够代表组织从事谈判活动的个人或群体。

2. 谈判客体

谈判客体是指与谈判发起方相对的另一方即谈判对手亦即供应商。作为谈判的参与者，谈判对手的最大特点是具有可说服性，这也是它之所以成为谈判客体的主要标志。采购谈判是基于供应商的某种需求而产生的行为。谈判的进展或终止，谈判的要约和承诺都取决于供应商的动机和行为，供应商只有理解和接受谈判主体即采购者的提议，才能达成一致的协议。因此，如果作为谈判对手的供应商是不可说服的，就不能作为谈判对象而进入谈判活动中。

任何谈判的发起者和谈判对手都有自身的利益和特性，因此谈判主体和谈判客体是相对而言，并不是一成不变的。谈判的互利性和协商性决定了谈判双方在不同的问题、不同的时间可能是谈判主体，也可能成为谈判客体。在谈判活动中，谈判发起者往往主导着谈判因素，在整个谈判中起着积极的、能动的作用。所以在谈判进行中，各方都想力争成为谈判主体去说服和影响对方，以最大限度地满足自己的需要。

3. 谈判议题

谈判议题是指采购谈判涉及的具体内容，是采购谈判必不可少的要素，如所采购商品的价格、品质、规格、交货期、运输方式、付款方式和售后服务等，它包括采购合同中涉及的所有内容及其他。采购谈判的任务就是要通过协商解决采购方和供应商在这些内容上所存在的分歧或问题。如果没有需要解决的分歧或问题，就没有必要进行谈判。

一个问题要成为谈判议题必须具备基本的条件，这就是谈判双方期望获得的利益具有相关性，通过谈判各自可以就所期望获得的利益达成认识上的一致性；如果没有利益相关性，就无法形成谈判议题；只有包含了各方利益的谈判议题，双方才愿意就此进行协商。同时，议题必须是可谈的，谈判的时机要成熟。采购谈判的议题可能涉及多方面的内容，它可以是实物方面如某一类商品，也可以是资金方面如付款方式、折扣率等；还可以是技术合作方面如设备的维护和使用人员培训等方面。

4. 谈判目标

协商是谈判的过程，它总是为达成一定的目标而进行的。所以，谈判应该是谈判双方目标很明确的一种行为，其直接目标就是最终达成协议，而不是打败对方。谈判过程中，双方各自的具体目标往往是不同的，甚至是对立的，但他们都统一于达成协议这样一个明确的谈判目标中。只有最终达成了协议，谈判各方的目标才能够实现。不期待达成最终协议的谈判，只能是闲谈，即使双方有所接触，也不是真正的谈判。因此，在谈判中，如何达成协议是需要人们认真对待的，它往往要求人们不只是乐于“获取”，还要乐于“给予”；不仅愿意进行等价交换，还要愿意相互妥协。

趣味小思考 1-1

请考虑一下，如果你是采购者，哪些因素可以促成你与供应商进行采购谈判？

1.2.3 采购谈判的基本原则

商务谈判的基本原则也是采购谈判所应该遵循的基本原则。

1. 获得经济利益

不同的谈判所要达到的目的是不同的。外交谈判关心的是国家利益；军事谈判主要涉及敌对双方的安全利益。虽然这些谈判都不可避免地会涉及经济利益，但其重点不一定是经济利益，而常常是围绕着其他利益进行的。而采购谈判的目的十分明确，谈判者就是以获取经济利益为基本目的。在谈判中，谈判者都会重点谈判所涉及商品的成本、技术、效率和效益，在满足己方经济利益的前提下才涉及其他非经济利益。虽然，在谈判过程中，谈判者也可能调动和运用各种非经济因素，但其最终目标仍是经济利益。所以，人们通常以获取经济效益的好坏来评价一项采购谈判的成功与否，没有最终经济效益的采购谈判是没有价值和意义的。

2. 以价值为核心

价值是经济利益的集中表现，虽然谈判者的需求和利益表现在众多方面，采购谈判也会涉及很多因素，但价值几乎是所有采购谈判的核心内容。这是因为，价值的表现形式——价格能够最直接地反映谈判双方的利益。在很多情况下，谈判各方在其他利益上的得与失都可以通过某种方式折算为一定的价格，并通过价格高低而得到体现。在谈判中，采购方要以价格为中心，坚持自己的利益。但价值并不仅仅局限于价格，谈判者应善于拓宽思路，设法从其他利益因素上争取应得的价值。因此，在谈判中与其为价格与对手争执不休，还不如在其他利益因素上如缩短交货期、延长付款期或增加技术服务项目等方面巧妙展开谈判，使对方在不知不觉中让步，从而达到提高己方价值实现的目的。这是从事采购谈判的人员需要特别注意的。

3. 平等互利、真诚合作

谈判双方，不论组织规模大小、实力强弱、谈判人员职位高低，在谈判中都享有平等的法律地位、权利和义务。因此，谈判双方都应从心理上承认对方的平等性，坚持互利互惠的原则。那些以自己的实力或势力压制对方，或以牺牲自己的根本利益来换取对方合作的做法都是不可取的。

坚持这一原则，一要真诚创造和谐的气氛，使双方能够在谈判桌旁安心地坐下来；二要有诚意地去寻求双方都能接受的方案；三要互相体谅，要认识到谈判双方都有各自的难处，谈判就是要找到解决问题和困难的有效途径。当然，要求真诚合作、以诚待人，也并不排斥谈判艺术和策略的运用。

4. 实事求是、友好协商

谈判中，要考虑自己的要求是否符合客观实际，是否是一相情愿、强人所难；对对方提出的要求也要进行实事求是的分析，看是否合理，是否符合实际。在谈判中发生争议是正常的。友好协商能使谈判者在冲突中找到共同的目标，使谈判各方得到满意的结果。虽然在谈判中该争的利益决不退让，立场要坚定，但为了达到一定的目标，或者为了实现共同利益而在一定场合、阶段和条件下作出适当的让步是可以的，求同存异、友好协商是实现谈判总目标的一种策略和手段。谈判中不应该动辄运用强制、要挟、欺骗和蛮不讲理等手段去解决问题。

5. 注重严密性和准确性

采购谈判最终要以书面协议或合同来体现由双方协商所达成的一致内容，这些内容形成了若干合同条款，它实质上反映的是各方的权利和义务。因此，合同条款的严密性与准确性是保障谈判各方获得各种利益的重要前提。有些采购者非常注意在谈判过程中花大力气迫使供应商作出许多让步，为己方争取了利益，以为胜券在握。但在拟订合同条款时，如果掉以轻心，不注意审查合同条款的完整、严密、准确、合理和合法，往往会被供应商在条款措词或表述技巧上引入陷阱，其结果是使自己好不容易获得的利益丧失殆尽，有时还可能为此付出惨重的代价，这种例子在商务谈判中屡见不鲜。因此，在采购谈判中，谈判者不仅要重视口头上的承诺，更要重视合同条款的准确和严密，尽可能将承诺如实落实在合同条款中。

谈判中不轻易作出承诺，但一旦形成协议，就必须严格履行自己应有的义务，不折不扣地执行和遵守协议，兑现承诺，这样才能树立起谈判者及其所代表组织言而有信的形象。

趣味小思考 1-2

在一家新建的中美合资企业里，美国方面的目的和需要可能是：利用技术上的优势，通过举办合资企业的形式，绕过直接贸易的障碍，开拓中国广阔的市场或扩大原有市场份额，以期获得长期丰厚的利润。而中方的目的和需要可能是：利用先进技术，提高企业的生产水平，获得丰厚利润，进而积极争取出口，开拓国际市场。显然，双方的目的和需要会影响对方需要的满足。

问题：

（1）双方的统一性和矛盾性表现在哪些方面？

（2）通过什么方法解决这些矛盾？

1.2.4 采购谈判流程

一个完整的采购谈判从开始到结束，是由不同的阶段组成的。各个阶段的工作内容和工作重点都有所不同，以此为依据，采购谈判一般可分为 5 个阶段。

1. 准备阶段

很多情况下，谈判在会谈开始前，就已经胜负鲜明了，因为事前准备的质量好坏往往起着一锤定音的作用。

如果自认为不需要事先准备就可以临场发挥的人，往往会失望地看到：即使达成了协议，往往也是错失良机，无法实现共赢。而如果进行了充分的事前准备，就很有可能水到渠成地促成共赢。一般来说，谈判越是艰巨，准备就越要充分，而无其他捷径可以替代。所以，成功谈判的秘密就是准备、准备、再准备。

准备阶段依据所准备内容的不同，主要划分为信息准备和人员准备。在准备过程中，将大量涉及各方面的信息和知识，人们对所掌握的信息、知识加以分析、利用，选择合适的谈判对象，制定出可行的谈判方案，就可以进入正式谈判了。

2. 开局阶段

谈判的开局阶段是指谈判准备阶段之后，谈判双方进入面对面谈判的开始阶段。

开局阶段的主要任务是建立良好的谈判气氛，就谈判的目的、时间、进度和人员等交

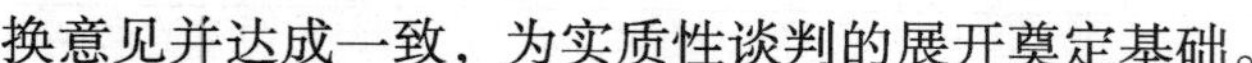

换意见并达成一致，为实质性谈判的展开奠定基础。

3. 磋商阶段

伴随着开局阶段的结束，买方或卖方开始报价，以及随之而来的还价，都是谈判的核心环节或阶段，这时，谈判就进入了磋商阶段。磋商又称讨价还价阶段，是谈判过程的一个关键阶段，也是最困难、最紧张的阶段。磋商也可以以书面的形式进行，比较复杂的交易磋商一般要通过面对面的磋商来完成。

在买卖交易条件的磋商过程中，谈判双方都要作出一定程度的让步。让步是双方为达成协议所必须承担的义务。让步在所难免，但如何让步值得认真研究，谈判者需要根据实际情况采用恰当的让步策略，以便实现己方的谈判目标。

4. 终局阶段

交易条件几经磋商分歧逐渐消除后，谈判便进入了终局阶段，也称签约成交阶段。终局是谈判的最后阶段，也是正式谈判内容的结束，这一阶段的主要任务是促成交易和签订协议。成交分为完全成交和部分成交。在无法实现完全成交时，若能实现部分成交，也是一种可取的谈判结局。在终局阶段，要促成将谈判的成果通过签订书面协议以法律的形式予以记录和确认，以便于今后遵照执行。

5. 谈判总结

正式谈判结束后，不管是达成协议，还是谈判破裂，都不意味着采购谈判就此结束，还有一项容易被忽略但又很重要的工作即谈判总结。谈判总结的内容较为广泛，既包括直接的谈判过程，又包括与谈判有直接关系的其他内容。例如，谈判的准备工作情况是否能够充分满足谈判要求？还存在哪些不足？谈判的程序安排、各阶段的策略和技巧的运用是否得当？谈判人员的综合表现如何？谈判目标的实现程度、谈判成果及谈判的效率的综合分析，供应商方面有哪些可以学习和借鉴的谈判经验和教训等。

及时进行采购谈判总结，有利于肯定经验和成绩，找出存在的问题，提出相应的改进措施和建议，以便为今后谈判工作的分析与实施管理提供详细的信息情报，也有利于做好谈判人员的奖惩工作，奖优罚劣，调动谈判人员的工作积极性和创造性。

趣味小思考 1-3

采购部门与供应商选择有什么关系？

从采购者与供应商关系的特征来看，谈判关系表现为三种：竞争性关系、合同性关系（法律性关系）和合作性关系。在供应链管理的环境下，提倡组织与供应商关系应该是一种战略性合作关系。因此，在采购谈判中也提倡一种双赢（Win-Win）机制。采购者与供应商的关系从传统的非合作性竞争走向合作性竞争、合作与竞争并存，是组织与供应商关系发展的一个趋势。采购者期望与供应商建立怎样的合作关系，决定着组织在采购谈判中所采取的采购策略。

以上有关内容我们将在后续的章节中详细展开。

小贴士 1-2　　某企业对采购员的若干要求

采购员必备能力包括成本意识与价值分析能力、预测能力、语言表达能力、良好的人际沟通与协调能力、专业知识。

要想成为一个好的采购员，除了采购员的以上必备能力外，采购员还要学会制订合理的采购计划，遵守采购的基本原则，选择合适的供应商并加以管理，在不影响企业正常生产下，降低采购成本。

采购员需承担的责任：采购计划与需求确认、供应商选择与管理、采购数量控制、采购品质控制、采购价格控制、交货期控制、采购成本控制、采购合同管理和采购记录管理。

以上内容都与采购谈判有关。

本章小结

（1）谈判是一个过程，是指在一定的时间和空间条件下，参与谈判的各方为满足各自的需要和维护各自的利益，就不同的观点、条件和利益等进行协商的过程。谈判的各方，可以是个人，也可以是团体。

（2）谈判者之间存在利益冲突和达成利益的一致性，即谈判者之间虽然存异但也希望求同。因此，任何谈判都要涉及给予与取得。

（3）谈判目的是在可能达成协议的基础上，发挥自己的影响力而获得更多利益，或使对方作出更大的让步。

（4）采购谈判是采购方和供应方为实现自己的经济目的如购进厂房、设备和原材料等生产经营所必需的物资、场所或服务，与供应商就价格、规格、数量、质量、交货方式和付款方式等内容进行协商，以明确双方的权利和义务的过程。

（5）谈判主体、谈判客体、谈判议题和谈判目标是构成采购谈判活动的 4 个必要因素。

（6）采购谈判遵循 5 项基本原则，即以获取经济利益为目的，以价值谈判为核心奉行平等互利、真诚合作和实事求是、友好协商的原则，注重严密性和准确性。

（7）采购谈判通常包括 5 个阶段：准备阶段、开局阶段、磋商阶段、终局阶段和谈判总结。

复习思考题

1. 什么是谈判？谈判的主要特征是什么？
2. 什么是采购谈判？采购谈判有哪些要素？
3. 采购谈判要遵循哪些原则？
4. 采购谈判由哪几个阶段构成？
5. 举一个实例来讨论采购部门对供应商选择的意义。

本章问题分析提示

趣味小思考 1-1

分析：对于采购谈判而言，从买方来讲以下 4 个因素会导致谈判发生。

(1) 所欲采购商品都有清楚的规格和相关说明。

(2) 采购额大到足以吸引供应商。

(3) 至少两个以上供应商即卖方有意介入。

(4) 供应商之间存在差异。

从本质上说，促成采购谈判的直接原因是因为参与谈判的各方有自己的需要，或者是自己所代表的某个组织有某种需要，而一方需要的满足又不能无视他方的需要。因此，谈判双方参加谈判的主要目的，就不能仅仅以只追求自己的需要为出发点，而是应该通过交换观点进行磋商，共同寻找使双方都能接受的方案。

趣味小思考 1-2

分析：许多案例都表明，采购部门越来越多地参与供应商选择。

在《国际电子商情》2007 年上半年所进行的调查中发现，采购部门在电子元器件的采购决策上起着非常重要的作用，即使是像 FPGA 这样专用性与技术性都非常强的元器件，采购部门也有很大的话语权。一位大型通信企业的采购负责人表示："由于两家最大的 FPGA 厂商都有很多产品系列，如果让研发工程师自己随意选择的话，会给物流采购带来很多不便。所以我们会从两家最大的 FPGA 厂商中选定一些产品型号，工程师只能从这些型号中选择。我们规定研发人员要选择最适当的 FPGA 器件，例如能用 100 万门的器件时，就不能用 200 万门的产品。其实，当采购部门在规定这些型号时，也基本上决定了不同的 FPGA 厂商的供货比例。"

调查显示，虽然各个厂商的采购流程不同，但随着制造商开始采用越来越正规的采购流程，采购部门在供应商选择中的重要性日显突出。一般来说，供应商的确定不是研发工程师一人选型就可以定夺的，它需要通过供货质量评审(首件合格率、一次交货合格率)、采购价格评审、交货及时性和服务评审以及元器件可靠性的试验论证等程序；要通过研发、采购、质量以及项目经理的共同签字才能确定。只有这样，才能使企业利益最大化。某企业在一次大的项目中，由于研发人员不顾采购部门的推荐，一意孤行使用了不合格的供应商，最后导致在批量需求时供应商供货跟不上，使企业丢掉了后续的大单，公司当年的收益也因此受到严重影响。

当然，采购部门在对供应商的挑选也要关注以下几个事项。

(1) 要由企业工艺设计部门在设计过程中提出。

(2) 参照历史数据资料的提示。

(3) 对供应链各个节点之间的关系进行分析，看供应商在供应链里是否处于关键节点上。

(4) 充分利用公共网络上的信息，在公共网络上寻找优秀的供应商。通过以上几项要素，最终把供应商锁定在比较大的范围内。这里应注意的是，在供应商选择的初始阶段，就应把供应商与自己企业的产品、工艺和设计联系在一起。

(FPGA 是英文 Field Programmable Gate Array 的缩写，即现场可编程门阵列，它是在

PAL、GAL、EPLD 等可编程器件的基础上进一步发展的产物，是 ASIC 电路中设计周期最短、开发费用最低和风险最小的器件之一。）

趣味小思考 1-3

分析：在谈判中，任何一方都是既统一又矛盾的。具体在这个案例中，其统一性表现为，如果双方都要达到各自的目的，就必须通过建立合资企业才能实现。其矛盾性表现为，美国企业提供技术的目的，是要开拓中国市场，获得高额利润；中国企业的主要目的是吸收外国先进技术，提高国内技术水平，积极发展出口，而不是单纯让出国内市场。总之，没有市场，拥有先进技术的美国企业就不感兴趣；同样，没有先进技术，中国企业也难以接受。这就是谈判双方既统一又矛盾的利益关系。

因此，只有通过谈判，寻找双方都能接受的方案，使矛盾在一定条件下得到协调，满足双方的利益。事实上，许多谈判都是双方带着这种既统一又矛盾的需要和目的而展开的。

本章学习路径

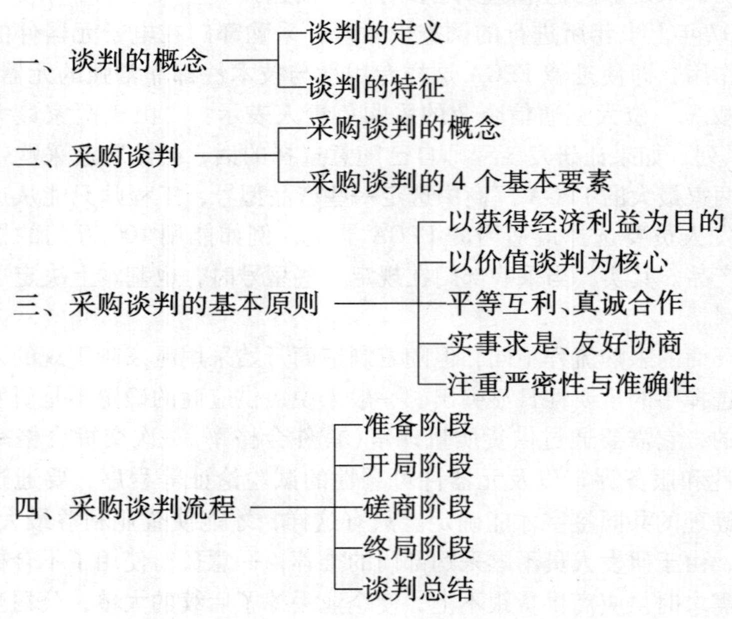

第2章

采购谈判信息准备

引导案例　　　　信息的价值

你能说出多少种方式将尿布和啤酒联系在一起吗？可能你已经有很多答案了，但可能还是有想不到的和写不出来的答案。

20世纪美国沃尔玛连锁超市一角的货架上，尿布和啤酒赫然地摆放在一起出售。而且，尿布和啤酒的销售量双双增加。原来，一位店面经理发现，在每周末啤酒和尿布的销量都会有一次同比攀升，一时却搞不清是什么原因。后来，沃尔玛对每个周末的销售信息进行分析发现：购买这两种产品的顾客几乎都是25～35岁的家中有婴儿的男性，每次购买的时间均在周末。原来，美国的太太经常嘱咐他们的丈夫下班以后为小孩购买尿布，而丈夫们在买尿布以后又顺手带回了啤酒，啤酒和尿布在一起购买的机会最多。而且，这些丈夫们都习惯晚上边看球赛、边喝啤酒，边照顾孩子，为了图省事就使用一次性尿布。得到这个分析结果后，沃尔玛决定把这两种商品摆放在一起，结果这两种商品的销量都有了显著增加，而且也符合我们所推崇的“双赢原理”。

对一些看似毫无关联的或表面的信息进行深入的分析，可以使人们发现很多意想不到的机会，使人们的经营方式或行为方式更加有效，并取得较好的收益。同样，信息也会影响采购谈判过程和采购谈判结果。

本章关键词

谈判信息、信息收集、信息分析

本章学习目标

- 了解谈判信息的准备过程
- 掌握谈判信息的主要内容
- 了解信息收集的途径
- 掌握信息分析的基本方法

美国未来学家托夫勒(A. Toffler)指出：“如果前工业社会的财富是土地，工业社会的财富是资本，那么后工业社会(信息社会)的财富就是信息。”同样，对于谈判者而言，信息也是一种宝贵的资源。

采购谈判前，收集、分析与谈判有关的各种信息，是了解对方意图、制订谈判计划、确定谈判策略及战略的基本前提。一般情况下，谈判者掌握的信息越充分、越全面、越准确，分析得越充分，就越能掌握谈判大局，越容易促使谈判对手作出利于己方的妥协，谈判成功的可能性也就越大。我们把这种收集信息、进行分析的过程，称之为谈判的信息准备阶段。

2.1 信息的定义和分类

2.1.1 信息的定义

信息从本质上讲，是一个非常基本的自然范畴，它一直存在于客观世界中，被人类自觉或不自觉地利用着，如同水、空气是人类生存和发展不能离开的东西，人类社会就是不断地从各种信息中汲取丰富的营养，并在各种形式的信息交流过程中获得进步和发展的。以计算机技术，特别是互联网技术为代表的现代信息技术的进步和广泛应用，极大地提高了人类传递信息、处理信息、利用信息的效率和质量，也使信息日益成为社会生产、生活的基础，成为人们有效生活的重要前提。在今天，越来越多的事例表明，信息已经和物质、能量、资本一道，参与到整个世界经济系统生产、交换、消费和分配的各个环节，逐渐成为独立于其他资源之外并带动其他资源运行的重要生产要素。

采购谈判信息是指那些对与谈判活动有着直接或间接联系的各种情况及其属性的客观描述。这些信息具有客观性、价值性、可识别性、可分享或共享性、可传递性、可存储性和时间性等7种特征。

任何成功的谈判都是建立在对有关信息资料的搜集与整理的基础上的，因此信息的收集和分析是谈判的重要准备工作。掌握信息情报的多寡和优劣直接关系到谈判者在谈判过程中是主动妥协还是被动妥协、究竟在哪些方面作出妥协以及具体作出什么样的妥协等。信息收集的数量越多，内容越丰富，对谈判的支持参照作用就越大。

2.1.2 信息分类

信息一般分为两大类：自然信息和社会信息。

（1）按信息的载体不同，分为文字信息、电子信息、语言信息和形体信息。

（2）按信息获得的渠道不同，分为直接信息和间接信息。

（3）按信息在谈判过程中的状态不同，分为谈判准备信息和谈判实时信息。

（4）按信息的内容不同，分为市场信息、谈判对手信息和己方信息等。

从某种意义上说，谈判就是一场信息战。在采购谈判中，即使谈判的标的和目标很明确，往往也会受到来自各方面因素的干扰。所以，搜集必要的信息并加以分析是必不可少的。

2.1.3 谈判信息的特点

不同的信息具有不同的特点，了解与谈判相关的信息的特点，可以帮助我们更好地收

集信息。

1. 多变性

市场信息的多变性是它不同于其他信息的最突出的特征，主要表现在以下几个方面：①商品及价格信息瞬息万变，而且不同商品之间的比价也在不断变化。②由于新的企业参与市场竞争或原有企业的退出，所购商品的供求关系总是处在不断变动之中。③同类商品随着技术进步，其更新换代的周期越来越短，产品性能也在改变。

2. 零散性

所采购商品的市场信息的零散性是由商品生产的分散性和信息传播的多渠道、无序化决定的，主要表现在以下几个方面：①商品生产多以分散的企业或企业集团为单位，为了占领市场，企业只注重商品信息的及时发布而缺乏系统性，造成商品信息量大且零乱的局面；虽然经过各种社会传播渠道传播时进行过一定的整合，但仍然无法从根本上改变其分散的状态。②许多以商品销售为目的的信息在传播活动中，良莠不齐，存在片面、无序和虚假宣传的现象。

3. 实用性

商品信息的实用性与商品信息的功能密切相关。它主要表现在以下几个方面：①沟通社会生产、流通和消费等环节的联系，促使其出现良性循环。②贴近大众生活，有广泛的共享性，提高着经济活动的透明度。③服务于不同用户的需求，如谈判者可以据此了解竞争对手或供应商的生产情况、商品营销策略、价格与服务措施、商品的市场占有率等，从而有针对性地组织谈判，使自己在谈判中占据有利的地位。

2.2　信息收集内容

采购谈判的信息准备一般是按信息的内容分别进行准备的。

2.2.1　市场信息

市场信息主要包括商品信息、价格信息、行业信息和法律法规信息等。

1. 商品信息

谈判者对将要购进的商品(包括原材料和设备等)要有充分的了解。对商品的性能特点、工艺过程、原材料供应状况、质量标准、价格变化、市场供应状况和需求状况、该产品市场占有率与市场需求等情况都要了如指掌。同时还要了解有关产品开发信息、产品生产设备更新和技术改造信息、产品更新及研发前景的科研信息、产品服务和竞争信息等。把握这些信息，可以帮助谈判者对所采购产品的技术性能、质量、使用效率、售后服务、技术支持和用户评价等有较准确的判断，以便在谈判过程中自如地提出质疑，占据谈判优势。同时，也不会被对方天花乱坠的描述所蒙蔽。

由于自然环境的不同，往往决定了产品的原材料供应、运输方式、储存条件及商品的包装、装饰等多方面的差异，所以谈判人员应该对所采购商品的自然环境方面的信息中有一个充分的了解，以使所采购的商品符合自己的需求。

2. 价格信息

价格信息是指反映价格运动、变化和发展趋势的各种信息。价格是谈判的焦点，无论是买方，还是卖方，谈判的核心最终要集中到价格上。

影响价格变化的信息主要包括：原材料价格、整个社会的生产力总体发展水平如行业平均工资水平、税收、地租、市场需求及市场竞争状况、社会分工状况、消费收入水平、物流费用、自然损耗率和突发性自然灾害等，这些因素都可能引起商品的价格波动。

在市场经济条件下，有关价格的方针、政策、法规、措施以及重要的定价与调价原则等法律政策因素，也会对市场供求关系产生影响，进而通过价格信息集中反映出来，会影响到所采购商品的品质标准、价格等诸多方面。

3. 法律法规和其他有关信息

市场经济是法制经济，市场经济中的所有商品交易活动都离不开法律的保护制约。随着我国国民经济的发展，国家经济的立法也在不断加强和完善，所以谈判人员必须具有很强的法制观念，对有关的法规和细则都必须有很充分的了解，利用法律来维护自己的权益。

我国目前所颁布的相关法律包括：《中华人民共和国合同法》、《中华人民共和国专利法》、《中华人民共和国商标法》、《中华人民共和国产品质量法》、《中华人民共和国公司法》、《中华人民共和国反不正当竞争法》、《中华人民共和国环境保护法》、《中华人民共和国消费者权益保护法》、《中华人民共和国标准化法》、《中华人民共和国涉外合同法》、《外商投资企业和国外企业所得税法》等。

2.2.2 供应商信息

《孙子·谋攻篇》中说："知己知彼，百战不殆；不知彼而知己，一胜一负；不知彼，不知己，每战必殆。"这段话精辟地论述了一个真理：凡事预则立，不预则废。谈判也是如此。如果与一个事先毫不了解的供应商谈判，其困难程度和风险是可想而知的。要进行一次成功的采购谈判，其关键在于既要了解自己，又要了解供应商。谈判的事项一经确立，就要着手对供应商的信息进行了解。

1. 了解对方的组织情况

了解对方的组织情况首先需要了解供应商的资信和实力。

谈判者在谈判之前，必须对供应商的基本情况有所了解。注册资本、法定营业地点、商业信誉、经营范围和经营状况等，最好可以要求对方提供相应的证明文件如营业执照、授权证书等，并可通过工商部门或其他途径加以核实。

2. 了解对方的需求

谈判是在互有需求的基础上才可能展开。因此，必须要了解供应商的需求，以便清楚地了解相互之间的利益关系，为成功达成协议奠定基础。需要了解的内容包括以下几个方面。

（1）供应商对什么感兴趣？为什么会对此感兴趣？

（2）供应商感兴趣的问题对其重要到何等程度？如果不能满足或部分满足对其会有什么影响？进而对谈判又会有什么影响？

（3）供应商有哪些利益需求？其中最重要、最希望满足的利益是什么？满足到什么程度就可能接受？

（4）供应商对这次谈判的期望是什么？有什么样的谈判计划？会怎样推进谈判？

了解供应商的需求，如果能在谈判中寻找到各方的共同点，则可以进行谈判。否则，就会找错谈判对手。

3. 了解供应商谈判小组的人员构成

供应商的谈判小组可能是一个人，也可能是一个小组，了解供应商谈判小组中个体的特点及相互关系，对谈判也是很重要的。

（1）供应商谈判小组的人员构成以及相互之间的关系，例如人数、主谈判人、谈判组长及职责等。他们之间有着怎样的分工和协作关系？各自对谈判拥有怎样的权利？谈判小组中的从属关系也是实际工作中的从属关系吗？

（2）了解供应商主要谈判人员的姓名、电话号码、性格、爱好、职业、电子邮件地址、家庭状况、教育背景、工作背景、谈判经验、服务于所在企业的工作年限和谈判分工等。

（3）深入了解对谈判拥有决策权的成员的重要信息，包括其能力、权限、经历、爱好、特长、谈判风格、与我方交往的历史情况、对谈判所抱的态度和意见倾向等。

每一名谈判代表在本组织中都会有相应的职务和一定的权力。相比较而言，人们会更愿意同一位副总经理谈判而不是市场部经理，在他们名片上可以很清晰地辨别出权力的大小。但事情并不完全是这样简单。任何一家组织都会有适合于自己管理的组织架构和人员配备，并没有统一的标准，在两个不同企业中相同职务的权限或许有很大的区别，也就是说一位副总经理的权力可能很大也有可能很小。所以，不要被名片上的头衔所迷惑，我们需要找到真正的决策者，而不必太在意名片上的头衔。

（4）了解供应商成员的文化信息。人们处在不同的社会文化背景下成长和生活，各有其不同的基本观念、信仰和生活习惯。这是在不知不觉中自然形成的，并成为人们的一种行为规范。这也构成了一个国家、地区在民族的文化传统如风俗习惯、伦理道德观念和价值观念等，它们共同形成了不同的文化背景信息。所以，采购谈判人员应该充分了解供应商谈判人员的生活和文化背景，以及所在地区的文化背景，以便于研究对方的性格爱好，尊重对方的风俗习惯，这对于维持良好的谈判气氛是十分有益的。

我国地域辽阔、民族众多，各地区、各民族的风俗习惯和文化背景等也有很大差异。因此，了解与谈判有关的文化环境信息，无论对面向国内还是国外的采购活动都很重要。

了解谈判对手的这些信息可以使我们尽量做到对供应商了如指掌，便于适当采取不同的谈判策略，控制谈判的局势，有助于我们在谈判桌上顺利地与供应商打交道。

4. 了解谈判者的心理动机

谈判者的心理动机不同，其思维活动和在谈判中的表现会有很大差别。了解不同人的不同心理动机，既有助于我们在组建谈判队伍时进行合适的人员搭配，也有助于了解供应商的谈判行为。谈判者的心理动机表现为以下5种类型。

（1）经济型。这类谈判者以追求交易中最低成交价格为目标，不遗余力地讨价还价，迫使对方让步。在他们看来，只要能以最低价格成交或获取最大利润就是胜利。为达到这一目的，他们也愿意在其他方面作出让步，例如付款方式、购买期限、数量、包装、运输方式、交货时间和地点等，但在价格、利润分配比例或费用分摊上却态度强硬，不轻易让步。

经济型谈判者对进行交易的经济利益十分看重，只要有利可图，他才考虑交易的可能性，并为达成一切有利的交易竭尽全力。

（2）冒险型。这类谈判者的动机类型是追求冒险，自我实现的心理强烈。如果谈判项目风险大、利润高，富有挑战性，对他们的吸引力也越大，能使他们迅逗调动大脑的神经系统，全力以赴地投入到谈判中。

喜欢冒险的谈判者，一般都很有自信心，期望水平也比较高。对所觉察的风险，一般都往好处想，更多考虑的是怎样克服困难，达到最终目的。他们喜欢通过冒险成功的事实来证明自己的能力，满足自我成就感的心理。因此，这类谈判者在比较大型、复杂和风险大的谈判中往往挥洒自如、镇定自若、决策果断，取得的业绩也比较好。

（3）疑虑型。这种人考虑事物，多看到的是问题，凡事都往失败、困难处想，体验或知觉到的风险比一般人要大得多。他们往往会担心产品的使用性能风险、资金风险、社会风险和舆论风险等。为了避免作出错误的选择，他们宁可放弃一些好的选择，将谈判议价限制在一个很小的范围内。同时，为了减少采购风险，他们还喜欢选择自己熟悉或习惯品牌的商品。

受疑虑心理动机支配的人，在谈判中比较拘谨，他们缺乏创造性、灵活性，习惯于按既定计划行事。每当对方提出新问题或新建议，他们都是持怀疑态度，不轻易表示自己的意见。他们处事谨慎，宁愿选择风险小、投资少、收获也小的方案，也不喜欢高收益但风险大的计划。

（4）速度型。具有这类心理动机的谈判者的特点是注重效率和速度，雷厉风行，能拍板就决定，不喜欢烦琐的交易方式，讨厌长时间无结果的磋商。他们不计较是否能在每次交易中获得最大的利益。而追求谈判的高效益。只要双方都认为合理合适，就是理想的结果。他们认为，为某一条款争执不下，耗费几天甚至是更长的时间是划不来的，因为时间上的损失也是金钱的损失。

（5）创造型。创造型动机占主导的谈判者，喜欢标新立异、与众不同。他们思维比较活跃，喜欢创造性地解决问题，处理冲突，缓和僵局。对谈判中出现的问题，喜欢与众不同、别出心裁地进行处理。如果谈判双方都属于这种动机类型，可以取得良好的效果。但如果供应商的谈判代表是疑虑型的，就比较困难。因为对于疑虑型的谈判者来说，新的解决途径往往让他们看到更多的是风险，可能会轻易地加以拒绝。因此，灵活、变通和创造性并不是对所有的谈判对象都适用。

趣味小思考 2-1　　决策权问题

在一场艰难的采购谈判之后，张经理突然发现供应商的谈判代表并没有相应的决策权，需要向他的上一级管理者汇报，而此前张经理长时间的说服工作无异于是浪费时间。这时，张经理除了无奈和愤怒外并没有其他可行的办法。

问题：如何避免这种情况发生？

2.2.3　了解己方信息

谈判是各方通过信息传递相互影响的过程。知己就是要了解自己的实力、明确自己的目标，才可能在谈判中不失时机地采取适当措施，对谈判和对方施加影响。

因此，在了解供应商的同时要对组织自身状况、所负责的采购项目、谈判小组的人员构成及特点等要有清晰的认识，这些都是日后制订谈判策略和计划的基础。己方的信息比较容易收集，但要注意一定是有关谈判的关键信息。

1. 了解成本构成

因为价格永远是谈判的焦点，只有在熟悉产品成本的基础上才能够制定出有效的价格

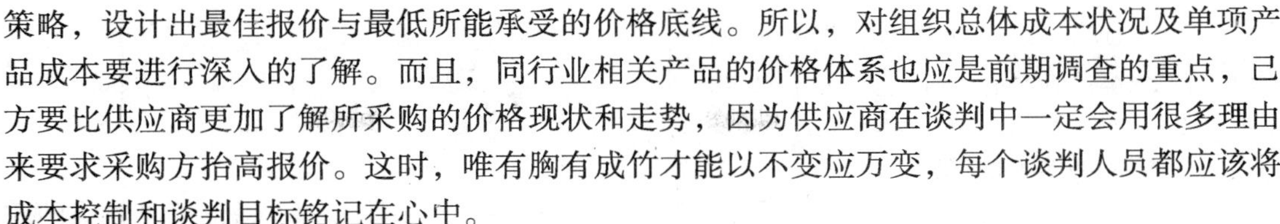

策略，设计出最佳报价与最低所能承受的价格底线。所以，对组织总体成本状况及单项产品成本要进行深入的了解。而且，同行业相关产品的价格体系也应是前期调查的重点，己方要比供应商更加了解所采购的价格现状和走势，因为供应商在谈判中一定会用很多理由来要求采购方抬高报价。这时，唯有胸有成竹才能以不变应万变，每个谈判人员都应该将成本控制和谈判目标铭记在心中。

2. 深入了解谈判小组成员

谈判并不全是由谈判代表单枪匹马完成的，较为重要的谈判是由多位代表共同完成的。谈判团队通常由不同领域的专家组建而成，一般包括营销、财务、技术和法律等专业人员。如果是谈判小组的负责人，就必须对每一位小组成员进行全方面的了解，例如性格、思维方式、心理素质、专业知识、所掌握的谈判技巧以及个人的性格特征、心理素质情况等。谈判小组成员的选择必须要非常严格，除了掌握必要的专业知识外，还要懂得一定的谈判知识以及具备良好的沟通能力，并且每一位成员都应该具备独当一面的能力。了解己方谈判人员可以使己方对谈判有充分的信心，又能在面对艰巨的谈判时有充分的心理准备。

3. 了解相互配合的能力

既然是谈判小组，相互间的配合就要非常默契，在谈判期间经常会实施不同的策略和战术，所以，应该了解每个成员的眼神或动作是否能达到相互理解的程度。默契的合作没有捷径可言，只有不断地磨合与演练才能成为一支出色的谈判团队。

4. 详细了解己方谈判方案的具体情况

了解己方谈判方案的具体情况包括了解己方在谈判中所处的地位、了解己方为谈判准备的论据，了解己方在谈判中能向对方提供的筹码是什么，即自己能作的最大限度的让步是什么。充分掌握己方的信息，有利于正确估价自己的实力，了解自己的弱点，明确自己的利益目标；可以使谈判者保持清醒的头脑，在谈判活动中做到避实就虚，以己之长补己之短。

实用范例 2-1　　某企业要求谈判人员准备的一份清单

(1) 列出供应商的所有要求，包括他们的付款条件和要求。

(2) 列出我方的要求。

(3) 确定我方在谈判中的优劣势。

(4) 估计谈判如果进行得不顺利，供应商的风险意识有多少。估计我方风险，如短期风险和长期风险。

(5) 确认双方组织中的主要人员，即那些能影响谈判结果的人。

(6) 列出我方感到供应商可能在谈判中采取的所有战略战术，列出我方可能使用的战略战术。

(7) 列出细节，如竞争活动、个人偏好。

(8) 谈判的后续工作，如谈判中的争议点和难免的差错等，有必要重新商谈；对大型合同可能进行补充。合同越复杂，在后续工作中尚未了结的零星事务就越多。对这些零星事务的处理，可以增加我们与供应商再次谈判的机会，可能使双方都获利。

2.3 信息收集

2.3.1 信息收集的原则

信息收集工作的好坏，直接关系到整个信息管理工作的质量。为了保证信息收集的质量，应坚持以下几个原则。

1. 准确性

准确是信息的生命。信息越准确，其价值就越大。准确性原则要求所收集到的信息真实、可靠，这也是对信息收集工作最基本的要求。为达到这样的要求，信息收集者就必须对收集到的信息反复核实、不断检验，力求把误差减少到最低限度，尤其是核心内容不能有任何偏差。要做到信息能如实反映实际情况，首先必须做到一切从实际出发，周密调查研究，认真收集各种原始资料和数据，才能加工出准确的信息，保证谈判人员的正确判断和对谈判过程的有效控制，以免贻误整个谈判工作。

2. 全面性

全面性原则要求所搜集到的信息要广泛、全面、完整。只有广泛、全面地搜集信息，才能完整地反映谈判活动的全貌，为谈判方案的制定和谈判的顺利开展提供科学的保障。当然，实际所收集到的信息不可能做到绝对全面、完整。因此，如何在不完整、不完备的信息下，制定出可行的谈判方案也是对谈判小组能力的考验。

3. 时效性

信息的利用价值取决于该信息是否能及时地提供，即它的时效性。某些信息的价值有很强烈的时效性。一条信息在某一时刻价值非常高，但过了这一时刻，可能一点价值也没有。信息只有及时、迅速地提供给它的使用者才能有效地发挥作用。特别是谈判决策时对信息的要求是“事前”的消息和情报，而不是“马后炮”。例如金融信息，在需要知道的时候，会非常有价值，但过了这一时刻，这一信息就会毫无价值。又如战争时的信息，敌方的信息在某一时刻有非常重要的价值，可以决定战争或战役的胜负，但过了这一时刻，这一信息就变得毫无用处。

由于信息具有时效性，传递速度越快，信息水平越高，其价值也越高，体现在具体工作中就是要及时，它主要表现在四个方面：一是收集信息要及时；二是加工制作新的信息要及时；三是反馈信息要及时；四是传输信息要及时。例如供应商的年度销售政策和最新出台的政策和价格变动等，都要求谈判人员及时掌握。

4. 适用性

适用性原则即信息要符合实际需要。谈判人员与其他部门人员的责任不同，他们所需要的信息在内容上也不尽相同。而且，即便同为谈判人员，由于层次不同，他们所需要的信息量也不相同，越往高层，需要的信息量越少，但对信息的要求趋于整体化，所得信息也越不正式，越不规律，不易事先预测；信息处理越复杂，往往需通过模拟、预测或其他复杂的过程，才能得到战略上的信息。而越在基层，信息资料越规律，趋于数据化、经常化。

5. 经济性

经济性原则是指采用的信息处理方式必须符合经济核算的要求。任何管理工作都要考

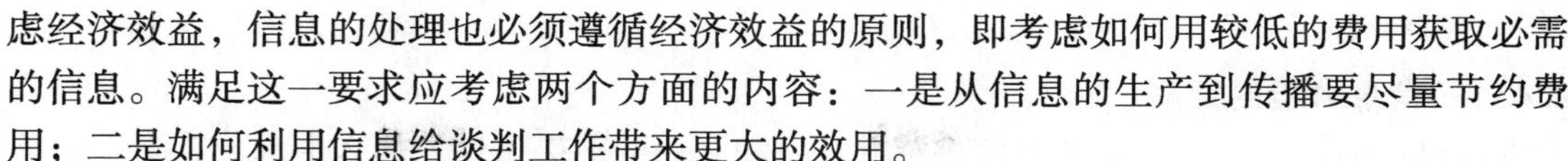

虑经济效益，信息的处理也必须遵循经济效益的原则，即考虑如何用较低的费用获取必需的信息。满足这一要求应考虑两个方面的内容：一是从信息的生产到传播要尽量节约费用；二是如何利用信息给谈判工作带来更大的效用。

2.3.2　信息收集的方法

1. 社会调查

社会调查是获得真实可靠信息的重要手段。社会调查是指运用观察、询问等方法直接从社会中了解情况，收集资料和数据，获取第一手资料的活动。通常包括实地观察、座谈访问、问卷调查和现场试验 4 种方法。利用社会调查收集到的信息是第一手资料，因而比较接近社会、接近生活，容易做到真实、可靠。

2. 建立信息网络

与谈判有关的信息要求准确、全面、及时，为了达到这样的要求靠单一渠道收集信息是远远不够的。因此必须靠多种途径收集信息，即建立信息收集的网络。严格来讲，信息网络是指负责信息收集、筛选、加工、传递和反馈的整个工作体系，而不仅仅指收集本身。

3. 案头调查

案头调查主要是收集文献信息，获取二手资料。文献是知识的集合体，如何在数量庞大、高度分散的文献中找到所需要的有价值的信息也是谈判人员的一项重要能力。文献信息如各种统计资料、有关报刊、各种研究报告、专业网站和广告等。

实用范例 2-2　　某企业为采购员建议的信息收集方法

（1）阅读国内外有关专业杂志。
（2）参观国内外博览会和各种专业展览会。
（3）收集和熟悉国内外产品样本和产品目录。
（4）查阅供应商有关档案资料。
（5）利用互联网等向国内外有关咨询机构求助和与国内外相关行业协会联系。
（6）进行市场调查。

如果认真地对这些公开的信息资料进行科学分析，采购谈判者就会得到许多意想不到的重要情报。

2.4　信息分析

随着人类社会进入 21 世纪，信息资源作为一种战略资源已经成为现代社会生产力的基本要素，信息资源的开发和利用在很大程度上也决定了一个国家和地区的经济水平和竞争实力。但是，信息本身并不能自动产生价值，而是人们在生产活动中，需要利用信息对生产活动进行组织和协调。即使在以信息为重要资源的知识经济时代，信息所具有的种种特性只有被人们有意识地加以开发、利用，才能为人们带来价值，或者说创造更多的价值。

2.4.1 信息分析的定义

如果说信息的收集、存储是信息资源开发和利用的前提条件，那么信息分析则是信息资源开发利用的高级形式。进行信息收集的目的不是占有信息，而是要应用信息。只有通过信息分析，才能实现对信息资源的深层次开发和高效益利用。只有这样，信息作为一种重要资源的作用才能够充分发挥，从而为组织、社会和人类创造财富。这就需要组织具有一种能力，从现实工作中发现信息，对已拥有的信息资源进行组合，运用这些信息解决问题，为组织特定的目标服务。这种能力就是信息能力，它是组织在长期的实践中逐渐积累起来的。

信息分析是这种能力的重要表现。它是指组织以特定的需求为依托，以定性和定量研究方法为手段，通过对已收集的信息进行整理、鉴别、评价、分析和综合等系列化的加工过程，形成新的、增值的信息产品，最终为不同层次的谈判活动提供服务。

信息分析工作的核心是信息的整理加工。它是对收集到的原始信息在数量上加以压缩、在质量上加以提高、在形式上加以变化，使之便于储存和传递的过程，即去粗取精、去伪存真、由此及彼、由表及里的改造制作，从已掌握的信息中产生新的信息的过程。这就需要谈判者对所收集的信息加强筛选、分析，形成系统的分析报告。分析报告要力求全面客观地反映市场态势如供求总量、结构、价格及其发展变化趋势以及供应商的基本情况、谈判态度等。

2.4.2 信息分析的基本步骤

信息分析的基本步骤有筛选、审核、加工、形成文字资料和知识库等。

1. 信息筛选

信息筛选是指对收集到的大量信息进行甄别，经过初步分析和研究，淘汰内容贫乏的，选出内容新颖、有价值的。概括地说，信息筛选就是要力求选出的每条信息都符合“实、新、精、准”的要求。完全做到这一点虽然不大可能，但剔除无用的或用处不大的，只保留有用的信息，这一点不仅可以做到，而且应该做到。这就是信息筛选的基本任务。

2. 信息审核

信息审核是指对经过初步甄别的信息作进一步的校验核实。任何信息都内含着自身的价值，其价值的大小在于是否具有真实性。由于信息的来源、信息的传播渠道中难免有客观的杂质和主观的因素干扰。因此，所收集到的信息往往带有一定的模糊度、多余度和滞后度，有的含有虚假成分，有的可能完全是假象。这就需要校验核实，挤出信息中的水分，确保信息的真实、准确。进行校验核实的方法有多种，其中最常见的方法有三种。

（1）逻辑分析。逻辑分析是指对原始信息中所表述的事实和叙述方法进行逻辑分析，发现其中的破绽和疑点，从而辨别其真伪。例如，同一材料中前后矛盾，就可以判断其中必有一个有错，或者两个都错。

（2）核对法。核对法是指依据权威性的信息材料进行对照分析，发现和纠正原始信息中的某些差错。所谓权威性材料，是指其本身的正确性毋庸置疑。例如，用国家颁布的标准化规定来对照某些产品的标准程度等，这就是核对法的具体运用。这里的关键是要掌握直接的、最新的权威性材料。

（3）调查法。调查法是指对原始信息中所表达的事物的运动变化情况，通过实际调查来验证它的真实性和准确性，例如供应商产品的市场占有率、价格变化等。这种方法需要花费较多的人力和时间，一般只对重要的原始信息进行现场调查鉴别。

3. 信息加工

信息加工是更具创造性的整理阶段，包括以下几个方面。

（1）充实信息内容。常用纵深法对信息进行此类加工，即“打破沙锅纹(问)到底”的方法。从纵的方面，按原始信息资料提供的某一主题层层逼近，或按某一活动的时间顺序，或按某一事件的历史进程，搞清问题的来龙去脉。将零碎、肤浅、杂乱而又有价值的信息有机地联系起来。

（2）综合分析。综合分析是指从整体上对所获得的信息进行系统的归纳、分类，作出定性、定量的分析和判断。通过对同类或相关的信息进行综合分析，可以发现带有规律性的变化和倾向性的问题。这对于掌握全面情况、预测未来和指导工作，有着重要的参考价值。常用归纳法对信息进行此类加工。所谓归纳法，是将反映某一主题的原始信息材料集中在一起，加以系统地综合、归纳，以完整地、明晰地说明某一方面的状态。归纳法要求分类合理、线条清楚、综合准确，因而要求加工者有较强的逻辑思维能力和文字表达能力，防止信息在归纳中产生变异。

4. 形成文字资料

这是信息整理的最后步骤，即对信息进行有序化处理。将信息分析成果转换为通俗易懂、易于传达、便于利用的报告、图表等。例如指导意见、工作日志和市场分析报告等存放在组织的文件夹、手册、书、录像带和计算机等存储器中，成为一定程度上固定的知识。对谈判有重要影响的信息要特别加以强调和说明，以引起谈判小组成员的重视。

信息分析报告切忌深奥、晦涩，使人看后不得要领。

5. 建立知识库

信息分析在本质上是一个知识的创造过程，在这个过程中，通过人与信息的相互作用，不断催生出信息主体新的、有特殊价值的知识，经过提炼、有序化、固化之后的知识，通过积累和应用，将为组织的经济活动和以后的有关谈判提供丰富而有益的宝贵资料。因此，谈判信息准备工作的最后一个重要环节是为组织建立不同类型的谈判信息知识库，使其成为组织而不仅仅是谈判者个人所拥有的档案资料。

（1）知识数据库。知识数据库是指存放各类已经经过标准化处理的组织知识，包括文档资料、客户知识、经营诀窍等的知识数据库。当其他人需要时，可以直接在知识数据库中查询这些知识。为了便于输入、查询、更新和维护，对知识数据库的结构化和标准化程度要求都较高。

（2）案例库。案例库是指把组织成功或失败的采购谈判活动编写成各类案例集中存放，其他人可以通过研究这些案例来获得启发。

（3）知识交流平台。利用组织内部刊物或基于内联网的内部交流系统等。鼓励谈判组成员自发地开展或参与知识交流。

（4）专家系统。专家系统是指通过对谈判专家知识的编码、模拟等手段实现管理的自动化，从而可以有效地减少谈判失误、提高操作效率和防止因某一专家流失而导致的谈判失败。

在信息时代，信息资料无处不有，只要善于捕捉、勤于分析，信息资料就可以为自己所掌握。而掌握足够可靠信息的谈判者往往能够在谈判桌上直指对方要害，并且能够根据对方最迫切的需求进行最适当的妥协。

实用范例 2-3　　某企业对采购谈判者的要求

如果你想成为一个有效的谈判者，请分析是否具备以下4个特征。

1. 善于计划和准备

(1) 供应商信息清单。

(2) 己方信息清单。

(3) 市场信息清单。

2. 先进行内部谈判

(1) 在向供应商承诺前内部已有了承诺。

(2) 对其管理层愿意承担多少风险心中有数。

(3) 懂得内部的重点，如盈利和采购销量的关系。

3. 富有创造性

(1) 会想办法修改计划，使双方都盈利。

(2) 会想办法重新妥协与组合。

(3) 会不断问："如果……怎么办?"。

4. 懂得把握分寸

(1) 适当时候会离席而去。

(2) 并不认为要对供应商的每个要求都作出反应。

(3) 对谈判中礼貌地"搁置"处之泰然。

趣味小思考 2-2　　军 事 机 密

二战期间，一位名叫伯尔托尔德·雅各布的作家出版了一部有关希特勒新军的组织情况的小册子。

在这本书中，他描绘了德军的组织结构、参谋部的人员布置、部队指挥官的名字、甚至涉及最新成立的装甲师的步兵小队，并列举了168名指挥官的名字。这些都属于德军的军事绝密资料。

这本书的出版引起了希特勒的极度恐慌，他下令逮捕了雅各布。在盖世太保的审讯室，德军情报顾问瓦尔特·尼古拉上校对雅各布进行了严刑逼问。而雅各布的回答却大大出乎盖世太保的意外。雅各布告诉盖世太保，这些所谓的"军事机密"均出自公开的新闻媒体。

问题：雅各布是怎样获得这些军事机密的?

本 章 小 结

(1) 谈判前，收集、分析与谈判有关的各种信息，是了解对方意图、制订谈判计划、确定谈判策略及战略的基本前提。任何成功的谈判都是建立在对有关信息资料的搜集与整理的基础上的，因此信息的收集和分析是谈判的重要准备工作。一般情况下，谈判者掌握的信息越充分、越全面、越准确，分析得越充分，就越能掌握谈判大局，越容易促使谈判对手作出利于己方的妥协，谈判成功的可能性也就越大。掌握足够可靠信息的谈判者往往能够在谈判桌上直指对方要害，并且能够根据对方最迫切的需求进行最适当的妥协。

（2）采购谈判信息是指那些对与谈判活动有着直接或间接联系的各种情况及其属性的客观描述。这些信息具有客观性、价值性、可识别性、可分享或共享性、可传递性、可存储性和时间性 7 种特征。

（3）在采购谈判中，围绕谈判标的和目标所需要收集的信息按其内容的不同可以分为：市场信息如商品信息、价格信息、法律法规信息等；供应商信息如组织情况、供应商的需求、供应商谈判人员的构成及特点、谈判的心理动机等；己方信息如所采购商品的成本构成、谈判小组成员及相互配合、谈判方案等。

（4）信息收集工作的好坏直接关系到整个信息管理工作的质量。为了保证信息收集的质量，应坚持准确性、全面性、时效性、适用性和经济性原则。

（5）信息收集的方法和途径很多，主要有社会调查、建立信息网络和案头调查三种。

（6）信息分析是指组织以特定的需求为依托，以定性和定量研究方法为手段，通过对已收集的信息进行整理、鉴别、评价、分析和综合等系列化加工过程形成新的、增值的信息产品，最终为制定谈判方案和谈判提供服务。信息分析工作的核心是信息的整理加工。它是对收集到的原始信息在数量上加以压缩、在质量上加以提高、在形式上加以变化，使之便于储存和传递的过程，即去粗取精、去伪存真、由此及彼、由表及里的改造制作过程。信息分析的基本步骤有筛选、审核、加工和形成文字资料等。

复习思考题

1. 信息具有哪些特征？收集信息需要注意什么原则？
2. 采购谈判准备需要收集哪些信息？哪些是有利于谈判的供应商信息？哪些是与谈判有关的己方信息？
3. 收集信息要注意什么原则？
4. 常用的信息收集方法有哪些？
5. 请尝试对一个公开信息进行分析，形成信息分析报告。
6. 不同心理动机的谈判者思维有哪些不同表现？了解这些对谈判有什么积极意义？

本章问题分析提示

趣味小思考 2-1

分析：在采购谈判中由于不了解谁有决策权而耽误时间的案例并不少见。

为了避免这种局面的发生，在采购谈判信息准备期间就要尽可能确定谁是真正的决策者，是某一个人还是一个团体。当然，这种信息的确很难获取，你可以通过与供应商进行非正式的接触获得信息，也可以在谈判开始前向对方询问：“如果我们的意见达成一致，你是否有权对此做出决定。”如果对方没有相应的决定权，那么可以要求有决策权的谈判代表出席，你可以说：“我方决策者已经出席，为了便于双方的沟通节省时间，我方希望贵公司的决策者也能够出席此次谈判。”如果供应商是坦诚地面对此次谈判，相信会给出一个合理的回应。

趣味小思考 2-2

分析：事实上，当雅各布回答出他所知道的“军事机密”的来源时，的确令人大吃一惊。

例如他书中所涉及的第 17 师指挥官哈济少校驻扎纽伦堡，取自纽伦堡报纸的一个讣告，上面报道说新近调驻纽伦堡的第 17 师团的指挥官哈济将军将要出席葬礼。而在另一份乌尔姆的报纸中，他读到了一则新闻，这则新闻报道了菲罗夫上校的女儿和史太梅尔曼少校举行订婚仪式的消息，该报道提到了菲罗夫是第 25 师团的第 36 联队的指挥官，而史太梅尔曼少校的身份是信号军官。

听到这个答案，审讯官无不瞠目结舌。原来，雅各布并不是间谍，但他只是留心了新闻媒介的报道，就巧妙地取得了间谍才能取得的情报。

这个发生在二战期间的故事，对于我们的谈判信息收集和分析工作有非常重要的借鉴意义。在今天的信息时代，大众传媒的覆盖面更广，手段更为先进，特别是互联网技术的广泛使用，为各级组织及个人获取信息提供了更为便捷的途径。作为一个谈判者，在面对浩如烟海的信息时，应独具慧眼，找出对自己有用的资料。

本章学习路径

一、信息的定义和分类

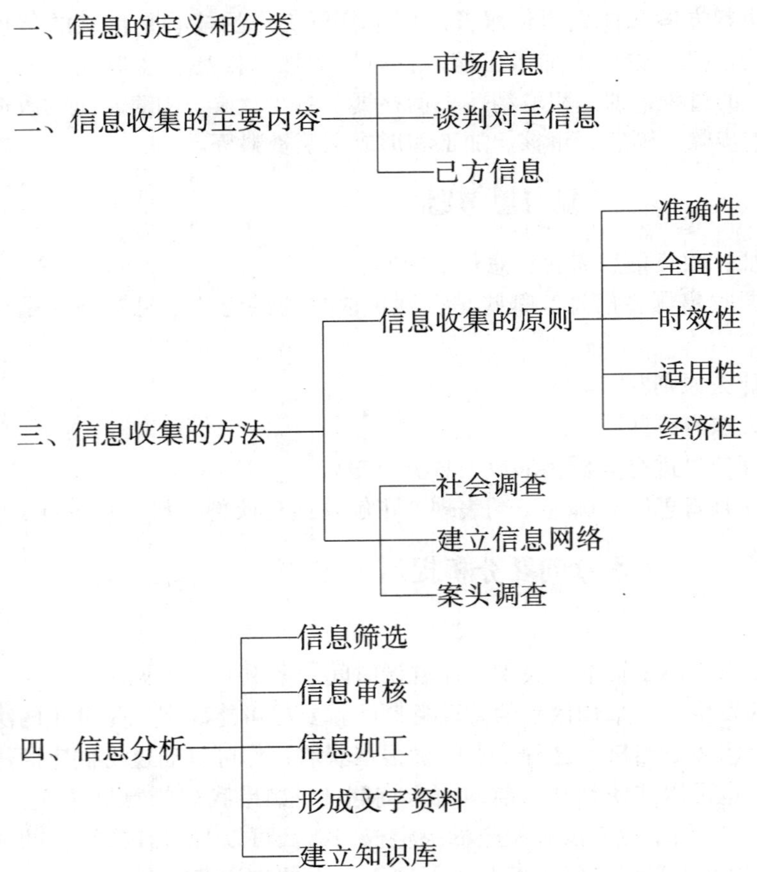

第3章 采购谈判人员准备

引导案例　　某企业选择采购谈判人员的基本条件

可以选用的人：

(1) 品质可靠，即谈判者必须忠诚可靠，并能赢得客户对他的信任。

(2) 具有独立工作能力而又具有合作精神。采购谈判人员要依靠并发掘自身的力量，独立工作，同时又不放弃合作精神。

(3) 具有相当的智力与谈话水平。要有广泛的知识面、相当程度的记忆力；对本企业和供应商有深入的了解；谈吐自如、举止得体。

(4) 愿意去外地出差。

不能选用的人：

(1) 不能选用遇事相要挟的人。

(2) 不能选用爱出风头、缺乏集体精神和易于变节的人。

本章关键词

职业道德、业务素质、心理素质、谈判分工与合作、谈判人员培训

本章学习目标

- 了解对谈判人员的素质要求
- 掌握小组谈判的优缺点
- 掌握谈判分工的基本原则
- 了解采购谈判人员的培训内容和方法

采购谈判是组织一项重要的经济活动，要确保谈判的成功，做好谈判人员的配备、进行必要的谈判前培训以及对谈判人员的分工与合作作出合理安排等，都是谈判人员准备的主要工作。

3.1 谈判人员的选用

采购谈判是谈判人员知识、信息、修养和口才诸多要素的综合较量。所以，选择谈判人员时，通常要对其业务水平、性格、机敏性、忍耐力、判断力、知识和经验等进行全面考察。

作为谈判主体，谈判人员的素质是筹备和策划谈判谋略的决定性主观因素，它直接影响整个谈判过程的发展，影响谈判的成功与失败，最终影响谈判双方的利益分割。可以说，谈判人员的素质是事关采购谈判成败的关键。

3.1.1 职业素质

职业素质是指劳动者在一定的生理和心理条件的基础上，通过教育、劳动实践和自我修养等途径而形成和发展起来的，在职业活动中发挥重要作用的内在基本品质。它是一个人对所从事的职业要求和专业知识的内化，是劳动者的知识、能力和其他个性品质在职业活动中的综合表现。不同的社会历史发展时期，对劳动者的职业素质提出了不同的要求。

1. 职业道德的含义

作为代表组织参加采购谈判的人员，它的职业素质首先表现在作为谈判人员必须遵守职业道德。

所谓职业道德，就是同人们的职业活动紧密联系的符合职业特点所要求的道德准则、道德情操与道德品质的总和。各行各业中的每个岗位都是随着政治、经济、社会、文化的发展进一步分化、分工的产物，都被赋予特定的社会职能、社会责任、价值标准和行为规范，并要求每个职业劳动者严格遵守和认真奉行，这就是职业道德。它不是在一般意义上的社会实践基础上形成的，而是在特定职业实践的基础上形成的，因而它往往表现为某一职业特有的道德传统和道德习惯，表现为从事某一职业的人们所特有的道德心理和道德品质。在内容上，职业道德总是要鲜明地表达职业义务、职业责任以及职业行为上的道德准则，它一方面是用来调节从业人员内部关系，加强职业、行业内部人员的凝聚力；另一方面，它也是用来调节从业人员与其服务对象之间的关系，用来塑造本职业从业人员的形象。因此，恪守职业道德是采购谈判人员必须具备的首要条件，也是谈判成功的必要条件。

2. 职业道德的表现形式

作为代表组织参加采购谈判的人员，其职业道德主要表现为以下几个方面。

（1）爱岗敬业、忠于职守。它主要表现为在谈判中具有强烈的事业心和责任感，忠于国家、忠于组织、忠于职守，这是采购谈判人员做好谈判工作的出发点，也是谈判人员首先应当具备的最基本的职业道德。采购谈判人员只有热爱本职岗位工作，全身投入采购工作，吃苦耐劳、兢兢业业、认真钻研相关业务，在本职岗位上尽心尽力、尽职尽责，才能做好采购谈判工作。

同时，作为谈判人员，在采购谈判过程中要注重控制感情，个人感情只能成为融洽谈判气氛、创造谈判条件的因素，而不能成为牺牲组织利益的筹码；要有一种超越私利之上的使命感，以国家、组织的利益为重，不计较个人的荣誉得失，能够克服外在的压力，推动谈判达成协议。

（2）遵纪守法、清正廉洁。它主要表现为在谈判中坚持原则，严守秘密。在采购谈判活动中，要严格按照规定的操作程序和法定的依据进行，依法办事，不以自己主观或他人强加的意志而丧失原则；清正廉洁、自我约束、自我规范、自我控制、自觉构筑思想防线，也是采购人员遏止和抵制各种违法乱纪行为的重要前提。如果采购谈判人员一旦丧失了应有的原则立场，必定会产生各种暗箱操作、徇私舞弊、收受贿赂等不法行为，其结果也必定会严重地侵犯了组织和供应商的正当权益。例如有些谈判人员不能抵御谈判对手的利益诱惑，为了个人私欲损公肥私，通过向对手透露情报资料，甚至与之合伙谋划等方式，产生各种收受贿赂、徇私舞弊等违法乱纪行为，使己方丧失有利的谈判地位。其结果不但使自己一步一步地走向犯罪道路，毁灭自己的人生，同时还使组织蒙受巨大的经济损失。

（3）客观公正、优质服务。在实际采购工作中尤其是在以招投标形式进行的采购活动中，有时要面对多个供应商。每位供应商都是满怀希望参与采购谈判活动的，而市场竞争却是激烈的、无情的。因此，客观公正就是要做到公平正直，没有偏袒，工作中既不得掺杂个人的主观意愿，也不能被他人的意见所左右。表现在实际工作中，要求采购从业人员要严格按照规定的条件和程序实施操作，对所有的供应商都一视同仁，不得有任何歧视性的条件和行为。同时，为供应商营造一个宽松、和谐的服务环境，缓解他们的竞争压力，使他们能有一个即使不能达成协议，也能有一个满意而回的好心情，这也是每位采购谈判人员应当具备的最起码的基本素质要求。具体来说，采购谈判人员一定要时刻树立优质服务的风格，对来自于任何地区的供应商都应当一视同仁，做到态度温和、语言文明、尊重事实、谦虚谨慎、团结协作；在实际工作中，必须以理服人，不以貌取人、不以势压人；在矛盾面前，尊重事实，心平气和地解释和沟通，只有这样才能更加圆满地完成好采购任务。

由于采购谈判人员往往肩负着组织的重大经济利益，也代表了一个组织的形象。因此，对一个合格的采购谈判人员在职业道德上的要求，应该比其他职业的人更严格。

3.1.2　业务素质

业务素质是指从事业务活动所应具备的素养和能力。采购谈判人员要求有比较广博的知识面，具备完成所承担工作必备的业务理论知识、基本技能及条件，包括以下三个方面。

（1）产品知识，如熟悉所负责专项产品系列、规格、特性、包装和技术指标等基本知识。

（2）商务知识，如深入了解商务合同的相关知识；熟悉财务、税务基础知识；熟悉相关的经贸法规；熟悉所采购商品的市场供求状况；熟悉供应商情况如供应商组织结构、供货能力和质量保证措施等知识。

（3）其他辅助知识，如商品质量检验知识、谈判礼仪、谈判心理学和有效沟通知识等。

一名优秀的采购谈判人员，必须具备相关学科的基础知识，要把自然科学和社会科学统一起来，普通知识和专业知识统一起来，在具备贸易、金融、管理等一些必备专业知识的同时，还要对心理学、经济学、会计学、控制论和系统论等一些学科的知识广泛摄取，为我所用，这是谈判人员综合素质的体现。尤其是处理好人际关系，也是谈判人员必备的业务素质。

3.1.3 心理素质

人的心理素质是指人在感知、想象、思维、观念、情感、意志和兴趣等多方面心理品质上的修养。它是一个内容非常广泛的概念，涉及人的性格、兴趣、动机、意志和情感等多方面的内容。例如人的情感和情绪、意志力、信念和信心、忍耐力和自制力、心理调节等都是心理素质的重要内容。

相信谈判能够成功的坚定信心、对谈判和谈判对手的诚意、在谈判中保持必要的耐心等都是保证采购谈判成功不可或缺的心理素质，是采购谈判取得成功的重要基础条件。

1. 信心

信心就是相信自己的实力和能力，它是人们从事谈判活动必备的心理素质，也是谈判者充分施展自身潜能的前提，是谈判取得成功的心理基础。

信心的表现形式之一就是自信。只有自信，谈判者才能做到有胆有识、大方自然、不畏艰难；才能有勇有谋、百折不挠；才能虚怀若谷、大智大愚，赢得对方信任，取得合作的成功；如果对自己没有信心，就难以勇敢地面对压力和挫折，也往往是采购谈判遭受失败的原因。很多采购谈判的过程都是充满艰辛曲折的，只有具备必胜的信心才能促使谈判者在艰难的条件下发挥自己的才能，通过坚持不懈的努力推动谈判成功。

自信不仅仅是指求胜心理，还应该符合职业道德，是具有高度理性的信心。那种为了求胜在谈判中为达到目的不择手段，甚至采取欺诈、威胁的伎俩迫使对方就范；为获得自己利益，不惜损害对方利益的做法都是不道德的、不能提倡的。实践也证明，任何不择手段的作法后果都是十分消极的，它可能会使谈判者获得合同成交和一时的利益，但也会使谈判者失去信誉、朋友等比合同成交更加宝贵的东西。

信心不是无本之木、无源之水，它是建立在充分准备、充分掌握信息、对谈判双方实力进行科学分析的基础之上。信心的坚定与否，在很大程度上取决于自己在谈判中诉求的合理性、所持立场的正确性。

2. 耐心

在采购谈判中，耐心及容忍力是必不可少的心理素质，是谈判者抗御压力的必备品质和争取机遇的前提。在一场旷日持久的谈判较量中，往往谁缺乏耐心和耐力，谁就将在谈判中失去取胜的主动权。

耐心可以使人们更多地倾听对方，了解掌握更多的信息。有统计资料表明：人们说话的速度是每分钟 120 ~ 180 个字，而大脑思维的速度却是它的 4 ~ 5 倍。这就是为什么常常对方还没讲完，人们就早已知道对方想说什么了。但这种情况如果表现在谈判中却会直接影响谈判者倾听并错过对方极有价值的信息，甚至失去谈判的主动权。所以保持耐心是十分重要的，它可以使己方能有效地注意倾听对方的诉说，观察了解对方的举止行为和各种表现，获取更多的信息。

耐心也使人们更好地克服自身的弱点，增强自控能力，有效地加强、控制谈判局面。谈判状况各种各样、千变万化，有时是非常艰难曲折的，谈判人员必须有抗御挫折和打持久战的心理准备。在这个过程中，耐心可以调控自身的情绪，不被对手的情绪牵制和影响，使自己能始终理智地把握正确的谈判方向。它有利于提高自身参加艰辛谈判的韧性和毅力。

具有耐心也是谈判者心理成熟的标志。在谈判中，耐心表现为不急于取得谈判结果，能够很好地控制自己的情绪。这有助于谈判人员在对现象作出全面分析和理性思考的基础上，作出科学决策，从而在心理上战胜对方，掌握谈判的主动权。

从心理学上看，人是否具有耐心与人的气质有直接的联系。粘液质气质类型的人，天生性格稳重、平和，而胆汁质气质类型的人则脾气暴躁，缺乏耐性。因此，粘液质气质类型的谈判者运用耐心则得心应手，而对于胆汁质的谈判者来讲，则需要克服较大的心理障碍。

小贴士3-1　　“戒躁”、“制怒”、“留静”、“贵虚”

古往今来的伟大政治家、军事家、思想家都以“戒躁”、“制怒”、“留静”、“贵虚”等作为自我修养的基本方法。“戒躁”、“制怒”就是要想方设法消解自己激动的情绪，如果失去理智就会做出愚蠢的事情。“贵虚”、“留静”有两层含义：一是养成一种敏锐、明彻如玄的心境，这是一种特殊的心理状态；二是指冷静地观测事态的发展变化，抓住薄弱环节，出其不意、克敌制胜。

3. 诚意

诚意是一种负责的精神、合作的意向和诚恳的态度，这些都是谈判双方合作的基础，也是影响、打动供应商心理的策略武器。

采购谈判是在两方以上进行的一个合作过程，谈判协议的达成是这种合作是否取得成功的重要标志，它取决于双方合作的诚意。换句话说，谈判需要诚意，诚意应贯穿谈判的全过程。具有诚意，不但是谈判应有的出发点，也是谈判人员应具备的心理素质。

受诚意支配的谈判心理是保证实现谈判目标的必要条件，只有在双方致力于合作的基础上，才会全心全意考虑双方合作的可能性和必要性；才会合乎情理地提出自己的要求和认真考虑对方的要求；才能真心实意地理解和谅解对方，并取得对方的信赖；才能求大同、存小异取得和解和让步，促成双赢的合作。

诚意也是谈判的动力。希望通过谈判来实现双方合作的谈判人员会进行大量细致、周密的准备工作，拟订具体的谈判计划，收集大量的信息情报，全面分析谈判对手的个性特点，认真考虑谈判中可能出现的各种突发情况。诚意不仅能够保证谈判人员有良好的心理准备，而且也使谈判人员心理活动始终处于最佳状态。在有诚意的前提下，双方求大同、存小异，相互理解、互相让步，以求达到最佳的合作。

谈判是一项考验人的意志力、忍耐力和斗智比谋的高智能竞技活动，从来就没有一帆风顺的谈判。谈判过程充满了困难和曲折，有时谈判会变成一项马拉松比赛，这种较量要求谈判者应具备坚忍顽强的意志力和良好的心理调适能力。事实上，谈判者之间的持久交锋并不总是令人愉快的，更多的是枯燥乏味，令人厌倦。这不仅是各方智力、技能和势力的比试，更是一场意志、耐心和毅力的较量。如果谈判者没有坚韧不拔、忍耐持久的恒心、泰然自若的精神和达成协议的诚意是难以适应的。

在谈判过程中，还需要谈判人员能够控制自己的情感，特别是当胜利在望或陷入僵局时，都能心如止水，即使对方说不，也不能表现出愤愤不平。喜怒形于色不仅有失风度，而且会让对方抓住弱点与疏漏，给对方造成可乘之机。谈判者只有具备了以上这些基本的心理素质，才能使自己摆脱困境、战胜对方，应付各种艰巨复杂的谈判。

趣味小思考 3-1

如何在谈判中表现出诚意？

小贴士 3-2　　耐心是一种策略

在谈判中，耐心也常常是一种策略。

在谈判僵局面前，充分的耐心可以融洽谈判气氛、缓和谈判僵局，以等待转机。这时，谁有耐心沉得住气，谁就可能在打破僵局后获取更多的利益。

耐心还可以使谈判者正确区分人与问题，学会采取对人软、对事硬的态度；耐心也是对付脾气急躁、性格鲁莽和咄咄逼人的供应商的有效方法，是实施以软制硬、以柔克刚的最为理想的策略方法。

耐心也是对付意气用事的供应商的策略武器，它能起到以柔克刚的良好效果，使自己可以认真地倾听对方讲话，冷静、客观地谈判，分析谈判形势，恰当地运用谈判策略与方法。

需要指出的是，耐心不同于拖延，在谈判中，人们常常运用拖延战术打乱对方的战术运用，或借此实施己方的策略。

3.1.4　能力素养

谈判者的能力是指谈判人员驾驭采购谈判这个复杂多变的竞技场的能力，是谈判者在谈判桌上充分发挥作用所应具备的主观条件。它包括以下内容。

1. 认知分析能力

善于思考分析是一个优秀的谈判人员所应具备的基本素质。谈判的各个阶段都充满了形形色色、始料未及的问题和假象，谈判者为了达到自己的目的，往往会以各种手段掩饰真实意图，传达真真假假、虚虚实实的信息。这就要求谈判者能够通过观察、思考、判断和综合分析，从对方的言行和行动迹象中判断真伪，认清对方的真实意图。

2. 运筹计划能力

如何把握谈判进度？在谈判的不同阶段将使用怎样的策略？在什么时候、什么情况下可以推进谈判由准备阶段进入接触阶段、实质阶段，进而达成协议等，这些都需要谈判人员发挥其运筹的作用，做到计划在先、心中有数、应对有方。当然这种运筹和计划是建立在对供应商的各种信息如背景、需要、可能采取的策略等有充分调查和预测的基础之上。

3. 决断能力

在谈判过程中，很多情况下都需要在谈判现场作出决断，谈判本身就是一项相当独立的现场工作方式，这就需要谈判人员具备良好的对事务的判断和决策能力。它是指谈判人员要通过对事物现象的观察分析，能够由此及彼、由表及里、去粗取精、去伪存真，排除各种假象的干扰，洞察事物的本质，作出正确的判断。

决断能力表现在能及早地把握所存在的问题或关键点所在，准确地预见事物发展的方向和结果；综合运用各种方法、手段，对不同条件、不同形势下出现的问题及时作出正确的行为反应和策略选择等各个方面。

谈判人员的决断能力还与其所掌握的有利于作出科学的判断和决策的知识、方法、一定的专业实践经验的积累有关，谈判人员应注意在学习和实践两个方面下工夫，提高自身的决断能力。

4. 应变能力

所谓应变能力，是指人对异常情况的适应和应付的能力。任何细致的谈判准备都不可能穷尽谈判中可能发生的所有情况，千变万化的谈判形势要求谈判人员必须具备沉着、机智、灵活的应变能力，以控制谈判局势。因此，应变能力主要包括处理意外事项的能力、化解谈判僵局的能力和巧妙回答刁钻问题的能力等。

谈判活动的一个重要特点就是带有较大的不确定性。这种不确定性就要求从事谈判活动的人员在谈判伊始，就要有应付不确定性发生的准备以及办法，要有临场应变的能力。当一些异常事件、情况出现时，如果谈判人员缺乏处理异常情况的临场应变能力，就有可能使谈判招致失败或不利的后果。因此，处变不惊是一个优秀谈判人员应具备的品质。面对复杂多变的情况，采购谈判者要有能力根据谈判情况的变化修订谈判目标和策略，冷静而沉着地处理各种可能出现的问题。

应变能力往往又需要创造力的配合。随着社会的发展和科学的进步，以综合性、动态性、创造性和信息性为特征的人类现代思维方式已经取代了落后的传统思维方式，创造性思维是以创新为唯一目的并能产生创见的思维活动。谈判者运用创造性思维能提高分析问题和解决问题的能力，提高谈判的效率。为促使谈判达成协议，谈判者可以创造性地提出一些预防交易过程中问题发生的办法以促成谈判。例如在进口采购中，指定一个中立的第三者作为检查员，在货物即将发运之前对供应商的货物进行检查，待货物合格后，再按照信用证规定付款等。这些做法既容易为对方所接受，也可以有效地保护采购方的利益。

5. 语言表达能力

语言是沟通的主要工具，谈判离不开语言，并且主要是借助语言进行的。作为谈判和交际的手段，谈判人员必须熟练地掌握谈判所用的语言如普通话、外语等，提高自身的语言表达能力。它主要表现在语言表达的规范性、逻辑性；语言表达的准确性，如语音纯正、措辞准确、言简意赅；语言表达的艺术性，要注重无声语言、暗示性语言、模糊语言、幽默语言和情感语言的运用。

一个优秀的采购谈判者应该懂得通过语言的感染力强化谈判的艺术效果。谈判中的语言包括口头语言和书面语言两类。无论是哪类语言，都要求准确无误地表达自己的思想和感情，使对手能够正确领悟你的意思，这是最基本的要求。其次，还要突出谈判语言的艺术性。谈判中的语言不仅应当准确、严密，而且应生动形象、富有感染力。因此，巧妙地运用语言表达自己的意图，本身就是一门艺术。

除了提高语言表达能力外，谈判人员还要善于运用和理解身体语言如眼神、手势等，增强谈判的沟通能力和理解能力。

在涉外谈判中，谈判人员不仅要熟练地运用本国语言，还应精通外语，达到有效沟通的目的。

趣味小思考 3-2　　××企业采购人员受贿事件

2007 年 8 月 26 日，××企业宣布开除 8 名被拘留的经理级员工。此前两月，该企业中包括 7 家门店肉课课长和一名生鲜采购人员（课长级别）在内的 8 人被警方拘留。其原因是收受供货商贿赂。

为什么被拘留的都是课长？在××企业一个课长的权力有多大？供货商为什么要贿赂课长？这种贿赂的成本会不会提高商品的价格？记者调查显示，在课长面前，供货商明显处于弱势。供货商要想让商品进入××企业并且有好的销量，必须和课长“交流感情”，保持良好关系。交流感情的方式之一就是贿赂。

课长在××企业公司的架构序列里，处于第 5 层。如果没有外部力量的调查，××企业内部很难查出。如果供货商不举报，肯定不会有人发现。估计这次是课长们跟供货商要的费用太多，对方不同意而举报的。被拘留的 8 名课长都是生鲜处的，8 人做同一个单子。就是这笔单子把他们都送进了拘留所。其中，被拘留的××课长现年 29 岁，还没有结婚。

问题：

（1）为什么××企业会出现这种集体受贿的现象？应如何避免这种现象的发生？

（2）采购人员应该怎样处理谈判中的个人利益与组织利益？

3.2 组建谈判队伍

组建谈判队伍首先要根据谈判内容以及所要达到的目的来确定己方谈判队伍的规模。通常有一人参加的一对一的单人谈判和有多人参加的小组谈判。

3.2.1 不同谈判队伍的比较

1. 一对一谈判

一对一谈判是指参加谈判的各方均派出一名谈判人员完成谈判的过程，一些采购量小、非重要谈判等常常采用这种形式。

2. 小组谈判

小组谈判是指谈判班子的人数在一人以上。由多人组成的谈判小组，可以满足谈判活动对多学科、多专业的知识需要；谈判人员之间也可以取得知识结构上的互补，发挥综合的整体优势。其次，谈判人员可以分工合作、集思广益、群策群力，形成集体的进取与抵抗的力量。常言说得好：“三个臭皮匠，顶过一个诸葛亮”，“一个人是一条虫，齐心协力一条龙”。因此，成功的谈判有赖于谈判小组人员集体智慧的发挥。

不同谈判队伍的优缺点对比如表 3-1 所示。

表3-1 不同谈判队伍的优缺点对比

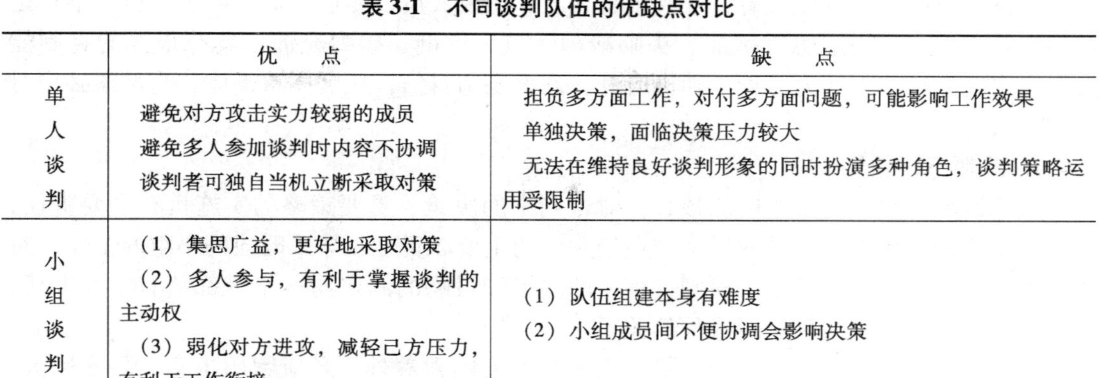

	优 点	缺 点
单人谈判	避免对方攻击实力较弱的成员 避免多人参加谈判时内容不协调 谈判者可独自当机立断采取对策	担负多方面工作，对付多方面问题，可能影响工作效果 单独决策，面临决策压力较大 无法在维持良好谈判形象的同时扮演多种角色，谈判策略运用受限制
小组谈判	（1）集思广益，更好地采取对策 （2）多人参与，有利于掌握谈判的主动权 （3）弱化对方进攻，减轻己方压力，有利于工作衔接	（1）队伍组建本身有难度 （2）小组成员间不便协调会影响决策

一对一谈判的好处在于：在授权范围内，谈判者可以随时根据谈判桌上的风云变幻作出自己的判断，不失时机地作出决策以捕获转瞬即逝的机遇，而不必像小组谈判时那样，对某一问题的处理首先在内部取得一致意见，然后再作出反应而常常延误战机，也不必担心对方向自己一方谈判成员中较弱的一人发动攻势以求个别突破，或利用计谋在己方谈判人员间制造意见分歧，从中渔利。一个人参加谈判独担责任，无所依赖和推诿，定会全力以赴，因此谈判效率较高。但一个人的智慧和知识毕竟有限，因此，单人谈判一般适用于谈判内容比较简单的情况。

在现代社会里，谈判往往是复杂的，涉及面很广。从涉及的知识领域来讲，包括商业、贸易、金融、运输、保险、海关和法律等多方面的知识，谈判中所要收集运用的资料也非常多，这些都不是个人的精力、知识和能力所能胜任的，更何况“智者千虑，必有一失”，一个人再优秀，也难以将所有的事情和问题都处理周全。所以，一般谈判特别是内容重要的谈判，都是通过谈判小组进行的。

3.2.2 确定谈判人员

谈判小组人数的多少没有统一的标准，视谈判的具体内容、性质、规模以及谈判人员的知识、经验和能力不同，谈判小组的规模也不同。但不论谈判大小，直接上谈判桌的人不宜过多。如果谈判涉及的内容较广泛、较复杂，需要由各方面的专家参加，则可以把谈判人员分为两部分，一部分主要从事背景材料的准备，人数可适当多一些；另一部分直接与供应商进行面对面谈判，这部分人数与对方相当为宜。在谈判中应注意避免对方出场人数很少(或很多)，而己方人数很多(或很少)的情况。合理的谈判队伍规模不是绝对的，必须根据具体情况来确定，一般在3~7人为宜，不能太多。所以，正确选配小组成员是十分重要的。

谈判小组人员的选配，在充分考虑其职业道德和能力素养等因素的同时，还要根据采购谈判的具体内容、所需要的知识、信息，以及谈判人员的相互配合等因素来考虑、确定谈判小组的人选。应遵循的基本原则有4个，即全面、高效、小而精原则；层次分明、分工明确和团结协助的原则；明确赋予谈判人员权力的原则；明确谈判人员职责的原则。不同的谈判人员，由于分工不同，其岗位职责也不一样。

谈判小组的角色分配应有：谈判组领导人、主要成员、专业人员、后援人员。不管是谁都责任重大，他们应思维敏捷、头脑冷静、口齿伶俐、精力充沛，具有很强的克制能力、洞察能力和分析能力，善于随机应变，态度亲切自信，风度庄重得体，当然还必须对组织忠诚。

1. 谈判小组领导

采购谈判小组领导是小组的核心，对谈判中的决策、重要策略的实施负有主要责任，同时负责协调谈判小组成员的关系。在谈判中的主要职责是领导采购谈判小组的工作，对谈判的组织、谈判前的准备、谈判过程中的决策和策略的制定与实施等都负有主要责任。同时，还要负责协调谈判小组成员的关系。

采购谈判小组领导除了具备一般谈判人员必要的素养外，还应阅历丰富、目光远大，具有审时度势、随机应变和当机立断的能力；具有善于控制与协调谈判小组成员的能力。

2. 主要成员

主要成员一般担任谈判中主要发言人即主谈人，在谈判的某一阶段或针对某一个或几个方面的议题，以其为主进行发言，阐述己方的立场和观点。因此主谈人必须了解和掌握洽谈的全部情况，能够很好地领会和贯彻己方决策人的意图，是谈判小组的核心成员，一般由项目负责人或部门负责人担任。

采购谈判主要是在双方主谈人之间进行，因此，主谈人是整个谈判班子的核心。谈判的效果、成败主要取决于主谈人的能力和对其职责的履行情况。主谈人的职责主要有以下几点。

（1）拟订采购谈判计划和采购谈判策略。

（2）监督谈判程序、掌握谈判进度，决定采购谈判过程中的重要事项。

（3）听取专业人员的说明、建议，协调谈判小组的意见。

（4）与谈判对手进行具体交易磋商。

（5）落实交易磋商的记录工作，对合同审核、签约。

（6）总结汇报谈判工作。

3. 技术人员

技术人员是指专业技术人员。如果采购谈判内容复杂、涉及多方面知识和专业技术的话，需要配备专门的技术人员，如技术引进项目、大型设备采购谈判等，都需要有关的专家或技术人员出席。

技术人员的职责主要有以下几点。

（1）向供应商阐明己方参加谈判的意愿和所要求的技术条件。

（2）弄清供应商的意图和技术条件。

（3）找出双方在专业方面的分歧和差距。

（4）同供应商进行专业细节方面的磋商。

（5）修改草拟谈判文件及合同中的有关条款。

（6）向主谈人提供解决的专业建议和信息。

（7）为最后决策提供专业方面的论证。

4. 财务人员

财务人员是指熟悉财务制度和项目成本核算的财会人员，其职责主要有以下几点。

(1) 掌握该谈判项目总的财务情况。

(2) 了解供应商在该项目利益方面的期望指数。

(3) 做好相关记录和计算，提醒主谈人被疏忽的问题。

(4) 谈判方案修改时，要及时分析、计算修改所带来的收益变动。

(5) 为主谈人提供财务方面的意见和建议。

5. 法律人员

法律人员是指精通经济法、合同法等法律、法规的专业人员，尤其在一些大型的采购行为中，法律专业人士介入谈判是十分重要的。其职责主要有以下几点。

(1) 确认对方经济组织的法人地位和有关授权的合法性。

(2) 负责谈判中合同条款的法律解释问题。

(3) 监督谈判程序在法律许可范围内进行。

(4) 检查合同、文件及条款在法律层面的完整性和准确性。

6. 语言翻译人员

如果是涉外采购谈判，至少要配备一名翻译。在涉外的采购谈判中，翻译人员在谈判中占有特殊的地位，他们常常是谈判双方进行沟通的桥梁。翻译的职责在于准确地传递谈判双方的意见、立场和态度。一个出色的翻译人员，不仅能起到语言沟通的作用，而且必须能够洞察对方的心理和发言的实质，既能改变谈判气氛，又能挽救谈判失误，增进谈判双方的了解、合作和友谊。因此，对翻译人员有很高的素质要求。

在谈判双方主谈人都具有运用对方语言进行交流能力的情况下，往往也需要配备专职翻译人员。因为利用翻译提供的重复机会，己方可争取更多的思考时间；还可利用翻译复述谈判内容的时间，密切观察对方的反应，迅速捕捉信息，考虑对付对方的战术。翻译的职责主要有以下几点。

(1) 中外文都要达到较高的水平，并熟悉谈判业务，有一定的专业知识。

(2) 明确己方的意图、计划和策略。

(3) 如实地传达双方的意见和谈话。

(4) 工作热情、态度诚恳，语言文字翻译准确无误。

(5) 对主谈人的谈话内容如觉不妥，可提示请考虑，但必须以主谈人的意见为最后意见，不能向外商表达翻译的个人意见。

(6) 外商如有不正确言论，要如实全部翻译告知主谈人考虑。

7. 后备人员

后备人员是组织谈判的后备力量，尤其在一些大型、较复杂的谈判活动中，后备人员是十分必要的。后备人员既可在必要时参加谈判小组；也可在谈判出现问题时，替换谈判小组成员；还可以在涉及某些新的技术问题时，查找资料提供帮助等。

这些人员应具备一些共同的基本条件。

(1) 参加人员须具备良好的专业基础知识，能处理突发情况。

(2) 参加人员间必须关系融洽，能求同存异。

(3) 服从谈判小组领导，其工作方式符合所在组织的利益要求。

这样，由不同类型和专业的人员就组成了一个分工协作、各负其责的谈判小组。

3.3 谈判小组的合作与分工

谈判人员所具有的良好的个人素质、高超的谈判技巧并不能保证谈判获得预期的结果。一场成功的谈判往往需要谈判班子人员的功能互补与合作。如何才能使谈判班子成员分工合理、配合默契呢?

3.3.1 谈判小组的合作

一般来讲，谈判小组都有一名技术主谈，一名商务主谈。所谓主谈人，是指在谈判某一阶段或针对某一个或几个方面的议题，由谁为主进行发言，阐述己方的立场和观点，此人即为主谈人。这时其他人处于辅助的位置，称为辅谈人。

主谈人作为谈判班子的灵魂，应具有上下沟通的能力，有较强的判断、归纳和决断能力，必须能够把握谈判的方向和进程，设计规避风险的方法；必须能领导下属齐心合作，群策群力，突破僵局，达到既定的目标。

确定主谈人和辅谈人，以及他们之间的配合是很重要的。主谈人一旦确定，那么，己方的意见、观点就都由他来表达。按照统一口径一致对外，避免出现己方人员各执己见，众口不一的现象，这就是谈判小组的合作。在主谈人发言时，自始至终都应得到己方其他人员的支持。例如，口头上的附和“正确”、“没错”、“正是这样”等。有时在姿态上也可以作出赞同的姿势，如眼睛看着己方主谈人不住地点头等，辅谈人的这种附和对主谈人的发言是一个有力的支持，会大大加强主谈人说话的力量和可信程度。

如果己方主谈人在讲话时，其他成员东张西望、心不在焉，或者坐立不安、交头接耳，就会削弱己方主谈人在对方心目中的分量，影响对方的理解。

3.3.2 谈判小组的分工

有合作就有分工，合理的分工也是很重要的。在谈判过程中，主谈人并不是一成不变的，尤其是在一些大型采购谈判中，针对不同的问题，主谈人也会变动。这就是谈判中的分工。

1. 洽谈技术条款的分工

在一些大型设备或技术服务的采购中，洽谈合同的技术条款时，专业技术人员处于主谈的地位，相应的商务人员、法律人员则处于辅谈人的地位。在谈判时，技术主谈人要对合同技术条款的完整性、准确性负责。除了要把主要的注意力和精力放在有关技术方面的问题上外，还必须放眼谈判的全局，从全局的角度来考虑技术问题，并尽可能地为合同的商务条款和法律条款的谈判创造条件。对于商务人员和法律人员来说，他们的主要任务是从商务和法律的角度向技术主谈人提供咨询意见，并适时地回答对方涉及商务和法律方面的问题，支持技术主谈人的意见和观点。

2. 洽谈商务条款时的分工

很显然，在洽谈采购合同的商务条款时，商务人员、经济人员应处于主谈人的地位，而技术人员与法律人员则处于辅谈人的地位。

采购合同的商务条款在许多方面是以技术条款为基础的，或者是与之紧密联系的。因此在谈判时，需要技术人员给予密切的配合，从技术角度给予商务人员有力的支持。例如，在设备采购谈判中，商务人员提出了某个报价，这个报价是否能够站得住脚，首先取决于该设备的技术水平。对于卖方来说，如果卖方的技术人员能以充分的证据证明该设备在技术上是先进的、一流水平的，即使报价比较高，也是顺理成章、理所当然的。而对于买方来说，如果买方的技术人员能指出该设备与其他供应商的设备相比在技术方面存在的不足，就能动摇卖方报价的基础，为己方谈判人员的还价提供依据。

3. 洽谈合同法律条款的分工

事实上，合同中的任何一项条款都是具有法律意义的，不过在某些条款上法律的规定性更强一些。在涉及合同中某些专业性的法律条款如违约赔偿等条款的谈判时，法律人员可以主谈人的身份出现，对合同条款的合法性和完整性负主要责任。由于合同条款法律意义的普遍性，因此法律人员应参加谈判的全部过程。只有这样，才能对各项问题的发展过程了解得比较清楚，从而为谈判法律问题提供充分的依据。

3.4　谈判小组人员培训

培训是组织根据某一部分人员在某时刻的工作需要，通过书面、口头传达等沟通方式对员工进行教育和示范，以达到更新其知识、理念，提升其综合素质，影响和改变其行为方式，提高工作能力，促进团队更快速、更健康发展的行为。

由于采购谈判小组的成员可能来自组织的各个层面，对即将开展的谈判工作缺乏统一的认识，对他们进行培训是一项不可缺少的工作。

对谈判小组人员培训的内容涉及谈判的全部过程如谈判的准备、正式谈判和谈判的后续工作等。培训内容涉及多方面的知识，如财务管理、市场学、质量管理、供应链管理、沟通技巧、谈判心理学和法律知识等。

3.4.1　采购谈判培训的主要课程

采购谈判培训的主要课程应该覆盖整个谈判活动中所应具备的知识，涉及面较广，主要包括以下四大类。

1. 供应商管理

供应商管理包括供应商管理工程、供应商考察与审核、供应商认可、供应商绩效考核与改进、关于市场调研与分析等内容。通过培训使采购谈判人员了解供应商管理的基本概念、流程、工具，学会供应商审核、考评及绩效指标衡量的基本方法；建立供应商管理档案，并能对所选择的供应商实施有效的控制程序。

2. 采购常识

采购常识包括所需采购商品的市场分布、商品属性和品牌等市场信息并进行合理分析；询价与谈判，供应商风险分析等内容。通过培训，谈判者对所采购商品的基本分类、市场竞争状况、商品的性能特点、工艺过程、原材料供应状况、质量标准、价格变化、市场供应状况和需求状况、该产品市场占有率与市场需求、采购技巧等情况都要了如指掌。

3. 政策法律

随着我国国民经济的发展，国家经济的立法也在不断加强和完善，所以谈判人员必须具有很强的法制观念，对有关的法规和细则都必须有很充分的了解，利用法律来维护自己的权益。所以，谈判人员必须对我国目前所颁布的相关法律如《中华人民共和国合同法》、《中华人民共和国专利法》、《中华人民共和国商标法》、《中华人民共和国产品质量法》、《中华人民共和国公司法》、《中华人民共和国反不正当竞争法》、《中华人民共和国消费者权益保护法》、《中华人民共和国标准化法》和《中华人民共和国涉外合同法》等有较全面的了解。

在强调可持续发展的今天，了解与环境保护有关的政策法规也非常重要。例如不同行业或产品的环境管理体系、相关环保法规与标准、环保管理体系与采购和供应商的关系等。

市场经济是法制经济，市场经济中的所有商品交易活动，都离不开法律的保护制约。对此，采购谈判人员应该有明确的认识。

4. 谈判知识

谈判知识包括谈判准备、谈判内容、谈判中的分工与合作、谈判的基本礼仪、谈判技巧和改善沟通等内容。对一些大型采购谈判，最好事先进行内部的预谈判即谈判演练，使每个谈判小组的成员都能熟悉谈判过程、谈判策略和技巧的应用，并学会如何在谈判中进行相互配合。

3.4.2 培训方法

1. 讲授法

这是人们最熟悉的培训方法，也是被普遍采用的最基础、最主要且最重要的教学手段。讲授法是由培训者向受训者讲授知识，是最传统的培训方式。

讲授法最大的优点就是可以将大量的知识在短时间内系统地传授给员工。只要教材选得恰当、讲授主次分明，就可以将深奥难懂的理论知识讲解清楚，就可以清晰地传递知识。培训者还可采取提问和讨论等方式活跃氛围，引导受训者主动思考。

但是，讲授法也有缺点，主要是系统地讲授知识，而没有提供实践的机会，导致知识只停留在理论层面。如果过于依赖讲授法，容易让知识流于形式，而很难转化到实际工作中。同时，培训的效果在很大程度上受到培训师的影响，如果培训人的讲授索然无味或毫无重点，听者也必将收效甚微。

即便如此，讲授法仍然是一种重要的培训方法，并且不是其他方法可以完全取代的。如与其他方法配合进行，可以进一步强化培训效果。

2. 案例讨论

案例讨论是一种寻找理论与实践恰当结合点的十分有效的培训方式。在案例讨论中，学习者将被置身于特定的情境中，这情境可以是现实的，也可以是虚拟的。主持人将提供关于某个情境的背景描述，由学习者根据提供的资料，通过讨论在合作中互相沟通，在沟通中增进合作，学习相互沟通、尊重他人、关心他人，同时也增强了说服别人以及聆听他人的能力。而特定情景的设置，可以使学习者在不充分信息的条件下，通过个体独立或群体合作的方式对复杂多变的形势作出分析、判断和决策，积极寻找多种可能的答案，从而锻炼综合运用各种理论知识、经验分析和解决问题的能力。案例讨论中的答案是开放的、发展的，并不是要教给学习者一个正确的解决方法，而是培养学习者分析问题和解决问题的能力，并且提供一些有益的思路。

在讲授法或案例讨论中，可以使用幻灯、投影、录像、录音和多媒体等视听教材，使学习者的印象更深刻，更易于理解。

实用范例 3-1　　某企业的采购谈判培训内容

(1) 如何认识采购谈判的重要性？
(2) 如何评估、分类管理供应商？
(3) 谈判的准备、开局、中间和结束阶段的要点分别是什么？
(4) 如何综合平衡时间、价格和品质多方面的因素？
(5) 价格谈判如何谋求最大价值？
(6) 谈判陷入僵局怎么办？
(7) 改善供应商品质有哪些手段？
(8) 如何抓住最佳的采购谈判时间？
(9) 如何增加己方在谈判中的权力？
(10) 如何谈判既能达到双赢又能控制风险？

本 章 小 结

(1) 做好谈判人员的配备、进行必要的谈判前培训以及对谈判人员的分工与合作作出合理安排等，都是采购谈判人员准备的主要工作。

(2) 采购谈判人员的职业道德、业务素质、心理素质和能力素养同样重要。恪守职业道德是谈判人员必须具备的首要条件，也是谈判成功的必要条件；业务素质是指从事业务活动所应具备的素养和能力；心理素质要求谈判者应具备坚韧顽强的意志力和良好的心理调适能力；能力素养要求谈判者具备一定的认知分析能力、运筹计划能力、决断能力、语言表达能力和应变能力，驾驭复杂多变的谈判“竞技场”。

(3) 一对一的单人谈判和小组谈判各有优劣势。但“智者千虑，必有一失”，一个人再优秀，也难以将所有的事情和问题都处理周全。所以，一般谈判特别是内容重要的采购谈判，都通过谈判小组进行。

(4) 采购谈判小组的人选要根据谈判的具体内容、所需要的知识、信息，以及谈判人员的相互配合来考虑、确定。谈判小组的角色分配应有：谈判组领导人、主要成员、专业人员（包括技术人员、法律人员、财务人员等）、临时人员和后援人员。

(5) 采购谈判过程中由于涉及的问题不同，会有不同的分工与合作。谈判小组领导应按照人员的特长和谈判的实际需要进行谈判小组内部人员的分工与合作。

(6) 采购谈判小组的成员可能来自组织的各个层面，对即将开展的谈判工作缺乏统一的认识，因此培训是一项不可缺少的工作。培训的内容涉及谈判的全部过程如谈判的准备、正式谈判、谈判的后续工作等。它将涉及多方面的知识，如财务管理、市场学、质量管理、供应链管理、沟通技巧和谈判心理学等。讲授法、案例讨论是常用的培训方法。

复习思考题

1. 为什么说谈判人员的素质会影响谈判的成功与失败？谈判人员素质包括哪些方面？

主要内容是什么？

2. 单人谈判和小组谈判各有什么优点？
3. 谈判小组中有哪些角色？其主要任务是什么？
4. 如何做好谈判小组的分工与合作？
5. 怎样培训谈判人员？培训的作用是什么？

本章问题分析提示

趣味小思考 3-1

分析：谈判过程中，诚意实际上体现在许多具体的活动中。例如，对于对方提出的问题，要及时答复；对方的做法有问题，要适时恰当地指出；自己的做法不妥，要勇于承认和纠正；不轻易许诺，一旦承诺后就要认真兑现诺言。

诚意能使谈判双方达到良好的心理沟通，保证谈判气氛的融洽稳定，能排除一些细枝末节小事的干扰，能使双方谈判人员的心理活动保持较好状态，建立良好的互信关系，提高谈判效率，使谈判向协议达成的方向顺利发展。

趣味小思考 3-2

分析：请参考以下背景资料，作出自己的分析。

在××企业的采购谈判中，为保证各门店返点(返给××企业的利润点)公平，一般供货商会和企业门店的 7 名课长一起谈判。

谈判中，如果某位课长对返点不满意，他随便就能找个借口，向供货商施加压力。例如货次、送货不及时等，其他课长一般会附和。在这种谈判中，供货商显然处于弱势。为此供货商不得不与课长们“交流感情”。“交流感情”的方式一般就是给课长们提供免费旅游的机会、逢年过节送礼品或者礼金、平常请吃饭，或者直接送现金。

案例所给出的××企业的事件不是偶然的。F 先生是一家商贸公司总经理。从 20 世纪 90 年代中期××企业刚刚营业，他就成了××企业的百货供应商。

作为一名供货商，F 先生的职责是将厂商的百货商品送上××企业各大超市的货架。××企业有的临时理货员会不时给供货商打电话，拿出手机话费单、出租车票等让供货商报销。他们的权力是清理货架时，安排相应商品的位置，满足了他们，货物就会被摆在同类商品的前面。

由于很多同类商品都想进入××企业，这时候仅靠商品品牌、质量和包装等硬件是不够的，最终拍板签订合同的是那些课长、处长们，所以供货商必须让这些人满意。

供应商与××企业的供货合同多是一年一签，供货商必须维系与处长、课长们的关系。“不然，不说取消下一年的合同，就算把合同砍掉一半，普通供货商也难以承受。”F 先生说，即使不在合同上做文章，处长、课长也有很多方法可以为难供货商。

处长、课长能决定商品促销价格和期限。他们可以在促销中拼命压价且缩短促销期限，这会让供货商受损失的同时，还无法达到促销效果。F 先生就曾收到过处长和课长的直接暗示，“他们往往在聊天时突然叹气，我就知道问题来了，不是家人生病就是装修缺钱。”F 先生曾经帮一位处长包办了一场婚宴，所有的费用都由他出，众宾客的礼金则落进了处长口袋。

F 先生说，层层“抽头”，直接导致商品成本增加，商品的销售价格也就自然提高了。

这些最终都转嫁到消费者身上。

你可以找到更多的相关资料来分析本案例。

本章学习路径

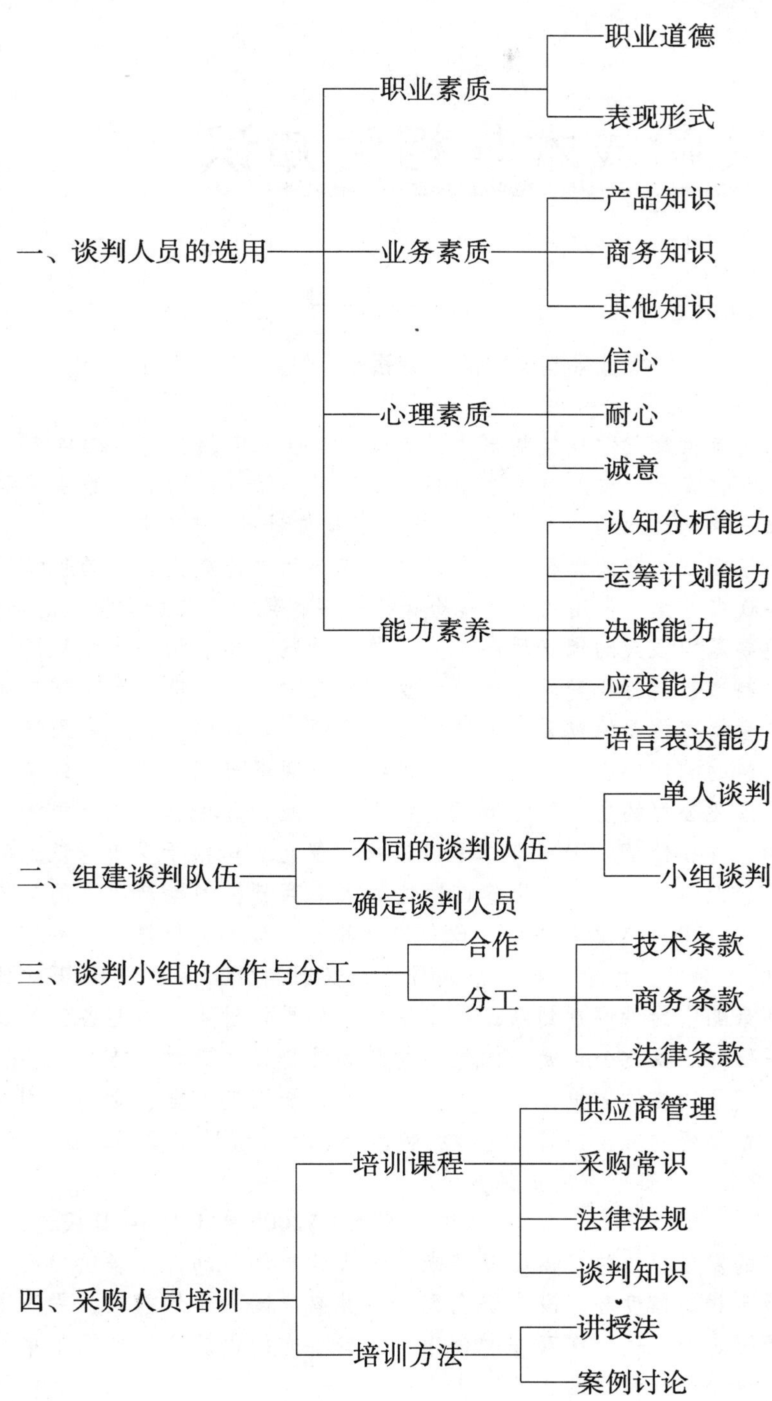

第4章

采购成本与相关知识

引导案例 **降低采购成本的“金钥匙”**

仪征化纤公司通过直供和代储代销的形式，淘汰了150多家供应商，2004年一年减少流动资金占用2.5亿多元，仅利息就少支付1 000多万元。他们通过物资采购方式的改革，找到了降低采购成本的“金钥匙”，实现了包装材料的零库存。

仪化公司过去为了保证生产的需要，物资采购和库存的量比较大，以前仅包装材料每月入库额就达400多万元，占用的流动资金也比较多，致使采购成本增大。同时，企业在采购过程中也要承担很大的市场风险。为了降低采购成本、抵御市场风险，公司首先对部分原辅材料、包装材料变间接供应为直接供应的方式，就是生产需要多少包装材料，供应厂商直接将需要的包装材料送到生产现场，定期结算，不占用流动资金。为了确保包装材料的稳定供应，仪化公司还组织供应商参与到仪化公司的生产经营中，供应厂商根据仪化公司的生产经营情况安排物资供应，并根据仪化公司的生产及时调整物资供应的品种和数量。2004年二季度以来，仪化公司由于受市场低迷的影响，生产经营形势处于低谷，与仪化公司签订协议的供应商就把多生产出来的包装材料存放在自己的仓库内。2004年2月中旬，仪化原涤纶三厂设备大修期间，一家供应商准备了50多万元的密封件，由于现场大修人员通过修旧利废，仅用了10万元的密封件，供应商就把剩余的密封件调剂到浙江一家用户。如果在过去，这些备件就成了仪化公司的库存积压物资。仪化公司使用的包装材料等物资通过直供的方式，不仅保障了物资供应，也保证了物资的质量，为仪化公司生产的长周期安全稳定运行创造了有利的条件。由于实行物资的直供方式，包装材料等物资已实现了零库存，仅这一项，仪化公司2004年就减少流动资金占用2亿多元。

（《中国石化报》2005年1月14日报道）

仪化公司近几年的发展也给许多供应商带来了很大的市场机遇，许多供应商一方面感到与仪征化纤做生意诚信度高、没有资金风险，并有广阔的市场前景，另一方面也是给自己积累了无形资产，因为在双方的合作中，有眼光的供应商追求的不单纯是买卖关系，而是通过合作建立良好的长期伙伴关系。

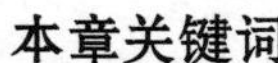

本章关键词

采购成本、采购计划、价值链、定价策略

本章学习目标

- 了解采购计划的主要内容
- 熟悉采购计划制订的基本步骤和方法
- 了解价值链的概念和组成环节
- 了解准时采购的基本思想
- 了解相关的财务知识
- 了解相关的经济学知识
- 了解降低采购成本的策略和方法

作为采购谈判者，掌握与采购相关的业务知识是十分必要的。例如组织的采购计划是什么以及如何制订采购计划？采购成本与哪些因素有关？对组织会产生什么影响？供应商会怎样定价？供应商定价与采购成本控制和采购有什么关系？哪些知识可以帮助我们预测采购成本？控制采购成本有哪些方法等。这些既是采购业务问题，也是采购谈判者必备的知识。

4.1　采购计划

采购计划是指组织根据某一时期的发展目标制定出每个时期、每个季度、每年的固定采购需求，如原材料、半成品、办公设备和办公耗材等的采购。它是组织整个采购活动的第一步，对采购谈判和供应商选择有着明确的指导作用。

采购计划主要包括采购认证计划和采购订单计划。

4.1.1　采购认证计划

认证即确认。采购认证是指对组织的采购流程的完整性、合理性、客观性和可行性进行分析、考察和确认，以便使组织的采购活动能够顺利进行，其中包括准备认证计划、评估认证需求和制订认证计划三个环节。

1. 准备认证计划

（1）了解接收需求。要想制订较为准确的认证计划，首先必须熟知组织的商品需求计划。组织所需求的商品通常有两种情况：一是在目前的采购环境中就可以找到的商品供应，即组织对这些商品的供应商已有一定的了解，可以迅速找到货源的提供者；另一种是新商品，是目前组织所了解的采购环境中无法提供的，需要寻找新的供应商；或者需要采购者与现有的供应商一起研究所需新商品的提供或生产的可行性。

（2）了解接收余量需求。如果组织所面对的用户增加，则市场需求就会增加，随之会要求组织增加对某一原材料或商品的采购。由此，可能会出现目前的采购环境中供应商所能提供的货源不足以支持组织的需求；或者由于种种原因供应商的供货能力呈下降趋势，该货源的采购环境容量在缩小，即可供货量在缩小。

无论是组织用户的需求增加还是供应商供货能力的减少，都可能出现组织的实际需求得不到满足的现象。在采购业务中，将不能满足的部分称为余量需求。它要求采购人员对采购环境尤其是供应商进行扩容，不断增加新的信息和可供货源，以满足组织需求。

（3）准备采购环境认证资料。准备采购环境认证资料是指对组织在市场上采购物资时要涉及的采购数量、采购价格的有关条件进行确认。对于价格呈上涨趋势的采购商品，应该做好提前进货的准备，投放较多的资金；而对于价格呈下降趋势的采购品，则应该在保证生产需要的情况下推迟采购，节约资金。

对采购环境的认证包括认证过程和订单过程两个部分。

认证过程是要求供应商提供样品或小批量试制的过程，这类商品通常是采购者新增的采购品，其规格和技术要求与以往的采购品有所不同。对于某些需要强大技术力量支持的采购品，有时还需要采购者与供应商一起开发。

订单过程是指供应商的规模化生产过程，如供应商工厂的自动化设备及流水作业生产的稳定性。这类商品是供应商在正常生产情况下能够提供的商品数量及规格，其技术工艺已经固化在生产流程中，所需要的技术支持难度较小，交货期一般都较短。

（4）制订认证计划说明书。制订认证计划说明书就是准备好认证计划所需要的资料，主要内容包括：认证计划说明书（商品名称、需求数量、认证周期等），并附有需求计划、余量需求计划和采购环境认证资料等。

2. 评估认证需求

（1）分析需求。进行需求分析不仅要进行需求数量上的分析，还要掌握所需商品的技术特征等信息。制订计划的人员应对所需采购的商品需求作详细分析，必要时需要与研发人员、主要谈判人员一起研究所需采购商品的技术特征，按照已有的采购环境、认证计划及相关经验进行分类。

（2）分析余量需求。余量需求的产生是市场销售量的扩大或供应商的供货能力减弱等采购环境因素的变化而造成的订单容量不能被满足。这两种情况都会导致目前的采购环境难以满足采购者的订单容量，进而难以满足用户需求。因此，采购者需要增加采购环境容量。

对于因市场需求增加造成的余量需求，可以通过市场需求计划了解各种采购品的需求量及时间，确定增加量的数量；对于因供应商萎缩原因造成的，可以通过分析现实采购环境能够提供的总体订单容量与原订单容量之差确定不能满足量的数量。两种余量相加即可得到总余量需求。

（3）确定认证需求。根据开发需求及余量需求的分析结果，就可以确定认证需求，获得具有一定订单容量的采购环境。例如采购者根据总余量需求，重新分析供应商情况，确定启用备选的供应商或开发新的供应商。

3. 制订认证计划

首先，要对比需求与容量。需求与采购环境所对应的容量之间一般都会存在差异，所以需要进行认证。如果需求小于容量，则无需进行综合平衡，直接按照认证需求制订认证计划；如果认证需求量大于供应商提供的容量，则需进行认证综合平衡，对于不能得到满足的需求，制订现有采购环境之外的认证计划。

趣味小思考 4-1

怎样确定采购认证计划中的商品数量和开始认证的时间？

其次，要进行总体平衡。即从全局出发，综合考虑市场、消费者需求、认证容量和商品生命周期等要素，判断认证需求的可行性，通过调节认证计划来尽可能地满足认证需求，并计算认证容量不能满足的余量需求认证，做好可能出现的需求小于供应商容量和需求大于供应商容量的两种情况的综合平衡。

对于采购环境不能满足的余量需求，应与采购人员一起分析并提出对策，一起确认现有采购环境之外的供应商认证计划。

4.1.2　采购订单计划

采购订单计划是在认证计划的基础上制定的实际采购清单，它包含所采购商品的具体品名、规格、数量和到货时间等内容。

1. 准备订单计划

（1）接收市场需求。组织的市场需求或内部使用量是采购的依据。要想制订较为准确的订单计划，首先必须熟知组织的市场销售计划或商品使用计划，对市场销售的进一步分解便可得到采购需求计划。一般来说，组织的年度销售（或使用）计划在上一年末制订，并报送至各个相关部门，下发至销售部门、计划部门和采购部门，以便指导全年的经营活动。

采购部门则根据年度计划制订季度、月度的市场销售（或使用）计划，以此来确定需求计划。

（2）准备订单环境资料。在订单商品的认证计划执行完毕之后，便形成该项商品的订单环境。订单环境资料包括订单商品的供应商信息、订单比例信息、最小包装信息和订单周期等。订单环境一般使用信息系统进行管理，订单人员根据市场需求的商品清单，从信息系统中查询了解该商品的采购环境参数及描述。

（3）制订订单计划说明书。制订订单计划说明书就是准备好订单计划所需要的资料，主要内容包括订单计划说明书和附件。订单计划说明书有商品名称、需求数量和到货日期等内容，附件则有市场需求计划、采购需求计划和订单环境资料等。

2. 评估订单需求

（1）分析市场需求。订单计划并不是采购计划的翻版。因为订单计划除了考虑销售需求之外，还要兼顾市场战略、潜在的需求等。这就要求对市场需求有一个全面的了解，注意远期发展与近期实际需求相结合。

（2）确定订单需求。根据市场需求、销售生产需求的分析结果，确定订单需求。订单需求的目的是通过订单操作手段，在未来指定的时间里，将指定数量的合格商品采购入库。

3. 计算订单容量

（1）分析供应商资料。组织所需的商品（包括原材料、辅料、机器设备、办公设备和办公用品等）都是整个采购的操作对象。在目前已有的采购环境中，供应商信息是一项重要的信息资料，无论是正常生产的货源需求，还是临时性需求，没有供应商供应则一切无从谈起。

（2）计算总体订单容量。计算总体订单容量是指在现有的订单环境中，计算供应商的总体订单容量。订单容量的含义包括数量和时间两个方面：一是可供给的数量，二是可供给的到货时间。

（3）计算承接订单量。供应商在指定时间内已经签约的订单量，称为承接订单量。有时某一供应商会提供多种产品，某一产品会有两个或更多供应商提供，这都是计算时要考虑的因素。有时某商品所有供应商群体的订单量之和都不能满足己方的总订单，需要考虑开发新的供应商。

4. 制订订单计划

（1）对比需求与容量。需求小于容量情况下，依据需求制订订单计划；供应商容量小于需求量情况下，必须进行综合平衡，对需求余量制订认证计划。

综合平衡要考虑市场、销售和订单容量等要素，分析订单需求的可行性，必要时调整订单计划，计算容量不能满足的剩余订单需求。

（2）确定余量认证计划。对于剩余需求，要提交认证计划制订者处理，并确认能否按照需求规定的时间及数量交货，为了保证货源及时供应，可简化认证程序，由具有丰富经验的认证计划人员操作。

采购计划的制订过程，也为采购人员提供了谈判时所必须了解的详细资料。所以，作为采购谈判人员，应该了解和熟悉采购计划的制订过程。如果有机会，最好亲自参与采购计划的制订，为谈判做好充分的准备。

实用范例 4-1　　某企业的商品采购计划表

年　　月采购计划

编号：　　　　　　　　　　　　　　　　　　年　月　日

序号	物资名称	物资类别	规格型号	质量标准或质量要求	计划单位	单价	数量	金额	供应商名称	备注

制订人：　　　　　　审核人：　　　　　　批准人：

注：本计划采购部留存一份，报仓储部、会计部、财务总监各一份。

4.2　采购成本与价值链

4.2.1　采购成本

采购成本主要指与所采购物品相关的各项支出和费用，其中包括由买价、运杂费等构成的商品本身的价值。为采购而发生的订单费用、采购人员管理费用、通信、差旅等各种费用，构成采购的业务成本；为采购材料所占用资金的机会成本，构成采购的资金成本。

通常，发票账单上所显示的只是购进价格和运杂费用等，并不包括上述所有的采购成本。

由于采购成本直接关系到组织的整体成本，所以降低采购成本也是采购谈判人员要努力进行的一项工作。在组织的价值链上，不同商品和服务为组织所提供的价值是不一样的，因而它们也构成了不同的成本因素，在采购谈判准备与采购谈判过程中要加以区别对待。例如有些商品是用于内部消费的，而有些商品则是用于制造产品或为用户提供服务的，采购时所支付的价格经常反映着采购品对组织所提供的价值水平，而供应商也把其所提供产品的价值融入了产品或服务中。因此，采购谈判者有必要了解组织的价值链与采购成本到底存在怎样的关系。

4.2.2　价值链

1. 价值链的概念

价值链是指在组织中从基本原材料到交给最终客户的产品的整个经营过程中，即从原材料和零部件采购、运输、加工制造、分销直至最终送到顾客手中的这一过程所形成的环环相扣的链条上各种价值创造活动的联结和结合，如图 4-1 所示。

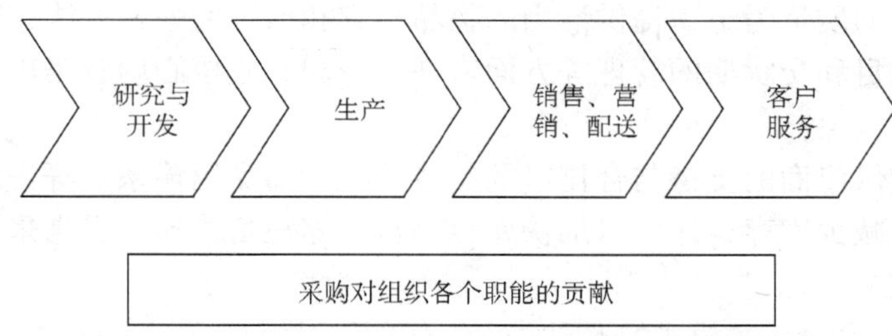

图 4-1　组织的价值链

价值链分析从本质上讲是一个市场驱动工具，它有助于确定采购对组织有怎样的功能关系，包括运作、营销、销售和售后等部门，从而为组织的整体目标作出贡献。强调价值链意味着采购者要重视成本、质量、时间和革新，通过持续改善的体系来进行。

波特对价值链下的定义是在一个特定行业中开展竞争的所有活动都可以用图 4-1 加以归类，这就是我们所说的价值链(The Value Chain)。在价值链中的所有活动都构成了采购者所支付的价格的一部分。

2. 价值链的意义

组织所需要的不同类型的商品和服务所创造的价值是不同的。例如：

(1) 原材料是制造过程中所需要的基础产品，如金属、石油、木材和粮食等。

(2) 辅助材料是生产过程中所使用的材料，如润滑油、添加剂等。

(3) 半成品是组织内部需要进一步加工的预制产品，如计算机外壳、螺纹钢等。

(4) 零件是为采购者具体设计或依据某种标准预定的。

(5) 成品是指最终产品，如汽车。

(6) 投资货物或机器设备是指组织在生产过程中长期使用的。

(7) 服务是指从简单的清扫工作到复杂的法律咨询等。

根据组织不同时期的战略目标，这些商品和服务被组织以不同的方式加以运用，它们都与组织的采购活动相关联，为组织实现不同的增值。因此，有些采购活动对组织某一时期的业务更为重要。对采购谈判者来说，必须能够分析确定哪些采购业务是本阶段的重点。

对价值链进行分析的重点是成本和收益，它通过综合的成本和收益分析，了解组织的产品和服务为用户或组织内部所提供的价值，以识别价值增值成分来确立采购工作的差别化。显然，如果不了解增值成分，采购的作用将被局限于使供应规格满足内部价值制定者的要求，即采购成本是主要的考虑对象。

价值链分析对于谈判的意义还在于，不仅有必要建立采购活动的内部授权，还需要与供应商进行外部谈判，以建立基于长期稳定关系的战略合作为目的。而与供应商战略关系的发展有助于提高潜在的收益率，降低采购的综合成本。对于组织而言，这是实现其功能的基础价值链。

4.2.3 准时采购与采购成本

1. 准时采购的基本思想

准时采购(JIT,Just In Time 采购法)的基本思想是：在恰当的时间、恰当的地点、以恰当的数量和恰当的质量为组织提供恰当的物品。它和传统的采购方法在质量控制、供需关系、供应商的数目和交货期的管理等方面有许多不同，其核心内容是供应商选择和产品质量控制。

准时采购包括供应商的支持与合作以及制造过程、商品运输系统等一系列的内容。准时化采购不但可以减少库存，还可以加快库存周转、缩短备货期、提高采购商品的质量和获得满意交货等效果。

准时采购模式和传统采购模式的不同之处在于采用采购订单驱动的方式。订单驱动使供应与需求双方都围绕订单运作，即实现采购方与供应商的准时化、同步化运作。

要实现同步化运作，采购与供应商生产、组织的生产活动必须是并行的。当采购部门产生一个订单时，供应商即开始着手物品的准备工作。与此同时，采购部门编制详细采购计划，制造部门进行生产的准备过程；当采购部门把详细的采购单提供给供应商时，供应商就能很快地将采购商品在较短的时间内交给用户。当用户需求发生改变时，制造订单又驱动采购订单发生改变，这样一种快速的改变过程如果没有准时的采购方法，组织就很难适应多变的市场需求。因此，准时化采购增加了供应链的柔性和敏捷性。

2. 准时化采购的特点

准时化采购与传统的采购方式有许多不同之处，主要表现在以下 4 个方面。

(1) 对供应商的选择不同。传统的采购模式通常是多头采购，供应商的数目较多，组织与供应商的关系是通过价格竞争与供应商建立起短期的合作关系；而准时化采购采用的是较少的供应商，甚至只选择一个供应商，并且与供应商的关系是长期合作关系。准时化采购所采取的供应商选择方法，目的是降低成本和选择高服务质量的供应商。

(2) 对交货准时性的要求不同。准时化采购的一个重要特点是要求准时交货，能否准时交货是用户评价供应商的一个重要条件。

(3) 对信息交流的需求不同。准时化采购要求供应与需求双方信息高度共享，保证供应与需求信息的准确性和实时性。由于双方的战略合作关系，组织在生产计划、库存和质量等各方面的信息都可以及时进行交流，以便出现问题时能够及时处理。

(4) 制定采购批量的策略不同。小批量采购是准时化采购的一个基本特征。准时化采购和传统的采购模式的一个重要的不同之处在于，准时化生产需要减少生产批量，因此采购的商品量也采用小批量办法。

在准时化采购的背景下，准时制的采用为组织在生产过程中更好地安排财务资源、降低采购成本创造了条件。由于实行准时化采购，可以使组织的库存投资降低，而库存量的减少则使得仓储搬运减少、库存报废率降低、存储成本降低，进而降低采购成本，最终表现为总制造成本的降低，提高了组织效益。

因此，基于供应链管理基础上的准时化采购，对控制采购成本有着积极的意义。

小贴士 4-1　　供应链概念

供应链的概念最早是在 20 世纪 80 年代末提出来的。近年来，随着全球制造的出现，以及信息管理技术的迅速发展，供应链在制造业管理中得到普遍应用，成为一种全新的管理模式。

早期的观点认为供应链是制造企业中的一个内部过程，供应链的概念局限于企业的内部操作，注重企业的自身利益目标。随着企业经营的进一步发展，现代供应链的概念更加注重围绕核心企业的网链关系。

2000 年在马士华的《供应链管理》一书中给供应链作了一个较为完善的定义：供应链是围绕核心企业，通过对信息流、物流和资金流的控制，从采购原材料开始，制成中间产品以及最终产品，最后由销售网络把产品送到消费者手中的将供应商、制造商、分销商、零售商，直到最终用户连成一个整体的功能网链。

大多数供应链是一个围绕核心企业的网状结构。

4.3　有效利用财务工具

在采购谈判准备中，对于成本、价格等信息的运用和分析，都会涉及财务知识和经济学知识，了解这些知识有助于采购者对信息作出正确的判断，制定有针对性的谈判方案。

4.3.1　几个成本术语

组织的利润与成本直接相关，成本来源于对包括原材料、机器设备和人员劳动等在内的生产要素的使用。而所购进商品的价格将直接或间接地体现在生产成本中。因此，采购谈判中很重要的内容是价格问题，这直接关系到组织的采购成本、生产成本的控制。这就要求我们学会运用财务工具来合理控制采购成本。

1. 固定成本

固定成本是指成本总额在一定时期和一定业务量范围内，不受业务量增减变动影响而保持不变的那部分成本。固定成本主要包括折旧费、保险费、管理人员工资和办公费等，这些费用每年支出基本相同。即使在某时段内组织的产量为零时，这种成本也会发生，如图 4-2 所示。

当组织的产销量在一定范围内变动，固定成本总额也保持不变，但其随着产量的变化

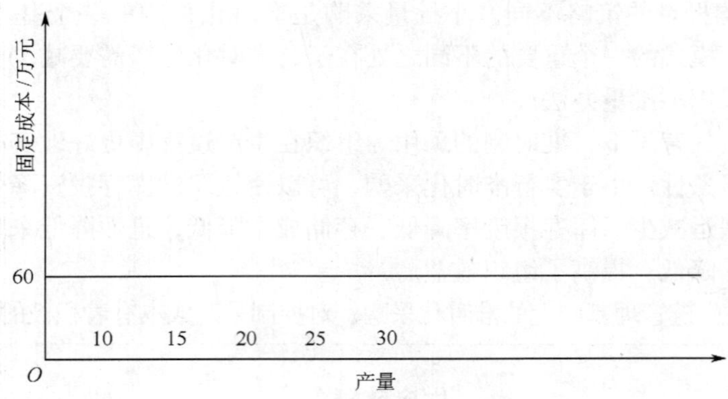

图 4-2　固定成本与产量的关系图

而分配到单位产量的成本是变化的，与产量的增减成反向变动。

2. 可变成本

可变成本又称变动成本，是随产出水平变化而变化的成本。可变成本等于总成本减去固定成本。可变成本是指在总成本中随产量的变化而变动的成本项目，主要是原材料、燃料和动力等生产要素的价值。当一定期间的产量增大时，原材料、燃料和动力的消耗会按比例相应增多，所发生的成本也会按比例增大，所以称为可变成本，如图 4-3 所示。销售提成和奖金、邮寄费、运输费、部分税收（增值税）、交通费、广告和促销费等都属于变动成本。

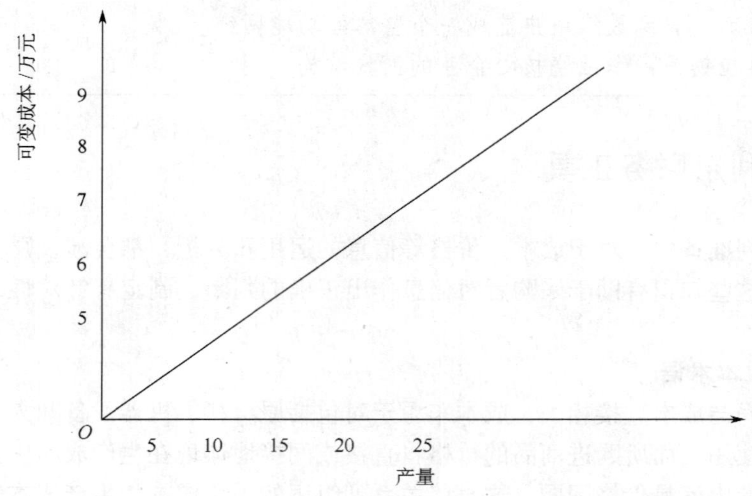

图 4-3　可变成本与产量关系图

有些成本兼有固定成本和可变成本的特点。通讯费就是其中之一，除去每月固定的收费外，通话时间的长短、市内电话和长途电话等，都会影响通信费的多少。这类成本通常也被称为混合成本。

3. 总成本

所有成本之和为总成本，即

总成本 = 总固定成本 + 总可变成本

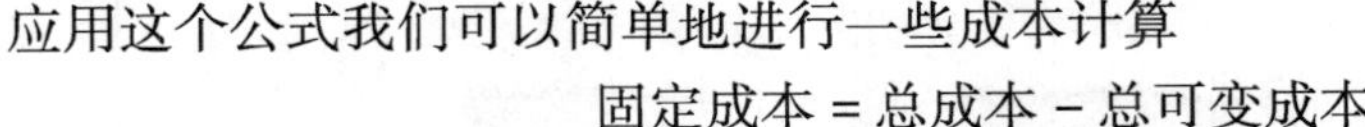

应用这个公式我们可以简单地进行一些成本计算

固定成本 = 总成本 - 总可变成本

总成本、固定成本、变动成本三者之间的关系如下：

$$C = F + V = F + v \times Q$$

其中，C 表示总成本，F 表示固定成本，V 表示变动成本，v 表示单位产量变动成本，Q 表示产品产量。

在制定谈判的价格底线时，都需要通过固定成本和可变成本的计算来确定采购的单位成本，以此来作为与供应商报价的比较基础。它既能体现供应商在价格变动上的潜在支撑点，即供应商如能以此价格交易，则意味着此价格能够抵消他们成本的最低点。这样，就可以使组织决定该供应商所能承受价格的底线。同时，这种计算还可以使组织确定不同生产产量范围内固定成本的最优化方案，达到规模经济节约。当然，也可以帮助组织分析得出经济上可行的最少的产品数量，以避免规模不经济。

小贴士 4-2　　理 解 成 本

固定成本通常可区分为约束性固定成本和酌量性固定成本。

(1) 约束性固定成本。为维持组织提供产品和服务的经营能力而必须开支的成本，如厂房和机器设备的折旧、财产税、房屋租金和管理人员的工资等。由于这类成本与维持组织的经营能力相关联，也称为经营能力成本(Capacity Cost)。这类成本的数额一经确定，不能轻易加以改变，因而具有相当程度的约束性。

(2) 酌量性固定成本。它是指组织在会计年度开始前，根据经营、财力等情况确定的计划期间的预算额而形成的固定成本，如新产品开发费、广告费和职工培训费等。由于这类成本的预算数只在预算期内有效，组织可以根据具体情况的变化，确定不同预算期的预算数，所以也称为自定性固定成本。这类成本的数额不具有约束性，可以根据不同的情况加以确定。

(3) 平均成本。它是指单位产量的成本，具体地说，平均总成本就是总成本除以总产量。

平均固定成本 = 固定成本 ÷ 总产量

平均可变成本 = 可变成本 ÷ 以总产量

(4) 边际成本。它是指增加单位产量所增加的成本，或者说最后一个单位产品的成本。

单件产品可变成本为两种不同产量水平上的成本差除以产量差。

趣味小思考 4-2

(1) 产品数量分别为 600 吨、1 000 吨时，原材料的总成本是否会增加？为什么？

(2) 如果机器的运转时间从每天 12 小时降为 6 小时，电费会减少吗？这属于什么成本？

(3) 购买机器的贷款利息会随机器使用时间的减少而降低吗？这属于什么成本？

4.3.2 盈亏平衡分析

1. 盈亏平衡点

固定成本可以通过销售收入减去可变成本来抵消。因此，当总收入大于固定成本和可变成本时，就有利润产生，这就是通常所说的销售毛利。计算公式如下：

销售毛利 = 销售收入 − 可变成本

利润（或亏损）= 销售毛利 − 固定成本

盈亏平衡点（总件数）= 固定成本 ÷（单件）销售毛利

一个组织不仅要知道自己的成本，还需要知道自己的产品盈利点在哪里。

盈亏平衡点（又称保本点、盈亏分离点），它是指组织经营处于不赢不亏状态所需达到的业务量（产量或销售量），是投资或经营中一个很重要的数量界限。

盈亏平衡分析的目的是通过分析产品产量、成本与采购方案盈利能力之间的关系找出采购方案盈利与亏损在产量、产品价格和单位产品采购成本等方面的界限，以确定各方案风险情况。

2. 线性盈亏平衡分析

线性盈亏平衡分析主要用于分析销售收入、生产成本与产品产量的关系。其基本假设如下。

（1）产量等于销售量，销售量变化，销售单价不变，销售收入与产量呈线性关系，组织不会通过降低价格增加销售量。

（2）假设正常生产年份的总成本可划分为固定和可变成本两部分，其中固定成本不随产量变动而变化，可变成本总额随产量变动呈比例变化，单产品可变成本为一常数，总可变成本是产量的线性函数。

（3）假定在分析期内，产品市场价格、生产工艺、技术装备、生产方法和管理水平等均无变化。

（4）假定只生产一种产品，或当生产多种产品时，产品结构不变，且都可以换算为单一产品计算。

（5）假定其他市场条件不变，产品价格不会随销售量的变化而变化，可以看做一个常数。组织的生产销售活动不会明显地影响市场供求状况，销售收入与销售量呈线性关系。

其生产成本可以分为固定成本与变动成本两部分。固定成本是指在一定的生产规模限度内不随产量的变动而变动的费用；变动成本是指随产品产量的变动而变动的费用。变动成本总额中的大部分与产品产量成正比例关系，这被称为线性盈亏平衡分析。

3. 线性量-本-利分析图

在生产活动中，也有一部分变动成本与产品产量不成正比例关系，如与生产批量有关的某些消耗性材料费用，工具模具费及运输费等，这部分变动成本随产量变动的规律一般是呈阶梯形曲线，通常称这部分变动成本为半变动成本。由于半变动成本通常在总成本中所占比例很小，在经济分析中一般可以近似地认为它也随产量成正比例变动。

成本是固定成本与变动成本之和，它与产品产量的关系也可以近似地认为是线性关系，即

$$C = C_f + C_v Q$$

式中　C——总生产成本；

C_f——固定成本；

C_v——单位产品变动成本。

在同一坐标图上表示出来，即构成线性量-本-利分析图，如图 4-4 所示。

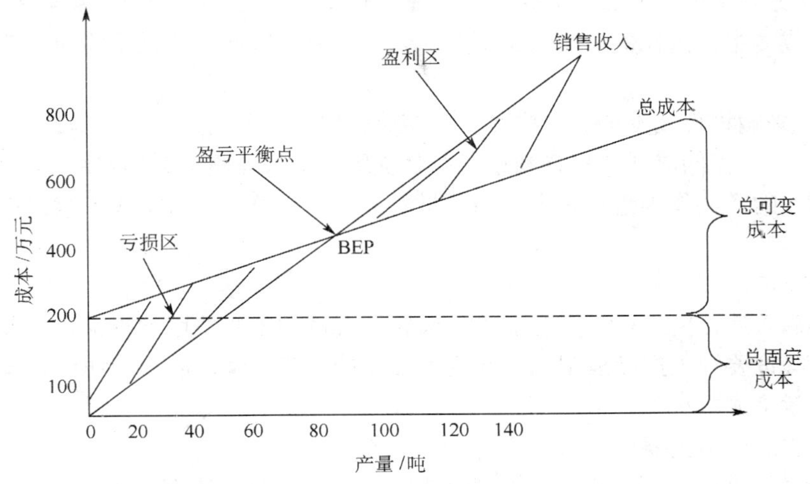

图 4-4　线性量-本-利分析图

（资料摘自《采购与供应谈判》P47，CIPS 认证指定教材）

图中纵坐标表示销售收入与产品成本，横坐标表示产品产量。销售收入线与总成本线的交点称盈亏平衡点（Break even Point，简称 BEP），也就是盈利与亏损的临界点。在 BEP 的左边，总成本大于销售收入，属于亏损；在 BEP 的右边，销售收入大于总成本，属于盈利；在 BEP 点上，则不亏不盈。

盈亏平衡分析是在不同级别上（不同报价方案）的不同的收益性的直观展现，是谈判准备阶段有价值的工具。如果供应商的价格改变，那么就会有一个新的图表来显示由于价格上涨带来的影响，盈亏平衡点被推高。

4.3.3　成本分析

通常，产品的总成本为固定成本和可变成本之和。但并不是每一项成本都和产品或服务有直接的关系。因此，成本又被分为直接成本和间接成本，也称直接费用和间接费用，它是按照生产费用与产品的关系划分的。

1. 直接成本

直接成本是指与产品或服务直接发生联系的成本，能够以经济合理的方式追溯到一个特定的成本对象（产品、部门和服务等）。如直接用于产品生产，构成产品实体的原材料等费用，直接从事产品生产的工人的劳动力消耗如工资及福利费。直接成本又被称为主要成本。

2. 间接成本

间接成本是指不能以经济合理的方式追溯到具体产品或服务的成本，如车间管理人员的工资费用和福利费、办公费、保险费和水电费等。一般来说，管理费用同样也可被分配到生产、销售和分销以及行政管理上。

$$采购总成本 = 原材料成本 + 采购管理成本 + 存储成本$$

其中，原材料成本是直接成本，采购管理成本和存储成本是间接成本。

原材料是指某一特定产品的组成部分，如组装电脑的各种零配件。原材料成本就是原材料的价格成本，一般直接体现在购货发票上。其计算公式为

原材料的价格成本 = 单价 × 数量 + 运输费 + 相关手续费、税金等

在采购成本中，占比例最大的是原材料购进价格。因此，降低采购成本的关键是控制采购价格。

采购管理成本 = 人力成本 + 存储保管费 + 存货损失费 + 其他费用

存储成本 = 贷款利息 + 办公费用 + 差旅费用 + 信息费用

如果购入的产品作为组织生产用的原材料，则采购总成本就构成了组织产品成本中的原材料总成本。

3. 成本分摊

原材料购入后，要进行生产和加工，而管理人员的工资费用和福利费、办公费、保险费和水电费等也要计入产品成本。这些成本如何计入每一件产品，即如何将成本在产品间进行分配，就是成本分摊技术。

需要分摊的成本主要包括以下项目。

（1）劳动力费用，如生产产品的劳动者的日工资和月工资等。

（2）机器设备使用费是指每小时的运转费用。

（3）直接原料成本百分比。

（4）直接劳动成本百分比。

（5）主要成本百分比。

（6）服务费用百分比。

从采购的角度看，也存在与采购相关的成本和收益，即采购的转换成本。其中包括：把一个新供应商的产品融入本企业生产过程的成本，例如需要改变采购习惯，以适应新供应商；相关人员培训或支持采购顺利进行的投资；与供应商产品同步使用的其他配套设备的投资；新供应商信息收集及分析的投资等。

因此，采购成本不仅仅只是与供应商达成的价格，还应该包括以上所列举的成本。

从这些分析中我们也可以看到，采购人员的行为和组织所生产产品的成本是密切相关的。因此，一些组织中对专业采购人员的要求很高，要求他们具有较强的专业敏感、解决谈判问题的技能和财务分析能力，以便为组织的财务预算提供良好的建议。

4.3.4 与采购相关的其他财务术语

采购的最终成果得通过财务来体现。因此，采购人员必须对采购活动的财务指标进行评估，管理人员则更要善于通过财务指标来提交方案。很难想象，当你为开一家新的分公司或某广告作了100万元的采购预算时，组织负责人在没有看到相关财务说明的情况下就会批准你的方案。

除此之外，常见的财务术语还有利润目标、市场占有率、资本支出、相关成本和毛利率等。

1. 利润目标

盈亏平衡并不像盈利目标那么诱人，因此，常常需要在计算中体现一个利润目标下的

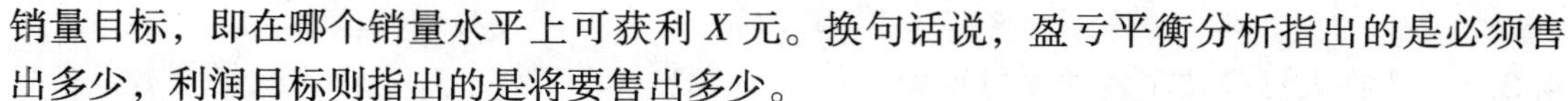

销量目标，即在哪个销量水平上可获利 X 元。换句话说，盈亏平衡分析指出的是必须售出多少，利润目标则指出的是将要售出多少。

2. 市场占有率

市场占有率 = 销售总量/市场总量

假设总的市场总量为29万件，盈亏平衡销售总量为4万件，这样，盈亏平衡所要达到的市场占有率 = 40 000 ÷ 290 000 = 13.8%。

3. 资本支出

通常，采购方案的计算都会涉及费用分摊问题。例如：假定使用期为10年的设备价值500万元，如果把这500万元全部归入第一年盈亏平衡点的计算中去，则盈亏平衡点将很高，所以，通常是将这500万元平均分摊到10个年度内，这样可以把每年有与该设备有关的50万元作为一项固定成本。为此，管理人员需要对固定资产的有效寿命作出合理预测，并且将总成本分摊到各个使用时间段内。

4. 相关成本

在判断哪些固定成本与某方案相关时会涉及这个概念，判断法则为：如果支出水平因采纳了该方案而发生变化，则该固定成本就是相关成本。

因此，新设备、新研究和开发等成本都是相关成本。反之，上一年度的广告费或以前的研发费则不会随现在的决策而有所变化。因此，不能成为该方案的相关成本，一般被视为滞留成本且不会被计入现在的决策。

5. 毛利率

组织成本价与售价之间的差额被称为毛利或加价，因此，销售价格 = 成本 + 毛利。在营销中，最通行的惯例是将毛利率表示为售价的百分比，以这种方式表示毛利更易于操作。

小贴士 4-3　　财务 VS 采购业务

财务为采购服务，但它不依附于采购。有时，采购部门为了完成任务，可能会在某种程度上不计成本，但财务人员须认真核算每笔业务的经营成本和最终成果。例如，货款的支付方式，采购人员出于与客户发展关系的目的可能会答应对方多付预付款的要求，而财务人员则可能以货到付款等原则予以拒绝。诸如此类问题，财务和采购双方就会形成矛盾。为了解决这个矛盾，组织须制定采购付款的相关规定，并加强采购部门与其他职能部门之间的沟通。例如，财务部可以把客户的资信情况提供给采购人员，在谈判时作为付款依据。

另外，采购管理中的财务工作并不是一个狭义上的会计概念，财务工作应体现出对经营活动的反映和监督，采购人员也应当以实现所有者权益最大化为己任。为此，采购部门应编制采购报表并按时上报，以便于有关部门随时了解采购状况，进而有计划地调整库存结构，使库存管理处于最佳状态，这样可减少库存管理成本，统一调配资金，使资金达到安全、高效运转。

此外，在财务部门的配合下，采购部门还应积极实现商品入库，有计划地完成采购任务。同时，采购部门还应及时处理积压商品，清仓盘库，调整合理的库存结构，努力盘活资金存量，争取资金周转的最大回款效益。

4.3.5 谈判人员应该了解的支付手段

采购活动的最终结果会体现为财务数据。作为采购谈判人员在谈判工作的过程中，必然会遇到支付、结算和预算等与财务相关的问题。很显然，良好的财务知识背景会有助于顺利开展各项工作。例如，选择合适的货款支付方式，既有利于达成协议，也可以最大限度地用好组织的资金。

1. 常见的支付、结算手段

国内常见的支付、结算手段有以下几种。

（1）汇票包括银行汇票和商业汇票（商业汇票又包括银行承兑汇票、商业承兑汇票）。

（2）银行本票包括定额银行本票、不定额银行本票。

（3）支票包括现金支票、转账支票和普通支票。

（4）汇兑包括电汇、信汇两种。

（5）委托收款包括异地委托收款、同地委托收款。

（6）信用证。

2. 银行汇票

银行汇票是由出票银行签发，是银行见票时按实际结算金额无条件支付给收款人或持票人的票据，单位和个人的各种款项结算均可借助于银行汇票。银行汇票可用于转账，注明“现金”字样的银行汇票也可以用于支取现金。银行汇票主要有以下几个特点。

（1）无起点金额。

（2）无地域限制。

（3）企业和个人均可申请。

（4）收付款人均为个人时可申请现金银行汇票。

（5）有效期一般为1个月。

（6）现金银行汇票可以挂失。

（7）见票即付。

（8）在票据有效期内可以办理退票。

3. 银行本票

银行本票是由银行签发的、承诺自己在见票时无条件支付指定金额给收款人或持票人的票据，单位和个人在同一票据交换区域需支取各种款项时均可使用银行本票。银行本票主要有以下几个特点。

（1）不定额银行本票无起点金额限制。

（2）银行本票一律记名。

（3）收付款人为个人可申请的现金银行本票，现金银行本票可委托人向出票行提示付款。

（4）银行本票见票即付。

（5）银行本票付款期限一般不超过2个月。

4. 支票

支票是由出票人签发的、委托办理支票存款业务的银行见票时无条件支付指定金额给收款人或持票人的票据，单位和个人在同城的款项结算均可使用支票，支票出票人为在某银行当地分行批准办理业务的银行机构开立可以使用支票的存款账户单位和个人。支票主要具有以下几个特点。

（1）无起点金额限制。

（2）可支取现金或用于转账。

（3）有效期为 10 天（从签发之日起计算，到期日为节假日时顺延）。

（4）可以挂失。

5. 汇兑

汇兑是汇款人委托银行将款项支付给收款人的一种结算方式，单位和个人的各种款项结算均可使用这种结算方式。汇兑业务主要具有以下几个特点。

（1）汇兑分电汇、信汇两种，由汇款人选择使用。

（2）汇兑不受金额起点限制。

6. 委托收款

这是收款人委托银行向付款人收取款项的一种结算方式，单位和个人凭承兑商业汇票、债券和存单等付款人债务证明办理款项结算均可使用委托收款的结算方式。委托收款业务主要具有以下几个特点。

（1）无起点金额限制。

（2）同城、异地均可办理。

（3）有邮寄和电划两种收款方式供收款人选用。

7. 信用证

信用证是指开证行依照申请人的申请开出的、凭符合信用条款单据支付的付款承诺，国内信用证是由银行提供担保的国内企业之间商品交易结算工具。

信用证常用在国际贸易中。

4.4　运用经济学知识

实际采购活动中，我们会发现商品采购价格不仅仅以数量和成本为基础，市场需求以及规模经济都会影响到价格的变化，这些我们可以运用经济学的知识加以分析。

4.4.1　价格与需求

通常情况下，有些商品的价格变动会引起采购者购买量的增加或减少；而有些商品的价格变动则不大会影响到采购者的购买行为。同样，价格对组织的采购行为也会产生影响。对此可以用需求弹性等概念来解释。

1. 需求弹性

如果产品或服务的价格不影响需求的变化，那么称该产品或服务是价格无弹性的。

如果产品或服务的价格影响需求的变化，那么称该产品或服务是价格有弹性的。

某种商品的价格变动时，它的需求弹性的大小与价格变动所引起总收益的变动情况是密切相关的。这是因为总收益等于价格乘以销售量，价格的变动引起了需求量的变动，从而就引起了销售量的变动。不同商品的需求弹性是不同的，所以价格变动引起的销售量的变动也是不同的，总收益的变动也会因此而不同。

如果某种商品的需求是富有弹性的，则当该商品价格下降时，需求量增加的幅度大于价格下降的幅度，从而总收益会增加；当商品价格上升时，需求量减少的幅度大于价格上升的幅度，从而总收益会减少。

2. 弹性系数

价格的变动会引起需求量(用 Q 表示)的变动。但是，不同的商品，需求量对价格(用 P 表示)变动的反应是不同的。有的商品价格变动幅度大，而需求量变动幅度小；有的商品价格变动幅度小，而需求量变动幅度大。

需求量变动率与价格变动率的比值就是需求价格弹性的弹性系数。它可以帮助我们理解价格的变动比率和需求量的变动比率之间的关系，即

需求价格弹性的弹性系数(E_d) = 需求量变动的比率 ÷ 价格变动的比率

需求价格弹性的计算公式为

$$E_d = (\triangle Q \div Q) / (\triangle P \div P)$$
$$= [(Q_2 - Q_1)/Q_1] \div [(P_2 - P_1)/P_1]$$

它所表明的是：当价格上升 1% 时，需求量所减少的百分数；或者当价格下降 1% 时，需求量所增加的百分数。

当 $|Ed| > 1$ 时，称需求是富有弹性的，此时，需求量变动的幅度大于价格变动的幅度。

当 $|Ed| < 1$ 时，称需求是缺乏弹性的。此时，需求量变动的幅度小于价格变动的幅度。

例如香烟的需求是缺乏弹性，因为上了瘾的吸烟者不会在乎价格的高低，所以价格的高低对香烟需求量的影响较小。又如，中国有句古语“谷贱伤农”，意思是虽然丰收了，但由于粮价的下跌，农民的收入反而会减少。其原因就在于粮食是生活必需品，需求价格弹性小。也就是说，即使由于粮食丰收了而造成粮价下跌，人们不因为粮食便宜而多吃粮食，即粮食的需求量并不会因价格降低而同比例增加，其结果反而使得粮食的总收益减少，农民蒙受损失。不仅如此，粮食作为生活必需品，其需求收入弹性也小，也就是说，人们并不会因为收入提高了而增加粮食的消费。

经济危机时期，在西方曾出现农场主把粮食和农产品毁掉的做法，究其原因也在于粮食这种产品的需求缺乏弹性，降价不会刺激需求量的大幅度增加，只会减少总收益，所以农场主靠毁掉农产品来减少损失。

在准备谈判过程中，评价价格弹性的目的如下。

(1) 价格潜在变化方向的信息有助于评估如何刺激市场需求，从而提高收益率。

(2) 对供应商产品进行比较，确定市场力的情况。例如，知名品牌对价格的敏感度没有不知名品牌高，市场力会影响组织的收益率。

(3) 对供应价格的比较有助于采购者选择合适的供应商。

(4) 用需求价格弹性来评价采购和供应在实践中确有困难。价格和需求的关系通常建立在观察实际需求的基础上，同时也受对市场情况了解程度的限制。

(5) 市场力的影响来自垄断和寡头垄断。如果有更多的潜在供应商，谈判能进一步降低价格。

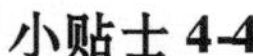

小贴士 4-4 **获得需求价格弹性的信息**

需求价格弹性可通过以下 4 种主要信息来源进行计算。

(1) 专家决策，知识丰富的专家意见能够判断由价格变化带来的需要。

(2) 顾客调查可以预测价格变动带来的反应。

(3) 使用模拟或实地测试检验价格。

(4) 使用广泛的市场数据，例如利用零售数据进行计量经济学研究。

趣味小思考 4-3

某种商品的价格每千克 2 元，销售量为 1 000 千克，该种商品需求弹性系数为 2.5。如果该商品降价至每千克 1.8 元，总收益 *TR* 情况如何变化？

在什么情况下，采购者对所采购商品的价格波动不敏感？

4.4.2 采购量与规模经济

1. 规模经济

规模是指采购(或生产)的批量。

规模经济是指在给定技术的条件下(即没有技术变化)，对于某一产品(无论是单一产品还是复合产品)而言，如果在某一产量范围内平均成本是下降的话，就认为存在着规模经济。这一定义具有普遍性，采购的规模经济也由此引申而来。对于采购者而言，即伴随着生产能力扩大而出现的采购批量的扩大，能引起采购成本的下降，获得经济上的节省、效益和好处。

规模经济的优越性在于：通过大量购入原材料，而使单位购入成本下降；有利于管理人员和工程技术人员的专业化和精简；有利于实现产品规格的统一和标准化；有利于新产品开发；增强组织的竞争力。

但当采购量扩张到一定规模以后，组织如需要继续扩大生产规模，则会增加成本，从而导致经济效益下降，产生规模不经济。所以，规模经济也是有边界的。

采购者在考虑是否需要批量购买对组织更为有利、更有能力获得批量折扣时，也要考虑库存的费用；或者采用精益供应和建立战略联盟，让供应商在供应管理方面发挥更大的作用，从而减少库存使浪费最小化。

趣味小思考 4-5

请分别站在供应商的角度和采购者的角度，讨论批量生产或采购的优点和缺点。

2. 经验曲线

经验曲线(学习曲线)是一个人们较为熟知的概念。对于供应商而言，其工厂生产某种产品的数量越多，生产员工就能够更多的了解如何去生产该产品，从而在生产中获得的经验也就更多。那么，在以后的生产中，企业就可以有目的地并且较为准确地减少该产品的生产成本。每当企业的累计产量增大一倍时，其生产成本就可以降低一定的百分比(百分比的具体大小因行业不同而有所差别)。

经验曲线在营销上的意义是随着公司经验的增加，公司将变得更有效率进而达到降低成本。以某种产品的整个生命周期为例，其经验曲线和成本存在一定关系。在产品引入期，企业的经验较少，成本相对较高。进入成长期后，随着经验的积累，员工熟练程度提高，工时开始下降；专业的设备开始投入使用，某些合适的产品可以应用流水作业，效率提高，成本开始下降，利润大幅度增加，开始吸引竞争者进入本行业参与竞争，导致价格下降。产品从成长期转入成熟期后，由于价格竞争激烈，产品差异化减少、同质化严重，降低成本成为企业的重点工作。这时，经验曲线发挥着重要的作用，处于成本劣势的企业将逐步退出，剩余效率较高的少数企业在竞争中逐步进入衰退期，此时经验曲线的效用已经发挥到终点，产品要么被淘汰，要么出现新产品、新技术，形成新的经验曲线重新发挥作用。

在采购者与供应商结成战略合作伙伴的背景下，注重规模经济和经验曲线都有助于各方把重点放在通过规模和长期合作来减少成本，例如信息技术、研发、联合采购和共同成本管理。在某种关系下，采购谈判更倾向于在综合产品和服务、管理风险和实现终端顾客忠诚度等方面，通过合作关系来增加市场竞争力。

4.4.3 市场与垄断

市场中的竞争格局不同，供应商的谈判地位也不同。对于强势的供应商，如垄断了某一行业的供应商，采购者无疑要支付较高的采购成本。

1. 垄断

萨缪尔森认为，垄断是指单一的出卖人或少数几个出卖人控制着某一个行业的生产或销售。垄断的极端情况是垄断者占有全部市场。

垄断是指少数企业、企业集团利用经济优势地位，以协议、共谋或者其他方式、实质性地限制竞争、排斥竞争，从而在一定经济领域内获取高额垄断利润的行为，即在某一市场上没有竞争者，市场被少数企业或企业集团所统治，可以自由操纵、把持市场，如随意提价等行为。购买者对其无力干涉，也阻止不了。

在这种情况下，成本和价格可能都很高，原因主要有以下几点。

(1) 市场准入门槛可能很高，保护了供应商不受其他竞争力量的威胁。

(2) 采购方不能轻易找到该产品或该项服务的替代品。

(3) 采购方没有议价能力，无法使价格降低。

(4) 对供应商降价的激励不足以使其降价。

2. 寡头垄断

寡头垄断是指市场中只有少数几个提供相似或相同产品的供应商或生产商的现象，价格和成本有可能下降，原因主要有以下几点。

(1) 其他组织有进入该市场的可能，这将意味着竞争更为激烈，价格可能降低。

(2) 产品相似，意味着可能有几个替代品供采购方选择，价格将会降低。

(3) 采购者可能让供应商互相竞争而从中渔利。

(4) 供应商用大量的时间观察并对对方作出反应。

实用范例 4-2　　**经验曲线和成本的关系**
——来自企业的体会

经验曲线是指随着一个企业生产某种产品或者从事某种业务数量的增加，经验不断积累，其生产成本将不断下降，并且呈现出某种下降的规律。在通常情况下，对降低成本的潜力具有最大影响因素的是行业的经验效应和市场需求量的增长速度。

随着累计产量的增加而出现成本下降的经验效应主要有以下几个原因。

(1) 学习。每次重复从事某种工作能提高熟练程度，从而提高完成这种工作的效率，这就是通常人们所说的熟能生巧。

(2) 专业分工。产量的增加使更为专业化和标准化的分工成为可能，例如流水线作业就是一个明显的例证，从而促使生产效率大幅度提高。

(3) 产品和工艺的改进。随着累计产量的增大，产品和工艺改进必然会提高效率，导致成本下降。例如执行标准化，提高原材料利用率，改进设备和工艺，此外以计算机技术为基础的先进生产技术也可以提高效率。

(4) 规模经济。规模经济是指扩大生产规模形成的投资费用相对节约和成本下降。年产量的增加使固定费用可以分摊到更多的产品中去，从而导致成本降低。

(5) 专门技术。随着时间的推移，企业会在生产、技术和管理等方面逐步积累出丰富的经验和知识，形成企业所拥有的重要竞争优势，例如计算机集成制造、ERP 和精益生产方式等。

对于绝大多数企业来说，利用经验曲线进行量化分析是非常困难的，但是仍然可以通过经验曲线对成本、价格和市场份额等关系进行分析，作为经营战略和职能战略分析的辅助工具。而从战略角度出发，成本的意义不只在于它是生产和销售中各种费用的总和，而在于它标志着一个企业运用其内部资源在竞争中的盈利能力。一般来说，企业的长期盈利能力在很大程度上依赖于企业能否生产出比其他企业成本更低的产品来满足用户的需要。如果能够有效地应用经验曲线来提高效率、降低成本，则可以提高和巩固市场占有率，在行业的不同发展阶段作出相应的决策，使企业得到稳定的发展，避免因作出错误的决策而导致企业的发展受到影响。

——作者系某企业生产部经理，有改动

4.5　如何降低采购成本

这里所说的采购成本主要是指与所采购物品相关的支出和费用。其中，价格、运杂费等构成商品本身的价值；为采购而发生的订单费用、采购计划制订人员的管理费用、采购人员管理费用、通信、差旅等各种费用，构成采购的业务成本；为采购材料所占用资金的机会成本，构成采购的资金成本。

通常，发票账单上所显示的只是购进价格和运杂费用等，并不包括上述所有的采购成本。由于采购成本直接关系到组织的整体成本，所以降低采购成本也是采购人员要努力进行的一项工作。

4.5.1 降低采购成本的原则

成功的组织总是把采购成本的控制融合到组织的绩效目标、目标值和行动计划中去。因此，在采购流程的控制方面，组织应该通过一个清楚的激励体系来链接所有行动，并对业绩的提高和业绩目标的实现进行奖励，而这些业绩目标都是来自于公司的关键目标。

降低采购成本应该遵循五大基本原则。

（1）建立完善的供应商评审体制。具体到对供应商资格的评审程序、评审方法等都要作出明确的规定。

（2）完善采购员的培训制度。

（3）建立有效激励制度，对采购员工作进行不定期监督检查，对采购绩效好的采购员进行奖励，使采购员总有改进工作的压力。

（4）分散采购部的权力。价格评审、样品确认等应按规定程序，由相关负责人联名签署生效。

（5）加强采购开发能力，寻求新的、更好的替代品。

4.5.2 降低采购成本的策略

1. 节约采购成本的策略

就组织采购而言，节约成本的策略和方法有很多，归纳起来主要有以下 8 种。

（1）运用价值分析法与价值工程法。价值工程是针对现有产品的功能、成本，进行系统的研究与分析，现在价值分析与价值工程已被视为同一概念使用，即通常所说的 VA 与 VE 法。

它主要适用于新产品。针对产品或服务的功能加以研究，以最低的生命周期成本，通过剔除、简化、变更和替代等方法，来达到降低成本的目的。

（2）价格与成本分析。这是专业采购的基本工具，了解成本结构的基本要素，对采购者是非常重要的。如果采购不了解所买物品的成本结构，就不能了解所买的物品是否为公平合理的价格，同时也会失去许多降低采购成本的机会。

（3）谈判。谈判是买卖双方为了各自目标，达成彼此认同的协议过程。谈判并不只限于价格方面，也适用于某些特定需求。通过谈判策略、谈判方式的应用，通常采购价格降低的幅度约为3%～5%。如果希望达成更大的降幅，则需运用价格、成本分析，价值分析与价值工程(VA、VE)等手法。

（4）供应商参与。如果是为新产品采购原材料，那么在产品设计初期，就可以选择伙伴关系的供应商参与新产品开发小组。通过供应商早期参与的方式，使新产品开发小组依据供应商提出的性能规格要求，尽早调整战略，借助供应商的专业知识来达到降低成本的目的。

（5）杠杆采购。避免组织内各自采购，以免形成内部不同单位由于彼此信息未及时沟通，而向同一个供应商采购相同产品却价格不同的局面，从而丧失节省采购成本的机会。为此，可以加强组织内部的采购总量管理和协调，通过集中扩大采购量来增加议价空间。

（6）联合采购。联合采购主要发生于非营利机构的采购，如医院、学校等，通过统计不同采购组织的需求量，以获得较好的折扣价格。这也被应用于一般商业活动之中，如第三方采购，专门替那些需求量不大的组织服务。

（7）标准化采购。实施规格的标准化，为不同的产品项目或零件使用共通的设计、规格的商品，或降低订制项目的数目，以规模化的采购量达到降低制造成本的目的。但这只是标准化的其中一环，组织可以考虑扩大标准化的范围，以获得更大的效益。

2. 影响采购成本的其他因素

除去以上所说的几种降低采购成本的策略，在实践中，组织拟订采购计划的时候，还应同时考虑下列几项与成本有关的因素。

（1）所采购产品或服务的类型。所采购产品或服务的类型，是指组织的采购是属于一次性的采购，还是持续性的采购。这应是采购最基本的认知，如果采购的类型有所转变，策略也必须跟着进行调整，持续性采购对成本分析的要求远高于一次性采购，但一次性采购的金额如果相当庞大，也不可忽视其成本节省的效能。

（2）年需求量与年采购总额。年需求量与年采购额各为多少，这关系到在与供应商议价时，是否能得到较好的议价优势，这里可以充分考虑规模经济对降低采购成本的经济作用。

（3）与供应商之间的关系。采购方与供应商的关系不同，降低采购成本的能力也是不同的，即从传统的供应商、认可的供应商，到与供应商维持伙伴关系，进而结为策略联盟，采购方对成本的分享方式也不同。如果与供应商的关系一般，则不容易获得详细的成本资料；而与供应商维持较密切的、持久合作的关系时，则可以和供应商一起协商降低成本的方法。

（4）产品所处的生命周期阶段。采购量与产品的生命周期所处的阶段有直接的关系，产品由导入期、成长期到成熟期，采购量会逐渐放大，直到衰退期出现，采购量才会逐渐缩小。

3. 降低采购成本的方法

（1）选择适合的供应商。中国有句古话“男怕入错行，女怕嫁错郎”，开发供应商也是如此。一个好的供应商能跟随组织共同发展，为组织的发展出谋划策、节约成本；判断一个好的供应商可以从质量、价格、服务、技术力量和应变能力等多方考虑。

（2）学会核价。不管采购任何一种产品，在采购前都要熟悉它的价格组成，从不同的方面收集有关信息：如供应商成本的高低、规格与品质、供需关系、生产季节和采购时机、交货条件和付款条件等，做到知己知彼，为准确核价打下基础，并以此为基础进行有目的的谈判。

（3）确定合适的采购批量。充分利用规模经济，采购批量愈大，所摊销的费用也愈低。采购人员应该学会在有效地控制采购库存的基础上，核算批量，确定合适的采购数量，既要避免因供应不足的停产风险，也要防止库存积压。

（4）建立供应商评估制度。建立供应商月评分制度，从质量、价格和服务三方面入手，如交货及时率、交货周期、成交价格、批量折扣、能满足需求的服务以及其他反应等。许多经验证明，实行供应商评估制度，往往会收到意想不到的效果。

（5）建立采购人员月度绩效评估制度。对采购人员的评估，可参照其岗位说明书，并根据组织的战略、价值定位、客户满意度和营运的重点目标等对岗位说明书进行调整，体现组织的战略和目标。这样不但可以激励采购人员的工作积极性，同时也是防止采购员被贿赂的一个有效手段。

（6）加强谈判培训。谈判策略、技巧及谈判过程的表现，也是控制采购成本的一个重要环节，但这要建立在采购员的职业道德基础之上。

趣味小思考 4-6　　Amazon 是如何降低成本的

销售大师 SamWalton 苦心经营了 12 年使全球零售巨人 Wal-Mart 销售额升至 1 亿 5 千万美元，而 Bezos 只用了 3 年时间就把 Amazon 网上书店带入亿元销售行业，而且增长速度仍然不减，如今 Amazon 从一个简陋车库里的网络公司发展成了市场价值近 300 亿美元的大公司，它的顾客遍布全球五大洋。当 Wal-Mart 在全球扩张建设超市时，而 Amazon 只需租用几个周转仓库就将其网上书店(现在还提供 CD、音乐等产品)开设到世界各地，不管用户在世界什么地方，在家里通过联网计算机在其网站上选择商品即可，而无须在世界各地进行精心选择店址、培训员工等工作，也避免花费大量固定的人力和日常运转费用。

问题：Amazon 网上书店是怎样节省成本的?

4.5.3　采购管理

采购成本控制并不仅仅涉及采购谈判，它与采购的各个环节都有关系。所以，组织应根据自身情况做好采购管理工作。

1. 加强采购流程控制

依据组织的性质、规模建立完善的采购框架及采购流程控制，各环节分工明确，确定岗位责任制；对大宗采购建立招标制度。

2. 完善采购基础管理

（1）建立基本数据库。建立基本数据库包括采购商品的分类、分等与数据库建立；合格供应商评价标准的确定与供应商等级的划分及数据库建立；确保库存管理信息化与数据准确。

（2）健全各种管理制度。健全各种管理制度包括各类采购商品标准库存量的制定、库存量的控制与库存周转率的提高；库存资金占用控制；滞呆商品的防范与及时处理等。

（3）整合采购渠道。通过采购人员整合实现采购渠道整合，明确各采购人员所负责的采购商品，同一类商品须由同一人员、经同一渠道采购，除非是有计划地进行供应商的变量。

（4）建立零散采购信息注册备查制度。有关采购品名、数量、商标、价格、厂家名称、采购地点和联系电话等信息要详细向公司稽查部门进行登记备查，组织还可随时派人以第三方身份进行抽查。

3. 相互制约、有效监控

确定采购的审批权限，做到有效的监控。

由采购部门负责初选供应商，质量与技术等部门参与评价供应商的供货能力，对其资格进行认定，价格由财务部门负责监督与控制，付款由公司主要领导审批。

4. 规范采购合同

采购合同明确规定供应商不得为销售其产品以不正当竞争的方式贿赂公司人员，否则按比例扣除其货款；合同还要明确有关采购返利的约定。

5. 与供应商建立稳定的合作关系

稳定的供应商有较强的供货能力且价格透明，长期的合作关系使其对采购方的供应有一定的优先安排，因而能确保供货的质量、数量、交货期和价格等。采购管理要尽可能与优秀的供应商建立长期、稳定的合作关系，鼓励供应商的产品与技术改进，支持供应商的发展，重视提高整体供应链的竞争优势，必要时可与供应商签订战略联盟合作协议等等。

趣味小思考 4-7　　柯达如何走进日本

柯达公司生产的彩色胶片在70年代初突然宣布降价，立刻吸引了众多的消费者，挤垮了其他国家的同行供应商，柯达公司甚至垄断了世界彩色胶片市场的90%。但在日本胶片市场，直到80年代中期，仍被富士胶片所垄断。

对此，柯达公司进行了细心的研究，制定了新的定价策略。5年后，柯达胶卷与富士胶卷在日本市场平分秋色。

问题：请查阅资料，了解柯达胶卷是如何走进日本市场的？

实用范例 4-2　　利用互联网降低采购成本

互联网通过开放的统一标准将不同类型的计算机都连接在一起，可以实现最大限度的计算机资源和信息共享，同时还可以实现远程的信息交流和沟通。许多企业已经将互联网应用到企业管理中来，并且取得了很大经济效益，例如，利用互联网降低管理中的交通、通信、人工、财务和办公室租金等成本费用，可最大限度提高管理效益。许多在网上创办的企业也正是因为网上企业的管理成本比较低廉，才有可能独自创业和寻求发展机会。

1. 利用互联网可以降低交通和通讯费用

对于一些采购业务遍及到全球的企业，业务人员和管理人员必须与各地业务相关者保持密切联系，许多跨国公司的总裁有1/3时间是在飞机上度过的，因为他们必须不停地在世界各地进行周游以了解业务进展情况。现在利用互联网则可以很好地解决这些问题，通过网上低廉的沟通工具如E-mail、网上电话和网上会议等方式就可以进行沟通。根据统计，互联网出现后可减少企业在传统交通和通信中费用的30%左右，而且，随着技术的不断进步，这一比例还可以增加。对于小公司而言，互联网更是给他们长了一个“翅膀”，不出家门就可以将业务在网上任意拓展。

例如云南的一个花农就利用互联网在家里创办了一家网上花店，生意覆盖全国。她所需要的只是一台上网的可以接受订单和提供产品信息的服务器，然后聘请几个工人负责按地址进行邮寄即可。后来她与一家物流公司进行联网后，只需要将订单信息处理转交给它，由物流公司将花从花棚直接送到订花者，而这一切都是在网上完成的。现在，网上花店的生意非常红火。

2. 降低人工费用

> 由于通过互联网，传统管理过程许多由人处理的业务，现在都可以通过计算机和互联网自动完成。原来需要由企业员工亲自处理的工作，可以改由顾客自己完成。例如，美国的Dell公司，最开始的直销是通过电话和邮寄进行，后来通过互联网进行直销，由用户通过互联网在计算机帮助下自动选择和下订单，带来的效益是非常明显的，不但用户在网上可以自如选择，Dell也无需雇佣大量的电话服务员来接受用户的电话订单，而且避免电话订单中许多无法明确的因素，大大提高效率同时降低大量人工费用。因此，将互联网用于企业管理，不仅可以提高工作效率，还可以利用它减少工作中不必要的人员，进而减少人为因素造成的损失。

4.6 供应商的价格策略

尽管成本、规模经济和需求等都会影响价格。但在谈判中，供应商的价格并不完全反映这些因素，往往还取决于和他的战略目标相一致的定价策略，即组织对其经营活动预期取得的主要成果的期望值。显然，了解供应商的战略目标和定价策略，对采购谈判人员是有帮助的。

4.6.1 定价目标

供应商的价格是其战略目标的具体反映。

1. 销售数量最大化目标

销售数量最大化是一种常见的定价目标。这种定价目标是在保证一定利润水平的前提下，谋求销售数量的最大化。

通常为保持和扩大市场占有率、保持与分销渠道的良好关系，供应商会以提高销售数量为重点而对价格作出让步，有时甚至会低于成本价。

市场占有率是指某企业的某一产品在该市场的销量占同种产品市场销售总量的比例。它是衡量组织经营绩效和市场竞争态势的重要指标。一个供应商只有在市场份额逐渐扩大、销量逐渐增加和竞争力逐渐增强的情况下，才有可能得到正常发展。良好的供应商和客户关系能保持分销渠道畅通、高效，也是供应商市场营销能否取得成功的重要条件。

2. 利润率最大化目标

利润最大化是所有供应商共同追求的目标，是一种使组织经营者和股东都感到比较满意和比较适当的利润目标。定价时一般是在成本的基础上加上一定比例的利润，是典型的“成本加成定价”。

3. 竞争均势

如果供应商的重点是为与对手竞争时，就会以试图削弱竞争对手而定价，这种定价目标是在激烈竞争的市场上以低价取胜，有效排斥竞争者，获得一定的市场优势。

显然，由于定价目标不同，使用的定价策略也不同。价格的本性通常反映市场中的供求关系而不是生产成本，例如市场竞争程度、消费者所认为的价值以及各方的议价能力。所以，影响价格的因素不仅是成本，还有市场中的其他信息。掌握这些信息并运用相关的知识进行分析，对采购谈判来说是非常重要的。

4.6.2　定价方法

1. 成本导向定价法

成本导向定价法是一种常见的定价方法，它是以产品成本作为定价基础，主要有成本加成定价法、变动成本定价法和盈亏平衡点定价法三种方法。

（1）成本加成定价法。成本加成定价法又称标高定价法，以单位产品全部成本加上按加成比率计算的利润额。例如某产品单位成本为10元，预期利润率为30%，则该产品的定价为

$$10\text{元} + 10\text{元} \times 30\% = 13\text{元}$$

（2）变动成本定价法。变动成本定价法又称增量分析定价法。其基本原理是，只要产品价格高于单位变动成本，产品的边际收入就大于零，销量增加就能导致总收入的增加，则该价格就是供应商可以接受的。在应用此方法定价时，因只考虑变动成本，不考虑固定成本，所以，在某些情况下，可能会造成供应商的亏损。因此，供应商会考虑补偿全部变动成本和部分固定成本，以减少亏损。

这种方法实际上为价格制定规定了最低界限。

（3）盈亏平衡点定价法。盈亏平衡点定价法是以供应商总成本与总收入保持平衡为依据来确定价格的一种方法，请参见有关财务工具的相关内容。

2. 需求导向定价法

需求导向定价法又称顾客导向定价法、市场导向定价法，是以市场对产品的需求和购买者可能支付的价格水平为依据来制定产品价格的定价方法。

需求导向定价主要包括认知价值定价法、零售价格定价法和差别定价法。

（1）认知价值定价法。认知价值定价法又称感受价值定价法、理解价值定价法。这种定价方法认为，采购者心目中对某一产品的性能、质量、服务、品牌、包装和价格等，都有一定的认识和评价。采购者往往根据自己对产品的认识、感受或理解的价值水平，综合自己的采购经验、市场行情和对同类产品的了解而对价格作出评判。

当商品价格水平与采购者对商品价值的理解水平大体一致时，采购者就会接受这种价格；反之，采购者就不会接受这个价格，谈判可能没有结果。

（2）零售价格定价法。零售价格定价法又称可销价格定价法、倒算价格定价法、反向定价法等。例如大型零售商会根据消费者的购买能力，先确定市场零售价格，以此为基础，推定销售成本和生产成本，然后决定可接受的采购价格。这种定价方法不是主要考虑成本，而重点考虑需求状况。

其中，批零差率是批零差价与批发价格的百分比；进销差率是进销差价与出厂价的比率。

（3）差别定价法。差别定价法是指同一产品对不同的细分市场采取不同的价格，是供应商差异化营销策略在价格制定中的体现，是一种较为灵活的定价方法。实行差异定价法必须具备三个条件：一是供应商对价格有一定的控制能力；二是产品有两个或两个以上被分割的市场；三是不同市场的价格弹性不同。

3. 竞争导向定价法

竞争导向定价法是以市场上主要竞争对手的同类产品的价格为定价依据，并根据竞争态势的变化来调整价格的定价方法。常见的竞争导向定价法主要有随行就市定价法、限制

进入定价法和投标竞争定价法三种。

（1）随行就市定价法。随行就市定价法又称流行价格定价法，是指在一个竞争比较激烈的行业或部门中，供应商会根据市场竞争格局，或跟随行业或部门中主要竞争者的价格定价，或根据市场上的平均价格或一般价格，来确定自己的产品价格的定价方法。

（2）限制进入定价法。限制进入定价法是指供应商的定价低于利润最大化的价格，以达到限制其他组织进入采购者视线的目的，是垄断和寡头垄断供应商经常采用的一种定价方法。

（3）投标竞争定价法。投标竞争定价法是指由公开招投标竞争的方式确定商品价格的方法。一般由招标方(买主)公开招标，投标(卖主)竞争投标，密封递价，买方择优选定价格。在同等质量层次下，采购者往往选择价格低廉者。

4.6.3 定价策略

1. 新产品定价策略

为了实现定价目标，供应商在产品定价时，常常采用取脂定价、渗透定价和温和定价三种定价策略。

（1）取脂定价策略。取脂定价策略又称撇脂定价策略，是指供应商以高价将新产品投入市场，以便在产品市场生命周期的开始阶段取得较大利润，尽快收回成本，然后再逐渐降低价格的策略。

（2）渗透定价策略。渗透定价策略是指供应商将其新产品的价格定得相对较低，尽可能快速打开销路，获得较大的市场占有率，待产品在市场站稳脚跟以后，再将价格提高的一种定价策略。

（3）温和定价策略。温和定价策略又称满意定价策略或君子定价策略，是指供应商为了兼容取脂定价和渗透定价的优点，将价格定在适中水平上的价格策略。

2. 折扣与让价策略

折扣与让价策略是供应商为了更有效地吸引顾客，鼓励顾客购买自己的产品，而给予顾客一定比例的价格减让，包括现金折扣、数量折扣、功能折扣、季节折扣和折让等多种形式。

（1）现金折扣。现金折扣是供应商对按预定日期付款或用现金购买的采购者给予的一种折扣。

（2）数量折扣。供应商根据数量的多少，分别给予采购者不同的折扣。其中主要分为两种：

① 累计数量折扣是指在一定的规定期限内，采购者的购买量达到一定数量或金额时，供应商按总量大小给予不同折扣。

② 非累计数量折扣又称一次性折扣，即规定一次购买某种商品达到一定的数量或金额时给予的折扣优惠。

（3）功能折扣。功能折扣又称交易折扣，是指供应商根据中间商经营其产品所付出努力程度的一种报酬。

（4）季节性折扣。季节性折扣是指对采购过季商品的采购组织给予的折扣。

（5）折让。折让是折扣的另一种形式，有利于采购者积极消费或购买供应商的产品，主要有两种形式。

以旧换新折让，如电视机的生产厂家，为零售商提供的以旧换新业务。

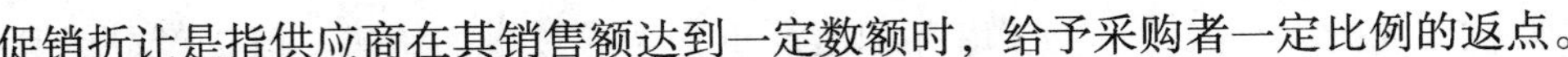

促销折让是指供应商在其销售额达到一定数额时，给予采购者一定比例的返点。

3. 地区性定价策略

地区性定价策略的形式包括以下几种。

(1) FOB 原产地定价。所谓 FOB 原产地定价，是指采购者按照厂价购买某种产品，供应商只负责将这种产品运到某种运输工具上(如卡车、火车、船舶、飞机)，交货后的一切费用和风险都由顾客承担。

(2) 统一交货定价。对不同地区的顾客实行统一价格，没有地区差价。这种定价类似邮局的做法(不论邮寄距离远近，同样重量的邮件邮资相同)，所以又称“邮资定价法”。这种定价方式计算方便，只要质量可靠、价格合理，即使相距遥远的采购者也会有采购的意愿，扩大了供应商产品的销路。

(3) 分区定价。分区定价是指供应商把其销售区域分为若干价格区，对于卖给不同价格区客户的商品，分别制定不同的价格，在各个价格区范围内实行一个价。一般说来，价格区与供应商的距离越远，价格就越高。反之，价格就越低。

(4) 基点定价。基点定价是指供应商设定一个或若干定价基点，以基点与购买地点之间的运费加上基点价格，作为交货价格。基点定价具体又分为单基点定价和多基点定价。

(5) 运费免收定价。有些供应商为了扩大市场，实行运费免收定价，或与采购方共同分担运输费用。运费免收定价虽然会减少卖主的销售净收入，从局部来说是一个损失，但由此可扩大市场和提高销售量。

4. 产品组合定价策略

常见的产品组合定价策略包括以下几种。

(1) 产品线定价。供应商根据产品线内不同规格、型号、质量、顾客的不同需求和竞争者产品的情况，确定不同的价格。

(2) 选择品定价。许多供应商在提供主要产品的同时，还提供某些与主要产品密切关联的选择品。

(3) 互补产品定价。互补产品是指需要配套使用的产品。例如计算器的硬件和软件、照相机与胶卷、剃须刀架和刀片等。供应商对互补产品的定价，常常把主要产品的价格定低一些，而将其互补使用的产品的价格定高一些，借此获取利润。

(4) 副产品定价。某些行业，如肉类加工、石油化工等，在供应商生产过程中会生成副产品。若副产品价值高，能为供应商带来收入，则主要产品价格在必要的时候可定低一些，以提高产品的竞争力。若副产品价值低、处理费用高，则主要产品的定价必须考虑副产品的处理费用。

(5) 产品系列定价。供应商经常将其生产和经营的产品组合在一起，制定一个成套产品的价格。成套产品的价格低于分别购买其中每一件产品的价格总和。这种定价策略就是产品系列定价策略。常见的有化妆品组合、学生用具组合、名贵药材组合和旅游套餐组合等成套产品定价。

4.6.4 价格调整分析

供应商价格调整总是有原因的，了解其原因对制定谈判方案无疑也是有利的。

1. 供应商主动调整价格的原因

(1) 供应商的生产能力过剩，库存积压严重，当通过增加销售、改进产品或其他方式都不能达到促进销售的目的时，降价就成为最后的选择。

(2) 在强大的竞争压力下，供应商的市场占有率下降，供应商会通过降价提高市场占有率。

(3) 当供应商的成本比竞争者低时，通过降价可以扩大销量，提高市场占有率，从而进一步降低成本。在这种情况下，供应商也会选择降价。

(4) 供应商并不总是降低价格，当供应商的产品成本不可避免地提高或市场供不应求时，提价也会成为供应商的首选。

2. 竞争者对供应商价格调整的反应

除少数产品外，每一个供应商都有一些竞争者。每个竞争对手都有一组适应供应商价格变化的政策以应对该供应商的价格变动，这些策略可以通过内部资料和统计分析方法来获得。同时，竞争者也会把每一次价格变动都看做是新的挑战，并根据当时自身利益作出相应的反应。

这些情况都为采购者选择供应商、增加谈判筹码提供了信息。

3. 采购者对竞争者价格变动的反应

采购者对供应商的价格变动可以有以下应对方法。

(1) 分析不同市场环境下的竞争者价格变动。

(2) 选择有效的价格竞争策略。

(3) 考虑采用相应的价格竞争策略如降低报价、维持价格不变、要求更多的服务或折扣等。

趣味小思考 4-8

哪些因素会影响商品定价？

小贴士 4-5　　心理定价策略

这是零售商常常采用的定价方法，主要有以下5种形式。

(1) 尾数定价，又称零数定价、非整数定价，是指供应商利用顾客数字认知的某种心理，以零头数结尾的一种定价策略。常常以一些奇数或吉利数结尾。

(2) 整数定价，即商品的价格以整数结尾的定价策略，常常以偶数，特别是以零为结尾。

(3) 小计量单位定价。对某些价格高的商品用一般的计量单位表示，会使消费者产生太贵的感觉，抑制消费者的购买。这时销售者会改变计量单位、采用化整为零的方法，用小计量单位来计价。如食盐用“斤”，而黄金则用“克”为计量单位。

(4) 声望定价又称威望定价策略，这是一种根据产品在消费者心目中的声望和产品的社会地位来确定价格的定价策略。

(5) 招徕定价是指零售商利用消费者的求廉心理，特意将某几种商品的价格定得较低以招徕顾客。

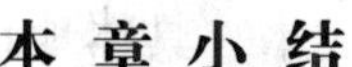

本章小结

(1) 采购计划是指组织根据发展目标制定出每个时期、每个季度和每年的固定采购需求。它是整个采购运作的第一步，对采购谈判和供应商选择有着明确的指导作用。采购计划主要包含采购认证计划和采购订单计划。

(2) 采购认证是指对采购整个流程的合理性、客观性和可行性进行分析考察，以便使企业的采购活动能够顺利进行，包括准备认证计划、评估认证需求和制订认证计划等三个环节。

(3) 采购订单计划是在认证计划的基础上制定的，包含品名、规格、数量和到货时间等具体内容。采购订单计划通常经过准备订单计划、评估订单需求、计算订单容量和制订订单计划等 4 个环节才能完成。

(4) 价值链是指在组织中从基本原材料到交给最终客户的产品的整个经营过程中，即从原材料和零部件采购、运输、加工制造、分销直至最终送到顾客手中的这一过程所形成的环环相扣的链条上各种价值创造活动的联结和结合。价值链分析对于采购谈判的意义在于，不仅有必要建立采购活动的内部授权，还需要与供应商进行外部谈判，以建立基于长期稳定关系的战略合作为目的。

(5) 准时采购的基本思想是：在恰当的时间、恰当的地点、以恰当的数量、恰当的质量为组织提供恰当的物品。其核心内容是供应商选择(数量与关系)和质量控制。准时化采购不但可以减少库存，还可以加快库存周转、缩短备货期、提高采购的质量、获得满意交货等效果。准时采购模式和传统的采购模式的不同之处在于采用采购订单驱动的方式，使供应与需求双方都围绕订单运作，实现了采购方与供应商的准时化、同步化运作。

(6) 在谈判中，供应商的价格并不完全反映成本、规模经济和需求量等因素。往往还取决于供应商组织的战略目标和相应的销售、定价策略。供应商的价格是其战略目标的具体反映，如销售数量最大化目标、利润率最大化目标和竞争均势等。

(7) 定价方法有成本导向定价法、需求导向定价法和竞争导向定价法。为了实现定价目标，供应商在产品定价时，常常采用取脂定价、渗透定价和温和定价三种定价策略。

(8) 组织所购进商品的价格将直接或间接地体现在生产成本中。因此，谈判中很重要的内容是价格问题，这直接关系到公司采购成本、生产成本的控制。这就要求我们学会运用财务工具来合理控制采购成本。成本和盈亏平衡点、利润目标、市场占有率、资本支出、相关成本和毛利率等，是与采购行为相关的财务术语。一些常见支付、结算手段有汇票、银行本票、支票(现金支票、转账支票、普通支票)、汇兑(电汇、信汇、电子汇兑)、委托收款和信用证。

(9) 固定成本是指成本总额在一定时期和一定业务量范围内，不受业务量增减变动影响而保持不变的那部分成本。固定成本主要包括折旧费、保险费、管理人员工资和办公费等，这些费用每年支出相等。即使在某时段内企业的产量为零时，这种成本也会发生。

(10) 可变成本又称变动成本，是随产出水平变化而变化的成本。它是指在总成本中随产量的变化而变动的成本项目，主要是原材料、燃料和动力等生产要素的价值。当一定期间的产量增大时，原材料、燃料和动力的消耗会按比例相应增多，所发生的成本也会按比例增大，所以称为可变成本。可变成本等于总成本减去固定成本。所有成本之和为总成本，即总成本 = 总固定成本 + 总可变成本。

(11) 平均成本是指单位产量的成本，具体地说，平均总成本就是总成本除以总产量。平均固定成本就是固定成本除以总产量，平均可变成本就是可变成本除以总产量。

(12) 盈亏平衡点(又称保本点、盈亏分离点)，是指组织经营处于不赢不亏状态所需达到的业务量(产量或销售量)，是投资或经营中一个很重要的数量界限。

(13) 如果产品或服务的价格不影响需求的变化，那么称该产品或服务是价格无弹性的。如果产品或服务的价格影响需求的变化，那么称该产品或服务是价格有弹性的。

(14) 需求量变动率与价格变动率的比值就是需求价格弹性的弹性系数。它有助于理解价格的变动比率和需求量的变动比率之间的关系。不同商品的需求弹性是不同的，所以价格变动引起的销售量的变动是不同的，总收益的变动也就不同。

(15) 规模经济是指在给定技术的条件下(指没有技术变化)，对于某一产品(无论是单一产品还是复合产品)而言，如果在某些产量范围内平均成本是下降的话，就认为存在着规模经济。但当产量扩张到一定规模以后，组织需要继续扩大生产规模，会导致经济效益下降，从而产生规模不经济。所以，规模经济也是有边界的。

(16) 垄断是指单一的出卖人或少数几个出卖人控制着某一个行业的生产或销售。垄断的极端情况是垄断者占有全部市场。

(17) 寡头垄断是指市场中只有少数几个提供相似或相同产品的供应商或生产商的现象，价格和成本有可能下降。

(18) 降低采购成本的策略和方法有很多，归纳起来主要是从价值核算、供应商参与、采购数量和谈判等方面入手，来降低采购成本。

复习思考题

1. 请说明制订采购计划的内容和步骤，分析了解采购计划对采购谈判有哪些帮助。
2. 什么是采购认证计划？什么是采购订单计划？
3. 什么是价值链？它与采购成本有什么关系？
4. 什么是准时采购？准时采购有什么特点？
5. 供应商的定价目标有哪些？试述供应商的定价方法和定价策略。
6. 什么是固定成本？什么是可变成本？它们都包括哪些内容？
7. 采购的总成本主要应考虑哪些因素？
8. 什么是盈亏平衡点？在采购谈判中怎样运用这一概念？
9. 如何进行成本分析？包括哪些内容？
10. 列举一些与采购谈判相关的财务术语和支付手段，并加以解释。
11. 什么是需求价格弹性？请举例说明其含义。
12. 规模经济与采购成本有怎样的关系？
13. 降低采购成本的原则、策略和方法有哪些？
14. 如何进行采购管理？

本章问题分析提示

趣味小思考 4-1

分析：需要注意的是，认证商品数量不能完全等同于采购量，还需要考虑样品、机动数量等；对一些质量或技术要求较高的产品，还需要考虑检测所需要的商品数量。而开始认证工作的时间除了需要考虑认证周期所必需的时间外，还要考虑可能因为一些因素而出现的时间延误。不同商品的认证周期往往是不同的，你可以就你熟悉的几种产品进行比较。

认证商品数量 = 需求数量 + 检验测试需求数量 + 样品数量 + 机动数量

开始认证时间 = 要求认证结束时间 - 认证周期 - 缓冲时间

趣味小思考 4-2

分析：按题目给出的条件，已知：$P_1=2$ $Q_1=1\ 000$ $E_d=2.5$ $P_2=1.8$，设需求量变动的百分比为 X，则有

$$E_d=[(Q_2-Q_1)\div Q_1]\div[(P_2-P_1)\div P_1]2.5=X\times 2.0\div(1.8-2.0)$$

得 $X=0.25$，即价格下降后销售量增加25%，所以 $Q_2=1\ 000\times(1+0.25)=1\ 250$kg。

总收益情况：$TR_1=P_1\times Q_1=2$ 元/kg $\times 1\ 000$kg $=2\ 000$ 元

$TR_2=P_2\times Q_2=1.8$ 元/kg $\times 1\ 250$kg $=2\ 250$ 元

$TR_2-TR_1=250$ 元

即降价后商品的总收益增加了 250 元，这就是富有弹性的商品“薄利多销”的原因所在。如果某商品的需求是缺乏弹性的，则情况相反。

趣味小思考 4-3

分析：在下列情况下，采购者通常对价格不敏感。

(1) 该产品在采购者成本中只占很小的比例。

(2) 对该供应商的采购失败可能会给采购者带来较高的成本，因而采购者宁可维持原来的价格。

(3) 该产品贡献的有效性带来较多的成本节约，使采购者忽略了价格的变化。

(4) 采购者追求质量，只要质量没有变化，对价格就不苛刻。

(5) 设计和差异性是采购决策的主要因素。

(6) 采购者的收益率高并且容易承担供应成本。

趣味小思考 4-4

分析：Amazon 网上书店通过以下方法有效地降低了成本。

(1) 首先，它无须租门面用场地和雇佣大量售货员，可以节省许多的管理成本费用。

(2) 其次，Amazon 的市场覆盖范围广，每次订货量大，可以从供应商获得较低的价格优惠。同时，Amazon 的订货是根据消费者需求确定而无需很大库存进行周转，节省了大量的仓储费用。

(3) Amazon 的销售主要是通过吸引消费者访问网站，然后进行购物，因此销售费用主要是广告推广费用，节省了传统销售中大量的销售人员费用。

(4) 收款、送货通过网际合作完成，节省大量人工，当 Amazon 销售额过亿美元时，其员工仅有 9 人。

(5) 网上商场的虚拟性，使得 Amazon 能以惊人速度发展，同时也能以非常优惠的折扣价格为消费者服务，在 Amazon 上购买书籍大多可以节省 3 ~ 5 折的钱，这全都是由于网上经营带来的成本降低，从而也为企业和消费者都带来了好处。

趣味小思考 4-5

分析：对于日本市场，柯达公司进行了细心的研究。发现日本人对商品普遍存在重质而不重价的倾向，于是制定高价政策打响牌子，保护名誉，进而实施与富士竞争的策略。他们在日本发展了贸易合资供应商，专门以高出富士 1/2 的价格推销柯达胶片。经过 5 年的努力和竞争，柯达终于被日本人接受，走进了日本市场，并成为与富士平起平坐的供应商，销售额也直线上升。

趣味小思考 4-6

分析：在定价时必须充分考虑影响和制约价格策略选择的各种因素，如产品成本、产品的供求状况、消费者心理、竞争状况、营销策略和政策法律等。

（1）产品成本。产品成本是指供应商在生产经营过程中各种费用的总和，是价格构成的基本因素和制定价格的基础。它不仅是供应商定价的依据，同时也是制定产品价格的最低界限。

（2）产品的供求状况。产品价格是指由市场上的需求和供给决定的。供不应求则价格上升，供过于求则价格下降。

（3）竞争状况。价格策略不仅依赖于消费者的反应，而且也依赖于竞争者的反应。竞争者的行为依据不同的市场结构中竞争的激烈程度和竞争优势的变化而不同。

（4）法律政策。国家法律和政策对价格决策也有重要的影响，如税收调节政策、产业发展指导政策等，都会影响到价格的变动。

本章学习路径

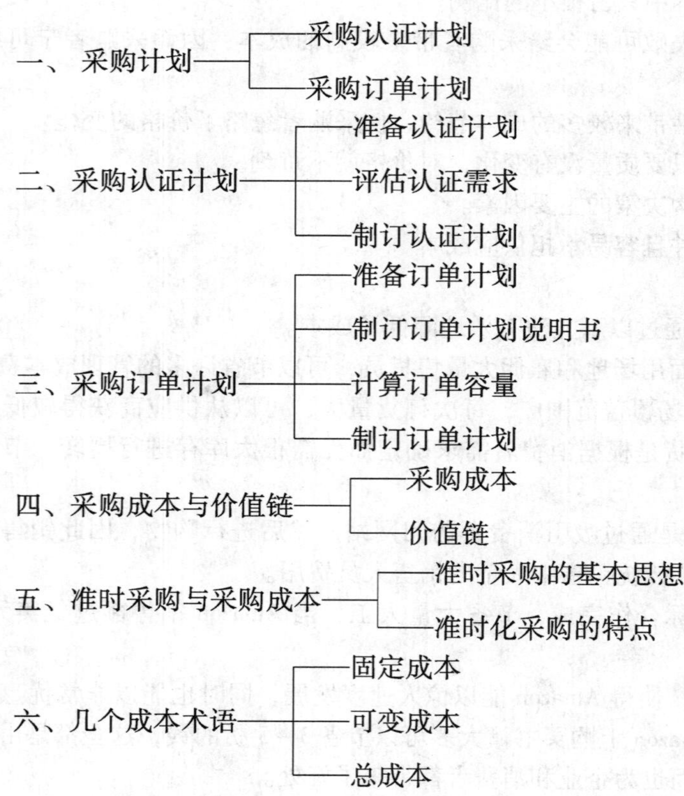

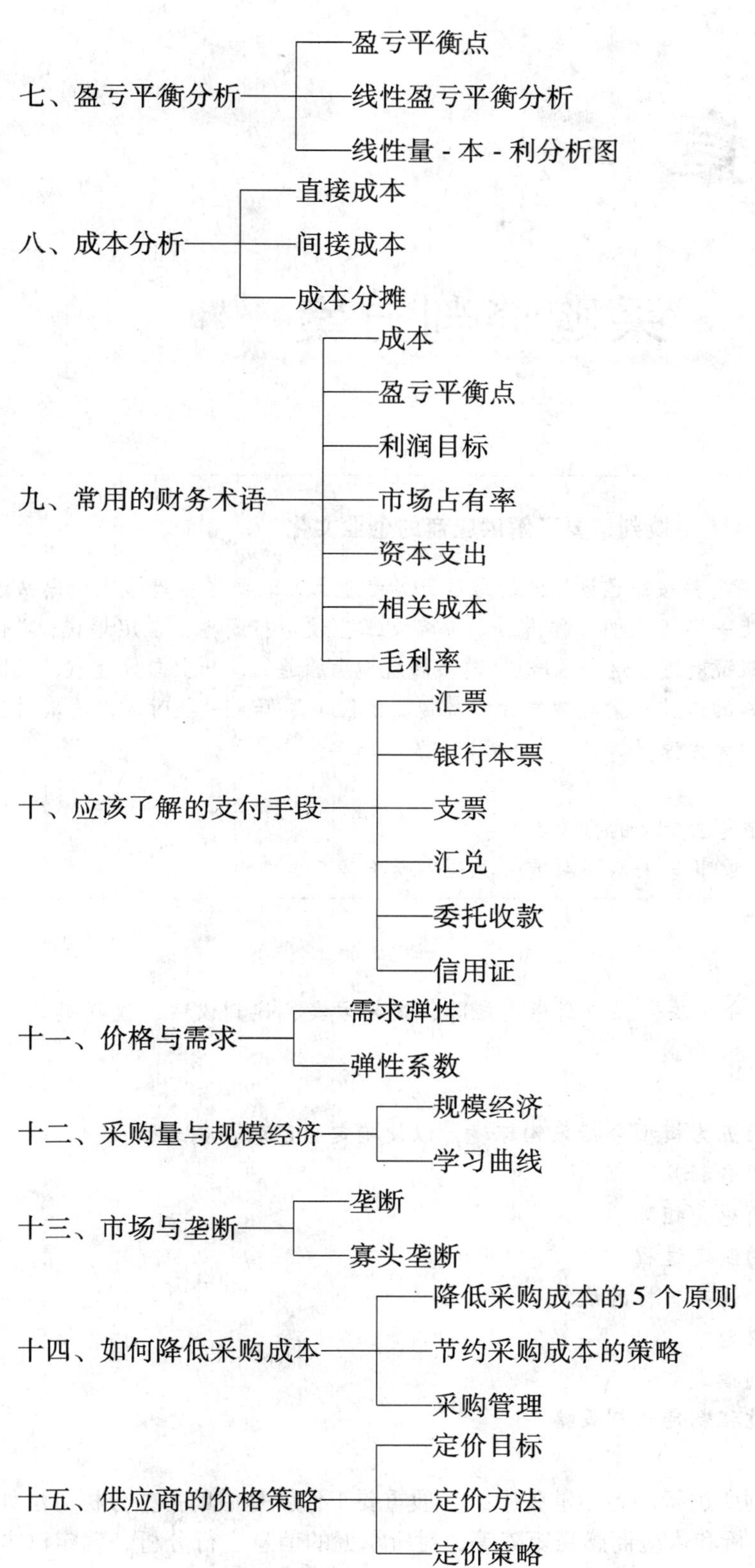
七、盈亏平衡分析
盈亏平衡点
线性盈亏平衡分析
线性量 - 本 - 利分析图
八、成本分析
直接成本
间接成本
成本分摊
九、常用的财务术语
成本
盈亏平衡点
利润目标
市场占有率
资本支出
相关成本
毛利率
十、应该了解的支付手段
汇票
银行本票
支票
汇兑
委托收款
信用证
十一、价格与需求
需求弹性
弹性系数
十二、采购量与规模经济
规模经济
学习曲线
十三、市场与垄断
垄断
寡头垄断
十四、如何降低采购成本
降低采购成本的 5 个原则
节约采购成本的策略
采购管理
十五、供应商的价格策略
定价目标
定价方法
定价策略

第5章

采购谈判方案

引导案例　　　　谈判中要了解供应商的企业文化

一位工厂主管陪着总裁按照已计划好的路线开始参观工厂。到了生产线上，总裁卷起袖子，俯身问装配线上一名工人的工作进展。那名女工生硬地打断他，坚定地说："很抱歉，您不能不戴防护眼镜就进入这个区域。"总裁尴尬地满脸通红，马上向她道歉，又回去取了防护眼镜，并对她的这种胆量与勇气大加赞赏。他们聊了好长一段时间，总裁对她能毫不胆怯挑战他的行为大为惊叹。

问题：

（1）你怎样看待这位女工的行为？

（2）类似这样的故事与采购谈判有关系吗？为什么？

本章关键词

五力模型、SWOT分析法、供应商感受矩阵、谈判方案、谈判议程、谈判模式

本章学习目标

- 学会使用波特的五力模型分析采购环境，以便确定自己的谈判地位
- 学会应用SWOT分析法
- 学会应用供应商感受矩阵
- 了解谈判方案的制定过程
- 懂得谈判主题和谈判目标的设定
- 学会确定谈判议题
- 了解主要的谈判模式
- 学会根据谈判过程制定谈判策略

采购谈判者为谈判所进行的各项准备中，一项重要工作就是借助一些分析方法如波特的五力模型、SWOT分析和供应商感受矩阵等，对所掌握的信息进行分析，确定己方可能的谈判地位，为制定谈判方案、确定谈判策略作准备。所谓谈判地位，是指己方在谈判对

手心目中的地位。

5.1　运用五力模型

5.1.1　五力模型的基本内容

五力模型是由美国哈佛商学院教授波特(Porter)提出的，是用来分析企业所在行业竞争特征的一种有效工具。该模型认为行业中存在着决定竞争规模和程度的五种力量，这五种力量综合起来影响着产业的吸引力。这五种力量包括：新的竞争对手入侵、替代品的威胁、买方议价能力、卖方议价能力以及现存竞争者之间的竞争。这五种作用力决定了企业的盈利能力，因为它们会影响价格、成本和投资收益等因素。例如，卖方议价的能力会影响原材料成本和其他投入成本；竞争的强度会影响价格以及竞争的成本；新的竞争者入侵的威胁会限制价格；企业为防御市场份额被新的加入者瓜分会追加投资。

通过应用五力模型，我们可以分析市场结构各方的力量及采购者自身的市场地位，以便制定相应的谈判策略，谋求较好的谈判地位。

五力模型通过对影响市场竞争状态的各种力量的分析，可以使组织认清自身所处的采购环境，制定恰当的谈判战略和策略。

五力模型表示替代者的威胁、潜在进入者的威胁、供应商的议价力量和采购者的竞争对手都会影响到采购方的市场力量，进而影响采购方的谈判地位。五力模型如图 5-1 所示。

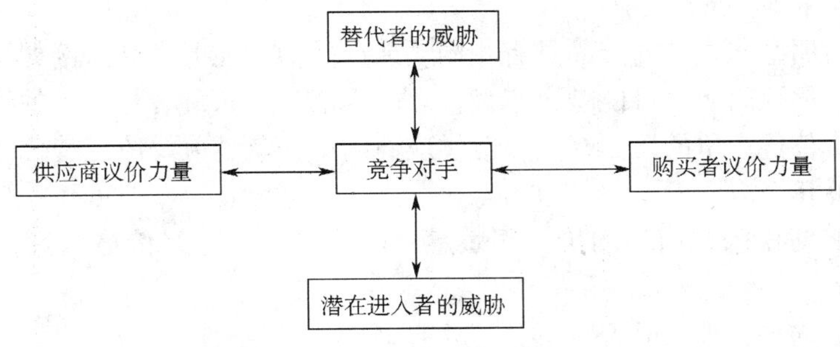

图 5-1　波特的五力模型

5.1.2　五力模型应用

分析五力模型中 5 种市场力量的变化，可以帮助采购者分析己方的市场地位，进而判断己方在采购谈判中的地位。

1. 决定供应商地位的因素

供应商影响一个行业竞争者的主要方式是提高价格，以此榨取买方的利润或降低所提供产品或服务的质量。

通常，以下因素对供应商来说是强有力的，会使其在谈判中处于强势地位。

（1）对组织而言，除去该供应商以外，组织几乎没有别的供货来源。这主要有两方面原因：一是组织对整个市场结构的了解极其有限；二是供应商所在的行业集中化程度高，该供应商处于垄断地位。

（2）供应商对整个供应链有整合能力，即供应商有向前一体化的战略意图，它可以通过整合供应链将自己发展成为采购组织的一个直接竞争对手。

（3）组织向新的供应商转移的成本太高，如供应商产品的标准化程度低，难以被替代。

（4）该组织的交易对供应商来说并不重要。

（5）供应商所提供的产品在组织整体产品成本中的比例较高，对该组织的生产流程、产品质量和生产成本都有重要影响。

2. 决定购买者讨价还价能力的因素

与供应商一样，购买者也能够对所在行业的盈利性或所采购商品的市场造成威胁，这样购买者能够强行压低采购价格，或要求更高的质量或更多的服务。为达到这一目的，采购者可以招投标等形式使生产者互相竞争，或者至少在两个以上的供应商处采购商品。

通常，以下因素会加强购买者的议价能力，增强采购者在谈判中的地位。

（1）供应商在市场上只有少量主要客户，采购者所在的组织就是其中之一。

（2）产品的标准化程度高，供应商所提供的产品几乎完全标准化或商品化，即从供应商的角度来看该产品几乎或根本没有差别，很容易在市场上寻找到别的供应商。

（3）供应商对该组织来说并不重要，如供应商的产品在采购者成本中占的比例不大。

（4）购买者对产品的质量不敏感。

（5）市场上没有或难以形成对供应商产品的大批量购买。

（6）采购者有后向一体化的战略意图，将供应商发展成为自己组织的成员。

3. 替代品对供应商的威胁

替代品是指那些与供应商产品具有相同功能或类似功能的产品。例如糖精从功能上可以替代糖，飞机远距离运输可能被火车替代等。因此生产采购者替代品的组织就会对市场供求造成影响。替代竞争的压力越大，对供应商的威胁就越大。决定替代品压力大小的因素主要包括以下几个方面。

（1）采购者对所采购商品的价格很敏感，而替代产品正好价格低廉，使采购者的盈利能力提高。

（2）采购者转向采购替代品的转换成本低。

（3）采购者一直在寻求替代产品，并倾向于采购替代品。

（4）替代品生产企业采取种种扩大市场份额的经营策略。

无疑，替代品的出现会加强采购者的谈判地位。

4. 市场新的进入者将对企业构成威胁

一个市场中往往都会有新的进入者，他们通常带来大量的资源和额外的生产能力，并且要求获得市场份额。除了完全竞争的市场以外，行业的新进入者可能使整个市场发生动摇，尤其是当新进入者有步骤、有目的地进入某一行业时，情况更是如此。

新进入者威胁的严峻性取决于该行业的进入壁垒高低以及预期的报复。例如钢铁业、造船业和汽车工业等，规模经济是进入壁垒的重要条件；而化妆品及保健品行业，产品的差异化则是进入壁垒的主要条件之一。

某行业的进入壁垒主要取决于该行业的前景如何，如行业增长率高表明未来的盈利性强，而眼前的高利润也颇具诱惑力。这些都会吸引新的进入者进入市场。进入壁垒包括以

下几个方面。

（1）进入新市场的生产成本。

（2）建立新业务所需的资本支出。

（3）有无适当的分销途径。

（4）市场内现有竞争者的反应。

对于供应商来说，其所在市场中新进入者的增加，都会加剧市场竞争，削弱供应商在采购谈判中的地位。

5. 现有竞争对手的影响

采购者与现有竞争对手之间的竞争也会影响谈判地位，竞争越激烈，采购者在谈判中的地位就越低。影响采购者所在市场现有竞争状况的因素包括以下几个方面。

（1）市场上竞争对手的数量，对手越多，竞争越激烈。

（2）成本构成。采购者所在行业的固定成本投入越高，组织越希望尽快在市场上获得回报，因而竞争也越激烈。

（3）竞争者在产品与服务之间存在的差异。如果采购者的用户感觉该组织的产品明显有别于其他的同类产品，则该组织在这一市场中就具有差异优势，引起竞争行为的可能性较小，组织在采购谈判中也较有优势。

（4）采购者的客户如果选择其他竞争性产品需要支付较高的成本，则可能会减弱采购者所在市场的竞争，从而可以维持采购者的谈判地位。

（5）采购者的竞争对手持有或能大量制造出产品，对于激烈的竞争行为不太关注，这也可以维持采购者的谈判地位。

（6）退出采购者所在市场的退出门槛低，市场竞争会更频繁，使竞争者在夺取市场份额时出现激烈的竞争行为，从而削弱采购者的谈判地位。

6. 五力模型对采购者的帮助

行业中的每一个组织或多或少都必须应付以上各种力量构成的威胁，而且组织的客户也必须面对行业中的每一个竞争者的举动。组织也可以通过设置进入壁垒，包括差异化和转换成本来保护自己。

五力模型框架能从 5 个不同方面向采购者提出一些关键的问题，使组织在更广阔的市场环境下理解和考虑以下问题。

（1）目前的市场结构和关系可能会发生什么变化？组织是否有办法从这些变化中受益？

（2）组织如何在市场中提高自己的相对地位？增强自己在谈判中的地位？

（3）怎样才能与竞争对手结为联盟或战略合作伙伴，而不是总处于你死我活的敌对状态竞争？

（4）面对供应商应采取怎样的行动？

（5）主要竞争对手为什么很强大？他们的势力能被削弱吗？如果能，该怎样去做？

波特的五力模型被广泛用于评估整体市场结构以及一个组织在市场中的地位。这些分析是制订谈判计划和策略的起点，其分析结果有助于发现和认识影响谈判的各种因素。

5.2 SWOT 分析法

5.2.1 SWOT 分析法简介

SWOT 分析法又称态势分析法，是由美国旧金山大学的管理学教授于 20 世纪 80 年代初提出来的，是一种能够较客观而准确地分析和研究一个组织现实情况的方法。SWOT 4 个英文字母分别代表：优势（Strength）、劣势（Weakness）、机会（Opportunity）、威胁（Threat）。

一方面，SWOT 分析法可以向供应商提供有关采购者的概要。例如优势可能包括用货币表示的采购规模、未来业务前景等，这些都将对供应商具有吸引力，可以促进供应商达成谈判协议。

另一方面，采购组织还应了解自身的劣势。对于中小企业而言，其劣势往往是组织本身的规模有限，对供应商扩展其未来业务缺乏吸引力。

将采购组织和供应商之间的优势和劣势分别考虑，可以对采购谈判提供帮助。SWOT 矩阵如图 5-2 所示。

优势（Strengths） 我们的（Ours'） 他们的（Theirs'）	劣势（Weaknesses）
机会（Opportunities）	威胁（Threats）

图 5-2 SWOT 矩阵

（资料摘自《采购谈判与供应商选择》P19，CIPS 采购与供应高级证书指定教材）

从整体上看，SWOT 可以分为两部分：第一部分为 SW，主要用来分析内部条件；第二部分为 OT，主要用来分析外部条件。利用这种方法可以从中找出对自己有利的、值得发扬的因素；以及对自己不利的、要避开的东西，由此发现存在的问题，找出解决办法，并明确以后的发展方向。同时，还可以根据分析结果，将问题按轻重缓急分类，明确哪些是目前急需解决的问题，哪些是可以稍微拖后一点的事情，哪些属于战略上的障碍，哪些属于战术上的问题。弄清楚这些问题，有利于谈判领导者在制定谈判方案时作出较正确的决策和规划。

在采购谈判中，项目的负责人要经常运用 SWOT 分析法明确下列问题：我们的供应商实力如何？它应该提供什么样的服务？我们应该如何应付市场上不断出现的变化？存在哪些威胁和竞争对手？会发生什么样的竞争？如何扬长避短地取得竞争的优势？怎样改善自己？分析和明确这些问题的过程也是不断完善谈判策略的过程，为采购谈判达成提供战略性指导。

5.2.2 SWOT 分析法的应用

SWOT 分析法是进行战略分析的常用方法之一。进行 SWOT 分析时，主要有以下几个方面的内容。

1. 分析环境因素

可以运用各种调查研究方法获得信息，分析出组织所处的各种环境因素，即外部环境因素和内部环境因素。外部环境因素包括机会因素和威胁因素，它们是外部环境对组织的发展直接有影响的有利和不利因素，属于客观因素。内部环境因素包括优势因素和劣势因素，它们是组织在其发展中自身存在的积极和消极因素，属于主观因素。在调查分析这些因素时，不仅要考虑到历史与现状，而且更要考虑未来的发展问题。

（1）机会是组织机构的外部因素，具体包括：新产品、新市场、新需求、外国市场壁垒解除和竞争对手失误等。

（2）威胁也是组织机构的外部因素，具体包括：新的竞争对手、替代产品增多、市场紧缩、行业政策变化、经济衰退、客户偏好改变和突发事件等。

（3）优势是组织机构的内部因素，具体包括：有利的竞争态势、充足的财政来源、良好的企业形象、技术力量、规模经济、产品质量、市场份额、成本优势和广告攻势等。

（4）劣势也是组织机构的内部因素，具体包括：设备老化、管理混乱、缺少关键技术、研究开发落后、资金短缺、经营不善、产品积压和竞争力差等。

2. 构造 SWOT 矩阵

将调查得出的各种因素根据轻重缓急或影响程度等排序方式，构造 SWOT 矩阵。在此过程中，将那些对采购谈判有直接的、重要的、大量的、迫切的和久远的影响因素优先排列出来，而将那些间接的、次要的、少许的、不急的和短暂的影响因素排列在后。

在完成环境因素分析和 SWOT 矩阵的构造，采购者确定了自己的优势和劣势后，就必须进行定位，为顺利开展谈判做好准备，并设计有效的方案对供应商的举动作出反应，这就是制定谈判方案。制定谈判方案的基本思路是：发挥优势因素，克服劣势因素，利用机会因素，化解威胁因素；考虑过去，立足当前，着眼未来。运用系统分析的综合分析方法，将各种环境因素相互组合、排列、匹配起来加以综合考虑，得出一系列组织进行谈判时的可选择对策。

波特教授的五力模型和 SWOT 分析法，都有助于采购者进行采购环境分析，在谈判前认清将对谈判产生影响的各方面因素。

小贴士 5-1　　**迈克尔·波特的贡献**

迈克尔·波特对于管理理论的主要贡献，是在产业经济学与管理学之间架起了一座桥梁。在其经典著作《竞争战略》中，他提出了行业结构分析模型，即所谓的“五力模型”。“五力模型”认为：行业现有的竞争状况、供应商的议价能力、客户的议价能力、替代产品或服务的威胁和新进入者的威胁这五大竞争驱动力，决定了企业的盈利能力，并指出公司战略的核心，应在于选择正确的行业以及行业中最具有吸引力的竞争位置。这五种竞争作用力综合起来，决定了某产业中的企业获取超出资本成本的平均投资收益率的能力。这五种作用力的综合作用力随产业的不同而不同，随产业的发展而变化，结果表现为所有产业的内在盈利能力的不一致性，企业可以通过其战略对这五种作用力施加影响。如果企业能通过这五种力量来影响所在产业的竞争优势，那么它就能从根本上改善或削弱产业吸引力，从而改变本产业的竞争规则。

竞争战略从一定意义上讲是源于企业对决定产业吸引力的竞争规律的深刻理解。任何产业，无论是国内的或国际的，无论生产产品的或提供服务的，竞争规律都将体现在这五种竞争的作用力上。因此，波特的五力模型是企业制定竞争战略时经常利用的战略分析工具。

5.3 供应商感受分析

毫无疑问，在采购谈判中最需要加以分析的应该是谈判对手——供应商。

5.3.1 充分了解供应商

了解供应商组织，主要偏重于组织背景、规模、资金情况、信誉等级、经营状况和经营战略等方面资料的收集，对供应商的销售政策、销售组织、价格政策、行业地位和市场份额等与谈判直接相关的信息也需要进行详细的调查。

1. 充分了解供应商益处

（1）充分了解供应商益处可以正确评估供应商的供货和服务能力。特别是对大宗、长期的采购，采购员很有必要了解供货商的实力。这样，既可以判断供货商的供货情况如何，也可以充分地评估产品的质量以及相关配套服务。

（2）充分了解供应商益处可以节省采购成本。很显然，通过对供应商的了解，在大量采购时，可以直接从生产商进货，减少中间成本，为采购方节省相当的费用。

2. 获得供应商信息的主要途径

供应商通常分为贸易商和生产商两大类，选择贸易商或生产商可根据采购企业的具体采购情况来确定。对于所收集到的信息，必须经过综合分析如供应商的价格、交货期、供货能力和售后服务等，这样才能最后选择谈判对象。

以下途径可以帮助获得供应商信息，并对供应商的性质或实力进行一个初步估计，尤其是在大宗商品采购时，区分贸易商和生产商有时是很重要的。

（1）通过网站信息判断供应商性质。一般有实力的供货商都会设有企业网站。从网站的内容上采购者基本上能判断出供货商是贸易公司还是工厂、主要产品和组织规模等基本情况。

（2）通过供应产品品种判断。一般来说，工厂的产品品种相对比较单一，有些少而精。而贸易公司的商品品种多而全，很丰富，这一点是显而易见的。

（3）通过资料、样品等判断。采购者在选定产品时都需要相关证书资料、产品样本，贸易公司往往不能及时提供，因为他们还要找工厂提供，特别是出口商品。如果供应商总是拖延提供有关产品的详细资料或样品，那基本上可以判断这是一家贸易商。如果要大量采购最好还是直接与生产商联系。

（4）通过交谈了解判断。一般有实力的供应商都不会隐瞒企业及产品的优势，往往还会提供具体的数据让参观者信服。例如有几条生产线、月产量和最近开发了什么新产品等。如果对方对有关产品的具体问题不能清楚回答，或者说大话空话，这样的供货商实力就值得怀疑了。

（5）直接去工厂拜访。直接去工厂拜访，这是行之有效的办法。通过现场观察比较，工厂有没有实力一看就知道。即使是贸易商，也可以看到丰富的资料而不是华而不实的漂亮办公室。

5.3.2　运用供应商感受矩阵

在了解供应商情况后，采购者需要作出基本的判断，需要知道供应商对己方的看法：供应商将如何看待我们？我们对供应商重要吗？

供应商感受矩阵将帮助如何识别供应商对购买者的感受。该矩阵从业务吸引力和价值两大方面，以供应商的角度来分析采购者的采购需求对供应商所具有的吸引力。采购者的吸引力用纵轴表示，采购者的价值用横轴表示。供应商感受矩阵如图 5-3 所示。

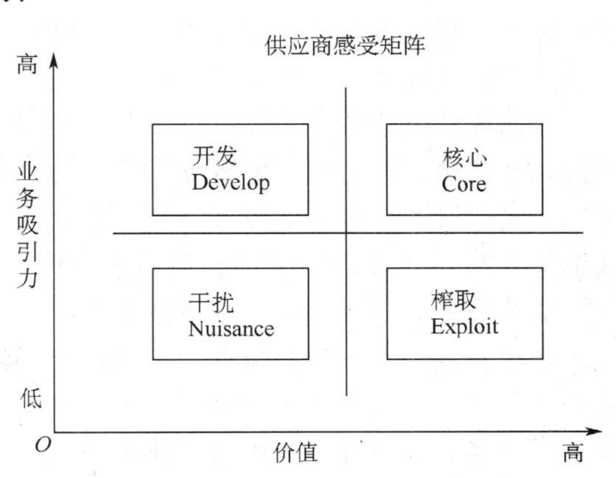

图 5-3　供应商感受矩阵

（资料摘自《采购谈判与供应商选择》P19，CIPS 采购与供应高级证书指定教材）

该矩阵分为 4 个区域。由于所具有的吸引力和价值不同，采购者在供应商心目中的地位也不同，因而其所采取的策略也不同。

1. 干扰

供应商往往会将采购量相对较低、不经常采购和采购价值比较低的采购方业务作为“干扰”级别。对此类业务，供应商一般不会调配大量的资源为采购方提供帮助，也不会在生产和销售中给予优先安排。采购方也无法试图和供应商建立长期合作关系。在采购谈判中，这样的采购方的谈判地位和议价力量会很弱，采购人员很难取得良好的业绩。

2. 榨取

供应商往往会将采购价值比较高，供应商的销售额可能很大，但此单业务对于供应商来说的吸引力比较低，很可能是“一锤子买卖”，或采购方的需求可能不符合供应商主营业务的发展。所以，供应商会把这样一些采购业务归到“榨取”级别。供应商会伺机提高供应价格或者提高服务的条件，或者配置不适当的资源来实现合同。这样对采购方是很不利的，采购方在这样的业务活动中可能会承担不应支付的成本。因而，在这样的采购谈判中，采购方也不会有强势的议价力量和谈判地位。

3. 开发

供应商往往会将销售价值比较低，但此业务对供应商吸引力很大，如采购方的潜在需求大、符合供应商主营业务的发展等。对于这样一类业务，供应商会将采购者列为合作、开发对象，还可能会谋求与采购组织建立合作伙伴关系，如尽可能地提供有说服力的证据来说明采购方共同合作可以开发客户扩大销售，达到双赢的效果等。这无形中也加强了采购者的谈判地位，提供了进一步发展业务的机会。

随着此类采购业务不断增加，供应方会为此配备重要的资源和力量，保证销售和服务，例如经常和采购商电话联系或者登门拜访，以及进行促销活动和提供一定的折扣等优惠措施。在谈判中，采购方也会采取适当措施来帮助供应商进一步发展，供应商也会在很大的范围内作出一定限度的让步和妥协，以求得进一步发展的机会。例如生活用品的供应商在和沃尔玛这样的零售商打交道初期，采购商的条件非常苛刻，可是供应商还是为此调配大量的资源和力量，作为优先服务级别加以处理，就是为了以后得到更大的发展和业务往来的机会。这样采购方在采购谈判中的议价势力就很大，谈判地位就很高。

4. 核心

那些对供应商具有非常大的业务吸引力、销售额巨大的一类业务，往往被供应商视为核心业务。例如，采购五星级酒店的日常用品对于酒店用品供应商而言，汽车生产商采购汽车配件对于配件生产企业等都属于这样的业务。这些采购业务是供应商的主要发展业务和重点的营业收入。

在这样的采购业务中，采购谈判往往是最轻松的。采购谈判者不仅可以得到非常优厚的折扣和优惠，还可以采购到非常合适的产品和服务，实现非常好的业绩。这类采购不仅可以大大促进双方业务的发展，还可以为双方带来丰厚的利润，实现真正意义上的双赢，这也是采购者-供应商双方共同的追求。因此，供应商会非常配合采购业务的开展。

在这样的业务谈判中，双方的关系往往可以发展得非常紧密，甚至可以成为战略伙伴级的合作关系。在日益竞争激烈的现代市场经济中，这样的战略伙伴关系，对提高企业的核心竞争力具有非常重要的意义。在采购谈判中，这样的业务使双方保持均衡的谈判地位，议价能力都较强，紧密型合作关系是被双方认可的一种选择。

知己知彼，百战不殆。作为经验丰富的采购经理，应该明确自己的采购业务对于供应商而言属于哪一种类的业务，是不是符合供应商的主业发展。同时，只有这样才会知道自己应该采取的采购谈判战略和谈判技巧，更重要的是制定出切实可行的、客观的采购谈判方案。

5.4 制定谈判方案

任何谈判都离不开事先周密的安排，制定周密细致的谈判方案是保证谈判顺利进行的必要条件。谈判方案是指在谈判开始以前对谈判目标、谈判议程和谈判策略预先所作的安排，是人们在进行谈判之前，预先拟定的谈判目标和实现目标的步骤。它是在充分了解谈判对手和相关信息，对己方的谈判地位有明确认识的基础上进行的。

谈判方案要注重实用性，不需要长篇大论或者犀利的笔锋。由于每一场谈判都充满了变数，所以谈判方案要体现出一定的灵活性，依据对方的情况制定出不同的应对方案。因此，在制定时要考虑到一些意外事件的影响，使谈判人员在谈判过程中根据具体情况灵活运用谈判方案。

一般来说，一个成功的谈判方案应该做到简明、具体和灵活。所谓简明，就是要尽量使谈判人员能很快记住其主要内容与基本原则；在谈判中能随时根据方案要求与对方周旋。谈判方案越简单明了，对谈判人员来说其可执行性就越大。但简明必须与谈判的具体内容相结合，以谈判的具体内容为基础，否则谈判方案就会显得空洞和含糊。

一个完整的谈判方案通常包括谈判主题和目标、谈判议程、交易条件、谈判策略和谈判方案评估等5个方面。

5.4.1　谈判主题和目标

所有的谈判活动都是围绕主题和目标进行的。

1. 谈判主题

谈判主题是指参加谈判的目的，即谈判参与者对谈判的期望值和期望水平。不同内容和类型的谈判有不同的主题。但在实践中，一次谈判一般只为一个主题服务。因此，在制订谈判计划时，也应该以此主题为中心。为保证全体谈判人员牢记谈判的主题，在主题的表述方式上切忌赘述，而应该言简意赅，尽可能用一句话来进行概括和表述。例如“以最优惠的条件达成某项交易”或“达成一笔交易”等。至于什么是最优惠条件和如何达成这笔交易则不是谈判主题所涉及的问题。另外，谈判主题应是己方可以公开的观点，不必故弄玄虚。

2. 谈判目标

谈判目标是指对谈判主题的具体化，是谈判人员为完成采购需要而确定的指标或指标体系。谈判目标既是谈判的起点，也是谈判的归宿和核心问题。谈判目标可分为三个层次，如图 5-4 所示。

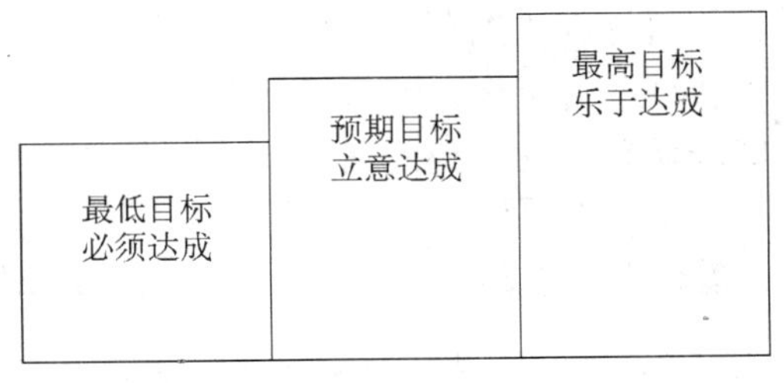

图 5-4　谈判目标的层次

（1）最低目标。这是谈判必须实现的目标，是谈判的最低要求，是谈判的底线。最低目标对采购者的利益具有实质性作用，是谈判者期待通过谈判所要达成的底线目标，若该目标不能实现，采购方宁愿谈判破裂也不会与供应商讨价还价、妥协让步。否则，就失去了谈判的意义。最低目标对采购者来说显然不是一个理想的谈判结果，只有全力争取预期目标，才能避免因最低目标也难以实现而陷入无望而归的局面。

（2）预期目标。预期目标是指在谈判中可努力争取或作出让步的范围。这种目标能使采购者获得实际需要的利益，也是其希望达到的目标，谈判人员应该努力争取实现。但预期目标也具有一定的弹性，当谈判为此陷入僵局时也可以适当让步。如果说最低目标代表一个终极点，预期目标则代表一个可以讨价还价的区间范围，但也不能轻易让步。

预期目标是指根据己方的实际情况，经过多方面的评估与分析，期望通过谈判而得以达到的客观的需求。预期目标最好能形成量化指标，并且细分到各项议题，遇到意见分歧时要坚持自己的观点，不可轻易让步。

因为预期目标涉及己方的实际需求，谈判代表应竭尽全力，运用各种策略努力使之实现。

（3）最高目标。最高目标是指己方在谈判中所乐于达成的最高目标，它能在满足采购者的实际需求之外，还能使采购者获得额外的利益，因此又称最优期望目标。但这一目标也往往是供应商所能忍受的最高限度，在谈判中一般很难实现，因为采购谈判是各方利益分配的过程，没有哪个供应商甘愿将利益全部让给采购者。最高目标也是一个临界点，如果提出超过这个目标的利益要求，往往可能导致谈判破裂。

虽然最高目标很难实现，但也不应轻易放弃。因为一方面它可以作为谈判的筹码，可以增大让步的幅度，用以换取对己方有利的其他条件，起到促进协议达成的作用；另一方面它又可以分散供应商对采购者预期目标的注意力，无法准确地判断出采购者所要达到的预期目标，对预期目标的实现起到了保护作用。但最高目标并非绝对不能实现，如果有很好的准备和谈判策略设计，最高目标也是可以实现的。

上述三个层次的目标并不是各自孤立存在的，而是相互之间存在着一定的内部关联性，是密不可分的谈判整体，需要通过谈判计划将它们有机地结合起来。各项目标的制定也需要进行严谨分析，做到合情合理，不能偏离实际情况。同时，还应对供应商三个层次的目标进行分析判断，尤其是供应商可承受的最低目标。如果分析判断准确，采购者完全可能获得更多的利益，并有可能达成最优目标。

因此，谈判人员应充分发挥个人才智，尽可能在最低目标和最高目标之间为组织争取多的利益。

在谈判中最容易量化、最为人们所关注的目标是价格目标。但在谈判中，一般还存在着多个目标如质量标准、交货期、付款方式和技术服务等，这就要求采购者必须考虑多个谈判目标的优先顺序，根据其重要性加以排序，并确定是否所有的目标都要达到；如果不能实现所有目标，哪些目标是可以舍弃的，哪些目标可以争取达到，而哪些目标是绝对不能降低要求的。与此同时，还应考虑长期目标和短期目标等问题。

趣味小思考 5-1　　A 商场的谈判目标

A 商场在某次家电采购谈判中以采购价格为谈判目标，其对目标的表述是：①最高目标是每台采购价 800 元；②最低目标是每台采购价 1100 元；③可以接受并争取的价格在 800～1100 元之间。

问题：结合家电销售的特点，分析一下 A 商场要实现谈判预期目标的关键点是什么？

5.4.2 谈判议程

谈判议程是指围绕谈判主题将所要讨论的问题进行罗列，并安排相应的顺序，以便使谈判能按预期推进并达成结果。

谈判议程有两方面的内容：对双方公开的，称为通则议程；只对己方内部公开的称为谈判细则。

1. 确定谈判议题

制定谈判议程，首先要确定好谈判议题，它是指在谈判中围绕谈判主题所要讨论的若干问题。确定谈判议题通常有以下三个步骤。

（1）把与本谈判有关的所有问题罗列出来，尽可能不遗漏。

（2）根据对实现己方利益是否有利的标准，将所列出的问题进行分类。

（3）尽可能将对己方有利和对己方危害不大的问题列入谈判的议题；而将对己方不利或有危害的问题排除在谈判的议题之外。

趣味小思考 5-2　　对哪方有利

在技术设备的采购谈判中，供应商把采购方在设备的使用、维护和支付方面的问题一一列入谈判议题，并将采购方的责任和义务列举明确，这将对哪方有利？

2. 制定通则议程

通则议程实际上是谈判各方都要遵照使用的日程安排，是对谈判各方公开的，这是采购谈判中争取主动的一个重要因素。在通则议程中，通常应解决以下问题。

（1）列入谈判范围的有哪些事项？哪些问题需要讨论？哪些问题可以不讨论？问题讨论的顺序是什么？双方谈判讨论的中心问题是什么？讨论中心问题及细节问题的人员如何安排？谈判各阶段尤其是第一阶段要讨论哪些问题？人员如何安排等。

（2）整个谈判进程及谈判各阶段的时间安排。谈判时间的安排对双方人员的情绪和谈判结果影响很大，不能一方武断做主，而要经双方商定，否则会伤及对方的尊严。对在外地进行的谈判，不要经过长途跋涉后立即开始，应安排在充分休息之后，大家心情舒畅、精神饱满的时候进行。这样有利于谈判取得积极的成果。

（3）选择谈判地点和场所。谈判场所应考虑环境优美、交通方便、通信通畅和设施舒适的场所，还应根据方便程度、体面程度及费用等因素选择主场、客场或中立地进行谈判。有些重大谈判往往要先就谈判地点进行洽谈。

（4）做好一定的物质准备，例如安排录音、录像和文字记录；安排谈判所需的文字、图表、数据和音像等资料；安排好对方的食宿以及馈赠对方的礼品。

（5）要始终积极营造融洽的谈判氛围。谈判需要良好的氛围。在准备阶段，就要开始营造这种氛围，要注意时刻尊重对方，注意自己的行为举止，不要一开始就摆出咄咄逼人的架势，以免引起对方的不快、自卫与反攻。

通则议程可由一方提出，也可由谈判各方同时提出。无论哪方提出，都需经谈判参与各方审议同意后方能正式生效。为掌握谈判的主动性，采购方可先制定通则议程征求供应商的意见。

3. 制定细则议程

细则议程是对己方参加谈判的具体策略的具体安排，因此具有保密性，仅供己方使用。其内容一般包括以下几方面。

（1）如何对外统一口径，包括文件、资料、证据和观点等。

（2）对谈判过程中各种可能性的估计及其对策安排。

（3）谈判的细节安排，如什么时候提问、提什么问题、向何人提出这些问题、由谁提出这些问题、谁来补充、何种情况下需要转移话题、谁来转移和何种情况下要求暂停讨论等。

（4）预先做好人员替换的安排。谈判人员如因健康问题或突然的工作变动等临时状况，如不能如期出席谈判等，都应及时更换相应的人员。

细则议程中的所有议题需要明确具体，避免含糊。己方的目标和底线以及让步的幅度与频率都要明确化、数据化，形成谈判大纲。细则议程用词要准确，不要出现模棱两可、一词多义和容易使人在理解上发生歧义的语言；所使用的数据资料要准确无误，谈判中唯有详实的数据才能够说服对方。如果供应商所准备的数据资料比采购者更加全面和准确时，将会给采购者心理上造成重大打击，甚至失去谈判的信心，其结果必将失去谈判优势。

4. 制定议程的原则

在议程安排上，己方不仅要推测对方的谈判期限，还要谨慎地设计己方的谈判议程。根据谈判内容的复杂性有针对性地进行安排，为每个议题间留出较充足的讨论时间。在拟定议程时，要注意的原则有以下几点。

（1）确定各项议题的时间表时，要预留出充足的思考时间。

（2）合理安排议题的先后次序，做到紧凑、有序。

（3）要在深思熟虑的情况下，接受对方的日程安排。

（4）议程是可以修改的。如果发现议程对己不利，要立即提出修改意见。

对议题的排序需要认真研究。苏格拉底曾经说过“先对分歧点避而不谈，而只谈双方的共同点，让对方在对共同点无数次的认可中自然而然地同意自己的观点”。因此，在议题安排时通常将双方的共同点或者己方的优势点安排在前期，而将双方的差异点或者己方的劣势点安排在后期。

谈判议程只是双方认可的时间表，并不是正式公文，如果在谈判开始后发现议题安排对己方不利时，可以向对方提出修改的要求，切忌将就凑合，以免使自己不知不觉中掉入对方的陷阱。

5.4.3　确定谈判的交易条件

在采购谈判中，不可避免地要就交易条件进行讨价还价。谈判中的妥协让步也是理所当然的，但绝对不是无限度的，这个让步的限度就是谈判各方的最低目标。如果谈判结果低于这个限度，谈判各方宁可中止谈判也不会达成交易。所以，确定交易条件也是谈判方案的重要内容。采购谈判中所涉及的主要交易条件有价格、支付方式、交货期、品质或技术服务保证期等。

1. 价格

价格的高低是谈判各方最敏感的问题，也是谈判磋商的焦点，它直接关系到各方获利的多少或谈判的成败。影响价格的因素有主观与客观之分。主观因素包括供应商的营销策略、己方谈判的技巧等由谈判方决定或受谈判方影响的因素；而客观因素主要有成本因素、需求因素、竞争因素、产品因素和环境因素。

在充分考虑影响价格水平的主要因素后，采购者便可制定其最低可接受的价格水平。例如某供应商在综合考虑了价格的主客观因素之后，确定最低可接受价格水平为：只要在报价的有效期内成交，可在谈判幅度内作出让步，利润最大减让幅度为5%。

在其他章节中的内容如供应商的定价策略、财务知识和经济学知识都可以用来进行价格分析，帮助采购谈判者确定价格水平。

2. 支付方式

在大宗采购谈判中，不同的支付方式往往对谈判的预期利润造成较大影响。例如，采用票据支付方式、现金支付方式和信用支付方式，都会影响到所采购商品的单价。有关支付手段的应用可参考相关章节。

3. 交货期限及罚金

在货物买卖中，交货期限对各方都有利害关系。因此，在采购合同中，交货期限应作为根本条款或是重要条款明确加以规定；如供应商未按时交货，则应向采购者赔偿经济损失。一般情况下，除非供应商想迅速出清库存，否则总是希望交货期晚一点；而采购方则希望卖方能早日交货，以便自己尽早投入生产或使用。

4. 保证期

保证期是指供应商将货物卖出后的担保期限。担保的内容主要包括货物的品质、适用性和技术服务等。保证期的长短往往也是采购谈判中双方据理力争的焦点问题之一。

对于卖方而言，一般会尽力缩短保证期。因为保证期越长，其承担的风险越大，会为交易追加更高的成本；而采购方总是希望保证期越长越好，因为保证期越长，采购方获得的保障程度越高。

由于保证期的长短关系到供应商的信誉和竞争能力，关系到交易能否达成或怎样达成等问题。因此，在通常情况下供应商都会仔细考虑保证期问题的。

5.5　制定谈判策略

所谓策略是采购谈判中总体的风格和具体环节的技巧运用，是根据双方谈判地位的优劣势对比和利益的重要性来权衡制定的。

要确定谈判策略，首先要确定谈判模式。

5.5.1　确定谈判模式

不同的谈判模式决定着不同的谈判策略。

任何一次谈判都可能有三种结果：双赢（见图 5-5）、一方获胜而另外一方失败（见图 5-6）、双输。通常，我们都会努力争取自己获胜而使对方失败，例如在购物时的讨价还价，我们都会希望自己胜过卖方。但是在采购谈判中，如果总是坚持处处都要胜过他人的原则，己方虽然可能在第一个回合的较量中获胜，但迟早有一天，供应商会对采购方进行报复。

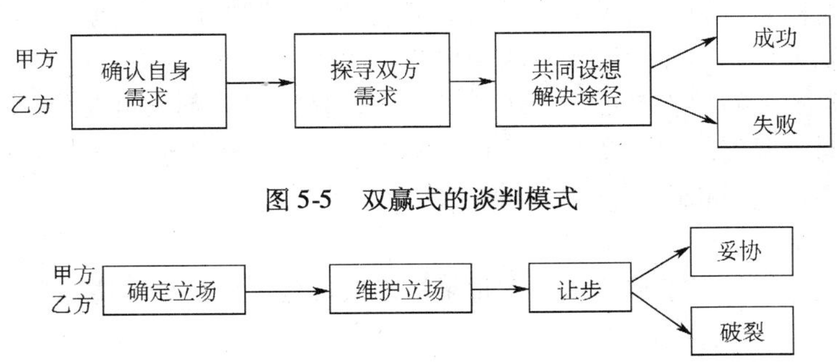

图 5-5　双赢式的谈判模式

图 5-6　竞争式的谈判模式

现在谈判中，传统的我胜你败的谈判模式已被人们逐渐摒弃，而以达到双赢效果为目的的现代谈判模式越来越为人们所推崇。它要求在谈判中，各方不是只紧盯自己的目标，而是同时兼顾对方的利益，一起努力扩大共同利益，以避免谈判破裂。表 5-1 中列出了两种谈判模式的不同之处。

表 5-1　两种谈判模式的比较

项　　目	竞争式谈判	双赢式谈判
价值取向	牺牲对方，追求自己的目标	寻求互利的目标
关系维持	短期合作	长期合作
主要动机	己方利益最大化	共同利益最大化

（续）

项　目	竞争式谈判	双赢式谈判
信赖与公开	保密；不信任对方	互相信任与公开，倾听并且共同商议可行方案
需求认知	双方都了解自己的需求，但不坦诚	双方都了解自己的需求，并互相告知
可预测性	双方都会有意料外的行为	双方的行动都是可以预测的
进行方式	双方互相胁迫、虚张声势，企图占优势	双方以诚相待，互相尊重
解决方案	双方均借讨论企图操控对方，致力于达成各自的立场与诉求，各方采取零合博弈，把打败对方视为其目标	通过具有建设性与创意的方法，寻求双方满意的方案
主要方针	“我赢、你输”，制造对方的不良形象，使双方敌对	“如何使双方都得利”，排除不良的形象，重视具体成效
化解困难的对策	若产生僵局，则需借调停来打破僵局	若遇到困难需要有应变方案或共同协商来解决

不同的谈判模式决定着策略的选择。实践证明，双赢的谈判模式是现在普遍为人们采用并推崇的。

5.5.2　主要谈判策略

确定了谈判类型，实际上就是为整个谈判确定了基调，策略的制定就是在这一基础上进行的。在采购谈判过程中，为了使谈判顺利进行并取得成效，谈判者应注意及时抓住有利时机，审时度势地制定并运用相应的谈判策略。

下面所列举的策略被广泛运用于各种谈判中，是很多谈判人员在长期的谈判实践中，根据各自在谈判中遇到的问题及解决方法总结出来的，是有助于谈判者实现己方谈判目标并达到双赢的基本途径和成功方法。

1. 避免争论

谈判中出现分歧是很正常的事。这时应始终保持冷静，防止感情冲动，尽可能地避免争论。

（1）冷静倾听对方的意见。当对方说出己方不愿意听或对己方很不利的话时，不要感情冲动或生气地立即打断对方讲话进行反驳，而应耐心地听完对方的发言，必要时还可承认自己在某方面的疏忽。

（2）婉转地提出不同意见。如果直截了当地提出自己的否定意见，会使对方在心理上产生抵触情绪，反而千方百计维护自己的意见。因此，提出不同意见时可以婉转一些，先同意对方的意见，然后再提出探索性的提议。例如“如果……你认为如何？”

（3）休会。如果各方就某个问题展开了拉锯战，反反复复没有结论，使谈判无法再顺利进行。这时，应在各方意见还没有对立之前及时休会，以避免引起更进一步的僵持和争论。

休会的策略为固执型的谈判人员提供了请示上级的机会，也可给双方时间调整思绪，有利于问题在心平气和的友好氛围中得以最终圆满解决。

2. 抛砖引玉

抛砖引玉是指在谈判中，一方主动提出各种问题，但不提供解决的办法，让对方来解决。这一策略不仅能尊重对方，而且又可摸清对方的底细，争取主动。

趣味小思考 5-3

抛砖引玉策略在什么情况下不适用？

3. 留有余地

在实际谈判中，不管己方是否留有余地或真的没留什么余地，对方总认为你是留有余地的，所以可以在对方最看重的方面留有余地，以备必要时作出让步，而在其他条款上争取最大利益。

趣味小思考 5-4

要求处于市场垄断地位的供应商对己方所采购商品降价总是很困难的，你该怎么做？

4. 避实就虚

避实就虚是指己方为达到某种目的和需要，有意识地将洽谈的议题引导到相对次要的问题上，借此来转移对方的注意力，以求实现谈判目标。

趣味小思考 5-5

如果对方最关心的是价格问题，而己方最关心的是交货问题。这时，谈判的焦点应放在什么方面？

5. 保持沉默

保持沉默是处于被动地位的谈判人员常用的一种策略。沉默可以给对方造成心理恐慌、不知所措、甚至乱了方寸，从而达到削弱对方谈判力量的目的。同时，也会为陷入僵局的谈判起到缓冲作用。

在沉默中，可以运用行为语言如倒茶等，分散沉默对己方的压力，以达到保持沉默的真正目的。面对咄咄逼人的对手时，适当地运用沉默可缩小双方的差距。

在谈判中表露的越多，就有可能将自己的底细暴露得越多，从而越有可能处于被动境地。所以，适当的沉默是必要的。

趣味小思考 5-6

尽管沉默是一种策略，但是如果运用不当，易于适得其反，请举例说明。

6. 忍气吞声

在谈判中对占据主动地位的一方咄咄逼人的表现，可以采取忍耐策略。因为这时如果表示坚决反对或不满，供应商会更加骄横甚至退出谈判。

面对这种情况，己方可对供应商的态度不作任何反应，通过忍耐慢慢地消磨对方的棱角，挫其锐气，以柔克刚，反而能变弱为强。

这时，多听少讲既是忍耐的一种具体表现方式，也可以使供应商尽可能多地发言，充分表明他的观点。这样做既能表示尊重对方，也可使己方争取时间，根据供应商的要求确定对付供应商的具体策略。

由于己方的忍耐，供应商得到默认的满足感之后，反而可能会因此而通情达理，公平合理地与你谈判。

趣味小思考 5-7

当供应商为了说明自己产品的优越性而滔滔不绝时，很容易让采购方觉得是自卖自夸，产生逆反心理。你认为可以进行怎样的策略改变？

7. 情感沟通

人都是有感情的，满足人的感情和欲望是人的一种基本需求。在谈判中充分利用感情因素以影响对方，则不失为一种可取的策略。

趣味小思考 5-8

可以有哪些方法沟通双方的情感？举例说明。

8. 先苦后甜

先苦后甜特别适用于讨价还价。在讨价还价过程中，可以先提出较为苛刻的方案来作为交换条件，再逐步地作出让步。而事实上这些让步是己方本来就打算给对方的。

趣味小思考 5-9

如果己方对降价有较多要求时，应如何应用此策略？

9. 最后期限

最后期限是一种时间通牒，可使对方感到如不迅速做出决定，将会失去机会，从而给对方造成一种心理压力——谈判不成损失最大的还是自己。

一般来说，处于被动地位的谈判者，总有希望谈判尽快达成协议的心理。当谈判各方各持己见、争执不下时，处于主动地位的谈判者可利用这一心理，抓住恰当的时机，适时提出解决问题的最后期限和解决条件。但要切记以下几点。

（1）语气一定要委婉，要措辞得当、有理有据，切不可激怒对方。

（2）要给对方一定的时间进行考虑，让对方感到你不是在强迫他，而是向他提供了一个解决问题的方案，并由他自己决定具体时间。

（3）提出最后期限时最好还能对原有条件也有所让步，给对方以安慰。

5.5.3 制定谈判策略所需要的信息

在确定谈判策略时，往往需要以下信息的支持。

1. 支持己方论点的信息

（1）可以支持己方意见的论点是什么？这一论点怎样才能够充分发挥效力？

（2）有无任何数据、图表或其他文字图片资料可以支持己方的观点，帮助己方弄清楚事实真相。

（3）己方是否有人曾经涉及过此类谈判议题？如果有，可以向他们请教曾经使用过的论点、论据，哪些有用，哪些无效？

（4）供应商可能的观点和立场是什么？他们可能提出的是什么论点？己方该如何回应并寻求更有力的立场？

（5）己方的论点应该如何表现才能说服对方？什么样的图表、专家证明等辅助信息最有帮助？

2. 分析供应商

（1）供应商目前的资源、立场及需求、可能设定的目标。

（2）供应商的声誉和谈判风格。谈判风格是因人而异的，不同的谈判者会有不同的谈判风格，而绝非对方一贯的代表性格或风格。

（3）供应商前任谈判代表与己方谈判的情况如何？与其他采购者谈判的情况如何？不论谈判的议题是否相似，都是有参考价值的。

（4）供应商的谈判代表对谈判所拥有的权力范围以及可能采用的策略。

5.5.4 制定谈判策略的程序

制定采购谈判策略的程序是指制定策略所应遵循的逻辑步骤。其主要步骤包括以下几个方面。

1. 分析现象

对现象进行分析是制定采购谈判策略的逻辑起点。对谈判中要讨论的问题、可能出现的分歧或事件、谈判变化的趋势等，必须仔细研究并分解成不同的部分，从中找出每一部分的意义之后，再重新安排，以找出最有利于己方的形式。

制定谈判策略的目的，是预先判断谈判进程中进退的最佳时机，寻求可以采取的手段或方式，借以达成最有利的协议。除了必须具有的分析能力外，谈判者还必须具备能根据谈判中情况的变化而随机应变的能力，而不仅仅是处理预料中的问题。

2. 找出关键问题

针对现象进行科学分析之后，就要有目的地寻找关键问题，即抓主要矛盾。因为只有找到关键问题，才能有的放矢，才能使其他问题迎刃而解。寻找关键问题可以应用抽象、归纳的方法，对问题、谈判对手和发展趋势等进行分析预测。

3. 确定目标

只有先确定目标，才能制定有效的谈判策略，以及判断整个谈判的方向、价值和行动。确定目标是根据现象分析和关键问题分析得出的结论，是根据己方条件和谈判环境要求，对己方的谈判地位和各种可能目标进行动态分析判断，取得满意的结果。

4. 形成假设性解决方案

形成假设性解决方案是制定策略的一个核心与关键步骤。假设性解决方案必须能满足目标，又能解决问题，其是否有效，要经过比较才能鉴别。所以，提出假设性解决方案通常应在两个或两个以上，以便进行比较。这就要求谈判人员解放思想，打破常规，力求有所创新，并尽力使假设性解决方案切实可行。

形成各种假设性方案后，要根据“可能”与“有效”的原则将其进行排列组合、优化选择，运用定性与定量相结合的分析方法，对其中认为最优的可行性策略进行深入研究，确定评价的准则，准确地权衡利弊得失，在深度分析得出结论的基础上，生成具体谈判策略，为最终选择打下基础。

5. 拟定行动谈判方案

确定了具体的谈判策略后，还需要考虑将这些策略应用到实处。这就需要列出各个谈判者必须做的事情，按照从抽象到具体的思维方式，将这些事情在时间、空间上安排好，并进行反馈控制和追踪决策。

拟定的谈判策略并不是不可改变的。谈判策略的实践性即主观能动性，是谈判策略的特点之一，它不同于一成不变的客观规律，而是谈判者可以根据实践进行调整和改变。谈判策略的另一个特点是具有动态性，这是由采购谈判过程的复杂多变性所决定的。那些一劳永逸、以不变应万变的决策不能称其为策略；随着谈判的运作，影响策略的不确定性因素逐步减少，采用何种谈判策略也变得逐渐清晰。

6. 考虑影响谈判策略的因素

在确定应用何种谈判策略时，下列影响因素是应该考虑的。

（1）双方实力的大小。

（2）双方以往的关系。

（3）对方和己方的优势所在，可采用SWOT分析法确定。

（4）交易本身对双方的重要性。

（5）供应商谈判人员的构成和主谈人的性格特点。

（6）谈判时间有何限制。

（7）采购方是否期望在双方之间建立持久、友好的关系。

在确定好谈判方案后，就应对谈判方案的执行做大量工作，包括谈判角色的分配，如我们在人员准备中所讲到的那样，谈判小组的每个成员按照分配的角色和任务进入谈判过程共同配合完成谈判等。

谈判策略是对实践经验的概括，能帮助谈判者了解在一种可预见或可能发生的情况下，应该做什么？不能做什么？在谈判的不同阶段，谈判策略是不同的。在后面的内容中，我们将会介绍谈判策略在不同阶段的应用。

5.5.5 谈判评估

这是谈判方案制定的最后一项内容，也是常常被人忽略的内容。从管理的角度看，谈判评估是一个通过信息反馈不断提高采购方谈判能力的阶段。所以，对此应该反复强调以引起谈判领导者对谈判评估给予足够的重视。

在评估谈判方案时，需要根据谈判的实际运行过程思考以下问题。

1. 最佳替代方案

在采购谈判过程中，采购方的最佳方案是否会随着进程而有所变化？当谈判尚未达成协议时，己方谈判代表采取了什么样的谈判策略？对方又采取了什么策略？将能够预测的谈判双方所有似是而非的替代方案列出并进行排序，讨论为什么选择了某一方案？该方案的最佳替代方案是什么？

2. 当事人

区分出所有能对谈判结果施加影响的当事人，分析这些当事人是否直接参与谈判过程？如果没有，为什么？谁是谈判中真正的当事人？

3. 利益

鉴别谈判双方明显的和潜在的利益，研究协议是如何体现双方的这些利益的？哪些是谈判当事人的基本需要和有限考虑因素？

4. 价值

所要进行的采购谈判创造了什么价值？这些价值是基于什么创造的？所创造的价值在各方之间是如何分配的？或者说，哪一方是主要受益者？谈判中如何才能创造价值？谁有可能获得价值？

5. 障碍

在谈判过程中哪些因素对谈判结果产生了负面影响？它们是如何影响谈判结果的？是否存在制度上的障碍，如公司政策、法律约束等？哪些障碍会阻碍双方达成一致或实现利益最大化？如何克服这些障碍？

6. 影响力

在谈判中哪一方对谈判过程拥有更大的影响力？这种影响力是如何发挥作用的？谈判双方是如何试图形成对谈判对手的影响的？不同的谈判利益相关者会如何影响谈判进程和谈判结果？

7. 道德标准

谈判的道德尺度是什么？哪些道德尺度在谈判结果中得到反应？即什么事是正确的，是可以做的，如环境保护等问题。

结合实际谈判结果，采购方对已制定的谈判方案进行总结评估，有利于组织在以后的谈判中表现更好。

实用范例 5-1　　某企业谈判方案文本的主要内容

（1）谈判主题。

（2）谈判人员构成。

（3）谈判背景介绍。

（4）谈判过程设计。

1）我方、对方优劣势分析。

2）我方目标层次分析（最高目标、底线目标、可接受的目标）。

（备注：这一部分可按分工各自撰写）

（5）谈判策略运用。

（6）草拟谈判合同。谈判全程结束后可能达成的协议，实质上是各方对于整个谈判结果的猜测（可以各自拿出一份合同，也可以双方商定后拿出一份统一的合同）。

对于重大的采购谈判，可预先按制定的方案进行一次模拟谈判。在模拟谈判结束时，要简要总结此次谈判达成了哪些协议；可能遗留的问题；对谈判中出现的问题和策略的运用是否得当；还有哪些问题没有预见到等。

（7）规定联络通信方式及汇报制度。

本章小结

（1）采购谈判者为谈判所进行的各项准备中，一项重要工作就是借助一些分析方法如五力模型、SWOT分析和供应商感受矩阵等，对所掌握的信息进行分析，确定己方可能的谈判地位，为制定谈判方案、确定谈判策略作准备。

（2）五力模型是由美国哈佛商学院教授波特（Porter）提出的，是用来分析企业所在行业竞争特征的一种有效的工具。该模型认为行业中存在着决定竞争规模和程度的五种力量，这五种力量综合起来影响着产业的吸引力。这五种力量包括：新的竞争对手入侵、替代品的威胁、买方议价能力、卖方议价能力以及现存竞争者之间的竞争。这五种作用力决定了企业的盈利能力，因为它们会影响价格、成本和投资收益等因素。

（3）SWOT代表优势（Strengths）、劣势（Weaknesses）、机会（Opportunties）、威胁（Threats），可以帮助分析谈判的背景。在很多方面SWOT分析也可以提供有关谈判各方有用的概要。

（4）在采购谈判中最重要的对手应该是供应商，因此，作为采购者需要知道供应商对己方组织的看法，供应商感受矩阵从业务吸引力和价值两大方面，从供应商的角度来分析采购者的采购需求对供应商所具有的吸引力。利用它可以帮助采购者了解供应商的感受，分析供应商可能对购买者采取的策略，有助于己方制定切合实际的谈判策略。

（5）充分了解供应商有利于正确评估供应商的供货和服务能力、节省采购成本，特别是对大宗、长期的采购。获取供应商信息可以通过网络、书面资料、产品或样品、交谈和直接拜访等方法。

（6）采购谈判方案是指在谈判开始以前对谈判目标、谈判议程和谈判策略预先所作的安排，是人们在进行谈判之前，预先拟定的谈判目标和实现目标的步骤。一个成功的谈判方案应该做到简明、具体、灵活，并与谈判的具体内容相结合。

（7）谈判主题是指参加谈判的目的，即谈判主体对谈判的期望值和期望水平。一次谈判一般只为一个主题服务，在表述方式上应该言简意赅，尽可能用一句话来进行概括和表述。

（8）谈判目标是对谈判主题的具体化，是谈判人员为完成采购需要而确定的指标或指标体系，可分为三个层次：必须达成的目标，即最低限度目标；可以接受的目标，即预期目标；最高目标，又称最优期望目标。

（9）谈判议程有两方面的内容：一是对双方公开，即通则议程；二是针对自己内部公开，即谈判细则议题。在拟定议程时，要注意以下4项原则：确定议题时间表时，要预留出充足的思考时间；不能在未经思考成熟的情况下，接受对方的日程安排；要合理安排议题的先后次序；应当了解议程是可以修改的。

（10）确定交易条件也是谈判方案的重要内容，如价格水平、支付方式、交货及罚金、保证期的长短等。

（11）谈判策略是采购谈判中总体的风格和具体环节的技巧运用，是根据双方谈判优势的对比和利益的重要性来权衡制定的，不同的谈判模式决定着不同的谈判策略。在长期的谈判实践中，很多谈判人员根据各自在谈判中遇到的问题及解决方法总结出若干谈判策略。

（12）制定采购谈判策略的程序应遵循：分析现象，寻找关键问题；确定目标，形成假设性解决方法；拟定行动计划方案。

（13）对实际谈判进行总结评估，是不断改进谈判和谈判方案的重要方法，它有利于组织在以后的谈判中表现更好。

复习思考题

1. 选择某企业为例，用五力模型分析各种力量是如何影响谈判者地位的。
2. 五力模型对采购者有什么帮助？
3. 选择一个组织为其构建 SWOT 矩阵，并说明工作步骤。
4. 选择某一企业分析它的供应商感受，通过什么方法可以获得供应商信息？解释供应商感受矩阵中的几个术语。
5. 完整的谈判方案包括哪些内容？说明这些内容的含义。
6. 分析谈判目标的层次性。
7. 怎样确定谈判议程？谈判议程包括哪些内容？
8. 交易条件包括哪些内容？请分别说明。
9. 比较竞争式谈判和双赢式谈判的优劣。
10. 列举常见的谈判策略，并尽可能解释或加以运用。
11. 如何制定谈判策略？
12. 为什么说谈判评估很重要？

本章问题分析提示

引导案例分析

我们往往会重视供应商的国家文化，却忽视了他们也来自于另一种不同的组织文化。由于采购者不了解对方的企业文化，不了解对方文化中认可的言行方式，而致使谈判计划被打乱的例子并不少见。组织文化通常的解释是“这里的做事方式”，包括表达方式、谁应该跟谁说话、职责分配、人们说的笑话、工作气氛及人们之间的关系等。

组织文化经常在故事中得到体现，如在这个案例中，一个普通员工，甚至不顾与上级发生冲突，也要坚持遵守规则。其实，每个组织中都有许多像这样传达规则的故事，组织文化的信息很多都是通过这样的故事在组织中一代代传下去的。例如，这个故事告诉我们，女工的行为是被肯定的，它告诉别人应该如何行事，以及组织里重视的是什么。它说明，在这个组织中，即使总裁错了别人也可以纠正。

同样，采购谈判者可以通过对方组织流传的故事了解相关的重要信息，推断其对手可能会采取何种行为。例如，如果大家都知道某个组织会惩罚失败的员工、随意解雇员工、不能容忍失误，那么代表这个供应商的谈判者就要承受极大压力，至少得带着某些获得了重大胜利的证据离开谈判桌。在与这类对手交易时，只要是不影响到自己的目标，精明的谈判者会很乐意让对手获得任何胜利，尤其是当双方可能会维持长期关系时。

除了这些故事，各个组织都会培养某些交谈的方式。研究某个组织经常使用的语言看似无足轻重，但感觉敏锐的谈判者却知道这有着极大的意义。因为对这些术语的了解，事实上能让他们细致入微地了解其成员和团队的思维方式。某谈判专家曾经研究过某个企业，该企业内部流行一句话："解决这个问题。"这体现了该企业面对意见分歧时，提倡坚持讨论直到达成一致。如果谈判者了解到这一点，他就有理由推测这个企业的谈判者多多少少会在某些问题上进行争论。如果他们没有那么做的话，你可以婉转地提醒他们："我知道你们公司习惯正面解决问题，我希望在这里也可以这样做。"

越了解供应商的组织文化及谈判者所承受的压力，己方就越能有准备地处理好话题牵制对方。如果己方知道对方的上级是个急性子，所以想采取看似会延缓进程的行动时，对方很可能会反对。这时，己方就可以换一个角度，暗示己方的建议其实能更快地解决问题，或者告知供应商这样做只需要占用 30 分钟，但最后却能节省不少时间。这样一来，就很有可能保证谈判不脱离己方预定的轨道。

趣味小思考 5-1

分析：A 公司对欲采购的商品可以进行如下考虑。

（1）只考虑价格，牺牲质量以低价进货。

（2）只考虑质量，以高价购入高质量商品，期望能以高价销售保证利润。

（3）将质量与价格相结合加以考虑。

（4）能否得到免费的广告宣传。

（5）将价格、质量和免费的广告宣传三个因素结合起来加以考虑。

趣味小思考 5-2

分析：显然，这对销售方有利。同时，如果销售方还竭力避免承担对设备使用人员的培训等应承担的责任，不愿将技术保证条款列入谈判的议题，那他的目的是想在以后的合同执行中逃避责任。

趣味小思考 5-3

分析：抛砖引玉策略至少在以下两种情况下不适用：谈判出现分歧时，对方会误认为你是故意在给他出难题；若对方是一个自私自利、寸利必争的人，就会趁机抓住对他有利的因素，使采购方陷于被动地位。

趣味小思考 5-4

分析：这时如果总是在价格上纠缠，可能很难达成协议。因此，可以在避开价格，为自己争取到最好的付款条件或交货条件。尤其是对付寸利必争的谈判方或不了解供应商的情况下，尤其需要这种策略。

趣味小思考 5-5

分析：这时谈判的焦点不宜直接放到价格和交货时间上，而是放到运输方式等方面上。在讨价还价时，己方可以在运输方式上作出让步，而作为双方让步的交换条件，要求对方在交货时间上作出较大的让步。这样，对方感到满意，己方的目的也顺利达到。

趣味小思考 5-6

分析：沉默运用不当可能适得其反。例如，在还价中沉默常被认为是默认；如果沉默时间太短，对方会认为你已被慑服。

趣味小思考 5-7

分析：这时可以反过来让买方先讲，以满足其需求为前提；然后再适时作恰当的介绍，重在说明该产品能给买方带来哪些好处和方便，这样就可大大减少买方的逆反和戒备心理，有助于促成交易。

趣味小思考 5-8

分析：沟通情感的方法很多。例如，可利用空闲时间主动与谈判对方一起聊天、娱乐、讨论对方感兴趣的话题，也可馈赠小礼品、请客吃饭、提供食宿的方便，还可通过帮助解决一些私人问题，从而达到增进了解、联系感情和建立友谊，从侧面促进谈判的顺利进行。

趣味小思考 5-9

分析：在这种情况下，己方可先在包装、运输、交货和付款方式等多提出苛刻的条件后逐步让步，使供应商鉴于己方的慷慨表现，往往会同意适当地让步。但要注意的是这一策略只有采购者在谈判中处于主动地位才可使用。

本章学习路径

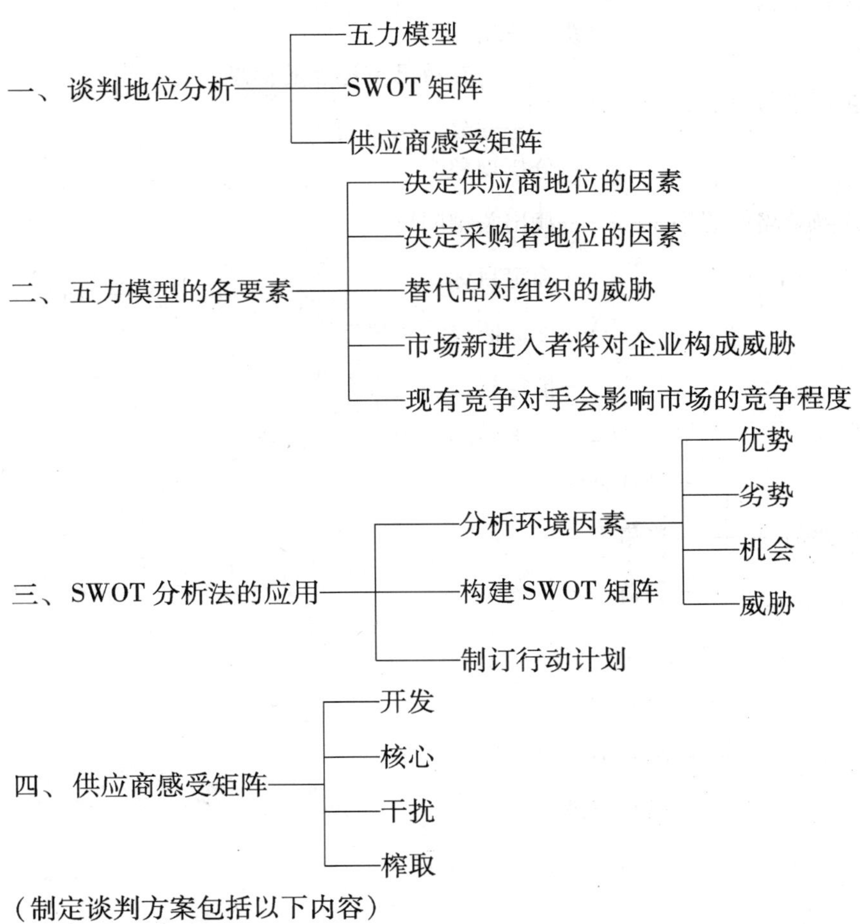

（制定谈判方案包括以下内容）

五、谈判主题和目标
- 谈判主题
- 谈判目标
  - 最低目标
  - 预期目标
  - 最优目标

六、谈判议程
- 制定通则议程
- 制定细则议程
- 制定议程的原则
  - 价格
  - 支付方式
  - 交货期限及罚金
  - 保证期

七、确定谈判的交易条件
- 支付方式
- 交货及罚金
- 保质期长短

八、制定谈判策略
- 确定谈判模式
- 确定谈判策略

九、制定谈判策略所需要的信息
- 支持己方论点的信息
- 分析供应商

十、制定谈判策略的程序
- 分析现象
- 找出关键问题
- 确定目标
- 形成假设性解决方案
- 拟定行动谈判方案
- 考虑影响谈判策略的因素

十一、谈判评估
- 最佳替代方案
- 当事人
- 利益
- 价值
- 障碍
- 影响力
- 道德标准

第6章

正式谈判

引导案例 **两个孩子和一个橙子**

邻居把一个橙子给了两个孩子，这两个孩子便讨论起如何分这一个橙子。

两个人争来吵去，最终达成了一致意见：由一个孩子负责公平地切橙子，而另一个孩子先选橙子。结果，这两个孩子按照商定的办法各自取得了一半橙子，高高兴兴地拿回家去了。

第一个孩子拿着半个橙子回到家，把皮剥掉扔进了垃圾桶，把果肉放到果汁机上打果汁喝了，另一个孩子回到家把果肉挖掉扔进了垃圾桶，把橙子皮留下来磨碎了，混在面粉里让妈妈给他烤蛋糕吃。

从结果看，虽然两个孩子各自公平地拿到了一半橙子，但却没有物尽其用。显然，他们所采用的并不是一个好的分橙子的方法。由于他们事先并未做好沟通，也就是说两个孩子并没有申明各自的利益所在和自己的价值取向，导致双方盲目追求形式上和立场上的公平。结果，双方各自的利益并未在交流中达到最大化。

试想，如果两个孩子充分交流各自所需，或许会有多个方案和情况出现。可能的一种情况就是遵循上述情形，两个孩子想办法将皮和果肉分开，一个拿到果肉去喝汁，另一个拿皮去做烤蛋糕。当然，经过沟通后也可能是另外的情况：一个孩子既想要橙子皮做蛋糕，又想喝橙子汁。这时，如何能创造价值就非常重要了。

结果，这个孩子提议将其他的问题拿出来一块谈。他说："如果把这个橙子全给我，你上次踩坏了我的铅笔刀就可以不赔了。"其实，他哥哥已经给了他一个铅笔刀。

另一个孩子想了想，很快就答应了。他刚刚从父母那儿要了10块钱，准备买铅笔刀赔偿。如果把橙子都给了对方，他就可以用这10块钱去打游戏了，他并不喜欢这酸溜溜的橙子汁。

这样的交流实际上就是不断沟通、创造价值的过程。双方都在寻求对自己最大利益方案的同时，也满足对方的最大利益的需要，这就是现实生活中的谈判。

采购谈判的过程实际上也是一样。好的谈判者并不是一味固守立场，追求寸步不让，而是要与对方充分交流，从双方的最大利益出发，创造各种解决方案，用相对较小的让步来换得最大的利益，而对方也是遵循相同的原则来取得交换条件。在满足双方最大利益的基础上，如果还存在达成协议的障碍，那么就不妨站在对方的立场上，替对方着想，通过共同努力扫清达成协议的一切障碍。这样，满足各方的需求、达成一致协议并不难。

本章关键词

开局、磋商、报价、还价、达成协议

本章学习目标

- 了解正式谈判的全过程
- 掌握开局阶段的基本原则及技巧
- 掌握磋商阶段的中心任务、基本技巧
- 掌握协议达成阶段的主要任务

采购谈判的各项准备工作就绪以后，就可以进行正式谈判了。正式谈判阶段是指双方面对面的整个洽谈过程，是谈判进程中最主要的部分。各种类型的正式谈判的基本过程大体相同，通常分为三个阶段，即从开局阶段(谈判气氛形成、谈判程序确立)开始，到磋商阶段(相互摸底、出价、讨价还价)，直至终局阶段(最后达成协议)。谈判成功与否，在很大程度上取决于这三个阶段谈判人员的工作效率。在谈判中，谈判进程的推进、谈判内容的商榷和谈判策略的运用等，主要都是围绕着事先拟定的谈判方案在这三个阶段展开。所以，我们必须充分了解这三个阶段的具体工作，以便顺利达成采购谈判的任务。

6.1 开局阶段

开局阶段有两项主要任务：一是创造良好和谐的谈判气氛，二是了解对方虚实。

6.1.1 创造良好的谈判气氛

1. 创造良好谈判气氛的重要性

谈判的开局阶段是指在经过精心的谈判准备之后，谈判各方进入面对面开始谈判的阶段。开局阶段的首要任务是在创造良好和谐的谈判气氛的同时了解对方虚实，使谈判能够顺利地进入正题。

在开局阶段，谈判各方对谈判尚无实质性的感性认识，工作仍是千头万绪。因为，无论谈判准备工作做得如何充分，都免不了遇到新情况、碰到新问题。所以，在此阶段中，谈判各方的心理都比较紧张，态度比较谨慎，都希望尽可能多地调动所有感觉功能和信息去探测对方的虚实及心理态度。所以，在这个阶段一般不易进行实质性谈判，而只是进行见面、介绍、寒暄，以及谈论一些不很关键的问题。

开局的首要任务是创造良好的谈判气氛。任何谈判都是在一定的气氛下进行的，谈判气氛的形成与变化将直接关系到谈判的成败得失，影响到整个谈判的根本利益和前途。成功的谈判者无一不重视在谈判的开局阶段创造良好的谈判气氛。例如，为不影响谈判的融洽气氛，入题时要避免交谈单刀直入、过于暴露己方的目的；可以采用迂回入题的方法，如先从题外话、介绍己方谈判人员入题，或以自谦的方式，从介绍本企业的生产、经营和财务状况等入题，创造出一种有利于谈判的和谐气氛。

谈判开局如果处理不好，会导致两种弊端：一是对谈判目标的达成期望过高，使谈判陷于僵局；二是要求太低，达不到谈判预期的目的。所以，在谈判开局阶段，应积极创造和谐的谈判气氛。

形成谈判气氛的关键因素是谈判者的主观态度，即采购谈判者应积极主动地与供应商进行情绪和思想上的沟通，而不能消极地等待对方的反应。

趣味小思考 6-1

在谈判的开局阶段，当对方还板着脸时，你应该怎样做比较得体？

2. 谈判开局应遵循的基本原则

谈判的空间、时间和地点、谈判者的言行等都是形成谈判气氛的因素。其中谈判的空间、时间和地点、会场布置等是影响谈判的客观因素，而谈判者的言谈举止则是影响谈判的主观因素。为了在开局创造一个有利于谈判进行的良好气氛，谈判者应努力把谈判的客观因素与谈判者自身的主观因素结合起来，学会将不利于谈判进行的消极因素转化为积极因素，使谈判气氛向友好、和谐和富有创造性的方向发展。

以下6个基本原则有助于帮助我们创造一个和谐的谈判气氛。

（1）心平气和，坦诚相见。谈判之前，双方无论是否有成见，身份、地位、观点和需求等有何不同，一旦坐到谈判桌前，就意味着双方共同选择了以平等磋商与合作的方式解决分歧，以实现各自的利益。因此，谈判之初就应心平气和、坦诚相见，这样才能使谈判在良好的气氛中开场。这就要求谈判者抛弃偏见，全心全意地致力于谈判。如果在谈判之初就持对抗心态，只能妨碍谈判工作的顺利进行。

（2）不要急于进入主题。采购者与供应商往往是因为有分歧又有相互的利益需求，才会坐下来谈判，寻求解决分歧的途径，所以，谈判的主题往往也是双方的分歧点。谈判刚开始，良好的气氛尚未形成，采购者在谈判初期不宜急于切入主题，而应首先沟通感情、增进了解，最好先谈一些友好的或中性的话题。例如询问对方的一般情况，以示关心；回顾以往可能有过交往的历史，以密切关系；谈谈共同感兴趣的新闻，幽默而得体地开玩笑等。这些都有助于缓解谈判开始的紧张气氛，达到联络感情、形成共鸣的目的。

如果谈判一开始就提出要求，很容易使对方的态度立刻变得比较强硬甚至会因为是否能够满足各自的要求而展开唇枪舌战、寸步不让的争论，相互之间的情绪也很容易因此而形成对立，谈判的气氛将会随之恶化，从而使谈判一开始就陷于僵局。这不仅不利于培养起良好的谈判气氛，还会改变谈判的基调，使双方的合作氛围骤然丧失。

由此可见，谈判尚未达成必要的气氛之前，切不可因急于求成而不讲效果地提出要求或涉及有分歧的议题，否则，便犯了开局阶段的大忌。“欲速则不达”，办任何事情都要循序渐进，不可心急，谈判也是如此，切忌在一开始就切入主题。

（3）言行举止得当。谈判开局的言行举止也是非常重要的。双方的言行、举止都应当随和而流畅，情感流露要真实、自然，切不可语言生硬或说话唠叨。有些谈判者虽然快言快语，但却唠唠叨叨，一句话重复很多遍，这在惜时如金的谈判桌前是最令人反感的，很容易在谈判的一开始，就给人留下不好的印象，应力求避免。谈判者在开局阶段的用语应当简洁、精练，措辞得当，不要太口语化或言词生僻，令对方摸不着头脑。

同时，谈判者在行为举止上也不要有拉拉扯扯、随便拍拍对方的肩膀等不良行为，切忌举止轻狂，或者锋芒毕露地炫耀自己。在谈判中，轻佻的举止或过分张扬的行为，很容易将自己沦落为一个小丑形象，而使对方看不起，也降低了谈判者的谈判地位。

另外，许多初涉谈判的人或性格内向的谈判者，由于心情紧张，在面对谈判对手时，容易表现出手足无措的紧张，不知说什么好，结果使对方也很不自然。一个好的谈判者必须要学会在谈判中放松心情、避免紧张，使自己的思维能够很快地跟上谈判进行的节奏并游刃有余。特别在一些涉外谈判中，更不可面对外商自惭形秽、唯唯诺诺、缩手缩脚。

（4）不要与对方争高低。开局阶段的交谈一般都是非正式的，通常采用漫谈的形式，语言并不严谨。谈判者如果对对方的每一句话都仔细琢磨、并一一回敬，就会影响感情交流。即便对方有个别话语出言不周，也不必耿耿于怀，立即琢磨如何对付，这样做只能弄巧成拙，招致对方蔑视。

谈判是一种通过协商解决分歧、文明竞争的方法。开局阶段是展示双方水平、态度和修养的第一回合。在这一时期所形成的第一印象，往往是影响供应商在谈判进程中对采购方所持态度的关键因素。所以，采购方应当学会适当运用微笑和幽默来营造良好、和谐的谈判气氛，为谈判创造一个良好的开局。

6.1.2 了解对方虚实

在谈判的开局阶段，不仅要为转入谈判主题创造气氛，做好准备；更重要的是，谈判的双方都会利用这一短暂的时间，进行谈判前的相互试探，以尽可能地了解对方的虚实和真实意图。所以，这段时间也被称为试探期。

要达到了解对方虚实的目的，就要注意以下几点。

1. 不要急于发表主张

如果谈判者不想在谈判之初过多地暴露弱点，就不要急于发表意见，特别是不要过早地就某一问题下结论。因为谈判形势的发展变化往往会使谈判者陷入早下结论的被动。富有经验的采购谈判者一般都以静制动，用心观察对手的一举一动。即使发言也是诱导对方先讲，使对方尽可能多地传递信息，以有利于自己作出判断；而缺乏谈判经验的人，则总会抢先表达自己的观点，这实际上正是对方求之不得的。

正确的方法是：在谈判之初最好启发对方先说，然后再察言观色、把握动向，对还不能确定或尚需进一步了解的情况进行试探，为进入正式谈判议题做好准备。

在开局阶段，采购者和供应商主要都是借助感觉和语言来接受对方传递的信息，并对其进行分析、综合，以判断对方的实力、风格、态度、经验、策略以及各自所处的谈判地位等，为及时调整己方的谈判方案与策略提供依据。当然，这时的感性认识还仅仅是初步的，还需在以后的磋商阶段加深认识。

2. 留心观察

当供应商在谈判开局发言时，采购谈判者应注意对对方进行察言观色。因为对对方每一句话的意思和表情的研究，都可以了解对方的心理、风格和意图，为采购谈判者的第一次正式发言提供尽可能多的信息依据。

在谈判桌上，不仅要注意观察对方发言的语义、声调和轻重缓急；还要注意对方的行为语言，如眼神、手势和脸部表情，这些都是传递某种信息的符号。优秀的采购谈判者会从谈判对手所表现出的一举一动中，洞察对方的虚实。

3. 不可太保守

人们在陌生的环境中与他人进行交谈时，处事往往是较为谨慎小心的，但谨慎不等于保守。在谈判的开局阶段，采购者和供应商通常是竞争不足、合作有余、更易保守，唯恐失去一个合作的伙伴或一个谈判的机会。但如果因此一味迁就对方，不敢大胆坚持己方的主张，结果很可能会被对方牵着鼻子走。

开局阶段的保守将会导致两种局面：一是一拍即合，轻易落入供应商大有伸缩的利益范围，失去采购方原来应该得到的利益；二是采购方开局就忍让，迁就对方，使供应商以为采购方的利益要求仍有水分，而一再要求采购方提高出价水平，作为讨价还价的基础，迫使采购方作出更多的让步。

所以，在谈判的开局阶段，尤其是在一些供应商占优势的谈判中，采购谈判者要敢于正视供应商，放松紧张心理，力戒保守。而且，为了防止在谈判开局中的保守所导致的上述两个局面，就必须坚持谈判的较高目标。谈判目标的高低将直接影响谈判的成果。只有将谈判的目标定在一个努力弹跳能摸到的位置，才能获得恰当的利益。因此，在谈判开局中采购方要避免保守，坚持一个较高的目标，为谈判确定一个较高的基础，为己方留出回旋的空间。这样，即使出现不利情况，也可以使采购谈判者在以后的谈判中获得适当的利益，从而避免将己方逼到死角。

4. 不可太激进

虽然我们强调谈判开局要制定一个较高的目标，但这并不是无限度地，更不能把己方的高目标建立在损害对方利益的基础之上。如果采购方单纯考虑自己的利益，而忘记了采购谈判也是与供应商的合作，就会由于自己的要求过高而损害供应商的利益，导致出现两种不利的局面：一是供应商会认为采购方没有诚意根本就不想谈，以致破坏了谈判的必要性。因此，采购谈判者在开局阶段，既要克服保守，也要防止因提出过分的要求而破坏谈判的气氛；二是供应商为了抵制采购方过高的要求，也可能会漫天要价，而使谈判在脱离现实的空中楼阁中进行，这种以其人之道，还治其人之身的谈判，只能导致劳而无功、浪费时间，更容易使谈判陷于僵局。

所以，在采购谈判的开局阶段，谈判的目标一定要恰当。采购谈判者既要防止过于保守、害怕失败，以最低目标开始谈判的现象，也要防止不切实际地漫天要价。这就需要采购谈判者充分运用所获取的信息和所掌握的财务、经济学和采购等专业知识，运用五力模型、SWOT分析法和供应商感受矩阵等，科学地分析和预测彼此价值要求的起点、临界点、争取点，修正谈判方案，找到实际的谈判协作区，以决定己方利益要求的限度。从而在谈判的开局阶段中，就将竞争与合作、索取与退让的关系以及己方要求的目标限定在一个科学、适度和可行的范围内，以利于达成谈判协议。

趣味小思考 6-2

如何在开局阶段试探对方？请举例说明。

6.2 磋商阶段

磋商又称讨价还价，是采购谈判的中心阶段、关键阶段，也是最困难、最紧张的阶段。它是随着谈判开局阶段任务的完成和议题深入的中心阶段，覆盖谈判开始之后到谈判终局之前的全过程，是谈判各方就实质性事项进行磋商的阶段。

磋商阶段是采购谈判的实质阶段，包括三个重要的环节：合理地报价，还价或提出条件，协商。它不仅是谈判主体间实力、智力、技术和观念的直接碰撞和较量，也是采购方与供应商之间为求同存异，实施合作、谅解和让步的阶段。由于此阶段是全部谈判活动中最为重要的阶段，各方投入的精力最多、所占谈判过程的时间最长、涉及的问题也最多。

所以，在磋商阶段，各方都要合理地处理好各个环节的工作。首先要开宗明义，明确本次谈判所要解决的主题，以集中各方的注意力，统一采购方与供应商的认识。二是表明采购方通过洽谈应当得到的利益，尤其是对采购方至关重要的利益。三是表明采购方的基本立场。这时可以回顾与供应商以前合作的成果，说明采购方在所采购产品的市场所享有的信誉；也可以展望或预测今后与供应商合作中可能出现的机遇或障碍；还可以表示采购方将采取何种方式为共同获得利益作出贡献等。四是对采购谈判议题的阐述应是原则的，而不是具体的，应尽可能简明扼要，目的是让供应商明白采购方的意图，继续保持协调的洽谈气氛。

6.2.1 合理地报价

报价又称提出条件，但并不单纯指提出价格，而是指在谈判磋商阶段开始时提出讨论的基本条件，通常会以价格为中心而展开，所以又称报价。在采购谈判中，报价可以由采购方发出，也可以由供应商发出。无论哪方发出，对方都会还价。如果报价不合适，会直接影响到对己方利益的争取。因此，科学、合理地运用报价、还价，关系到整个谈判过程的利益得失。

那么，究竟是先报价好还是后报价好？如何还价对己方更有利等，这些都是采购谈判者需要关注的基本问题。

1. 先报价的利弊

谈判双方在结束了开局阶段的非实质性谈判后，话题将很快转入谈判的正题，即提出各自的交易条件。采购方是否要先报价？先报价是否有利？这个问题很难一概而论，因为先报价与后报价可以说各有利弊。

一般而言，先报价有一定的有利之处。

(1) 先行报价对谈判的影响较大。先报价实际上是为谈判划定了一个框架或基础线，最终协议将在此范围内达成，例如买方报价某货物购进价为 1 000 元，那么，最终成交价不会高于 1 000 元；而如果卖方报价为 1 000 元，则最终成交价不会低于 1 000 元。

（2）先报价可能使对方陷入被动。首先报价，如果出乎对方的预料和设想，往往会打乱对方的原有方案，使其处于被动地位。

但是，先报价也会有不利之处。

（1）先报价使供应商获得意外的利益。供应商在了解到采购方的报价后，可以有机会对自己原有的方案进行调整，这等于给供应商多了一个调高价格的机会：如果采购方的交易起点定得太低，供应商就可以修改先前准备好的定价，获得意外的收获。

（2）先报价可能使采购方陷入被动。先报价会为供应商树立一个攻击的目标。他们常常会集中力量攻击这一报价，迫使采购方一步步退让，而采购方由于并不知道供应商原先方案的报价而处于被动。

那么，在采购谈判的磋商阶段，究竟谁先报价为宜呢？

这要根据谈判的不同性质和要求来决定。不过，在采购方比较了解供应商的需要或底价的情况下，争取率先报价比较有利；如果对供应商的情况了解不多或心里没有底，则最好请供应商先报价，这可为采购方作个出价参考。对一些采购方占有绝对优势的谈判，如采购方占对方较大的市场份额，拥有多个可选择的谈判对象等，采购方如果率先报价能够更进一步地强化优势，主导整个谈判。

实用范例 6-1　　先报价的利弊

假如某公司采购计算机，分析先报价的利弊。

（1）先报价的有利之处。如果供应商A公司先报出某种计算机每台售价为10 000元，那么经过双方磋商之后，最终成交价格一定不会超过10 000元这个界线的。

而买方内心能够接受的价格是6 500元，这与卖方报价相差甚远，即使经过进一步磋商也很难达成协议。这时，如果买方希望购买此计算机，则只好提高价格，改变原来的部署，否则谈判只能就此结束。所以，先报价在整个谈判中都会持续地起作用，比后报价的影响要大得多。另一方面，先报价如果出乎对方的预料和设想，往往会打乱对方的原有部署，甚至动摇对方原来的期望值，使其失去信心。因为，先报价一方在报价后，都会试图在磋商过程中迫使对方按照己方的路子谈下去。

（2）先报价的不利之处。如果供应商A公司的报价每台计算机为10 000元，而采购方原来准备的报价可能为11 000元。这种情况下，很显然，在卖方报价以后，买方就会马上修改其原来准备的报价条件，新的报价肯定会低于10 000元。由于供应商先报价，采购方至少可以获得每台1 000元的好处。

这时，由于供应商的先报价，使得采购者对对方交易条件的起点已有所了解，可抓紧此机会对己方原有的想法及时进行调整，修改原先准备的报价，并采取一切手段，调动一切积极因素，逼迫供应商一步一步地降价，获得本来得不到的好处。

趣味小思考 6-3

如果谈判双方关系比较友好，特别是有过较长的合作关系，报价应该注意什么？

2. 报价时应遵循的原则

为了维护己方的利益，无论先报价还是后报价，都应遵循一些基本原则。

（1）对于供应商而言，先报出的价格必须是“最低的”；相应的，对于采购方而言，先报出的价格必须是“最高的”，这是报价的首要原则。

无论对于采购方还是供应商，开盘价（最先报出的价格）实际上是为自己能接受的价格确定了一个最高限度。一般而言，开盘价高，最终成交价的水平也就比较高；开盘价低，最终成交价的水平也相应的比较低。通常，如果没有特殊情况，先报出的价格也是不能再降低（或再提高）的，双方最终成交的价格大都在此开盘价格左右，开盘价的高低往往对最终成交水平具有实质性的影响。

开盘价较高，能够为以后的讨价还价留下充分的回旋余地，使己方在谈判中更富有弹性，便于掌握成交时机。

（2）开盘价必须合乎情理。对于采购方而言，开盘价报价要低，但绝不是毫无根据，而应该是合乎情理，毕竟“一分钱、一分货”。太低的报价会使供应商感到你没有诚意，甚至不予理睬，扬长而去，很可能没有供应商参与谈判。这样，反而使采购方处于尴尬的境地。

对于供应商而言，如果报价过高，又讲不出道理，在这种情况下开始的讨价还价，即使供应商将交易条件降低到较公平合理的水平上，采购方仍会认为尚有水分可挤，因而还会穷追不舍。如果报价太低，则会让人对其所能提供商品的质量和服务产生怀疑，影响到采购方对其所能提供的商品或劳务的印象和评价。所以，无论是买方或卖方在报价时都要有根有据，合乎情理。如果开盘价脱离现实，都会自找麻烦。

（3）报价应该坚定、明确、完整，不加解释和说明。如果采购方的报价是在充分掌握信息并深思熟虑的基础上制定的，在提出报价时就应坚定而果断，这样才能给供应商留下认真而诚实的印象。如果欲言又止，吞吞吐吐，很容易导致供应商产生怀疑。

报价时要非常清楚，报价过程中不要加过多的解释、说明，这样能够给供应商留下己方是认真而诚实的好印象。供应商在听完采购方的报价后，肯定会就其所感兴趣的问题提出质疑，这时可以根据对方的兴趣所在有针对性地进行解释和说明，但切忌言语过多。有时过多的说明和解释，反而会使对方从中找出破绽或突破口，并抓住把柄，借机向己方讨价还价，有时甚至会使己方十分难堪，无法收场。

小贴士 6-1　　谈判开局阶段以多长时间为宜

谈判的开局阶段也往往被人们称为破冰期。与谈判前的准备阶段不同，它是谈判已经进入开始阶段的短暂的过渡时间，谈判的各方见面、寒暄、握手和笑谈等都是在此期间进行的。正确把握破冰期，有利于谈判期的自然过渡，但应如何来把握破冰期呢？

在开局阶段一般谈的都是些非实质性问题，从谈判时间上来看，也只占整个谈判程序中很小的部分，长则可能几小时甚至几天，短则只有半个小时甚至十几分钟；从内容上看，开局阶段的话题似乎与整个谈判主题无关或关系不太大，但它却很重要，因为它为整个谈判定下了一个基调。

通常情况下，开局阶段一般可控制在全部谈判时间的2%~5%为宜。一些大型谈判或多轮谈判，开局阶段可以相对延长。例如，谈判双方在异地的大型会谈，就可以用整天的时间通过观光、娱乐等活动，沟通感情、增进了解，为正式谈判创造良好的气氛。

开局阶段是走向正式谈判的桥梁，成功的谈判者都有一个成功的开局。开局阶段如果时间太长，会降低谈判效率，增大成本投入，甚至会导致谈判者乏味，产生适得其反的后果；反之，如果时间太短，则会使谈判者感到生硬、仓促，谈判起来没有水到渠成的感觉，达不到创造良好开端的目的。至于开局阶段究竟进行到何种状态才算适宜，这不仅要以时间的长度加以考虑，更重要的是靠谈判双方的经验和直觉来相互感应，即彼此都认为已经到谈判该是进入正题的时候了。

6.2.2 如何还价

还价是采购谈判中磋商阶段的一个环节，是指对对方的报价提出自己的看法并要求对方的报价有所改变。

谈判是各方对各不相同的主张和条件进行磋商，还价是必然的。如果谈判的双方一拍即合，也就无须进行深入的讨论了。所以，谈判的磋商阶段中，一方报了价，另一方就可能会还价，对对方的报价提出自己的看法，并要求对方有所改变。

因此，无论作为采购方还是供应商，要还价，要想通过还价使对方的报价向着自己有利的方向改变，就要讲究还价的科学策略。

1. 还价的策略

（1）充分了解对方。作为采购方，在还价之前必须充分了解供应商报价的全部内容，准确了解其提出条件的真实意图。要做到这一点，还价之前就必须设法摸清供应商报价中的条件哪些是关键的、主要的；哪些是附加的、次要的；哪些是虚设的、诱惑性的；哪些仅仅是交换性的筹码等。只有把这些问题搞清楚，才能提出科学而有策略的还价。

（2）核对对方的报价。为了弄清楚供应商报价的真实意图，可以抽出一些时间来逐项核对对方报价中所提出的各项交易条件，探究其报价的根据或可变动的幅度，并可以向供应商提出问题，注意倾听对方的解释和说明。

在向供应商核对报价的过程中，不要多加评论，更不可主观地猜度对方的动机和意图，以免为对方提供攻击己方的机会。其次，准确、恰当地还价还应掌握在双方谈判的可协商区内，即谈判双方互为临界点和争取点之间的范围，超过此界线，便难以使谈判获得成功。

（3）要求对方重新报价。如果供应商的报价超出谈判协议区的范围，与己方要提出的还价条件相差很大时，不必草率地提出自己的还价，而应该首先拒绝对方的报价。必要时可以中断谈判，报出自己的条件，让供应商在重新谈判时另行报价。

小贴士 6-2　　报价与还价差距较大时的几种处理方法

（1）由己方报价取代供应商不实际的报价。

（2）对供应商的报价附加条件进行限制。例如，在采购谈判中，采购方可以以供应商提出的高价格为基础谈判，但必须规定提高货物的质量并附加一些服务和技术条款。

（3）建议供应商放弃此问题上的报价，改由在其他问题上报价。

（4）对供应商不着边际的漫天要价，己方也可以大幅度砍价，就地还价。

2. 及时评估和调整谈判方案

即使在谈判准备中已经充分考虑了各种因素，制定了较为完备的谈判方案。但在进入正式谈判后，也应该根据所获得的新信息以及谈判的发展变化进行分析，对谈判进行重新评估；对谈判方案、谈判人事安排以及谈判的其他方面等的不适之处进行及时调整，使原定计划更好地适应实际情况。

无论前期的准备工作做得如何充分、仔细、全面，都无法穷尽实际谈判过程中的每一个细节并适应每一种变化。谈判一旦进入实战阶段，必然会出现始料未及的新情况、新变化。如果谈判者在谈判中一成不变地墨守谈判方案，就容易处境被动。

及时评估和调整谈判方案可以从下面几个方面进行。

（1）研究供应商的报价资料，判断其真假虚实，对己方的报价重新认识、调整。

（2）整理谈判资料档案，把谈判中新获取的资料信息随时收入档案，并撤出那些已被证明是虚假的、无用的信息资料。

（3）结合新情况、新问题，修改或制订新计划、新方案，并在谈判人员中进行论证，反复调整。

（4）根据报价过程中的情况，重新评价双方是否存在谈判的协议区。例如，协议区有多大以及决定谈判是否应继续下去；如果继续下去，应如何调整谈判的起点、临界点和争取点等。

（5）根据需要调整谈判人员，既要保证谈判团体的相对稳定性，又要保证谈判团体的活力。

（6）认真总结前面的经验教训，堵塞工作漏洞，调整工作方法，确保谈判向更有利于己方的方向进行。

6.2.3 谈判磋商准则

在谈判磋商阶段，谈判双方各自从自己的利益出发，讨价还价，出现分歧和争执是不可避免的。即便如此，参与谈判的各方也应该明白，谈判是为了达成协议而不仅仅是为了显示自己的实力。所以，应该把握以下准则，竭力使谈判向着有利于协议达成的方向发展。

1. 保持良好气氛

进入磋商阶段之后，意味着谈判进入了实质阶段，双方都会针对对方的报价讨价还价，相互之间难免会发生激烈的辩论或出现无声的冷场。此时，要把开局阶段已经营造出的友好、合作的气氛带入磋商阶段，把握好谈判气氛就显得越发重要。

如果进入磋商阶段后，一方突然收起微笑，语言生硬激烈，会使谈判气氛一下子变得紧张对立起来，会令人怀疑其在开局阶段所表现出的友好真诚态度是装出来的，从而产生不信任感。不信任感在谈判中一旦产生，会对谈判达成协议很不利。

所以，在磋商阶段尽管争论激烈、矛盾尖锐，双方仍然要努力保护已经营造出来的良好的合作气氛。只有在这种良好的合作气氛中，磋商才能顺利进行。

2. 遵循逻辑次序

在磋商阶段中双方都面临着许多要谈的议题。如果不分先后次序，不讲究磋商进展层次，想起什么就争论什么，就会毫无头绪，造成混乱，使谈判毫无效率可言。因此，采购者与供应商在进入磋商阶段时就要协商确定好几个重要的谈判议题，并按照其内在逻辑关系排列先后次序，然后按顺序磋商。遵循逻辑次序是指把握磋商议题的客观层次，确定谈判目标启动的先后次序与谈判进展的层次。

3. 掌握谈判节奏

谈判节奏表现为谈判进展的快慢。磋商阶段谈判节奏的特点是要稳健，不可过于急促。因为这个阶段是解决分歧的关键时期，双方对各自的观点要进行充分论证，许多认识有分歧的地方要经过多次交流和争辩；某些关键问题经过一轮谈判未必能达成共识，要多次地重复谈判才能完全解决；而关键性问题由于涉及双方的根本利益，各方必然会坚持自己的观点，不肯轻易让步，甚至有可能使谈判陷入僵局。凡此种种，都需要花费较多的时间进行磋商。

所以，在磋商阶段，采购谈判者要善于掌握节奏，不可急躁；要稳扎稳打，步步为营。一旦出现转机，要抓住时机不放，加快谈判节奏，不失时机地消除分歧争取达成一致意见。

4. 尽力沟通说服

磋商阶段实质上是一个谈判双方相互沟通、相互说服和自我说服的过程。首先，采购方要善于沟通，既要善于传播己方信息，又要善于倾听供应商信息，并且积极向供应商反馈信息。沟通内容应该是多方面的，既要沟通交易条件，又要沟通相关的理由、期望，还要交流情感。其次，采购方要善于说服，要充满信心地去说服供应商，让对方感觉到采购方非常感谢他的合作，而且采购方非常乐意努力地帮助供应商解决合同履行的困难。说服的准则是从“求同”开始解决分歧，达到最后的“求同”。“求同”既是起点，又是终点。

小贴士 6-3　　两种不同的报价术

在国际采购谈判中，有两种比较典型的报价战术，即西欧式报价和日本式报价。

1. 西欧式报价

西欧式报价一般的模式是首先提出有较大余地的价格，然后根据买卖双方的实力对比和该笔交易的外部竞争状况，通过给予各种优惠，如数量折扣、价格折扣、佣金和支付条件上的优惠(延长支付期限、提供优惠信贷等)，来逐步达到成交目的。这种报价法只要能稳住买方，往往会有一个不错的结果。

2. 日本式报价

日本式报价一般的做法是将最低价格列在价格表上，以求首先引起买主的兴趣，由于这种低价格一般是以对卖方最有利的结算条件为前提，并且这种低价格条件交易的各方面很难全部满足买方的需要。如果买方要求改变有关条件，那么卖方就会相应地提高价格，因此买卖双方最后成交的价格，往往高于价格表中的价格。日本式报价在面临众多外部对手时，是一种比较有策略的报价方式，因为它一方面可以吸引买主排斥竞争对手，取得与其他卖主竞争中的优势和胜利；另一方面当其他卖主纷纷走掉时，采购方原有的买方市场优势已不复存在，而变成了一个买主对应一个卖主，从而可以坐下来慢慢地谈判，一点一点地把价格提上去。日本式报价与西欧式报价相比，虽然有利于竞争，但是就采购方心理而言，一般人总习惯于价格由高到低逐步降价，而不是相反。

6.3 终局阶段

终局阶段是指谈判结束的阶段。正式谈判在经历了开局阶段、磋商阶段之后，终局阶段也就随之到来，这就意味着谈判的结束。

采购谈判的终局阶段可根据谈判的结果分为假性败局、真性败局及和局三种。

6.3.1 假性败局

假性败局是指谈判各方在谈判过程中，经过一再讨价还价之后，由于各种主客观原因，未能达成协议而暂时性终止谈判。从形式上看，谈判已经结束，但却存在重新谈判的可能性。

1. 假性败局的分类

造成谈判假设败局的原因很多，有的是由于谈判各方之间的利益冲突暂时未找到解决的方案；有的是客观条件不具备；有的是多角谈判；有的是基于谈判策略上的考虑等。根据造成谈判假性败局原因的性质，假性败局可以分为客观性假性败局与主观性假性败局两种。

（1）客观性假性败局。客观性假性败局是指在采购谈判过程中，谈判各方由于一些客观原因阻碍了谈判成功，影响谈判不能达成协议而暂时终止的谈判。客观性假性败局一旦出现，谈判者就应努力寻找原因，对于确属客观条件制约，暂时无法恢复的谈判，可以考虑放弃。而对可以化解的困难，谈判者应该主动采取相应的处理方法，积极地寻找时机，促成谈判重新开始。由于假性败局与谈判僵局有类似之处，破解僵局的一些方法也可以变通地用于处理客观性假性败局。

（2）主观性假性败局。主观性假性败局是指在谈判中，谈判各方由于意见分歧而暂时终止谈判，以求达到重新谈判，获取利益的目的。这也是谈判者由于未能达到自己的谈判目的，而有意终止谈判，以此向对方施加压力，迫使对方作出让步的一种策略，以期待谈判再次进行时，可能会达成有利于己方的协议。

主观性假性败局与客观性假性败局都是谈判的失败，而且都存在重新谈判的可能性，两者的不同点在于：客观性假性败局是由于在谈判中发现客观条件不具备，或谈判各方意见相冲突，一时又难以找到解决方案的不得已的失败；主观性假性败局则是谈判者为达到自己的目的而有意终止谈判，有时也可视为谈判者的一种谈判策略。

谈判的假性败局具有暂时性，与谈判的僵局之间有相似之处。如果方法得当化解了假性败局的原因后，就可能重开谈判，促成假性败局向和局转化；否则也会使假性败局的原因恶化，导致假性败局演变成真性败局，从而使谈判彻底失败。

2. 化解假性败局

谈判之所以陷于假性败局，一般不是因为各方之间存在不可解决的矛盾，而多数是由于各方基于感情、立场和原则等主观因素所致。所以，采购谈判者在谈判开始之后，在维护己方实际利益的前提下，应尽量避免由于一些非本质性的问题而坚持强硬的立场，导致谈判的假性败局出现。一旦谈判陷于假性败局，采购谈判的各方都应探究原因，积极主动地寻找解决的方案，不能因谈判一时陷于困境就放弃。在谈判重新开始时，借鉴化解僵局的一些办法可以帮助化解假性败局。化解假性败局的方法有以下几种。

（1）转换话题。谈判过程中，由于某个议题引起争执，一时又无法解决，这时，可以变换一下议题，把双方不乐意谈判的议题暂时搁置，等其他议题解决好，再在友好的气氛中讨论搁置的议题，解决僵持的问题。

（2）更换谈判的主谈人。有时谈判假性败局的出现与主谈人的个人因素有关。一旦局面形成，主谈人一般不会轻易改变态度，有时还会滋生抵触情绪。此时，可考虑更换主谈人，新的主谈人以新的姿态来到谈判桌上，使假性败局的因素得以化解。

（3）暂时休息。谈判各方由于一时冲动，在感情上互相较劲的时候，采购方应当从谈判的实际利益出发，考虑暂时休会，等气氛缓和下来再谈。只有在冷静、平和的气氛中，谈判各方才会为了自身的利益求同存异。

（4）寻找第三方案。谈判各方在坚持自己的谈判方案互不相让时就容易导致假性败局出现。此时，最好的解决办法就是不要固执己见，适当放弃原来的谈判方案，共同寻求一种可以兼顾各方利益的第三种方案。

（5）请专家单独会谈。谈判者可依据各方相持不下、难以达成协议所涉及的专门问题，提请有关专家单独会谈。例如，涉及法律问题，可由双方律师单独会谈；涉及技术问题，可由双方工程师、技师单独会谈。因为同行之间会谈，容易找到共同点，从而可以避免不少麻烦，也有助于产生解决问题的新方案。

对谈判中出现的问题，处理方法并没有一定之规，可以相互借鉴，达到化解矛盾、推进谈判达成协议的目的。

6.3.2　真性败局

真性败局是指进入谈判之后，谈判各方由于种种原因而未能达成协议，最终结束了谈判。虽然谈判失败是经常发生的，但谈判者也应当尽力避免谈判出现败局。因为一旦出现真性败局就意味着谈判破裂，谈判各方开展谈判的目的是为了成功而不是失败，失败会给各方的物质、精力等造成损害。但谈判者也不能因为恐惧失败而不敢谈判或放弃谈判。

如何防止谈判的败局，需要我们对谈判中可能导致败局的种种原因做好充分的分析和预测以找到防范的措施。能够导致谈判败局的原因有很多，要想防止由于各种原因造成的谈判失败，就需要谈判人员做好充分的准备，并精通有关谈判的知识，掌握好谈判策略，学会运用谈判技巧，并要注意使谈判不违背法律、政策的规定；要及时识别对方的真实意图，如果一旦发现对方并无诚意，就可以立即中止谈判等。

6.3.3　和局

和局是指在谈判过程中谈判各方经过磋商取得一致意见，签订协议，终止谈判的结局。谈判的和局就是谈判的成功，它标志着谈判的各方都是胜利者，是谈判各方协商一致、努力争取、希望看到的结果。

因此，谈判的和局与谈判各方之间的相互让步分不开的。当然，所谓让步并非绝对平均，谈判者总是立足于对自己有利、付出代价也“划得来”的前提下结束谈判，并在此基础上就谈判的事项达成书面协议。当无法实现完全成交时，若能实现部分成交，也是一种可取的谈判结局。

在和局谈判中最主要的工作就是签署协议或合同，做好谈判总结。

1. 审查和签署协议

谈判协议或合同是谈判过程中各方意志的体现，是以文字的形式对采购方和供应商经协商达成的权利、义务、责任及其他条款的书面认可。依法成立的协议或合同受法律保护，具有法律效力，一经签署，就会对各方的行为产生约束力，双方必须履行合同中规定的各自应尽的义务，否则就必须承担法律责任。所以，在采购谈判中，各采购方和供应商都应该十分重视合同的签订及履行，并做好签署协议的各项工作。从实际情况来看，签订合同应注意以下几个方面的问题。

(1) 审查签署人资格。签订协议或合同的双方当事人都应具有签约资格，否则即使签订了协议或合同，也是无效的。所以，在签约时，应调查对方的资信情况，要严肃认真地了解供应商的信誉及其行为能力和责任能力，切不可草率行事，以免上当受骗。首先，可以通过有关机构和银行等单位进行了解，确认供应商的主体资格。其次，要求供应商出示有关法律文件，证明其合法资格，如执照等。具体到签约的身份问题，应当审查供应商当事人的签约资格，要求其出具有效的授权证明，如委托书等，以了解对方的合法身份和权限范围，看其主体资格是否合格，是否经过合法授权，以及权力范围如何等。

(2) 弄清适用法律是否正确。这是对协议或合同的合法性进行审查，这可以从下面几个角度进行考虑。首先，此次的谈判活动是否完备；其次，合同的内容是否合法、有无与法律、法规或国际惯例相悖之处。如果此次谈判活动或程序上有问题应立即纠正，手续不全的应立即补办，否则合同即使签署了也是无效的，有的还会产生不应有的法律后果。

一些涉外采购谈判的协议内容要涉及不同国家的法律、国际惯例、公约或国家间的条约。这些法律、惯例、公约和条约，对谈判协议的格式、内容、当事人的权利和义务以及国际支付等都有不同的规定。因此，在涉外采购谈判的终局阶段签订合同时，应明确适应何国法律。如果合同或协议的内容上与相关法律法规或国际惯例相违背，应立即删改，否则即使签署了也难以成立。

同时，在签署涉外采购谈判协议时，还应明确所使用的文字。按照国际谈判惯例，协议使用的文字应是谈判当事人国家的法定文字，通常应是谈判各方所在国的多种文字，如中英文对照文本，并具有相同的效力。

协议或合同的内容应该从实际出发，反映谈判所解决的实际需要，切忌照搬、照抄别人的合同；合同的格式虽然可以借鉴，但内容切不可照搬。

(3) 认真审查并及时修改。采购谈判达成的协议、合同是采购方与供应商就其权利与义务关系协商一致的范文，对谈判各方均具有约束力，任何一方违约，都要承担违约责任。因此，采购谈判协议一旦形成，必须抓住最后的机会，严格审查、一丝不苟，看各项条款是否完备。同时，各方也要利用复查、修改协议的最后机会，进一步谋求己方的利益，遇有问题应该立即要求修改，以杜绝漏洞，避免失误；还要审查协议或合同本身的内容有无前后矛盾、相互冲突的部分。如存在类似问题，应该及时修改、调整，否则会直接影响到合同条文的效力。

协议或合同中的条款应该具体详细，并具备合同能够成立的主要条款，如品名、价格、数量、合同的期限、交货地点和方式以及违约责任等。另外，协议或合同的普通条款也很重要，只有在具备起码的条文后，协议或合同才能明确双方当事人的权利、义务和责任，这对于购货合同的履行、避免争议的发生均有十分重要的意义。

现实中，有些谈判者不仅在身份上有可能进行欺诈，还有可能在合同中故意设置陷阱，进行诈骗。所以，采购方在最后审查合同时，应结合谈判的原始文件，看是否有遗漏、不一致、相抵触或未真实反映谈判原意的地方。采购方并且要审查合同的文字，看它是否准确、明了地表达了意思。对重要采购项目谈判所定的合同，不仅谈判人员应反复审查，还应交由有关专家审查，从各个角度严格把好合同关，减少不必要的损失。

在协议或合同的审查中，使用一个好律师是非常重要的。

实用范例6-2　　签订和执行合同时需注意的细节

小张是A公司采购谈判的小组长，对采购谈判签约总结出以下几点。

（1）确信供应商参与谈判的人员不会中途更换或离开。

（2）把技术规范、采购过程与实施过程分隔开。理想的情况是由供应商来协助制定技术规范以及实施解决方案。

（3）千万不要相信口头承诺。所有的协议都采用书面形式，记住这条谚语：“如果没写在合同里，那么，它就不是交易的一部分。”

（4）尽早看合同条款。供应商口头上可能向你承诺整个世界。在谈判早期找一份合同，并确信合同上所说的与供应商向你承诺的一样。

（5）确信采购合同条款中规定服务开始实施并被己方接受后才能付款。

（6）在确信合同要续约之前，至少应提前一个月研究备份选择、供应商以及报价。这使己方能够在了解所需信息的情况下进行谈判。

（7）使用好律师，包含技术服务以及如何解除的合同条款。如果双方关系恶化并要求任何一方退出交易的话，这些条款尤为重要。好的律师能在这方面帮助我们。

趣味小思考6-4

促进协议达成的策略有哪些?

2. 谈判总结

谈判结束后，还有一个重要工作就是总结谈判的经验与失误，以指导今后的工作。谈判总结的内容包括以下几方面。

（1）己方的战略战术。例如选择谈判对手、确定谈判目标、挑选谈判人员和运用谈判策略等方面是否得当。

（2）己方谈判方案的实施情况。例如准备工作、谈判议程的安排、对谈判进度的控制以及对谈判局面的掌握等。

（3）己方谈判组人员的表现情况，有无需要特别提示之处。

小贴士6-4　　谈判过程中倾听的要领

在谈判中，也许某个细节问题会导致谈判的失败，就会给己方带来不可估量的损

失。所以，谈判时小心谨慎地学会倾听也能起到事半功倍的效用。倾听不但可以挖掘事实的真相，而且可以探索供应商的动机。一旦掌握了供应商的动机，就能调整自己的应变策略。

(1) 专注地倾听。常人听话及思考问题的速度比讲话要快4倍，所以，要把倾听放在首位，并认真思考。

(2) 听弦外之音。“听话听声，锣鼓听音”，要认真分析对方话语中所暗示的用意与观点，以及他要从什么方面来给采购方施加影响。

(3) 注意话语的隐蔽性。要特别注意对方的晦涩语言、模棱两可的语言等。这些都要记录下来，认真询问供应商，并观察伴随动作，也许是对方故意用难懂的语言，转移采购方的视线与思路。

(4) 思考与倾听同步。在倾听时，一边思考准备询问供应商的问题，考虑提问你的角度与力度，以及语言的表达方法，这些都要在倾听时同步完成。注意，不要在思考问题时忽略对方所说的内容。

实用范例 6-3　　某企业对采购谈判总结的要求

在谈判总结中，要关注以下问题。

(1) 谈判的每个阶段取得了哪些进展?

(2) 谈判的速度与进程是否符合原计划? 是否需要调整?

(3) 谈判组人员与后备人员之间沟通情况如何? 谈判需要的信息资料是否得到满足?

(4) 谈判组食宿安排、洽谈地点是否妥当? 有无问题?

(5) 谈判组每个成员是否都清楚谈判的目标?

(6) 谈判组每个成员是否都已发挥了作用? 他们的工作效果如何? 谈判组成员所具备的专业知识是否够用? 是否需要增加新的专门人员?

(7) 谈判组成员之间是否相互支持? 都采取了什么方式? 效果怎样?

(8) 谈判组领导作用是否体现出来? 通过什么方式体现出来? 其领导风格是否适应谈判的需要? 与谈判对手相比还有哪些问题?

(9) 谈判对手在哪些地方优于我们? 为什么?

小贴士 6-5　　博弈论与谈判

1. 博弈论的发展

博弈论(Game Theory)是专门研究相互依赖、相互影响的决策参与者的理性决策行为及其均衡结果的理论。人们的日常生活中随处可见博弈的例子，如下棋、打牌、体育比赛、企业竞争以及外交和军事等，其应用十分广泛。

在博弈论里，个人的效用函数不仅依赖于它自己的选择，而且还依赖于他人的选择，个人的最优化选择是其他人选择的函数。

2. 博弈论的基本内容

(1) 博弈的基本概念。博弈论的基本概念有参与人、行动、信息、策略、支付(效用)、结果和均衡，其中参与人、策略和支付是描述博弈的基本要素，而行动和信息是构件，参与人、行动和结果统称为博弈规则。具体含义如下。

1) 参与人又称局中人，是博弈论中最基本的概念，是指选择自己的行为以使效用最大化的决策主体，如谈判中的各方。

2) 行动是指参与人在博弈的某个时点的决策变量。

3) 信息是指参与人有关博弈的知识，特别是有关“自然”的选择，其他参与人的特征和行动的知识。信息集是指参与人在特定时刻有关变量值的知识。

4) 策略是指参与人在给定信息情况下的行动规则，它规定在什么时候，选择什么行动。

5) 支付是指在一个特定的策略集合中，参与人得到的确定的效用水平或指参与人得到的期望效用水平。

6) 结果主要是指均衡策略组合、均衡行动组合和均衡支付组合等。

7) 均衡是指所有参与人的最优策略集合。

(2) 博弈的表达式。博弈可以用两种不同的方式来表达，一种是战略式表述。另一种是扩展式表述。从理论上讲，这两种表达方式几乎是完全等价的，但从分析方便的角度来看，战略式表达更适合静态博弈，而扩展式表述更适合讨论动态博弈。

(3) 博弈的分类与均衡类型。在博弈论里，人们通常从两个角度对博弈进行分类。一是按参与人行动的先后顺序，将博弈分为静态博弈和动态博弈。二是按参与人对有关其他参与人的特征、策略空间及支付函数等方面信息的了解情况，将博弈分为完全信息博弈和非完全信息博弈。把这两种分类方法结合起来，就可以得到4种博弈类型和相对应的4种均衡概念：纳什均衡、子博弈纳什均衡、贝叶斯均衡和精炼贝叶斯纳什均衡。

本章小结

(1) 正式谈判阶段是指双方面对面的整个洽谈过程。各种类型谈判的基本过程大致相同，即从谈判气氛形成、谈判程序确立开始，到相互摸底、出价、讨价还价，直至最后达成协议。通常包括三个阶段，即开局阶段、磋商阶段和达成协议阶段。

(2) 开局阶段是指在谈判准备阶段之后，谈判双方进入面对面开始谈判的阶段。这一阶段有两项主要任务：创造良好和谐的谈判气氛、了解对方虚实，使谈判能够顺利地进入正题。谈判开局如果处理不好，会导致两种弊端：一是对谈判目标的达成期望过高，使谈判陷于僵局；二是要求太低，达不到谈判预期的目的。

(3) 磋商又称讨价还价，是谈判的中心阶段、关键阶段，也是最困难、最紧张的阶段。它是随着谈判开局阶段任务的完成和议题深入的中心阶段，覆盖谈判开始之后到谈判终局之前的全过程，是谈判各方就实质性事项进行磋商的阶段。它不仅是采购方与供应商之间的实力、智力、技术和观念的直接碰撞和较量阶段，也是双方间求同存异、合作、谅解和让步的阶段。由于此阶段是全部谈判活动中最为重要的阶段，各方投入的精力最多、占谈判过程的时间最长、涉及问题也最多。此阶段应把握好几个重要环节：合理地报价、还价或提出条件。

(4) 报价又称提出条件，但并不单纯指提出价格，而是指在谈判磋商阶段开始时提出讨论的基本条件，通常以价格为中心展开。在这一阶段，一方报了价，另一方就可能会还价，即对对方的报价提出自己的看法并要求对方有所改变。因此，科学、合理地运用报价、还价，关系到整个谈判过程的利益得失。

(5) 磋商阶段还要及时地对己方的谈判方案进行调整。即使在谈判准备中已经充分考虑了各种因素，制定了较为完备的谈判方案，但在进入正式谈判后，也应该根据所获得的新信息以及谈判的发展变化进行分析，对谈判进行重新评估，对谈判方案、谈判人事安排以及谈判的其他方面等进行及时调整，以适应实际情况。

(6) 在谈判磋商阶段，谈判双方各从自己的利益出发讨价还价，出现分歧和争执是不可避免的。即便如此，采购方和供应商也应该明白，谈判是为了达成协议而不仅仅是为了显示自己的实力。所以，应该在保持良好的谈判气氛、遵循逻辑次序、掌握谈判节奏和沟通说服对方等基本准则的把握方面作出努力，竭力使谈判向着有利于协议达成的方向发展。

(7) 终局阶段意味着谈判的结束，根据谈判的结果分为假性败局、真性败局和和局三种。

(8) 主观性假性败局与客观性假性败局都是谈判的失败，而且都存在重新谈判的可能性。两者的不同点在于：客观性假性败局是由于在谈判中发现客观条件不具备，或采购方与供应商意见相左，一时又找不到解决方案的不得已的失败；主观性假性败局则是谈判者为达到自己的目的而有意终止谈判，也可视为是一种谈判策略。

(9) 真性败局又称谈判破裂，是指谈判各方进入谈判之后，由于种种原因而未能达成协议，最终结束了谈判。谈判失败是经常发生的，会给各方的物质、精力等造成损害。谈判的目的在于成功而不是失败，谈判者应当尽力避免谈判的败局产生，同时，采购方也不能因为恐惧失败而不敢谈判或放弃谈判。

(10) 和局是指谈判各方在谈判过程中经过磋商取得一致意见，签订协议、终止谈判的结局。谈判的和局就是谈判的成功，它标志着谈判的各方都是胜利者，是采购方与供应商协商一致、努力争取和希望看到的结果。它与谈判各方之间的相互让步是分不开的。

(11) 谈判协议或合同是谈判过程中各方意志的体现，是以文字的形式对经各方协商达成的权利、义务、责任及其他条款的书面认可，依法成立的协议或合同受法律保护，具有法律效力。一经签署，就会对各方的行为产生约束力，双方必须履行合同中规定的各自应尽的义务，否则就必须承担法律责任。所以，在谈判中，各方都应该十分重视合同的签订及履行，并做好签署协议的各项工作。

复习思考题

1. 谈判开局阶段的主要任务是什么？应当如何完成？
2. 谈判开局阶段应遵循哪些基本原则？
3. 磋商阶段主要有哪些工作？应遵循什么样的准则？
4. 先报价有哪些利与弊？如何还价？
5. 谈判终局有几种类型？每一类型有什么特点？
6. 和局的主要工作是什么？应该注意哪些问题？

本章问题分析提示

趣味小思考 6-1

分析：形成谈判气氛的关键因素是谈判者的主观态度，即谈判者应积极主动地与对方进行情绪、思想上的沟通，而不能消极地等待对方的反应。在采购谈判的开局阶段，当对方总是板着面孔时，己方可以率先微笑，通过主动地握手、主动地关心和主动地交谈等，都有益于为谈判创造良好的气氛。

如果谈判者都能视具体情况充分发挥自己的主观能动性，一定会创造出良好的谈判气氛。

趣味小思考 6-2

分析：在谈判中，采购方要想供应商先谈谈看法，可采取几种策略，灵活、得当地使对方说出自己的想法，又表示了对对方的尊重。

1. 征询对方意见

这是谈判之初最常见的一种启发对方发表观点的方法。例如“贵方对此次合作的前景有何评价?”、“您的其他客户认为这批发动机的质量如何?”、“贵方是否有新的方案?”等。又如问“××怎么没来?”可探测对方谈判参加人的资格和组成是否发生了变化；“这个价格变化了吧?”、“如果我们支付现金呢?”可以探测对方出价的水分；“据说贵方有意寻找第三方?”可以探测对方谈判的诚意；“贵方认为这项改变可否确定?”可探测对方有否决策权等。

2. 诱导对方发言

这是一种抛砖引玉，启发对方发言的方法。例如“贵方不是在传真中提到过新的服务项目吗?”、“贵方对市场进行调查过，是吗?”、“贵方价格变动的理由是……吗?”

3. 使用激将法

激将法是诱导对方发言的一种特殊方法，因为运用不好会影响谈判气氛，应慎重使用。例如“贵方的销售情况不太好吧?”、“贵方是不是对我们的资金信誉有所怀疑?”、“贵方总没有建设性意见提出来。”。

在引导对方发言时，应避免使用能使对方借机发挥其优势的话题，否则，会使己方处于被动。此外，谈判者还可以通过出示某些资料，或要求对方出示某些资料等方法来达到探测的目的。

趣味小思考 6-3

分析：如果双方关系比较友好，特别是有过较长的合作关系，那么报价应当稳妥一点，出价过高(低)会有损于双方的关系。

如果己方有很多竞争对手，那就必须将报价压低到供应商至少能受到邀请而继续谈判的程度，否则会连继续谈判的机会都没有，更谈不上其他的什么了。

如果供应商为了自己的利益而向采购方施加压力，则采购方就必须向供应商施加压力，以保护己方的利益。

报价在遵循有关原则的同时，必须考虑当时的谈判环境和与供应商的关系状况，灵活地加以运用，不可生搬硬套，犯教条主义的错误。

趣味小思考 6-4

分析：常见的促成协议达成的策略主要有以下几种。

（1）最后通牒。最后通牒是指提出己方的最后让步条件，并以此向对方施加压力，要求其接受，如对方不接受则要承受谈判失败的后果。向对方发生最后通牒，要冒着被对方拒绝的危险，因此要慎重从事。

（2）折中。折中是以双方进入最后阶段时的立场差距的中间条件为基础，双方作出大致相等的让步，促成交易。

（3）一揽子交易。一揽子交易是指双方将谈判至最后阶段时各自坚持的条件作整体交换，以谋求达成协议，结束谈判。

本章学习路径

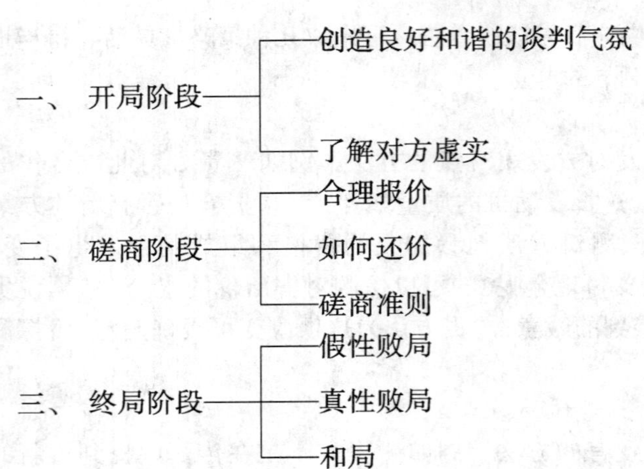

第7章 驾驭采购谈判

引导案例

某采购人员的谈判心得
——谈判中要注意的细节

注意以下细节，有利于谈判顺利达成。

(1) 首先列出供应商的资料，越详细越好。例如供应商是贸易商还是直接生产商？其关注的焦点是什么？及时沟通能使自己获得的供应商资料最大化。

(2) 列出自己企业主要竞争对手的名单和企业情况；对所采购的产品一定要非常熟悉，对产品的规格、技术特点和标准要一一列出。

(3) 无论采购合同大小都需要和主管领导沟通。如果己方负责人不同意价格或者合同的条件，也不要把情绪暴露给客户。

(4) 为避免和供应商只就某一个问题纠缠，要列出可以主动岔开的话题并在适当机会运用。谈质量比谈价格更容易让人接受，谈服务也可以，但不能以降低质量为前提。

(5) 没有落在文字上的约定是不算数的。虽然大多数人讲信誉，但还是要写下来，这对双方都有利。

(6) 只要签订了合同，价格就是公平的。只要没有签订合同，谈判就是失败，所以谈判的时候必须明确己方的观点，把话说死。例如，我们就这个价了，再高就不谈了。

(7) 数额较大的合同，一定要请当地的政府部门出面，既宣传自己又迫使对方认真履行合同。

(8) 没有人不喜欢小礼物的。即使请客吃饭，也要有些小礼物。但不要对客户太恭敬和客气，否则会有逆反作用。如何掌握好分寸，是需要认真思考的。

本章关键词

驾驭谈判、准备阶段、首场、续场、谈判进程、合同

本章学习目标

- 了解驾驭谈判过程的重要性

- 掌握谈判准备阶段的驾驭技巧
- 掌握谈判进行过程中的驾驭技巧
- 掌握合同签约阶段的驾驭技巧
- 了解谈判心理对谈判过程的影响
- 了解谈判心理的三大特点
- 了解一个优秀的谈判者必备的谈判素质
- 了解影响谈判行为的主要心理因素
- 尝试正确运用谈判的心理技巧

开局、磋商、终局的三步曲为掌握谈判进程提供了可以遵循的基本框架。在谈判中申明价值可以了解谈判双方的各自需求；创造价值可以达到双赢的目的；克服障碍可以顺利达成协议。毫无疑问，作为主谈人都希望驾驭谈判过程，以实现自己的目的。因此，应该了解在谈判进程各阶段中的策略与技巧是不同的。理解了这点有助于驾驭整个谈判过程。

7.1 准备阶段的驾驭

准备阶段是指谈判正式开始前，为谈判作信息收集、人员配备等准备工作的阶段。作为主谈人，准备工作落实的好与坏会直接影响谈判的效果。准备得越充分，在谈判桌上对自己的辩论支持就越有力，越容易掌握主动权。反之则容易陷入被动局面，使自己处处显得理由不充足，即使据理也难以说清楚问题。为了避免出现这些现象，准备阶段应做好以下两项工作。

7.1.1 始终抓住谈判对手，以保证信息畅通

我们现在所处的社会，信息的传递和变化之快是令人难以想象的。有时在谈判中刚刚说好某件事，第二天就可能发生变化。因此，为了保证万无一失，主谈人应始终抓住谈判对手，例如采购谈判时的商品供应商及合作项目代表等。采购方应与供应商建立通畅的联络关系，充分利用现代联络手段如传真、电话和电子邮件等，使各方的各种信息能够及时地交流，直至谈判开始。

7.1.2 保留文字资料

在准备阶段，与谈判对手来往的各种函件都要保留文字资料，并尽量请对方用文字资料回复己方的有关问题。这些资料都是日后进行洽谈的工作依据，尤其是对方负责人的一些函件，因为它可被视为供应商的正式意见，即使供应商的主谈人在谈判中也不能随意更改的。

实际谈判中，由于组织内部工作的安排，往往不能派主管领导参与某项具体业务的洽谈，前来参与谈判的人可能是技术专家、商务工作人员等，其授权是有限的，因而常常承担不起经济责任。为了不造成经济上、信誉上的损失，这种代表所发表的见解只能认为是代表其个人的意见。但若这种代表能够持有函件或其主管领导的书面授权书，那么他们的意见即可视为供应商正式意见，采购方才可与之进行商谈。如果忽视了这一环节，可能会白白浪费时间，使谈判成本上升，严重时还会影响到谈判的顺利进行。

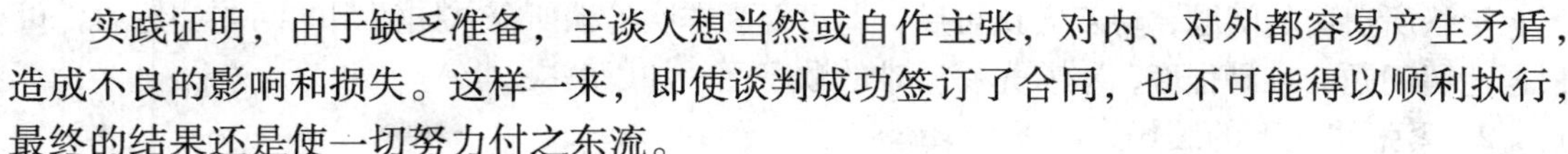

实践证明，由于缺乏准备，主谈人想当然或自作主张，对内、对外都容易产生矛盾，造成不良的影响和损失。这样一来，即使谈判成功签订了合同，也不可能得以顺利执行，最终的结果还是使一切努力付之东流。

7.2　正确驾驭谈判过程

7.2.1　首场开场驾驭

一些大型的采购谈判往往要经过几个回合的谈判，每一回合的开始阶段都被称为开场。“好的开头是成功的一半”，实际谈判过程中，开好第一场及以后各场的头，是十分重要的。为了很好地掌握驾驭开场阶段的策略与技巧，需要分别从首场会谈，也称第一场会谈和续场两种情况加以考虑。

对于首场开场驾驭的策略与技巧，人们经过不断的概括和总结，得出许多经验，可以综合表述为以下 4 个方面。

1. 做好首场“三件事”

作为主谈人首先应该清楚该做的第一件事就是介绍己方在场人员，以便双方相互沟通时知道可以与谁对话，即双方谈判小组的成员都有什么人，每个人担负的职责、头衔等；第二件事是要回顾双方往来的背景，包括信函往来和电子邮件往来等，以反映双方在谈判时所持的立场。第三件事是要引导对方共同确定洽谈目标，即谈判的内容及程序，使双方有共同的节奏和工作目标，为下一步谈判开好头。

2. 礼貌友好

首场开场要努力制造友好、合作的气氛。实践证明，和谐的气氛对谈判百益而无一害。即使在买方市场的今天，采购方也没有必要摆架子、态度生硬或者面无表情。切不可认为友好的态度是在“求人、有损身份和地位”；而“态度冷淡、生硬就意味着不求人”。这些想法在实际谈判过程中都是有害的。首场的开场，良好的合作态度可以表明己方的文化修养较高，且有谈判的诚意，从而可以驾驭谈判并继续下去。

在首场，无论是作为东道主还是客方参与谈判，采购方都应尊重供应商。许多实例证明，这样做得到的回报是对对方、对己方的尊敬和配合。切忌高傲自大，否则会被人拒之于千里之外，对谈判有百害而无一益。

3. 安排紧凑

首场开场白的内容要依谈判繁简而定，时间一般是可长可短，切忌给人以拖拖拉拉的感觉。如果开场内容及任务已完成，首次洽谈也可涉及一些实质性的内容，但不宜多。如果开场所占时间不超过 1 小时，可以不经过休息而直接转入实质性的技术及商务条件的谈判。如果超过 1 个小时，即可休息一会儿，再继续进行。

7.2.2　续场开场的驾驭

谈判在进入第二轮、第三轮会谈的开场时，不外乎是两种可能：一种是无尖锐分歧的正常开场；另一种是分歧比较严重情况下的紧张开场。

1. 正常情况下的续场

对于正常情况下的续场，其开场往往比较容易，也比较轻松。主要的方法是：归纳总结上次洽谈所遗留的问题，待双方认可后，即可视为本次洽谈所需共同谈判的问题。然后，可根据遗留问题的难易程度，本着先易后难的顺序逐一加以解决。

2. 紧张情况下的续场

对于双方分歧较大、气氛紧张情况下的续场，其开场时要讲求技巧。首先应缓和一下紧张的气氛，然后再进行下一步的内容。针对如何缓和气氛这一话题，大致有两种方法，即设问式和列账单式。

列账单式是指将未解问题一一列出的方式来缓和紧张气氛。例如，在开场时可以说："经过我们上一轮紧张艰苦的工作后，还有 ×× 问题没有解决，贵方准备在这一轮里从哪儿开始？"这就是将账单一一列出，即把球踢给了对方，让对方进行选择。

又如，"上次会谈 ×× 问题贵方表现十分精彩，令己方敬佩。但是，这有碍于我们双方顺利地达成协议。贵方的意思如何？有没有解决的办法？"这样列一下账单，又把球踢给了对方。这时如果对方回答是："如果上次会谈您能同意我们的观点，问题不就已经解决了吗？"这时我方应这样回答："但愿我们双方经过本次会谈，能够使问题得到很好的解决。"这样，双方就可以使比较紧张的气氛得以放松，从而继续开始谈判。

总之，驾驭开场的方式不仅仅如上所述，还有许多其他的方式方法。但不管以什么方式开场，都要避免呆板机械的开场方式。例如："好啦，会谈开始吧！"，"贵方的人到齐了吗？可以开始吗？"诸如此类开场方式往往会使人感到沉闷。因此，主谈人在开场时，应在语调和情绪上要明朗、乐观、有信心，以感染供应商，有利于尽快找到双方利益的分界点。

趣味小思考 7-1

你可以设计哪些问题来缓和谈判气氛？

7.2.3 成功地展开谈判

经过开场阶段后，如何使谈判工作得以进一步深入，是主谈人驾驭谈判进程的关键。为此，作为主谈人，要想成功地展开洽谈工作，需要掌握以下几个方面的策略与技巧。

1. 明确达到目标需要解决多少问题

为了很好地驾驭谈判的进程，采购方主谈人必须明确达到目标需要解决的问题有哪些。而且，不论问题大小均应仔细考虑，不可遗漏。实际谈判中，由于主谈人经验不足，常常会出现遗漏问题。例如，从表面上看似乎所有问题都已达成了一致，而在协议书写时，甚至签约后的执行中，又发现有漏列或隐藏在合同字句中的不同理解点，从而使采购方和供应商都感到处境十分窘迫，也可能由此而产生经济纠纷等。因此，采购方的主谈人有责任将所有的大小问题列入备忘录并记住，做到心中有数。这也是成功地展开洽谈工作的基本要求。

2. 抓住分歧的实质

谈判者的文化修养、个性品格各不相同，所以在谈判中，对于一个问题的回答往往会有多种策略和技巧，有时也会让人难以理解，甚至出现离题太远的现象。这就需要采购方主谈人能够抓住分歧的实质，把握住洽谈的发展方向，切忌在慌乱中迷失方向，误入歧途。无论采购方或供应商，主谈人都应具备平息混乱，清醒己方谈判人员的思路，促使谈判向着既定目标的方向发展的能力。

（1）要善于指出各种观点的分歧点，提出应该讨论的新问题。对于具有共同点的各种问题要善于对其合并同类项，从而归纳出真正的分歧点。对于有关分歧点的问题，要进行实质性分析，通过论证提出分歧所反映的实质，并根据分歧所反映的实质，抓住围绕实质的有关方面，从而找到实质性分歧的有关问题，以便进一步加以解决。这样可以使后面的谈判能够集中讨论关键问题。

（2）强调双方共同的利益，把握谈判局面。谈判过程中，如双方发生争执、剑拔弩张，可能会超过慎重的界限，破坏谈判的气氛；或者争论起来不着边际，失去控制。这时，可以通过强调共同利益的策略，来暗示两败俱伤的后果。必要时，还可以考虑变更谈判人员，使相互不让步的议题暂时搁置；或通过临时休息来调节双方的精力、时间和气氛；有时还可利用个别交谈的机会，破解难题。根据需要，谈判中没谈透彻的问题应重新再谈，不需再谈的议题就应跳过去，三言两语即可结束。

3. 不断进行小结，并能够提出任务

为了掌握谈判的主动权，采购方主谈人要及时清理已有的各种观点，对前面的工作和谈判成果进行回顾和总结，这也是提高谈判效率的重要手段。无论谈判是多么千变万化，所涉及之处都是有一定的目的。因此，经过几个回合，就应及时检查效果并对其作出评价和结论。通过及时小结，可以告诉谈判组成员，哪些是有关的、哪些是无关的，以便保留和重视相关的观点，同时认证该结论是否双方一致同意。若是，则应予以小结，作为一个问题的结束；若不是，则尚需进一步磋商。对于耗时较长的谈判，主谈人还要适时地提出新的谈判任务以振奋人心，使全体人员能够将散乱的注意力再集中起来，齐心协力地继续工作。避免人心松垮，这也是谈判得以深入展开的必要条件。

通过小结，还可以提醒或引导供应商认识所处的谈判阶段，拨正双方谈判的议题，使偏离了正常航道的谈判及时回到已确认的议题上。例如，“刚才的讨论是这样吧？你举的例子很有参考价值，不过，我们是否先就此批货物的价格取得共识？”诸如此类提问，都有助于采购谈判者在对安排进行回顾性总结的基础上，驾驭谈判议题。

可见，不断对谈判进行总结可达到三个目的：一是向己方谈判成员展示劳动成果，以振奋士气；二是避免因重复劳动而浪费时间和精力；三是及时向谈判各方提醒谈判所处的阶段及所磋商的问题，避免谈判偏离已确定的议题。

4. 掌握谈判的节奏

谈判的节奏主要反映在时间的长短和问题安排的松紧程度两个方面。谈判展开后，双方的条件已经亮出，何时拿、何时让、争什么和让什么都有个节奏问题。洽谈时态度强硬与否、谈判时间安排的松紧程度也是节奏问题。实践证明，整个谈判节奏安排得好与差会直接影响谈判的效果。

（1）谈判初期。谈判初期，在掌握节奏方面应基于一个“快”字。例如大型设备或技术性较强的产品采购时，技术性的问题谈判要抓紧、日程安排也要满，态度要热烈、明朗而坚定。这样做旨在争取时间为更艰巨的谈判而准备。热烈而坚定的态度，会给对方造成深刻的心理影响，动摇对手的决心以创造争取良好谈判条件的气氛，而且也有利于早日暴露双方的分歧，以便早作准备。

（2）谈判中期。谈判中期，在掌握节奏方面要稳健。该阶段是解决分歧的关键时期。由于广泛地交换意见，各种分歧均已暴露出来。采购方的主谈人要掌握分歧的总量和性质，将一些非原则、影响不大的分歧，争取在友好、和平和平等的交换条件中解决，从而使谈判既不至于全面僵化，也不至于使自己全线退却。在此阶段保留一部分可以软化立场的非原则性条件在最后的讨价还价时使用。此外，还必须掌握对方的态度和诚意如何，如果对方态度很强硬，自己的条件也不可过快地让步，适当相持为好；如果对方有达成交易的诚意，也可主动选择先行让步，做足姿态。不论实际属于哪一种情况，均需做到有的放矢。

（3）谈判后期。谈判后期，在掌握节奏方面要快慢相结合。谈判后期多为主要分歧或分量较重的矛盾，这些矛盾引起的原因也往往比较复杂。但不论是由哪一种原因引起的，对今后采购方与供应商的合作都会有较大影响。解决这类问题时，谈判态度及节奏掌握上适宜能快则快，不能快则要有耐心，及时捕捉对方与己方利益的分界点。只有这样才能成功地驾驭并推进谈判。

小贴示 7-1　　　　谈判过程的划分

谈判过程可以按时间和谈判要完成议题的数量来划分。

例如双方预计谈判要一周的时间，则可大致以两天为一期。这样预计要三个回合。若谈判程序为技术、合同条文和价格三个部分（如大型设备的引进），也可视其为三个时期。实际上，还可依谈判内容来进行划分。

（1）初期是以全面交换技术、合同条文和价格条件为谈判内容。

（2）中期是在初期基础之上清理出各方面的分歧并就此进行谈判。

（3）后期对技术、合同条文和价格三方面余留的关键性问题进行最后一揽子的谈判为后期。

总之，谈判过程中各阶段的划分可依据项目的大小、谈判内容的难易而各不相同，但基本原则是一样的。因此，掌握好划分阶段的技巧，就能够熟练地把握谈判的节奏。

7.3 正确驾驭谈判终局

谈判终局主要是指谈判的结束方式，包括每一场谈判的结束方式和整个谈判的结束方式。

7.3.1 把握成交机会

谈判进行到结束时有两种可能：一是洽谈破裂；二是达成协议而成交。采购方主谈人在把握整个洽谈结束策略与技巧时要注意谈判的气氛和可能的转机。当对方主谈人宣布其最后立场和观点后，采购方主谈人应设身处地为对方分析其立场的利弊，并应言辞友好、态度诚恳，使供应商感到采购方的诚意，这样会促使对方进一步考虑采购方的建议。

在谈判因种种原因破裂时，一般情况下，应该回避促使供应商更反感的措辞，因为并非所有的破裂都是真性败局。例如，“行，我们就此结束”、“随便你，我们是不会改变立场的"、"你如不想谈，我们也不奉陪"等。这类听起来有很强的情绪化色彩的言辞，是令人很难接受的，只能加速谈判关系破裂的进程。相反，谈判人员应积极分析对方已表明的观点和立场，多用协商的语言，例如"这是我方的看法，贵方可以三思"、"如果贵方还有重新考虑的可能，我们将愿意继续谈判下去"、"我方的大门总是敞开着的，贵方什么时候有新的想法可以通过××与我们联系"、"贵方目前的态度我方是可以理解的，但请贵方向领导汇报一下，若有什么新的建议，我们将十分乐意听到"等来与对方沟通。这样也可给对方一个释放不快的机会，或给其一个顺势下坡的台阶。经验证明，给对方台阶的做法比起那些以强硬语句相要挟的做法来说，可以给己方也留出一个机会，可能促成复谈。相反，如果处理不当，往往会使假性败局演变成真性败局。一旦进入真性败局，关系就会更加紧张进而会影响到未来的交往，再想弥补是可望而不可即的。

当谈判成交时，双方应及时握手以结束谈判。但在握手时，主谈人应对所有达成一致的问题加以清理，以防止遗漏，为日后的谈判做好准备。这时可以说："很高兴我们的洽谈能够以双方达成协议而得以结束。让我们共同清理一下已讨论过的问题，以形成文字对双方都有利，若有遗漏也可以及时补充"，"我们很高兴与贵方达成协议，我们将向上级汇报我们的洽谈结果，若有什么问题再商量，请贵方原谅"。主谈人这样说既给己方留有余地，又不失礼节。最后，应将所有的谈判的结果形成文字，即包括技术附件和合同文本，并约定好签约的时间与方式等具体操作性问题。

小贴士 7-2　　**谈判时间的把握**

这是某企业在给谈判人员的培训手册中提到的内容。每场谈判的结束方式可据时间、内容和气氛来定。

按时间来看，可根据工作时间自然结束。通常像上午 11:30、下午 4:30 均可视为自然的结束时间。

按内容来看，可依据讨论中的议题，以得出结论作为中止。有时延长洽谈时间，直到通宵达旦也是不可避免的。遇到这种情况，应将谈判的成果及时进行小结，并以双方同意的方式记录下来，以避免付出的劳动在一夜之间付之东流。

按气氛来看，如果由于尖锐的观点相对立，加之个人情绪又过于激动，延续洽谈不会有益处时，主谈人可以不论时间、不论议题内容完成与否，即可宣布暂停会谈。

无论按哪种方式把握结束时机，只要一旦决定结束洽谈，主谈人一定要讲明原因，小结已展开的谈判内容，并提出续场的时间及首要讨论的议题，为继续开谈留有后路。

（注意，这里所说的谈判结束并不是指整个谈判真正结束，而是阶段性或因时间关系的自然结束。）

7.3.2　把握合同签字过程

采购谈判结束后，要经过大量的文字处理工作，这些工作并不像人们所想象得那么简单，而且在文字处理工作中又可能产生新的谈判内容。凡是通过谈判大原则均已达成一致的内容，文字表达应一致；凡是以条件交换而达成的一致，在撰写文字时，有些谈判者总想通过在文字上的处理，再争取一些利益。因此，作为采购方主谈人应把好这一关，掌握好合同签字过程的驾驭策略与技巧，为己方争取利益。

1. 签字人的选择

采购谈判结束后的合同签字人不一定是主谈人。那到底由谁来负责签字呢？通常情况下，采购合同一般应由采购部经理来签字，一些大型的采购合同往往要由组织的法人代表签字。在国际采购中，若合同需由组织所在国政府承诺时，可与采购合同一起拟定协议、议定书或备忘录，由双方所属政府部门代表签字。该文件可与采购合同一起作为不可分割的组成部分。

选择谁为签字人主要考虑由谁签字对合同的履行更有保证。一些复杂的合同如大型成套设备的采购等，涉及面较广。如果由上级或有关政府部门签字，则可以促进其了解谈判内容或参与谈判过程。这样就有利于解决合同执行中可能产生的问题，对合同的顺利执行有可靠保证。

在采购谈判中，签字人的选择一般有 4 种情况：一是金额与内容一般的合同，可由业务员或部门经理签字，例如成交额在几万元以内、货物比较普通的情况。二是金额较大、合同内容一般的合同，可由部门经理负责签字，例如成交额为几十万元。三是成交金额在百万人民币以上的，多由组织领导签字。四是金额高达千万元以上的合同，内容又是高新技术领域的合同，多由组织领导签字；与合同相关的协议由政府代表、组织代表共同签字。

在国际采购中，有些国家或地区的厂商习惯在签约前，让签约人出示授权书，授权书由其所属组织最高领导人签发，因此要事先准备好授权书。若签字人就是组织的最高领导，可不准备授权书，但应以其他形式证实其身份。

2. 合同审核

合同审核是签字前非常重要的一关。合同文件撰写如何，在签字之前，应做好两件事：一是核对合同文本(两种文字时)的一致性或文本与谈判协议条件的一致性(一种文字时)；二是核对各种与合同履行有关的文件，例如授权书、技术产品的专利证书、检验检疫报告等。并要检查这些文件是否完备有效以及合同规定的内容是否一致，如有问题要及时解决。

无数的经验证实，凡是认为在谈判桌上达成口头协议谈判即告结束的人，往往会在以后的阶段吃尽苦头，因为实践中协议文本与所谈条件的不一致现象屡屡发生。这些问题的出现，有些可能是供应商故意为之，有些则可能是由于疏忽所致。不管是什么原因，协议或合同文本与谈判内容不一致的现象都是实实在在存在的。

审核文本时，务必对照原稿，仔细认真，不漏一字一句，有时问题往往就出现在一句话上。在审核打印好的文本时，有些人只是凭自己的记忆，采取阅读式审核。这种方法可以理解，因为文字出自自己的手。但实践证明这么做虽然道理上行得通，但往往查不出遗漏。若审稿人自己掉字、短句而又使文章仍然保持通顺时，就有可能引起遗漏等现象。为了防止万无一失，审核文本时最好有两人进行。

当审核中发现问题时，应及时互相通告，并调整签约时间使双方互相谅解，切不可因此而造成一些误解。对于文本中的问题，一般指出即可解决。而有的复杂问题则需经过双方主谈人商量后再谈判，对此，采购方思想上要做好准备。不过，当发现问题时，应注意自己的态度，对属于谈好的条件而对方故意歪曲的地方，自然可以明确地指正，要求对方

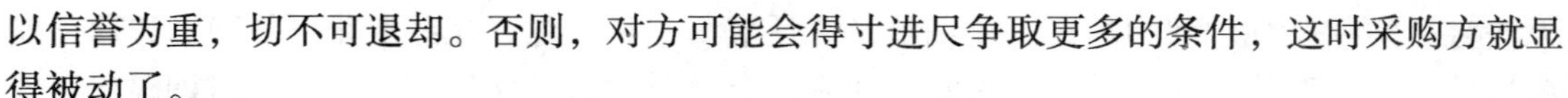

以信誉为重，切不可退却。否则，对方可能会得寸进尺争取更多的条件，这时采购方就显得被动了。

小贴士 7-3　　不要急于求成

谈判中的一些教训应该引起人们足够的重视。

某企业在采购特殊设备的国际谈判过程中，为了急于达成交易，总是催促采购部门加紧谈判，但一些手续却未办全。为了尽早做成生意，于是便答应边谈判边办齐手续，但办手续的进展与其所讲的并不一致。在签约前必须严格检查全部有关进口的批件，否则不应签约。这样做对交易各方都有好处。因为，如果没有相关批件，货物进关就成问题；如果没有外汇批件或使用批文，货款就无法支付。

诸如此类，合同内容与进口批件内容不相符、签约后再去办理相应手续的做法极易导致出现一些问题，从而影响组织的信誉，可谓得不偿失。

3. 选择恰当的签字仪式

为了表示合同的不同分量和影响，签约的仪式也不同。

通常情况下，对于一般性合同的签订，主谈人与对方主谈人签字即可。地点在谈判间或在宴请的饭店即可。签字仪式简单，与会者可站到签字人身后，也可不站。具体可在主场谈判时应视供应商的要求而定。如双方一致同意，也可摄影留念。

对于较大型的合同签字，应由领导出面签约时，仪式可稍微隆重一些。这时要做些签字仪式方面的准备工作。例如准备签字的桌子，桌面要有鲜花等装饰物，并放好已写好名字的桌签；选择适当的签字场所，有时可在谈判间设置签字桌，有时可在宴请的宾馆设桌签字。宴请要排好桌次，席间最好安排祝酒活动。

特别重大的采购合同，如涉及政府参与合同签字仪式，需选择较高级的饭店，如北京的北京饭店、长城饭店等；也可选择较为隆重的会堂，如人民大会堂等作为签字仪式举办的地点。另外，签字可在一个厅，宴会则另选一个厅；还可安排部级或国家领导等官员会见对方代表团会员。在签字时，应专设签字桌，后排站领导及双方贵宾，并请新闻界记者参加。宴会前，双方代表应致词，席间应祝酒。宴会桌次、座次要严格按照来宾身份进行排列，并在席桌上放好来宾的名字标志牌。

签字仪式的繁简并无绝对规定，要视双方的态度而定。对对方提出的要求应尽力配合，最好不要在这个阶段为签字仪式问题产生误会或不快。同时要注意礼宾程序，及时向上级主管部门汇报情况，不可擅自做主。

7.4 驾驭谈判的基本方法

7.4.1 正确处理分歧

在谈判过程中，谈判双方各从自己的利益出发，有时不可避免地会发生意见对立、争论激烈，出现意见分歧是在所难免的，需要正确对待。

1. 正确评估和调整谈判

随着谈判的进行，谈判者会发现无论准备阶段的工作做得如何充分、仔细、全面，都无法穷尽实际谈判过程中的每一个细节，并适应每一种变化，这些变化可能使己方原先制定好的谈判方案并不完全适合。因此，谈判者要及时对谈判作出评估，并及时调整原定谈判方案中的不适之处，以免陷入被动。

2. 合理驾驭谈判议程

谈判过程中，如双方发生争执，使双方剑拔弩张，可能会越过慎重的界限，破坏谈判的气氛；或者争论起来不着边际，失去控制。因此，应注意驾驭谈判局面，控制谈判过程，如能很好地做到这一点，就会赢得谈判中的主动地位。

3. 打破出现的僵局

谈判在进入实际的磋商阶段之后，谈判各方往往会由于某种原因而相持不下，陷于进退两难的境地，这就是谈判的僵局。谈判之所以陷入僵局，一般不是因为各方之间存在不可调和的矛盾，而多数是由于各方基于感情、立场和原则等主观因素所致。所以，谈判者在谈判开始之后，在维护己方实际利益的前提下，应尽量避免在一些非本质性的问题坚持强硬立场，以免导致谈判的僵局。

一旦谈判陷于僵局，谈判各方应探究原因，积极主动地寻找解决的方案，切勿因此而终止谈判。

4. 合理让步

如果谈判的和解时机已经到来，谈判的一方或各方仍互不相让，谈判也会失败。因此，优秀的谈判人员应把握谈判的时机，作出适当的让步，促成谈判的达成。

7.4.2 打破谈判僵局

并不是所有的谈判都能顺利进行，由于意见或利益的分歧，有时候出现谈判僵局也是在所难免的。面对谈判中出现的僵局，可采用以下一些技巧。

1. 暂时休会

谈判各方由于一时冲动，互相较劲时，采购方应当从谈判的实际利益出发，考虑暂时休会，待气氛缓和下来再谈。在冷静、平和的气氛中，谈判各方才会考虑为了自身的利益而求同存异。

2. 变换话题

谈判过程中，由于某个议题引起争执，一时又无法解决，这时谈判各方为了寻求和解，可以变换一下议题，把僵持的议题暂时搁置，等其他议题解决好，再在友好的气氛中讨论，解决僵持的问题。

3. 更换主谈人

有时谈判的僵局可能完全是主谈人的个人因素所造成的。僵局一旦形成，主谈人的态度也不易改变，有时还会滋生抵触情绪，进一步影响谈判，此时，应考虑更换主谈人。新的主谈人要避免受原主谈人的影响，而应以新的姿态加入，从而使僵局得以缓解。

4. 寻找其他解决的方案

谈判各方在坚持自己的谈判方案互不相让时谈判就会陷入僵局，此时，解决的最好办法是放弃自己的谈判方案，共同来寻求一种可以兼顾各方利益的第三种方案。

5. 由各方专家单独会谈

谈判者可依据谈判僵局所涉及的专门问题，提请有关专家单独会谈。例如，涉及法律

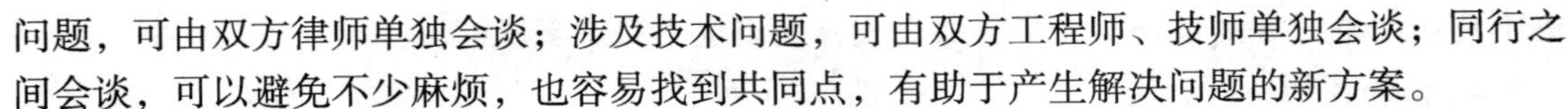

问题，可由双方律师单独会谈；涉及技术问题，可由双方工程师、技师单独会谈；同行之间会谈，可以避免不少麻烦，也容易找到共同点，有助于产生解决问题的新方案。

7.4.3　学会让步

在谈判中让步并不意味着失败，而很可能是成功的开始。学会让步是面临困境时推动谈判的有效方法。

在谈判中让步是要讲策略的，否则就会失误，常见的让步策略包括以下几种。

（1）理想的让步方式是遵守步步为营的原则，不可一步让到位。

（2）互惠的让步是指以采购方在某一问题的让步来换取供应商在某一问题的让步。能否采取此种方式与己方采用的谈判方式有关，要做到灵活掌握。例如，己方可以在交货期限上的让步，来换取对方在价格上的让步。

（3）丝毫无损的让步，这实质上是一种高姿态的让步方式。例如供应商要求采购方在某些方面让步，而且理由非常充分，但己方确实不想让步。这时可取的一种让步方式是：承认对方的要求是合理的，从感情上我们愿意作出让步，但确有实际困难，请对方原谅。这样可以给对方一种心理上的满足，促成对方放弃让步的要求。

（4）长、短期利益相结合的让步方式。这种让步方式一般使用在具有长期合作要求的谈判者之间。由于谈判双方有的对远期利益感兴趣，有的对近期利益感兴趣，这样，谈判双方可以相互作出让步：一方取远期利益而放弃近期利益；一方取近期利益而放弃远期利益。

趣味小思考 7-2

如何根据谈判进程调整评估谈判，控制谈判局面？

7.4.4　用好语言工具

谈判主要是通过语言来交流的，掌握谈判中的语言技巧，对驾驭谈判过程有着积极的意义，这体现在提问、回答和说服等各个方面。

1. 注意正确使用语言

（1）简明扼要、准确易懂。在谈判中，所使用的语言要规范、通俗，使对方容易理解，而不至于产生误会。由于人们有意识的记忆能力有限，对于大量的信息，在短时间内只能记住有限的、具有特色的内容，所以，我们在谈判中一定要用简明扼要而又有条理性的语言来阐述自己的观点。这样，才能在洽谈中收到事半功倍的效果。反之，如果信口开河、不分主次，话讲了一大堆，不仅不能使对方及时把握要领，而且还会使对方产生厌烦的感觉。

（2）第一次要说准。在谈判中，当供应商要求己方提供资料时，第一次就必须说准确，不要模棱两可、含混不清。如果对对方要求提供的资料不甚了解，应延迟答复，切忌脱口而出。要尽量避免使用含上下限的数值，以防波动。

（3）语言富有弹性。谈判过程中使用的语言，应当丰富、灵活和富有弹性。对于不同的谈判对手，应使用不同的语言。如果对方谈吐优雅，我方用语也应十分讲究，做到出语不凡；如果对方语言朴实无华，那么我方用语也不必过多修饰。

2. 提问技巧

提问是为了了解对方的真实需要、掌握对方的心理状态、表达自己的意见观点。

（1）提问的方式。提问的方式包括：封闭式提问；开放式提问；婉转式提问；澄清式提问；探索式提问；借助式提问；强迫选择式提问；引导式提问；协商式提问等。

（2）提问的时机。提问的时机一般是：在对方发言完毕时提问；在对方发言停顿、间歇时提问；在自己发言前后提问；在议程规定的辩论时间提问。

（3）提问的其他注意事项。提问的其他注意事项包括：注意提问速度；注意对方心境；提问后给对方足够的答复时间；提问时应尽量保持问题的连续性。

3. 答复技巧

谈判中的答复并不是容易做好的事，因为回答的每一句话，都会被对方理解为是一种承诺，都负有责任。答复时一定要注意：①不要彻底答复对方的提问；②针对提问者的真实心理答复；③不要确切答复对方的提问；④降低提问者追问的兴趣；⑤让自己获得充分的思考时间；⑥礼貌地拒绝不值得回答的问题；⑦找借口拖延答复。

4. 说服技巧

（1）说服原则。谈判中说服对方接受自己的要求或达成协议是不可避免的。这时，要遵循一些基本的原则。

不要只说自己的理由，要研究分析对方的心理、需求及特点，消除对方的戒心、成见；不要操之过急、急于奏效；不要一开始就批评对方、把自己的意见观点强加给对方；说话用语要朴实亲切、不要过多讲大道理；态度要诚恳、平等待人、积极寻求双方的共同点；承认对方“情有可原”并善于激发对方的自尊心；坦率承认如果供应商接受己方的意见，对方也将获得一定利益。

（2）说服的具体技巧。说服的具体技巧包括：所讨论的问题要先易后难；多向对方提出要求、传递信息、多次重复某些信息和观点、影响对方意见；强调一致、淡化差异；先谈好后谈坏；强调合同有利于对方的条件；待讨论赞成和反对意见后，再提出己方的意见。

说服对方时，要精心设计开头和结尾，要给对方留下深刻印象；结论要由己方明确提出，不要让供应商揣摩或自行下结论；多了解对方，以对方习惯的、能够接受的方式和逻辑去说服对方；先作铺垫，不要奢望供应商一下子接受己方突如其来的要求；强调互惠互利、互相合作的可能性和现实性；激发供应商在自身利益认同的基础上来接纳己方的意见。

趣味小思考 7-3　　煤矿的价格与附加条件

美国的谈判专家科恩曾代表一家大公司去东俄亥俄购买一座煤矿，矿主开价 2 600 万美元，而科恩则还价 1 500 万美元。显然，两方的报价差别较大，必须给予调和，才能达成协议。但矿主态度十分强硬，拒不让价。最后当科恩开价上升到 2 150 万美元时，矿主仍不妥协。

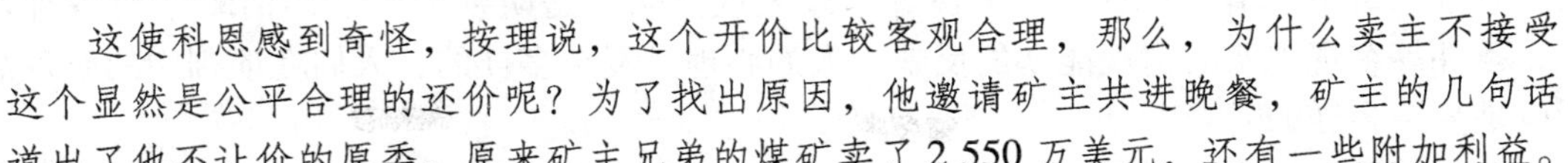

这使科恩感到奇怪，按理说，这个开价比较客观合理，那么，为什么卖主不接受这个显然是公平合理的还价呢？为了找出原因，他邀请矿主共进晚餐，矿主的几句话道出了他不让价的原委。原来矿主兄弟的煤矿卖了 2 550 万美元，还有一些附加利益。

随后，科恩开始调查矿主的兄弟从卖矿上得到多少附加利益。经过协商达成了一个双方都满意的协议，最后买方所付出的价格没超过公司的预算，而卖方则觉得他的出卖条件比他兄弟好得多。

问题：

（1）卖主为什么不接受科恩认为公平合理的还价？

（2）为什么最后“买方所付出的价格没超过公司的预算，而卖方则觉得他的出卖条件比他兄弟好得多”？

请分析该过程中，心理因素是怎样影响谈判双方的？

实用范例 7-1　　一位采购员在谈判中的心理学对策

在谈判的过程中，不管是怎样的谈判对手，要让他不说“不”，或从说“不”到说“是”，有以下 5 个心理学对策。

（1）控制你自身的情绪和态度，不为对方偏激的情绪、语言所左右，要有冷静的高瞻远瞩的气概。

（2）让谈判对方的情绪保持冷静，消除双方之间的不信任、警戒和敌意感，这是谈判成功的必要条件。

（3）多与谈判对方寻找共同点，致力于解决双方共同面临的问题。

（4）在谈判过程中，让对方保住面子，让对方积极地从谈判成功的角度去思考，形成心理定势。

（5）让谈判对方理解“相互协调，相互合作”是成功的最高、最善之策。在谈判过程中让对方领悟到这一点，需要花费你一定的精力。

其中，最重要的是第 1 条——调控你自身的情绪和态度。

7.5　洞察谈判心理

在采购谈判中，运用谈判心理知识对谈判进行研究，例如分析对手的言谈举止反映什么、其有何期望、如何恰当地引导谈判对手等，对成功地驾驭谈判是非常有必要的。

7.5.1　谈判心理概述

1. 谈判心理的含义

心理是人脑对客观现实的主观能动的反映。人们在不同的专业活动中，会产生与这些不同活动相联系的各种心理。谈判心理是指在谈判活动中谈判者的各种心理活动，是指围绕谈判活动而产生的各种心理现象及其心态反应，包括谈判前、谈判中和谈判结果形成，以及履行协议的谈判双方当事人的心理活动与心态效应。它通过感觉、知觉、记忆、想象、思维、情绪、情感、意志和个性等形式表现出来，是谈判者在谈判活动中对各种情况、条件等客观现实的主观能动的反映。人的心理是复杂多样的，人们在谈判中的心理活动也是复杂多样的。

一般来说，如果谈判双方都彬彬有礼、态度诚恳、易于沟通，就会彼此留下好印象，对谈判取得成功抱有希望和信心。相反，如果谈判对手盛气凌人、不可一世或出言不逊，则让人感到难以友好相处，会给人留下坏的印象，也会影响人们对谈判成功的信心。而这种好印象或坏印象，都会影响到人在谈判过程中的心理活动，进而影响人们的谈判行为，而这些行为将直接影响到谈判的成功与否。

所以，掌握谈判心理现象的特点，认识谈判心理发生、发展和变化的规律，分析传递表面信息的方式、时间和语气等所隐含的底层信息，以获得谈判对方内心的真正想法，对于采取相应的方式、方法影响谈判对方的心理，以获得有利于自己的谈判结果有着十分重要的意义。同时，这对于培养谈判人员优良的心理素质、保持良好的心态，也是十分重要的。

2. 谈判心理的特点

一般来说，谈判心理具有以下两个特点。

（1）可观测性。虽然人的心理活动存在于人的内心，是无法直接观察到的。但是，由于人的行为与心理活动是密切联系的，因此，人的心理活动必然也会影响人的行为，并通过人的行为反映出来，这就为谈判对手从对人的行为观察来推测人的心理提供了可观测因素。例如在谈判中，当一方对商品的价格、质量和售后服务等合同条款都感到满意时，那么在双方接触中，就会表现出温和、友好、礼貌、赞赏的态度和行为举止；如果很不满意，则会表现出冷漠、粗暴、不友好、怀疑甚至挑衅的态度反应和行为举止。

人的这些由某种心理现象而产生的行为举止一旦产生后并不容易瞬间改变，而是会持续一定的时间并相对稳定，如紧张时会握紧拳头、不满时会斜视等表现心理活动的行为习惯。这都使得谈判人员可以通过观察分析这些行为认识对方的心理，并掌握一定的规律，以便运用一定的心理方法和手段去改变它，使其有利于谈判的开展。

（2）个体差异性。心理活动是非常个性化的反应，不同的谈判者对某一问题的心理活动是不会一样的，其心理状态就会存在着一定的差异，所表现出的行为习惯也有所不同。所以，我们在研究谈判心理时，既要注重探索谈判心理的共同特点和规律，又要注意把握不同个体心理的独特之处，以便作出正确的判断，推动谈判向着有利的方向发展。

在谈判中，如果谈判对象总是变化，我们就总是需要时间来了解和掌握对方心理活动规律，这不仅耗费时间，也容易分散谈判时的注意力。这也是为什么在谈判桌上我们希望与熟悉的对手打交道，而不希望谈判对手总是换人的道理之一。

7.5.2 影响谈判行为的心理因素

1. 需要心理

在谈判中，需要心理主要表现在权力、交际和成就等方面。

（1）权力需要。权力需要实际上是自尊需要心理，是个人控制环境的需要，这在自我表现欲强的人身上表现最为明显。这一类人在谈判中通常表现得咄咄逼人、立场强硬、支配欲望强和目标要求高；为掌握权力、支配他人和控制局面，可牺牲其他方面的利益，甚至为了获得权力而不择手段。

（2）交际需要。谈判是一种社会交往活动，广泛的社会交往、良好的人际关系是谈判成功的保证。很多情况下，人们是为了建立关系、寻求友谊而进行谈判。

（3）成就需要。成就需要是自我实现需要的表现。敢于冒险的人，目的是为追求更大的成就，也是为了获得自我满足。

需要心理是谈判的心理基础。如果没有这些心理需要，人们在谈判中就往往缺乏积极性和主动性，也很难取得谈判的成功。

2. 心理挫折

在谈判活动中，谈判人员会遇到这样或那样的矛盾，如采购方与供应商的利益冲突、谈判现场的发挥失常、谈判进展不如自己所设想的那样顺利等。这些往往会使谈判者产生挫折感，使人产生心理波动，并直接影响到人的行为活动。

同时，谈判中的角色冲突也容易使人产生挫折感。在谈判中，每个人可能会承担与原有角色不同的谈判角色。不同的角色，所处的社会地位不同，社会规范的行为方式也不同。一个人在不同的情况下担任不同的角色，而且都要符合角色的要求，这些角色彼此之间必然会有矛盾冲突，难免会出现挫折，形成心理冲突。这都会直接影响谈判者的心理活动，影响其作用的发挥。例如，一个人在原单位是一名技术人员，但在谈判活动中成为一个主谈人，还承担着决策重任，那么，他很可能不适应这种角色的转化。而一个在原单位是主要负责人，但在谈判活动中，他只扮演一个从属的角色，他会感到不受重用，其能力不能得到充分发挥。这种原有角色与实际角色的心理冲突是在组建谈判小组时应该认真研究的。

心理挫折对人的行为有直接的影响，但并不只是消极的影响。对于有强烈进取心的人来说，遭受挫折后，尽管会使其蒙上心理阴影，但也能对其产生激励和鞭策，取得成功。

3. 知觉

知觉对谈判行为的影响主要表现在以下三个方面。

（1）晕轮效应。晕轮效应是指人们对某事或某人好与不好的知觉印象会扩大到其他方面。最典型的是：如果一个人崇拜某个人，可能会把其看得十分伟大，其缺点怪癖也会被认为很有特点，而这些方面出现在其他人身上，则不能忍受。

晕轮效应在谈判中的作用既有积极的一面，又有消极的一面。如果谈判的一方给另一方的感觉或印象较好，那么，他提出的要求、建议就会引起对方积极的响应，他的要求也容易得到满足。如果能引起对方的尊敬或更大程度的崇拜，那么，他就会发挥威慑力量的作用，完全掌握谈判的主动权。但如果给对方的首要印象不好，这种晕轮效应就会向相反的方向扩大，即使有好的建议也不被信任。

（2）先入为主。先入为主是指人们日常活动的经验、定向思维对人的行为产生的影响，使人们在没有了解事情的全貌之前就主观地下结论。例如不等别人说完话就打断他，想当然地认为自己的结论就是对方的结论。先入为主直接影响人们的知觉认识，影响人们的客观判断。

先入为主的结果可能是正确的，也可能是错误的。最主要的是它影响并妨碍人们对问题的进一步认识，而凭主观印象下结论，这在谈判中常表现为猜测对方的心理活动，从而自觉不自觉地将自己引向认识的误区。

（3）首要印象。首要印象也就是人们常说的第一印象。在知觉认识中，一个最常见的现象就是第一印象决定人们对某人某事的看法。这在心理学上被称为首要印象。

当人们与某人初次见面时，有时会留下比较深刻的印象，甚至终生难忘。许多情况下，人们对某人的看法、见解、喜欢与不喜欢，往往来自于第一印象。如果第一面感觉良好，很可能就会形成对对方的肯定态度，否则，很可能就此形成否定态度。

正是由于首要印象的决定作用，比较优秀的谈判者都十分注意双方的初次接触，力求给对方留下深刻印象，赢得对方的信任与好感，增加谈判的筹码。

第一印象的形成主要取决于人的外表、着装、举止和言谈。通常情况下，仪表端正、着装得体、举止大方稳重，较容易获得人们的好感。同时，人们对一个人很善于沟通感染别人的人，也会产生较好的第一印象。

7.5.3 心理特点与谈判行为

在心理学上，人们也用气质类型来区分具有不同心理特点的人。不同气质的人，在采购谈判中会有不同的表现。了解这些，有助于我们处理好与谈判对手的关系，适时作出恰当的反应，驾驭谈判过程。一般的气质类型有四种，对不同气质类型的人在谈判中行为表现的分析如表 7-1 所示。

表 7-1 气质与谈判行为

气质类型	行为及性格特点	在谈判中的表现
多血质	活泼好动，精力充沛，交际广泛，应变能力强，反应迅速，动作灵敏，善于与人相处，比较适合做谈判工作 但情绪易起伏激动，注意力分散	能够适应各种谈判气氛与环境，消息灵通，比较容易同对方相处，能够活跃谈判气氛。在困难和挫折面前，比较乐观，有自信心；处理问题也比较灵活，富于创造性，并且积极主动地寻找解决问题的途径 但由于注意力不持久，兴趣多变，不善于发现和注意谈判中的某些细节，看问题有时流于表面，不够深刻
胆汁质	热情直率，精力充沛，对事物反应迅速，但不灵活；心境变化剧烈，情绪容易急躁、冲动。脾气急躁，忍耐性较差，容易发火，也容易息怒	在谈判中全神贯注，有热情、有效率，喜欢提问题、提建议。对自己的目标决不动摇，也绝不轻易改变自己的决定。常常为某个小问题或微不足道的细节而争执，不肯轻易让步。因而往往气氛紧张，但达成协议较迅速 在同这类谈判者交谈时，言行一定要慎重，态度要和平、友好，绝不能用语言刺激对方，同时，也要尽可能体谅他们的某些过火言行
粘液质	安静稳重，反应缓慢，沉默寡言，情绪不易外露，注意力稳定，善于忍耐。不喜欢过多地表现自己	谈判中善于控制自己，有较强的自信心和影响力；能够从容不迫，很少露出紧张、慌乱的神态。对所讨论的合同条款及细节思考周密、言行谨慎。而且一旦下定决心作出决策，行动起来就有条不紊，不轻易受外界因素的干扰，遇到困难和挫折不轻易退却 这类人在谈判中常常聆听别人的讲话，观看别人的“表演”，这使他有更多的机会观察、分析对方，并伺机进攻。但他们不善于交际，在某种情况下，表现比较被动，缺少热情，有时也会错过极好的交易机会

（续）

气质类型	行为及性格特点	在谈判中的表现
抑郁质	行动迟缓，孤僻多疑，但观察问题深入细致，体验深刻，对外界反应比较敏感，也容易受其他因素的干扰	在谈判中往往能够发现一般人不易察觉的细微之处，他们对合同条款的确定更是千思万虑，反复推敲，不轻易下结论。但在决策阶段，容易犹豫反复，拿不准主意，以致贻误时机 与这种气质类型的人谈判，忍耐力、谨慎和细心都是十分重要的

采购谈判作为一种特定条件下的商务交往活动，从开始选择谈判对象、制订谈判计划、确定谈判方式，包括整个谈判过程的始末，都伴随着当事人各种各样的心理现象和心态反应，它直接影响着谈判当事人的行为活动。因此，充分了解各种类型的人及其心理活动和行为特点，对我们能否成功地驾驭谈判起着重要作用。

实用范例 7-2　　戴维营和平协议

美国总统吉米·卡特最大特点就是惊人的耐心。德国总理科恩曾评论到，不论什么人同卡特在一起待上 10 分钟后，就像服了镇静剂一样。正是由于他的耐心、坚忍不拔和毫不动摇，使他成功地斡旋于埃以两国争端之间，达成了著名的戴维营和平协议。

埃及和以色列两国争端由来已久，积怨颇深，谁也不想妥协。卡特邀请他们坐下来进行谈判，精心考虑之后，地点确定在戴维营。尽管那里设施齐备、安全可靠，但却没有游乐之处，散步成了人们主要的消遣方式，此外，还有两台供锻炼身体用的自行车和三部电影。所以，两国谈判代表团在住了几天之后，都感到十分厌烦。但是，每天早上 8 点钟，萨达特和贝京都会听到通常的敲门声，接着就是那句熟悉的话语："你好，我是卡特，再把那个乏味的题目讨论上一天吧。"结果等到第 13 天，他们谁都忍耐不住了，再也不想为谈判中的一些问题争论不休了，这就有了著名的戴维营和平协议。戴维营和平协议的成功达成，有一半归功于卡特总统的耐心与持久。

在谈判活动中，谈判者要自始至终保持耐心，其动力来源于人们对利益目标的追求，但人们的意志、对谈判的信心，以及对追求目标的勇气都是影响耐心的重要因素。

趣味小思考 7-4

当你受到挫折后，通常通过什么行为表现出来？这些行为反映了怎样的内心活动？你会如何化解挫折对你的影响？

趣味小思考 7-5

人需要的层次性在谈判中是如何表现的？

本 章 小 结

（1）开局、磋商、终局的三步曲为谈判人员掌握谈判进程提供了可以遵循的基本框架。在谈判进程中，各阶段中的策略与技巧是不同的。理解了这点，有助于谈判人员驾驭整个谈判过程。

（2）准备阶段的驾驭要注意始终抓住谈判对手，以保证信息畅通，使各种信息能够及时地交流，直至谈判开始；保留文字资料，作为日后进行洽谈的工作依据。

（3）正确驾驭谈判的议程。某些采购谈判往往要经过几个回合的谈判。首场开场要努力制造友好、合作的气氛；开场白的内容要依谈判繁简而定，时间一般是可长可短，切忌给人以松垮懈怠之感。续场开场往往比较容易，也比较轻松，主要的方法是：归纳总结上次洽谈所遗留的问题，待双方认可后，即可视为本次洽谈所需共同谈判的问题。然后，可根据遗留问题的难易程度，本着先易后难的顺序逐一加以解决。对于气氛紧张情况下的续场，首先应缓和一下紧张的气氛，然后再进行下一步的内容。

（4）成功地展开谈判。明确达到目标需要解决多少问题；抓住分歧的实质是关键；不断进行小结，并能够提出任务；掌握谈判的节奏。

（5）正确驾驭谈判收尾阶段。把握成交机会，把握合同签字过程。

（6）正确处理谈判过程中的分歧，根据谈判进程调整、评估谈判，把握谈判局面；打破谈判僵局；学会在谈判中让步等，对于驾驭谈判过程都有非常重要的意义。

（7）语言的使用技巧贯穿于整个谈判过程中。如何提问、如何回答和如何说服对方等，都需要谈判者学会运用相应的技巧。

（8）谈判心理是指在谈判活动中谈判者的各种心理活动。它是谈判者在谈判活动中对各种情况、条件等客观现实的主观能动的反映，具有可观测性和个体差异性两大特点。

（9）需要心理、心理挫折和知觉都会对谈判行为产生影响。

（10）不同气质的人在谈判中也有不同的表现。了解这些，有助于我们处理好与谈判对手的关系，适时作出恰当的反应。通常情况下，一般有 4 种典型的气质类型：多血质、胆汁质、粘液质、抑郁质。

复习思考题

1. 谈判准备阶段的驾驭要注意哪些问题？
2. 在谈判过程中，怎样驾驭首场和续场？
3. 成功展开谈判有什么技巧？
4. 在谈判的收尾阶段要注意哪些问题？
5. 驾驭谈判有哪些策略和方法？
6. 谈判的语言技巧如何体现？
7. 试述谈判心理的含义和特点，影响谈判行为的心理因素有哪些？
8. 不同气质的人其谈判行为有哪些特点？

本章问题分析提示

趣味小思考 7-1

分析：为缓和谈判气氛，可以有意设计一些问题，增加双方的对话，以增进了解、缓和气氛。

问：“××先生（或小姐），昨天您顽强地坚持××立场（或观点、条件等），经过一夜休息您的意见是否有所改变？如果您灵活一点儿可能使我们大家都能够找到出路。”

答：“贵方的态度不也是一样吗？几乎逼得我夜不能眠。坐立不安的感觉实在让人不舒服呀！”

这时，发问方千万不可用过激的语言回击，而应报以爽朗的笑声，使气氛和谐起来。

又比如下列对话方式。

问：“××先生或小姐，您的眼睛怎么这么红？昨夜没有睡好觉吧？”

答：“有一点。我本来希望您也能够很好地休息，以便有足够的精力解决双方的困难。现在，就让我们来努力吧！争取今晚睡个好觉！”

这样的对话，既能够控制谈判主题，又能起到缓和气氛的作用。

趣味小思考 7-2

分析：评估谈判要注意以下几点。

（1）认真研究对方的报价资料，判断其真假虚实，对己方的报价要重新认识、调整。认真总结前面的经验教训、堵塞工作漏洞、调整工作方法，确保谈判向着更有利于己方的方向进行。

（2）及时整理谈判资料档案，将谈判中新获取的资料信息随时归入档案，并撤出那些已被证明是虚假的、无用的信息资料。

（3）结合新情况、新问题，修改或制订新计划、新方案，并组织谈判人员进行论证，反复调整。

（4）根据报价过程中结束的情况，重新评价双方是否存在谈判的协商区？如果有，这个协议区有多大以决定谈判是否应继续下去。如果继续下去，应如何调整谈判的起点、临界点和争取点等。

（5）根据需要确定调整谈判人员，既要保证谈判团体的相对稳定性，又要保证谈判团体的活力。

采购谈判中如果因为各方的争论而使局面失控，虽然不利于谈判的顺利进行，但也为试图驾驭谈判局面、控制谈判过程和善于掌控局面者提供了机会，从而赢得谈判中的主动地位。

1）对前面的工作进行回顾和总结，提醒或引导对方认识所处的谈判阶段，拨正双方谈判的议题。

2）强调双方共同的利益。谈判双方在分歧加大时，可以强调双方共同的利益使相互不让步的议题暂时搁置。

3）控制进度。对谈判中所涉及的问题要分清轻重缓急，无关紧要的问题三言两语就可结束；而重要的问题值得花几天甚至几个月的时间来谈。因此，采购谈判应根据需要控制进度，对重要的问题一定要谈透，而已谈妥的议题经过确认后就应一带而过，避免重复。

趣味小思考 7-3

分析：这是心理活动影响谈判过程的一个很好的例子。

通常，谈判代表容易想当然推断谈判的焦点就是价格问题，把谈判的重点放在双方的讨价还价上，而忽视卖方要价背后还可能有其他的原因。只有找到症结，才能圆满地解决问题。

通过调查，科恩明白矿主除了想卖矿山外，还有其他的需要，而这最根本的问题却被购买方完全忽略了。在谈判中先入为主会妨碍了解对方的真实意图，直接和间接影响谈判成功。

趣味小思考 7-4

分析：心理挫折是人的内心活动，它总会通过人的行为表现和反映出来的。

1. 行为表现

（1）攻击。人在受挫时，生气、愤怒是最常见的心理状态。这在行动上可能表现为攻击。例如，语言过火、激烈，情绪冲动，容易发脾气，并伴有挑衅、煽动的动作。攻击是在人产生心理挫折感时可能出现的行为，但攻击的程度却因人而异。理智型的人善于进行自我调节，与感情易冲动的人相比能较容易控制自己；文化程度低的人，受挫后产生攻击行为的可能性比较大，经验丰富、见多识广的人，受挫后会有多种排解方法，攻击的可能性就比较小。此外，受挫对期望目标的影响程度、动机范围等因素都可能影响人的攻击性。

（2）倒退。倒退是指人遭受挫折后，可能发生的幼稚的、儿童化的行为，如像孩子一样哭闹、暴怒和任性等。其目的是为了威胁对方或唤起别人的同情。

（3）畏缩。畏缩是指人受挫后发生的失去自信、消极悲观、孤僻离群、盲目顺从和易受暗示等行为表现。这时其敏感性、判断力都相应降低。

（4）固执。固执是指顽固地坚持某种不合理的意见或态度，盲目重复某种无效的动作，不能像正常情况下那样正确合理地作出判断。固执表现为心胸狭窄、意志薄弱和思想不开朗，这都会直接影响人们对具体事物的判断分析，导致行动失误。此外，不安、冷漠等都是心理挫折的表现。

2. 摆脱挫折困扰的方法

心理挫折时的情绪状态，无论对谁都不是一件快乐的体验而是令人苦恼的折磨。所以，人们应自觉地采取措施来消除心理挫折，摆脱困扰。比较常见的有以下几种方法。

（1）自我安慰。自我安慰是指在受挫时，可以寻找理由或事实来解释或减轻焦虑困扰。例如谈判所签订的协议没有达到原订的价格标准，可以拿“今年原料价格上涨”的理由来安慰自己。

（2）替代作用。替代作用即以替代目标来取代遭受挫折目标，主要采取升华、补偿和抵消等形式。例如，在这次采购谈判中吃了亏，可以在下笔合同中赚回来的心理就是如此。消极意义的替代，是将自己的不当、失误转嫁到旁人身上，以减轻自己的不安。例如自己憎恨某人，却大谈某人憎恨自己，以小人心度君子之腹。

（3）转移作用。转移作用可以将注意的中心转移到受挫事件之外的事情中，以减轻和消除心理困扰。消极的转移称为逃避，有的人现在失意，却大谈自己过去的辉煌，以增加自信。

（4）自我控制。自我控制是指有意控制自己的挫折感，不在行动上表露出来。通常所讲的临危不乱、受挫不惊，具有大将风度，就是自我控制的结果。这也是一个优秀的谈判者所应具备的基本素质。

趣味小思考 7-5

分析：满足对方的需要也是驾驭谈判过程的一个重要方面，因为人需要的层次性在谈判中的表现是很明显的。

首先是人的生理需要，如人们对食物、空气、活动和睡眠产生的需要必须得到满足。谈判中，无论怎样紧张、激烈，如就餐、住宿休息和娱乐等事宜都要安排好以恢复体力。这有助于提高谈判活动的效率。

第二是人的安全需要，主要是指人的安全感、稳定感和秩序感。例如谈判者对交易中的风险都比较关注、担心。对安全需要较为敏感的人，宁可放弃很有吸引力的大笔合同，而选择比较稳妥保险的小额交易，甚至放弃交易。

第三是人的社会需要，主要是指寻求和改善人际关系的需要。在经济文化较发达的社会，人们的行为活动更多的是表现社会需要。通过谈判协调行为的活动就是典型的社会交际活动。

第四是被尊重的需要，包括自尊、自重、威信和成功。具体表现为希望自己有能力，有成就，能胜任工作，渴望得到别人的赏识和高度评价，得到名誉和荣耀。这种心理需要在谈判活动中最典型的表现就是有人喜欢显示自己的身份、地位和权威；有的人特别要面子；有的人喜欢听别人的恭维话，也有的人喜欢排场阔气与豪华。有些人在谈判时可能会为了维护面子与尊严愤而退出谈判，放弃原先打算进行的交易；也有些人为了取得好的谈判业绩，而废寝忘食、夜以继日地工作。

第五是自我实现的需要。每个人都希望处在最适合自己的工作岗位，充分发挥自己的能力，满足自我实现的欲望。在组建采购谈判小组时，如果领导者能够充分发挥每个人的作用，各司其职，无疑会促使谈判活动取得理想的结果。

本章学习路径

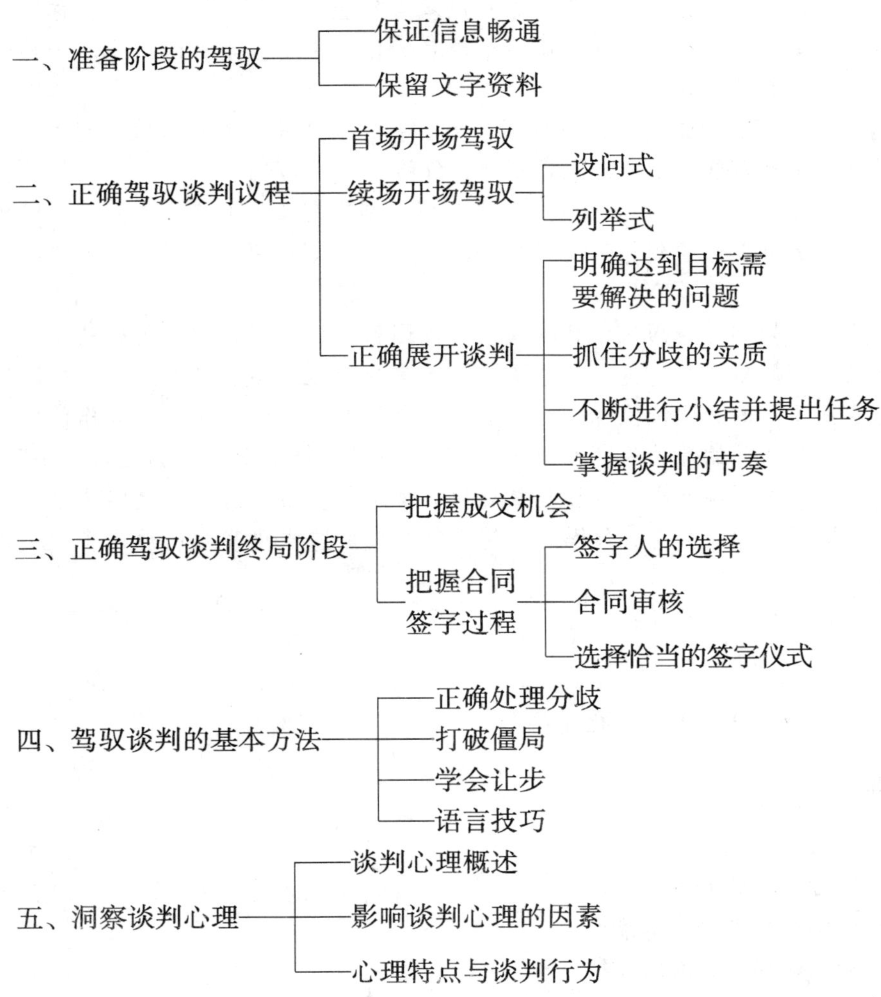

第8章 跨文化谈判

引导案例　　　　原料成本上涨你如何处理

由于一些无法掌控的原因，企业的原料成本直线上升。作为销售经理，你需要和企业最大的用户重新签订合同，并商谈一个较高的价格来支付上升的成本。下面哪种选择更接近你对此事的应对方式？

（1）与用户见面，冷静地向对方解释，由于一些不可避免的原因影响到你的原材料成本，并着重陈述事实，然后要求重新商讨价格。

（2）与用户见面，表达你个人以及整个公司对其长期合作的感谢之意。同时对于上涨的原料成本有可能影响到你们之间的关系，表示由衷的歉意，并恳求，“我们需要你的帮助！”

设想一下，如果你是美国人、日本人或其他国家的谈判者，你会怎样处理？你对于其他文化的谈判风格了解多少？某跨国公司的美方代表曾说：“中国伙伴在谈判桌上表现出与我们不同的文化价值观念。中国人对合同或协议的看法，对合作伙伴选择的标准，对知识和软件的看法等，都与我们不同，谈判有时会因此陷入困境……”

文化差异对跨国谈判而言，是极其重要而又繁琐的变量。随着世界经济全球化的深入，涉及国际采购的谈判与日俱增。如何进行有效的跨文化谈判已被许多组织提到了议事日程。

本章关键词

文化的含义、跨文化谈判、文化差异

本章学习目标

- 了解文化的多元性
- 了解文化对谈判的影响
- 掌握跨文化谈判中的基本策略
- 掌握跨文化谈判中的沟通技巧

跨文化的采购谈判也属于国际商务谈判。它是指处于不同国家和地区的组织，为了满足各自需要，通过信息交流与磋商争取达到意见一致的行为和过程。其谈判主体属于两个或两个以上的国家或地区，具有跨文化性。随着经济全球化越来越深入，组织涉及国际采购的谈判可能与日俱增，由于中西方文化差异的影响，在谈判桌上各自的谈判作风也表现出很大的不同，这也增加了采购方在与来自截然不同的文化背景的供应商进行谈判的难度。

在这样的谈判中，由于来自不同国家或地区的谈判者有着不同的文化背景，谈判者各方的价值观、思维方式、行为方式、交往模式、语言以及风俗习惯等各不相同，这些因素对跨国采购谈判的成功与否都将产生直接的影响。在跨文化的谈判桌上，由于谈判作风的不同，谈判各方虽然都很有诚意，但有些谈判最终还是不能取得任何积极的结果。

因此，了解中西方谈判作风的差异，有助于我们找到建设性的沟通渠道，发现导致彼此误解或对立的真正原因，以便于利用我们在谈判风格方面的某些优势，驾驭谈判过程，把握谈判的方向和进度。目前，许多组织已经将如何进行有效的跨文化采购谈判的工作，提到了议事日程。

8.1 关于文化

8.1.1 文化的含义和特点

文化(Culture)是社会生活的总和，涉及了人类生活的各个方面。它包括诸如一般行为、信仰、价值观、语言和社会成员的生活方式等要素，它也是某个区域内人们的价值观、行为特性的特征表现。人们总是在某一特定的时间内，生活于具有一定技术技能的、受到一定地理环境限制的文化环境中。每个国家或民族都有自己独特的文化遗产、共同经验和共同分享而产生的文化知识，这个文化背景向其成员提供了一整套复杂的价值观念、个性、道德与习俗，并指导他们如何行动以及如何调节自己的反应。

文化是一种积淀物，是知识、经验、信仰、价值观、处世态度、社会阶层的结构、社会角色、宗教、时间观念、空间关系观念、宇宙观以及物质财富等的积淀；文化是一个大的群体通过若干代的个人和群体努力而获取的，是这一群体数千年的经验和知识的积累，所反映的是群体的价值观以及对价值的期望；文化存在于群体的关系中间，但是又高于群体的相互关系；随着时间的变化，文化也在不断变化以适应新的环境和知识。

文化不能通过生理遗传，任何文化都是人们后天习得的和创造的。文化一经产生就要被他人模仿、效法、利用，通过纵向传递(代代相传)和横向传递(地域、民族之间)两个方面，世代延续。我们每一个人虽然有接受文化和创造文化的能力，但是形成文化的力量却不在于个人。个人只有在与他人的互动中才需要文化，才能接受文化，才能影响文化。语言和非语言则是文化得以传递和延续的工具。

8.1.2 文化的功能

文化最主要的功能是建立行为模式、执行标准以及人与人、人与环境之间的关系处理方式，这可以减少各种交往中的不确定性，提高可预测性，从而促进社会成员的生存和发展。共有的文化观念可以使人们有身份的确认感，并易于掌握与他人交往的方法；文化提供了许多标准、规则，为群体行为提供指导，不同文化间的社会规范是不同的。例如什么时候吃饭、吃什么合适，以及在各种聚会中怎样招待客人等；文化还定义和规定了哪些是可以接受的行为，哪些不是。深深扎根于社会及社会成员心中的不同文化，渗透在人们日常生活的方方面面。但是，文化的意义要远远超出文化现象所直接表现的那个窄小的范围，而具有更广泛的意义。

当双方跨越文化进行采购谈判的时候，也把各自的文化带到了谈判桌上。在谈判过程中，文化常以一种微妙的方式影响人们的谈判态度与谈判行为。例如，在谈判中，某种文化可能更关注合同的某些方面，如法律、财务，而不是其他方面，如个人关系；当日本人为个人关系而谈判时，美国人也许为合同本身谈判；中国人趋向于接受环境而不是改变它，努力适应环境并与之和谐相处，而西方人则试图控制他们的环境等。可见，不同的文化对谈判者的行为有着巨大的影响。文化如同空气，弥漫在谈判人员周围，无形中便影响着整个谈判过程。

8.2 文化对谈判的影响

文化是社会群体的共有特征，既包括心理要素，即群体成员共享的价值观和规范，也包括社会结构要素，如作为社会交往背景的经济、社会、政治和宗教体制；文化价值观把注意力导向较重要或较不重要的问题，影响着谈判者的策略；文化体制保持并提升价值观和规范，它们共同诠释人们所处的处境和行为的共同标准。例如，“在谈判中，我应该……”、“对方显然是在威胁我方，所以我们应该……”等。

8.2.1 不同文化对谈判的认识

文化背景不同，谈判人员对谈判的理解也不尽相同。例如日本人认为谈判是交换信息、发展生意关系的过程；而美国人则认为谈判是一种由报价与还价达成交易的过程。为此，他们在谈判过程中往往会先提出自己的方案再根据具体情况，做些让步和妥协，以达到问题的解决。妥协对美国人来讲是签订合同过程中不可缺少的策略，含有积极的意义。当看到有利可图时，他们会毅然改变态度，作出让步和妥协。

在谈判目标上，有的文化把谈判看成是对抗性的，有的文化把谈判看成是合作性的，从而采取不同的措施。在一些文化中谈判人员对短期合同较有兴趣，例如美国人，对他们来说，合同就是目标。然而在另一些国家中，人们更注重的是建立长久的合作关系，日本就是这样的一个典型。对于他们来说，签订合同不是谈判的目标，双方建立持久的伙伴关系才是焦点所在。

所以，在谈判前，采购谈判人员要确定自己的谈判目标和另一方的目标是否相符，当目标不同时，协议是很难达成的。

8.2.2 不同文化对谈判决策的影响

在东西方文化中，西方文化注重自我意识和个人奋斗，强调求异思维方式、个性差异；强调独立性和非依赖性，具有强烈的自我倾向；而东方文化注重集体意识和集体主义，强调同思维方式，在谈判中倾向于一致性，舍己求同。例如谚语“一个篱笆三个桩，一个好汉三个帮”，它具有一种强烈的集体意识，并且要求少数服从多数，国家利益高于集体利益、高于个人利益。因此，两种文化对个人与集体认识的差异会影响谈判中的决策行为。具有强烈的个人主义或以自我为中心特点的谈判代表往往表现出高度的主动性，相反具有集体主义特点的谈判对手步调缓慢，在谈判前需要营造一种朋友氛围。

例如，美国人崇尚奋斗和独立行动，性格外露、充满自信、热情奔放的情绪在社交中随处可见。在谈判时，决策人物常常亲自出马，其他谈判人员个个竞相发言，无需回去商量就可作出决策。他们认为，责任、权利和精确的信息紧密相连，并且必须由个人掌管。所以，每个人都应当在上级领导下，充分发挥个人能动性，完成既定目标，解决实际问题，一般都会较快地切入正题，不拐弯抹角。

而中国人注重个人所属的群体，而群体又由某个领导为代表。谈判时，由组织自下而上逐级进行反复酝酿、讨论和协商，最后由最高决策层集体拍板决策。因此美国人经常会得到中方诸如"我们要考虑一下"、"我们要研究一下"这类的答复。日本人在群体取向影响下，刚开始谈判时，只是喝茶聊天交换名片而已，并且在谈判中很难表现出灵活性，因为对他们提议中的任何修正都需要全体成员长时间的讨论。

8.2.3　不同文化对利益的看法

在谈判中，利益反映的是双方在不同立场下潜在的需要和利害关系，文化会影响到自身利益与其他利益冲突时的相关重要性。不同文化的人们都希望受到其他人的尊重，实现他们所在的社会群体的目标，以及在那些群体中反映为正面的行为方式，但表现上却有很大不同。

在个人主义文化中，个人利益通常优先于集体利益。在集体主义文化中，集体利益通常优先于个人利益。当然，来自于集体主义文化的人有自身利益，来自个人主义文化的人也有集体利益；只是说在他们自己的文化里，价值、规范和制度在文化上暗示着一致的行为。当争端的一方来自集体主义文化，而另一方来自个人主义文化时，个人利益和集体利益有机会被互相替代，但也有可能遭受挫折和误解，因为自身利益相对于集体利益主要侧重的差异性会导致不同的结果。

例如，美国人自己在谈判中就很善于使用各种手段相互配合，从而谋得利益，他们同时希望别人也具有这种才能。由于美国人具有这种特点，他们对表面的、仪式性的东西看得较淡，对利益等实质性的问题非常敏感，对直率的谈判对手有好感，相对于中国人的谈判作风而言，具有较大的差异性。

但这并不是说美国人不重视集体利益。事实上，中西方在谈判中都既重集体又重个人。但西方人比较强调集体的权力，强调个人的责任，即"分权"；中国人比较强调集体的责任，强调个人的权力，即"集权"。由于这种差异，在谈判场合便出现了两种现象，例如美国人表面看来决策的是个人，但他身后却往往有一个高效而灵活的智囊群体或决策机构。决策机构赋予谈判者个体以相应的权限，智囊群体辅助其应对谈判中的复杂问题。而中国则是众人谈判，一人拍板。可以想象，如果拍板的人是外行，那么谈判的风险和结果就难以预料了。由此带来的风险，是我们在采购谈判要极力避免的。

东西方文化的这种差异影响着个人利益、集体利益的相对重要性，而且这两种不同的利益的相对重要性将导致不同的结果。当与来自集体主义文化的供应商谈判时不要低估了集体利益的重要性；当与来自个人主义文化的供应商谈判时不要低估了个人利益的重要性。

8.2.4　不同文化对合同的看法

在谈判过程中经常会涉及合同问题，不同文化对合同的内容、合同的作用存在不同的理解。

西方文化尤其是美国文化强调客观性，注重平等观念。因此，他们的合同界定严密，合同可能长达数页，以此来保障权利和规定义务。另外他们还将合同签订仪式视做既浪费时间又浪费金钱的举动，所以合同常常是通过寄发邮件来签订的。同样，西方人严格遵守双方约定的最后期限，并且把它写进合同中，即运用法律手段来要求双方遵守所订的时限。

而东方文化尤其是那些注重关系的文化，其争端的解决往往不完全依赖法律体制，常常依赖双方间的关系。所以，在这些文化中，书面合同很短，主要用来描述商业伙伴各自的责任，有时甚至写得不严密，仅仅包含处理相互关系的原则的说明而已。谈判后，通常要举行一个由各方高层参加的正式签字仪式。

中国文化不习惯从法律上考虑问题，而是着重从伦理道德上来考虑，而大多数西方人却恰恰相反。在我国，“伦理至上”始终占据着人们思想的核心地位，一旦发生纠纷，想到的是如何赢得周围的舆论支持。“得道多助，失道寡助”在中国人看来有极其特殊的内涵和意义。于是，很多应该利用法律来解决的问题，中国人感到不习惯，而是习惯于通过组织、通过舆论来发挥作用。官本位的思想使一些人藐视制度、藐视法律，习惯了依靠后台来进行交易并且会想当然地认为只有这样才可靠。美国学者帕伊在其著作中感慨地写道：“许多我们见过的美国工商业者说他们已经学会在中国人中间，只需用口头约定，点一点头，或者握一握手来决定协议或协议生效的可能。”

西方人对于合同纠纷的处置惯用法律手段，而不是靠良心的作用，因而他们很看重合同的法律地位和约束力。西方很多个人和公司也都聘请顾问、律师，来处理相关纠纷。一些在中国人看来非得通过复杂的人际关系网去解决的纠纷，在西方人看来却未必如此。

8.2.5 不同文化的表达方式对谈判的影响

采购谈判中的沟通主要是靠语言和非语言进行。不同文化的语言和非语言有着很大的差异。语言和文化之间存在着密切的关系。一般人只能理解相同文化背景的讲话者讲话内容的80%~90%。可以想象，当一个人讲第二语言时，误解或听错的百分比将会急剧上升。由于跨文化谈判总是面临着语言障碍，为了确保沟通的顺利进行，一般在国际采购谈判中都要求使用翻译。一个好的翻译不但要熟练使用两种语言，而且还应具备相应的技术知识和词汇。

除去语言的影响外，在面对面的谈判中，有大量信息是通过非语言形式传送的，有时非语言信息比语言信息更具有说服力。在不同的文化中，这种非语言表达方式也不同。在日本长时间的目光接触被视为粗鲁、恐吓和不敬的表示；但阿拉伯人认为这种目光交流是对对方的关注，而且有助于评估对方话语的真实性。在美国，大拇指和食指圈成一个圈意味着一切都很好，很顺利；而在德国和南美洲一些国家和地区，这种手势则表达一种下流的意思。

这些不同的非语言行为，因文化的不同而代表着不同的含义。在谈判中，了解不同文化，注意观察是避免出现错误或判断错误的最好方法。

小贴士 8-1　　中国人的面子

英国谈判学家比尔·斯科特在他的谈判学著作对此进行了专门分析。

中国人极其重视面子，在谈判中，如果迫使中国人作出让步，则千万注意，不要

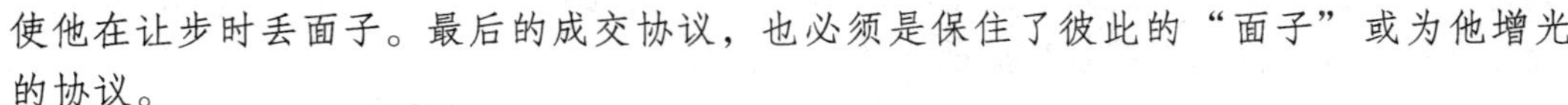

使他在让步时丢面子。最后的成交协议，也必须是保住了彼此的“面子”或为他增光的协议。

有的中国人虽然要面子，但决不准别人当众说出来“给面子”。否则，那又会使他感到不自在。

美国人卢西思·W·派伊在他的《谈判作风》一书中指出：用帮助中国人得到面子的办法可以得到很多东西。任何时候，如果不给面子，就可能造成损失。

看来西方人对我们的面子观念还是看得比较透彻的。这种顾及面子的做法在一些亚洲国家的文化中也屡见不鲜。

8.3　跨文化谈判的准备

由于文化差异，跨文化采购谈判的准备工作应该比国内谈判更细致，对谈判的各个阶段如相互了解、建立关系、交换与任务相关的信息、说服、让步和协议等，都要进行足够多的准备，知己知彼。这里所列举的是针对跨文化谈判必须要注意到的准备事项。

8.3.1　了解对方成员

参加谈判前，尽可能了解国外供应商每一位谈判成员，敏锐地注意地位问题。例如对方谈判成员的利益和地位关系，并利用这些信息指导己方对谈判策略的选择，如考虑谁该和谁挨着坐、谁该和谁说话等问题；对方习惯于以何种方式交换名片等。

了解供应商计划赴会的人数，尽量与他们保持一致。要避免替换谈判队员，因为这样不利于建立和维持友好关系。

带上合适的礼物，并在符合对方文化习惯的合适时机赠送出去；如果不会说对方的语言，学几个对方语言里的问候用语；确信自己了解了恰当的迎接方式，如握手、鞠躬和拥抱等。这都是友好的表现，对于大多数谈判而言，友好关系都是成功的关键。

8.3.2　了解细小差异

谈判中有些细微的问题会因文化差异而不同。

例如对方关于时间、准时和逻辑过程等问题的认识可能不同，因此要为这些差异做好准备。在某些文化里，议程安排只能用做非正式指导。还需要注意的是，不要把己方的习惯强加到对方头上。

当存在疑问时，可以开诚布公地与对方讨论文化的差异点，在了解的基础上再决定如何进展。同时，不要忽视企业文化的差异，它们可能对选择有效的策略至关重要。

慎用妥协，不要机械地把妥协作为打破僵局的万能良药，不同文化的人对妥协的看法往往有天壤之别。

8.3.3　学习对方的语言

学习对方的语言有助于了解对方的文化，不懂对方的语言，一定要找一个好翻译。即使懂得对方的语言，也最好带一个翻译。在谈判时，要直接向着对方主谈人说话，而不要对着翻译讲；还可以让己方的翻译帮助确认对方的翻译是否准确翻译了己方的意思，并请翻译帮助理解对方的言外之意。讲话时，不要使用冗长的句子，而应将长句分割成可翻译的片断。请记住，简洁的图表和数据比文字更有效。

8.3.4 让对方了解己方

可以事先给国外供应商寄去己方公司简介及主要议题的议案，也可以附加一份自传式的概述。尤其是在亚洲国家，了解主谈人的地位和成就对谈判者来说至关重要。对女性来说，这更加必不可少，否则她们很可能不被认真对待。在一个不习惯于女性领导的文化中，女性谈判者事实上很有优势，但并非世界上每个地方都会出现这种优势。

在跨文化谈判之前，最好先了解别人怎样看待性别差异，以及性别对服装和举止的影响。

小贴士 8-2　　跨文化谈判容易犯的错误

（1）遇到困难就不耐烦，把它归结于另一方的错，而不是理解谈判的艰难性。美国人比中国人更容易犯这个错误。

（2）认为在本国适用的方式在国外也同样适用。例如，中国的商人给美国的经理或者官员送礼物，这或许会引起误解，因为对方的组织可能禁止这样做。

（3）"以己度人"是跨国文化谈判中的一个严重通病，即主观地认为对方一定会按照己方的意愿、习惯去理解己方的发言，或从对方的发言中己方所理解的意思正是对方想表达的意思。

8.4 跨文化谈判策略

谈判是一个充满惊奇和变数的过程，谈判成功并不意味着打败对方，而是在谈判中能够保持灵活，推动谈判达成。虽然由于文化差异会给成功谈判增加难度，但如果策略应用得当，我们也可以很好地驾驭谈判。

8.4.1 预见文化差异

由于跨文化谈判是一种属于不同文化的不同思维形式、感情方式及行为方式的谈判，谈判过程涉及了不同文化规范中未被意识到的力量，因而跨文化谈判比单一文化环境下的谈判更具有挑战性，谈判过程更复杂。认识到这一点并建立跨文化意识、理解文化差异就变得非常重要。

首先，谈判人员应该认识到在谈判中，国外供应商在感觉、动机、信念和看法与己方不同，不同文化的价值观等内涵层面的差异决定了谈判者的立场，谈判人员必须学会鉴别、了解、接受和尊重对方的文化，认真评估、尊重并谨慎对待文化差异。

其次，在正确的谈判意识指导下，采购员在涉外谈判中要灵活多变，调整步伐，并试图与对方步调一致，使自己的谈判风格和策略适应不同的文化。需要指出的是，谈判者千万不要出于迎合对方的目的而盲目使用自己并不熟悉的策略。对于信息沟通方式等操作层面的差异，最好主要使用自己熟悉的方式，中国谈判者可以采用主动报价和提议，由对方来作出回应。

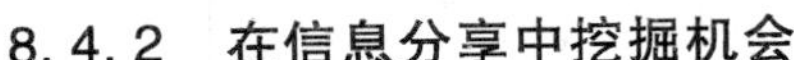

8.4.2 在信息分享中挖掘机会

谈判者偏好的不同对于达成协议是至关重要的。在跨文化的采购谈判中，既要尊重对方的偏好和选择，也应要求对方尊重己方的偏好和选择。双方要做的不是改变彼此的偏好，而是在偏好差异之间创造性地架起一座“桥”来寻求达成整合性协议。

充分的信息披露有利于信任关系的建立。建立和维持信任的过程中始终贯穿着信息的分享，它来自双方主动披露一些信息。当谈判双方表明了各自的利益立场，而那些利益又得到了尊重，双方便可以在互利互惠的基础上发展彼此之间的关系。如果没有互惠，那么泄露了最多信息的谈判方就有可能得到最坏的结果。

不少谈判者担心信息分享会让自己的底牌被对方摸清。但是，互利性的信息是建立信任的关键，也是谈判本身不可缺少的。所以，双方既要相互交换信息，同时又不能轻易透露自己的底牌。

很多跨文化谈判中的障碍是由于主要信息交流不充分、不了解造成的。为了顺利实现跨国采购谈判的目标，采购方必须与国外供应商紧密合作，扩大信息交流，缩小双方的信息盲区。这可以通过自我透露信息和反馈来实现这一目的。可以坦率地向国外供应商提供自己的信息，并及时根据来自对方的反馈信息调整对对方的认识。这种相互作用可以逐渐减少文化差异带来的不便，使双方的立场、观点和利益在信息交流中相互整合，寻求双方适应的谈判方式。

8.4.3 用好自身能力

我国谈判者比较擅长分析“潜台词”，即从对手的提议和话语中推断对方的利益与偏好。无论是碰到何种文化背景的谈判者，这种技巧都非常有价值，因此我国谈判者应不断加强并充分利用这种能力。

另外，我国文化表现在谈判领域的一个直接行为方式就是注重“先谈原则，后谈细节”，而西方恰恰注重“先谈细节，避免讨论原则”。我国谈判者习惯于在谈判开始先就双方关系的一般原则达成一致，而在随后的谈判中再解决比较麻烦和具体的细节问题；而西方人通常认为细节是问题的本质，他们比较愿意在细节上多动脑筋，对于原则性的讨论比较松懈。这种差异常常会增加中方与国外供应商交流的困难。这种思维定式在多数情况下可以为中方谋得在以后讨价还价中的有利地位，结局往往是比较有利于中方，而西方人对中国人的这种谈判方式还不太适应。很多事实表明，先谈原则必然会对后面的细节讨论产生制约作用。

8.4.4 避免民族中心主义

所谓民族中心主义(Ethnocentrism)，是指谈判者认定自己文化中惯用的方式就是最佳谈判方式。其实，在谈判中并不存在所谓的优化策略，关键是谈判者要将策略运用得当，对彼此的沟通方式要有清楚的认识。

在文化问题上采购谈判人员应谨慎中立，学会宽容不同的文化，愿意并且致力于做到文化间视角的转换。跨文化的行为并不意味着要简单地去适应对方，或者将其他文化的形式和方法照搬过来。关键是要学会用他人的眼光来看问题。跨国采购谈判中，不同的商务文化有时甚至会截然相反，对此不要妄加评论对方的文化准则；同样，也不要让对方来评判自己的价值观，这样很容易引发尖锐矛盾。

8.4.5 注重礼仪

跨文化谈判礼仪是指在长期的谈判交往过程中，满足迎合文化的适应性而形成的行为或活动的规范，其作用一是律己，二是敬人，三是反映国家的文明程度。来自不同文化的谈判人员对人际交往的准则，礼节有不同的看法。因此，谈判人员应敏锐洞察谈判对方的文化准则、社会习俗和禁忌。在与国外供应商交往之前，一定要尽可能多地了解他们的习俗与禁忌，以避免由于不知道某些特殊讲究而使对方不快，甚至影响采购谈判的进程与结果。

缺乏正确恰当的礼仪规范，一场耗时耗力的国际采购谈判将可能无果而终。而必要的重视和正确的礼仪规范，则可能带来意外的收效。

8.4.6 足够的耐心

跨文化谈判中，由于语言上的障碍和理解上的差异，某个问题或话题可能被重复，但也有可能是供应商在考验你的知识、真诚，考验你对工作和关系的投入程度；或者是对手在争取时间，以获得上级决策者的指示。对此，采购方要准备好必要的耐心回应，即便有不耐烦，也不要表现出来。相反，可以向对方表示，为了处理好谈判中的问题，对双方的利益负责，只要有必要，就可以多讨论。

当谈判出现误解时，也不必急于要求谈判回到先前的状况，可以试图探讨、解释问题的起因，并和对方一起努力进行纠正，审视双方对误解的产生起到了什么推波助澜的作用，以便消除误解，使谈判顺利进行。

在经济全球化的今天，很多国外供应商都在寻求同中国企业合作的机会。我国的采购者不可避免地要与不同文化背景下的供应商进行商务谈判，因此，谈判人员不仅要熟练使用谈判技巧，还要了解对方的语言和文化，自觉培养自己的跨文化意识，提高跨国采购谈判的成功率。许多谈判者在跨文化谈判出现问题时，才意识到文化差异的影响。其实，从其他文化中学习一些谈判策略，可以减少跨文化谈判的风险，并提高跨文化谈判的技巧。

趣味小思考 8-1　　自行车质量问题

你与一个厂家签订了生产一批自行车的合同。签完合同后，你才收到准确信息，知道这个厂商生产的自行车有质量问题：该厂生产的自行车，可能会咯吱作响。而你所采购的那批自行车预计在下周交货。

以下哪种选择更接近你对此事的应对方式？

1. 立刻去工厂检查质量问题。告诉厂长，自行车咯吱作响的问题必须在交货之前解决。

2. 去工厂测试几辆自行车。然后和厂长一起骑着自行车在乡间转一圈，询问：“是不是所有的自行车都会发出咯吱声？这声音对于买方是否是个问题？”之后再离开。

趣味小思考 8-2　　非洲国家的招标会

某非洲国家对大型成套设备公开招标，来自不同国家的许多大公司都参与了这场竞标，当中不乏以高技术和高质量著称的德国公司。在这种情况下，我国的 A 公司在去非洲竞标前做足了准备：对该国家的风土人情进行了详细调查，了解到在当地社会地位、尊严和声誉非常重要。充分准备之后，中国公司踏上了非洲之行。

在第一轮谈判过程中，中方代表有公司的总经理、首席谈判代表、当地业务代表和翻译。对方代表有决策者和秘书。首先，总经理与对方谈及中非两国间的美好友谊，并表达了真挚的合作意愿；然后，中方的谈判代表开始就中方的产品、人员优势进行介绍。中方代表表现得十分礼貌友好，即使在气温高达 40℃ 的环境中，仍然一丝不苟地穿着笔挺的正装，对方也如此。这轮谈判的效果双方都很满意。

之后，中方代表无意中打听到一些部落的首领能够对政府施加影响力，于是，中方利用短暂的时间尽力与这些部落首领建立了良好的关系。最后，这些首领帮助 A 公司赢得了这次竞标。

问题：从这个案例中我们可以学到什么？

本 章 小 结

（1）文化(Culture)是社会生活的总和，涉及了人类生活的广大方面。它包括诸如一般行为、信仰、价值观、语言和社会成员的生活方式等要素，它也是某个区域内人们的价值观、行为特性的特征表现。

（2）文化最主要的功能是建立行为模式、执行标准以及人与人、人与环境之间的关系处理方式，这将减少各种交往中的不确定性，提高可预测性，从而促进社会成员的生存和发展。每个国家或民族都有自己独特的文化遗产、共同经验和那些共同分享而产生的文化知识，这个文化背景向其成员提供了一整套复杂的价值观念、个性、道德与习俗，它指导他们如何行动以及如何调节自己的反应。

（3）在谈判过程中，不同的文化对谈判本身的认识、对利益、合同的看法是不同的，决策方式和表达方式也不相同。这些差异对谈判都会产生不同的影响。

（4）由于文化差异，跨文化谈判的准备工作应该比国内谈判更细致，如了解对方成员、了解细小差异、学习对方语言、让对方了解自己。

（5）进行跨文化谈判的一般策略：预见文化差异、在信息分享中挖掘机会、用好自身能力、避免民族中心主义、注重礼仪、要有耐心。

复习思考题

1. 什么是文化？文化有什么特点？文化有哪些功能？
2. 文化对谈判的影响表现在哪些方面？
3. 跨文化谈判的准备要特别注意哪些方面？
4. 简述跨文化谈判的策略。
5. 请仔细学习本章的引导案例和趣味小思考，提出你的见解。

本章问题分析提示

引导案例

分析：这个谈判问题来自《纽约时报》关于零售巨头沃尔玛和美国××橡胶公司的报道。沃尔玛一向以与供应商签订低利润大批量的合同而著称。当美国××橡胶公司某个产品的零部件价格上涨时，该公司本来微薄的利润被压得微乎其微。于是他们要求与沃尔玛重新签合同。当然，我们不知道其要求的具体内容，也不知道沃尔玛的反应。

但不难想象，美国××橡胶公司作了一个类似1的选择，“谈合同时，我们的原料成本过去几年一直很稳定。最近的油价大幅上涨无法预料和掌控，使我们本来微薄的利润被压得微乎其微，所以我们需要谈判。”一个理性的谈判者把自己所看到的现实告诉对方，希望能说服对方让步。通常这种基于事实性的逻辑论断包含威胁和承诺：如果你不怎么样，我就会怎么样；如果你同意这样，我就答应你怎么样。

沃尔玛和美国××橡胶公司的谈判反映了一种理性的方式。最终，沃尔玛同意提高美国××橡胶公司产品的零售价；但是美国××橡胶公司没有权力阻止沃尔玛把它的产品撤柜并换上其竞争者的产品。

在这个问题里，选择2是一种在亚洲文化里典型的感性说服方式。说服是基于关系和义务而不是理性的争论。盛行于亚洲文化的集体主义和等级制度可以解释这种情感诉求的说服力。

在亚洲，个人总是位于错综复杂的社会关系网中。情感诉求本身就提醒对方有某种关系的存在，而且其中一方有更高的地位，地位高的有责任帮助地位稍低的一方。

与非西方国家的人谈判，地位往往比选择更重要。选择可能会随时间而变，但地位是基于一个长期的角度。美国××橡胶公司对沃尔玛提出的理性要求是对的，因为双方都属于西方国家，如果沃尔玛是个日本零售商，也许结果就不同了。

从亚洲文化中我们可以学到：地位意味着帮助合作伙伴走出困境的责任。如果当你的选择是明智的，那么西方的谈判风格似乎更好一些。如果相反，那就得用地位来争取对方的让步。

正如斯坦福大学(Stanford University)的研究者乔安妮·马丁(Joanne Martin)所解释的，文化是一面透镜，我们只能透过它来研究企业生活。

趣味小思考8-1

分析：你直觉的选择恰好测试了你会采取怎样的谈判方式。

如果你一开始就选择1并且在提供了以上进一步信息后仍未改变答案，那说明你属于最常见的美国式谈判者。

如果当你得知对方是个亚洲公司后，把选择1改成了选择2，那无疑说明你具有一定的国际谈判经验。

调查发现，美国人的谈判和其他文化中人们的谈判有着巨大的文化差异。这种直觉的方式在本国奏效，到了国外就可能会有麻烦。从其他文化中学习一些谈判策略可以减少跨文化谈判的风险，并提高你的谈判技巧。

这个例子是真实的故事，谈判者由于运用了适当的策略，很好地处理了这个问题。

对于咯吱作响的自行车，已签合同的美国人来到我国的工厂测试了几辆自行车，和厂长在乡村里骑了几圈，并且委婉地提出了自行车咯吱作响的问题，最终达到双方都满意的结果，即最后按时收到没有咯吱声质量良好的自行车，他的美国客户对自行车的质量也很满意，又向他续订了一批货。

其实，典型的美国式矛盾解决方式是直接面对："让我们谈一下吧。"美国的个人主义文化鼓励人们把个人利益放在首位，并扭转不利于自己达到预期结果的局面。正面应对的缺点在于它会使问题变得个人化，就像自行车的例子，从自行车的问题转移到生产自行车的人们。

与此相反，委婉的应对方式在集体主义文化中是规范化的。大多数亚洲国家都崇尚这种文化，他们强调社会和谐，总是考虑其他各方的利益。所以利益有冲突的各方不需要直面对方。亚洲国家的谈判者常常依赖中间人协调。

显然，这位美国谈判者理解了中国文化的特点，他从集体主义文化中学习了一个道理：如果想圆满地解决问题，并维持良好的关系，不妨试试委婉的应对策略。

趣味小思考 8-2

分析：从这个案例中可以看出，谈判过程中对礼节重视程度的重要性。对非洲人来讲，礼节与地位非常重要，如果礼节和地位没有得到重视与认可，他们将认为被怠慢。与其他国家竞争，熟悉当地的礼节习俗相当必要。同时，在建立双方关系的过程中，避免冒犯、展示友好、促进合作关系与加强沟通交流这些相关礼节都非常需要谨慎与细致。

本章学习路径

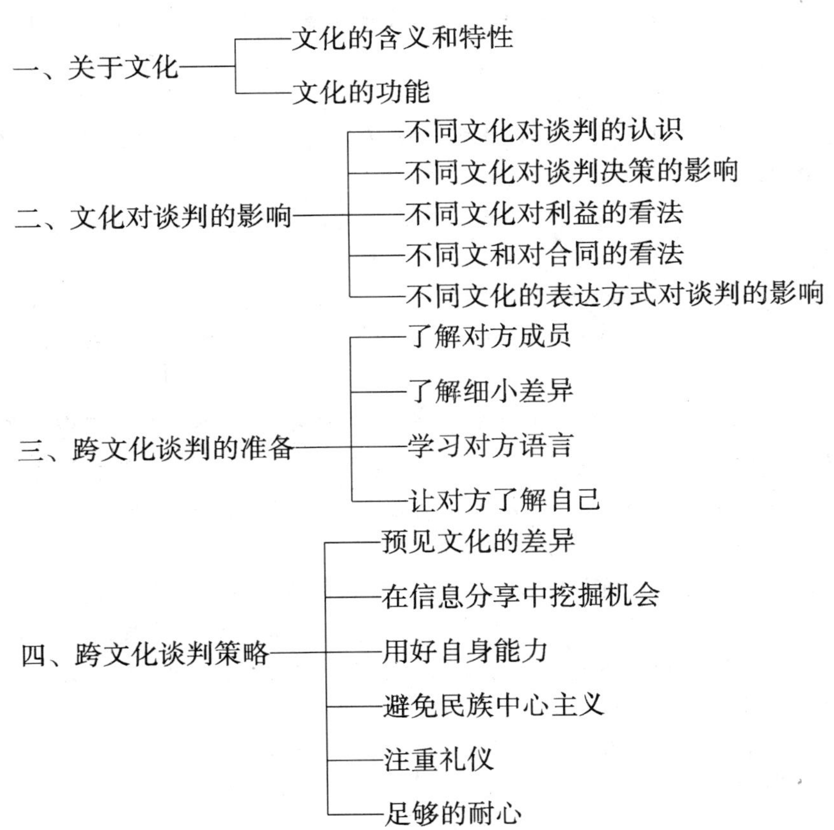

第9章 运用谈判策略

引导案例

知己，知彼

——A先生的做法

A先生在零售行业曾参与或亲自主持过数十次正式的采购谈判，非常强调知己知彼的重要性。

知己知彼就是为谈判做“功课”。不论是甲方还是乙方，做功课不只是第一次见面前的准备，而是贯穿在整个过程中。

作为采购方A先生参与的谈判主要是为企业购买零售业物流项目，谈判对象中既有国营企业，也有民营、外资或合资的企业，谈判对象的规模有大小之别，但一般都是对方中高层人员亲自参与。初次见面，实际的东西涉及较少，多是以自我介绍和互相了解，寻求双方目标的共同点。作为采购方，往往会问一些甄别性质的问题，来鉴别了解乙方，问题如下。

(1) 了解对方的专业程度、掌握的资源，以及近几年的运作情况——最好要求供应商用数据说话。

(2) 了解对方在这个领域的项目经验。对方曾有哪些成功的项目、运作效果如何，KPI(关键绩效指标)指标如何、遇到过什么难题、合作方的评价如何等，这有助于考察对方的资历和能力。

(3) 询问对方对这个行业的熟悉程度，对我方了解多少，对我方的同行了解多少，对他自己的同行和竞争对手了解多少——一般情况下，这个问题是“杀手锏”。

(4) 阐述己方的项目有可能给对方带来什么困难，同时也描述双方合作的远景，进而了解对方的看法——实际上是在考察对方的合作意图。

对甲方来说，上述的问题是在甄别对方是不是适合的合作者，从而确定是否有必要继续；也是在了解对方的合作意图，以便在下一次会谈中掌握更多的法宝。事实上，对方的一些信息，在会面之前甲方已有较多的掌握，不过是再问一次，问与不问、如何问，策略和技巧就在其中。

问题：以上是采购方做法，作为供应商对采购方应该了解一些什么？

A先生还就谈判总结出以下几点。

(1) 在谈判中要搞清楚各方的谈判地位，甲方是主导地位还是被动地位?
(2) 要知己、知彼。
(3) 要懂得如何控制谈判的节奏。
(4) 要敏感，注意捕捉细节。
(5) 要懂得“舍、得”之道，“攻、守”之道。

本章关键词

策略、技巧、双赢、有限让步

本章学习目标

- 掌握双赢型谈判的策略和技巧
- 掌握对己有利型谈判的策略和技巧
- 掌握有限让步的原则和技巧

如果在谈判活动中，大家都只维护自己的利益，只运用对己有利的谈判策略与技巧，往往会使谈判陷入一种误区。有时，这样的谈判往往会导致各方会不欢而散，甚至会破坏了双方今后进一步的合作机会。所以，除了对己有利的谈判方式外，现代谈判更强调双赢和有限让步，倡导谈判各方为达成双方的谈判目标而共同努力。而且，对己有利的谈判也不意味着一定以损害对方的利益为代价。

本章将集中介绍谈判的主要策略和技巧：双赢策略、对己有利策略、合理让步策略。在实际谈判活动中，谈判每一方都在为自己的利益争辩，并通过一系列的让步而达成协议，使双方的谈判目的都有所实现。谈判策略和技巧往往是不可分的，在买卖双方达成一笔交易时，通常会看到，双方都会竭尽全力维护自己的报价。例如，一位精明的卖主会把自己的产品讲得天花乱坠，尽量抬高自己产品的身价，报价尽量高；而另一位出手不凡的买主也会在鸡蛋里挑骨头，从不同的角度指出产品的不足之处，从而将还价至少压低到对方出价的一半，无论哪一方都会讲出无数条理由来支持自己的报价。这样的谈判方式，在采购谈判中也是非常常见的。

所以，谈判的策略和技巧常常互相交织，贯穿于谈判过程中；而策略本身有时也是技巧，很难截然区分。

9.1　双赢谈判的策略与技巧

双赢谈判是建立在互利互惠、彼此合作的基础之上，谈判所达成的协议至少应该使得双方都能获得发展的机会。因此，其谈判策略和技巧的运用至少应满足双赢谈判的一些基本原则。

9.1.1　双赢谈判的基本原则

双赢谈判与一般谈判的主要区别在于满足各方的利益需求。

1. 达成一个明智的协议

明智协议的核心特点就是双赢，即谈判的结果应满足谈判各方的合法利益，能够公平地解决谈判各方的利益冲突；对于涉及公众的采购行为，还要考虑协议的达成是否符合公众利益。在这类谈判中，如果只考虑己方立场，很容易使谈判内容和立场局限在一个方面，而忽视了满足谈判双方实际的潜在需要，从而也影响协议的达成。

2. 谈判要有效率

谈判的方式应该有助于提高谈判效率，因为谈判达成协议的效率也是双方都追求双赢的内容之一。效率高的谈判可以为双方提供更多的选择方案，使双方都有更多的精力拓展商业机会，而不是无谓地在谈判中消耗大量的时间、精力和人力，从而给谈判各方带来压力，增加谈判不成功的风险。

3. 改善关系

无论对哪一方来说，谈判的结果都是想要取得利益。然而，利益的取得却不能以破坏或伤害谈判各方的关系为代价。从发展的眼光看，采购者与供应商的合作关系往往会给双方带来更多的商业机会，谈判应该可以改进或至少不会伤害谈判各方的关系。因此，应避免将谈判演变成只是各方意愿的较量，而忽视了保持商业关系的重要性，从而破坏谈判各方的续存关系。

在充分考虑以上原则的基础上，可以采取一些策略或技巧。

9.1.2 双赢谈判的策略与技巧

1. 开诚布公

开诚布公是指谈判人员在谈判过程中，应该持诚恳、坦率的合作态度向对方表达己方的真实思想和观点，客观地介绍己方情况，提出要求，以促使对方进行合作，使双方能够在坦诚、友好的氛围中达成协议。

当然，开诚布公并不意味着己方对自己的所有情况都毫无保留地暴露给对方，因为百分之百地“开放”自己是不可能的，也是不现实的。

所以，并不是在任何谈判中都可以适用这一策略，使用开诚布公策略也要注意时机、内容等方面。

（1）视对方作为唯一的谈判对象。适用这一策略的前提是双方必须都对谈判抱有诚意，都视对方为己方唯一的谈判对象，而不是进行多角谈判。

（2）把握合适的时机。通常是在谈判的开局阶段就应做到开诚布公，在此阶段的主要任务也是创造一个良好的谈判环境。由于谈判前各方对对方的立场、观点、态度和风格等各方面情况，已有所掌握和了解，如果能够判断出对方也是友好的、有诚意的，在此阶段开诚布公地坦陈己方的观点和要求，对创造一个诚恳、坦率而友好的谈判气氛，是较为行之有效的方法。

（3）不要涉及太多问题。如果采购方希望通过谈判解决某一方面的问题，就应针对这一方面进行重点介绍，使供应商了解自己在这方面的需求以及希望的解决方案。这样，容易唤起供应商的共鸣，认为采购方很有诚意；同时也使供应商感到，只要双方全力合作，就能克服存在的困难使双方都受益。这样才能促成双方更好地合作。

2. 休会

休会是指在谈判遇到某种障碍或出现僵局时，谈判一方或双方提出中断谈判。暂时休会能使谈判者有机会重新思考和调整对策，促进谈判的顺利进行。休会策略运用得当，能起到调节谈判人员的精力、控制进程和缓和谈判气氛的作用。

那么，出现哪些情况时可用考虑暂时休会呢？人们通过对众多谈判活动的分析和总结，认为当出现以下 5 种情况时，可以考虑运用休会策略。

（1）接近尾声。在谈判的某一阶段接近尾声时，可以考虑适当休会。谈判是辛苦的，尤其是一些大型的采购谈判，接近尾声时的休会可为双方提供时间分析讨论这一阶段的情况，预测下一阶段谈判的发展和问题，以便制定新的对策。

（2）谈判陷入低谷。当谈判出现低潮时，谈判人员也会出现疲劳，精力难以集中，这些显然都不利于谈判继续进行，因此可在适当休息后再继续谈判。

（3）出现僵局。在谈判中由于各方的分歧较大，出现僵持不下的局面时，采用休会的策略，可以使双方有机会冷静下来整理思路，客观地分析问题。避免双方都一味沉浸于紧张的气氛中，反而不利于双方有效地解决问题。

（4）一方明显不满时。谈判中，当一方表现出明显的不满情绪，为避免对方采取消极态度应对谈判，可以进行休会，以达到调整气氛、改变情绪影响和顺利推动谈判进行的目的。

（5）出现难题时。当谈判过程中出现难以解决的新问题时，可采取休会的办法为各方提供进行协商的机会，避免在谈判桌上因为难题的出现而阻碍谈判进行。

休会一定要征得双方的同意，可由一方提出，征得对方同意后休会。休会期间各方都应认真分析谈判中的优势与劣势，审核谈判措施的运用是否恰当，为续开谈判做好充分准备。

3. 以退为进

以退为进既是谈判的策略，又是谈判的技巧，其具体做法主要有以下几种。

（1）留有余地。无论哪方，在报价时都要为己方确定一个合理的范围，为自己留下讨价还价的余地。作为采购方报价应尽可能低些，而作为供应商报价则尽可能高些。但无论怎样，报价都务必在合理的范围内，以免让对方产生疑虑，怀疑己方的诚意。否则，将对谈判不利。

（2）请对方先讲。在谈判中，采购方不要急于坦露己方的要求，应诱导供应商先发表其观点和要求，己方则待机而动。

（3）适当让步。没有让步的谈判是很难达成协议的，所以可以先考虑在较小的问题上让步，让对方在重要的问题上让步；让步不要太快，因为对方等得越久，就会越珍惜来之不易的让步。

（4）理解对方。在谈判中遇到棘手问题时，应表示出理解并愿意考虑对方的要求，使对方在感情上有被接受的感觉，这样就容易在谈判中找到共鸣。

4. 情感交流

情感交流是指谈判人员在相互交往过程中，互相馈赠礼品，以表示友好和联络感情；或者在谈判过程中有意识、有目的地与对方私下接触，如聚餐、游玩、打球和看戏等。这些做法不仅可以增进双方友谊、融洽双方关系，创造出一种轻松愉快的气氛；还可以得到谈判桌上难以得到的东西，有时甚至直接促成了谈判的达成。但在使用此策略时，要注意下面几点。

（1）所赠礼品或活动的安排不应带有功利性，而完全是为了联络感情。否则，会给对方一种行贿的感觉，使对方警觉，破坏了采购方的形象。

（2）礼品本身或活动的内容要尊重供应商的风俗习惯及个人兴趣，使对方感到意外的惊喜。

（3）馈赠礼品要选择适当的时机和场合，使对方感到很自然，易于接受。

谈判双方合作的时间越久，越容易通过情感交流取得较好的效果。

5. 假设条件策略

在谈判的开局阶段，可以提出某种假设条件来试探对方的虚实。这些假设条件可以从以下三个方面考虑。

（1）试探供应商对问题的重视程度。可以在己方认为不太重要的问题上提出假设，如果对方对此反应敏感，则说明其对这一问题比较重视，采购方就可以在以后的谈判中，有意识地引导对方在其他问题上让步。

（2）注意问题提出的时机。假设条件只有在双方出现分歧，均在设想解决方法时提出，往往能收到好的效果。如果对一个已经商讨多时，几乎可以定下来的问题，就不应再提出假设条件，否则会打乱双方已协商好的方案。

（3）正确地估计可能的结果。采购方提出假设时，对假设成真后可能产生的结果应有足够的估计。如果考虑不足，一旦假设条件变成现实，或供应商为实现这一假设条件而作出努力时，采购方可能又有其他的变动和要求，这样就会令采购者处于非常被动的地位。

6. 有限权力策略

有限权力策略是指谈判人员使用权力的有限性，受到权力限制的谈判者比大权在握的谈判者往往会处于更有利的地位。

当谈判双方就某些问题进行协商，供应商提出某种要求，希望使采购方让步时，采购方防守的策略就可以使用有限权力，即可向供应商宣称：在此问题上，自己无权作出这样的让步，或无法争论已成定论的事实。这样，既维护了己方利益，又给供应商留足了面子。

一般而言，谈判人员权力受到限制的原因是多方面的，就金额限制来讲，有标准成本的限制、最高或最低价格的限制、购买数额的限制、预算限制等，另外还有诸如组织政策的限制、法律和保险的限制等。会利用权力限制的谈判人员，并不把这些看成是对自己的约束，相反倒更能方便行事。

趣味小思考 9-1

使用有限权力策略应注意哪些方面？

7. 寻找契机

寻找契机是指寻找和创造有利条件刻意制造出某一印象来实现某种目的的策略。运用这一策略，需要注意以下几个方面。

（1）要有耐心。要想掌握有利的契机，就必须要有耐心。没有耐心，就发现不了对采购方有利的机会，反而会被别人加以利用。

（2）要了解对方。在各项活动中观察了解对方，发现其特点，尤其是弱点，使己方能作出正确的决断。

（3）善于判断形势。只有善于分析形势，才会寻找和发现有利时机。一个优秀的谈判者必须清楚地知道在何种场合下，谈论付款条件最有利；在何种情况下，议题应谈到到何种程度；在何种情况下，最好是放弃所坚持的意见等。

（4）将危机变为生机。任何事物都有两个方面。从危机的角度讲，人们只有面对危机时，才会感受到它，才会比其他任何时候更有动力和干劲。“置于死地而后生”就是这个道理。有的背水一战，反倒起死回生了，这就是危机的积极一面。当谈判出现危机时，不要焦虑或急于作出反应，而应根据潜在的机会分析危机，控制情绪，正确对待危机并寻找适当的解决办法。

8. 从容不迫

从容不迫是指要善于控制情感、稳定情绪，保持一种良好的心理状态，不急不躁。尤其是在谈判进入正面交锋阶段，双方处于斗智、斗勇相持不下的局面时，更不能表现出急躁。从容不迫的心态反而可以保证在谈判桌上获取最大的利益，同时使谈判对手心理上形成更大压力而出现失误，给己方以机会。

沉默也是从容不迫的一种表现，当谈判对手花言巧语或缺乏诚意时，或对谈判对手所提条件一时难以作出恰当回答时，或己方稳操胜券但希望进一步了解对方的打算时，沉默既可以使己方表现出从容不迫的心态，也可以为己方争取更大的利益空间，还可以应付一些难堪的局面。

9.2　对己有利的策略和技巧

对己有利的谈判，并不意味着一定要以损害对方的利益为代价，而是指在谈判中，采购者在不断争取己方利益的同时也兼顾供应商的利益。运用此策略主要有以下技巧。

1. 声东击西

在谈判的过程中，有时需要更好地隐藏己方的真正意图，才能更好地实现谈判目标，尤其是在己方不能完全信任对方的情况下，常使用声东击西策略，有意识地将谈判的议题引到对己方并不重要的问题上，借以分散供应商的注意力，达到己方目的。

“声东击西”又可以理解为“顾左右而言他”，是一种转移对方的注意力，让对方在不经意中泄露有利信息，从而争取于己有利的时间、条件，达到谈判目的的方法。

趣味小思考 9-2

采用声东击西策略可以达到以下目的。

趣味小思考 9-3

如果采购方关心的是货款支付方式，而供应商的兴趣可能在货物的价格上，使用声东击西策略时，作为采购方，你将如何转移对方的注意力？

2. 先苦后甜

先苦后甜是指在谈判中己方为了达到自己预定的目的，先向对方提出苛刻要求，然后再逐渐让步，求得双方一致的做法，以此来获得己方的最大利益。

但是，任何策略的适用都有一定限度。在运用此策略时，采购方先提出的要求要“苦”得有分寸，即不能过于苛刻，不能与通行的惯例和做法相距太远。否则，会使供应商觉得采购方缺乏诚意而中断或退出谈判。

同时，采购方还要注意，所提出的比较苛刻的要求方面应该是供应商所掌握的信息或资料较少的方面，是双方难以用客观标准检验、证明的某些内容。否则，对方很容易识破采购战术，反而对谈判不利。

趣味小思考 9-4

如何使供应商作出价格上的让步？

3. 最后期限

最后期限是指在谈判过程中，规定最后期限的策略。一旦提出最后期限，随着期限的迫近，双方会感到达成协议的时间很紧，会因此一改平时的拖沓和漫不经心的态度，有效地督促双方的谈判人员振奋精神、集中精力，努力从合作的角度出发，争取问题的解决。

在谈判开始时，采购方如果提出最后期限，开始并不一定能引起供应商的十分关注。但是，随着这个期限的逐渐迫近和采购方的不断暗示，会使供应商内心的焦虑感不断增加。尤其是当其负有签约的使命时，会更加急躁不安，在达到截止日期的时刻，这种不安和焦虑将会达到顶峰。

因此，在谈判过程中，对于某些双方一时难以达成妥协的棘手问题，不要操之过急地强求解决。此时需要善于运用最后期限的力量，规定出谈判的截止日期，向供应商开展心理攻势。必要时，采购方还可以作出一些小的让步，给对方造成机不可失、失不再来的感觉，以此来说服对方，达到己方的目的。

4. 攻心为上

攻心为上是指采购者利用对方心理上的压力或感情上的软化来使供应商妥协退让的策略。例如，面对谈判新手或软弱型谈判者，愤怒、发脾气等爆发行动可能使对方感到强大的心理压力，甚至手足无措而让步；采购方还可以体谅的方式软化对方，使之作出较大的让步等。“攻心为上、攻城为下”都充分说明了精神因素对谈判成败的作用。

趣味小思考 9-5

攻心策略会产生什么样的副作用？

5. 疲劳战术

谈判中如果遇到趾高气扬、十分自得的谈判者，以各种方式表现出居高临下、先声夺人的挑战姿态时，疲劳战术是一个十分有效的策略。疲劳战术能使趾高气扬的谈判者因感觉疲劳而生厌，进而逐渐磨去锐气，从而扭转对采购方不利和被动的谈判局面。

采用疲劳战术时，采购方应做好思想准备。谈判之初，对对方盛气凌人的要求可采用

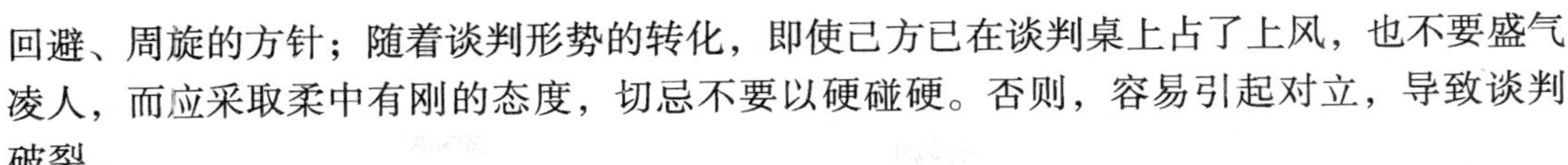

回避、周旋的方针；随着谈判形势的转化，即使已方已在谈判桌上占了上风，也不要盛气凌人，而应采取柔中有刚的态度，切忌不要以硬碰硬。否则，容易引起对立，导致谈判破裂。

6. 出其不意

出其不意是指在谈判中突然改变手段、观点或方法，使对方惊奇而保持压力的一种方法。这种策略因为能在短时间内产生一种使对方震慑的力量，形成压力，在谈判中也常被采用。无论哪方，在谈判桌上遇到令人惊奇的情况时，克服震惊的最好办法是让自己有充分的时间去思考，多听少说或暂时休会。

谈判不是宣战，在没有适当准备之前，最好不要有所行动。

7. 得寸进尺

得寸进尺是指一方在争取到对方一定让步的基础上继续进攻，提出更多的要求，以为采购方争取更多利益的策略。这一策略的核心是“一点一点地要求”，积少成多，以达到自己的目的。

运用此策略有一定的冒险性。如果己方要求太高，会激怒供应商，使其固守原价，甚至加价进行报复，从而使谈判陷于僵局。因此，只能在具备一定条件的情况下才能采用此策略。

趣味小思考 9-6

在价格谈判中运用得寸进尺策略应注意什么？

8. 吹毛求疵

吹毛求疵是指“鸡蛋里面挑骨头”，削弱供应商优势、降低供应商谈判地位。通过再三挑剔，提出一大堆问题和要求。这些要求和问题，有的是真实的，有的是虚张声势，但都可以成为讨价还价的理由，达到以攻为守的目的。同时，从心理学角度分析，采购方运用这种技巧讨价还价，可使己方精明强干的行为得到体现，促成供应商重视买方，从而提高买方的谈判效果。

不过应当注意的是，运用吹毛求疵技巧时要善于挑毛病，但不可胡乱挑剔，否则会让供应商觉得采购方是故意为之、没有诚意而中止谈判。

趣味小思考 9-7

运用吹毛求疵策略应注意什么？

9. 各个击破

各个击破是指西方人惯称的“大香肠策略”，意思是像吃香肠一样，一口一口地吃掉对方。

运用这一策略时，必须对谈判对手的情况较为熟悉，并摸清对方心态。如对方急切希望快速达成协议时，可采取分而治之的办法，一点一点分割蚕食对方的利益。

10. 拖延

拖延实质上就是一种软磨硬泡的办法，要求谈判者运用耐心、毅力去干扰和削弱对方的锐气，瓦解对方的意志，使谈判对手疲惫不堪，从而频频出现漏洞而乱了阵脚，不攻自破。

实用范例 9-1　　随意让步吗

以下是某企业制定的让步五原则。

（1）谨慎让步，每次让步的幅度不能过大。要让供应商意识到采购方的每一次让步都是艰难的，从而对让步充满期待。

（2）尽量迫使供应商在关键问题上先行让步，而采购方则在对手的强烈要求下，在次要方面或者较小的问题上让步。

（3）不作无谓的让步，每次让步都需要供应商用一定的条件交换，没有回报，绝不让步。

（4）了解对手的真实状况，在对方急需的条件上要注意坚守，把握可以让步的最佳时机。

（5）事前做好让步的计划，所有的让步都应该是有序的，将具有实际价值和没有实际价值的条件区别开来，在不同的阶段和条件下使用。

该企业还提醒自己的谈判人员注意以下几点。

（1）不要无条件地让步。不要以为善意的让步会感动供应商，会使谈判变得更加简单而有效，这只是一厢情愿的想法。事实上，没有任何条件的让步，会使对方更加有恃无恐、寸步不让，并且还会要求让步者作出更大的让步。所以，想以无条件的让步来换取对方的让步是不可能的。

（2）谈判桌前并不是交朋友的场所。谈判就是谈判，在工作之外可以和对方促膝谈心，成为莫逆之交，但在谈判桌前就要针锋相对，要清楚自己所代表的是企业的利益和行为，而绝非个人意志。一个轻易让步可能会使企业利润降低或者亏损，减少市场的投入甚至影响到员工的收入。也许没有人认为自己的行为会有如此的后果，但如果每一名谈判者都抱着如此的心态，那么再优秀的企业也会垮台破产。

9.3　有限让步

无论是在双赢式谈判还是在利己型谈判中，人们既然愿意坐下来谈判，就意味着在准确理解对方利益的前提下，双方都有努力寻求各种解决方案解决问题的愿望。但是，在解决一些棘手的利益冲突，如在采购中的交货期长短问题、最终价格条款的谈判问题时，双方可能会就此争执不下。此时，恰当地运用有限让步是达成谈判的非常有效的工具。尤其在利益冲突不能采取其他的方式协调时，也许一个小小的让步会有利于谈判达成协议。尽管如此，草率让步和寸土不让都是不可取的。

采购谈判是双方不断让步最终达到价值交换的一个过程，让步既需要把握时机又需要掌握基本的技巧。成功的让步表现在谈判的各个阶段，但要准确、有价值地运用好让步策略，必须在服从以下原则的基础上，运用所学过的策略或技巧。

遵循让步原则可以使我们更好地达到采用让步策略能够取得的效果。

9.3.1 目标价值最大化原则

事实上，很多情况下谈判的目标并非只是单一的一个目标，因此，在谈判过程中不可避免地存在着目标冲突现象。谈判的过程事实上就是寻求双方目标价值最大化的一个过程，但这种目标价值的最大化并不是所有目标的最大化，否则，就违背了谈判中的平等公正原则。所以，在处理不同价值目标时免不了要使用让步策略。

在谈判过程中，不同目标之间的冲突是时常发生的，但是不同目标中的价值及紧迫程度是不相同的，这就需要采购者在己方的各目标之间依照重要性和紧迫性建立优先顺序，先解决重要及紧迫目标，在条件允许的前提下适当争取其他目标，让步策略首要就是保护重要目标价值的最大化，如价格、付款方式等关键问题。

成功的采购谈判者在解决这类矛盾时所采取的思维顺序是首先评估目标冲突的重要性，分析自己所处的环境和位置，在不牺牲任何目标的前提下冲突是否可以解决；其次，如果在冲突中必须有所选择的话，应区分主目标和次目标，以保证整体利益的最大化。但同时也应注意目标不要太多，以免顾此失彼，甚至自相矛盾，给供应商以可乘之机。

9.3.2 刚性原则

所谓刚性原则，是指在谈判中，让步策略的运用力度只能是先小后大，一旦让步力度下降或减小，则以往的让步价值也就失去意义。同时谈判对手对于让步会产生“抗药性”，一种方式的让步使用几次后就会失去效果。换句话说，谈判中可以使用的让步资源是有限的，所以，让步策略的使用具有刚性。

因此，谈判双方在寻求自己目标价值最大化的同时也要对自己最大的让步价值有所准备。同时，应该认识到，让步策略的运用是有限的，即使一方所拥有的让步资源比较丰富，但是在谈判中，供应商对于采购方的让步体会也是不同的，并不能保证让步就能取得预先期望的价值回报。另外，还应该注意，谈判对手的某些需求可能是无止境的，而让步不会是无限的。

趣味小思考 9-8

在实施让步策略中应该注意什么问题？

9.3.3 清晰原则

让步策略中的清晰原则是指让步的标准、让步的对象、让步的理由、让步的具体内容及实施细节应当准确明了，避免因为让步而导致新的问题和矛盾。由于让步不清引起的常见问题主要表现在以下几方面。

（1）让步的标准不明确。这会使供应商感觉他的期望与采购方的让步意图错位，甚至没有感觉到采购方的让步，反而认为采购方是在含糊其辞。

（2）让步的方式、内容不清晰。在谈判中，所作的每一次让步必须是供应商所能明确感受到的。也就是说，让步的方式、内容必须准确、有力度，使对方能够明确感觉到采购方所作出的让步，从而激发供应商作出相应的反应。

9.3.4 弥补原则

如果己方的让步是迫不得已，例如己方再不作出让步就有可能使谈判夭折，这时让步也必须把握住“此失彼补”这一原则。即在此问题虽然采购方给了对方优惠，但在其他方面必须加倍地或至少均等地获取回报。当然，在谈判时，如果采购方发觉在某一问题上的让步可以换取彼处更大的好处时，也应毫不犹豫地给其让步，以保持全盘的优势。

在采购谈判中，为了达成协议，让步是必要的。但是，让步不是轻率的行动，必须慎重处理。成功的让步策略可以起到以局部小利益的牺牲来换取整体利益的作用，甚至在有时候可以起到“四两拨千斤”的效果。

趣味小思考 9-9　　如何让步

这是某企业总经理和副总经理的对话。

副总经理说：“为什么我已经作了那么大的让步，他们还是不肯签约？”

总经理说：“在你不知道对方底线的情况下，任何让步都是愚蠢的，从而也是无效的。”

在坚持原则的前提下，让步策略是为了达到谈判目的而作出的对全局利益影响不大的妥协。在一项让步中，双方需求不同、角度不同，所体现出的价值也存在很大的差异性。因此，在每一阶段的让步都要与所让步的价值相对应，采购方在作出让步得到对方回报的过程中，双方所得到的价值是否对等是让步的关键。例如在一次交易中，采购方期望对方延长结账期限而在价格上作出了让步；而供应商的让步却是让采购方自行提货，那么此次让步对采购方而言就是价值不对等的。

同时，不要认为只有作出让步才会使谈判得以正常的进行。当采购方决定在某方面作出让步时，要明确地要求供应商给予己方所期望的回报，或者在己方让步的条款前加上“如果”等假设条件，使供应商明白：假如供应商不能向采购方提供有价值的回报，那么采购方的让步也就不能成立。所以，即使在谈判陷入僵局的时候也不要轻言让步。

实用范例 9-2　　适度的提问或表现

这也是本章引导案例中 A 先生对自己谈判经验的总结。

在谈判过程中，对于采购方和供应商来说，博弈格局并不完全对等。对采购者而言，存在如何利用优势来控制谈判节奏，掌握谈判主动权的问题。对供应商来说，则存在如何避免被采购者牵着鼻子走，争取变被动为主动的问题。

处在采购方的位置，与供应商接触时，例如在第一次会谈中，尤其要注重控制节奏。具体到细节上，就是要控制对方自我介绍的时间，适时打断并提出问题，寻找对方自我介绍过程中暴露的弱项，及时出击，适度营造紧张的气氛。但是，任何一次理性的谈判都应该建立在双方平等的前提下，所以整体气氛应该是轻松的，有张有弛。

采购方还应该适时表现自己的专业性，让对方有所顾忌。在某次物流服务项目的谈判中，某物流公司的老总以为 A 先生是销售人员而不是物流内行，所以夸夸其谈，

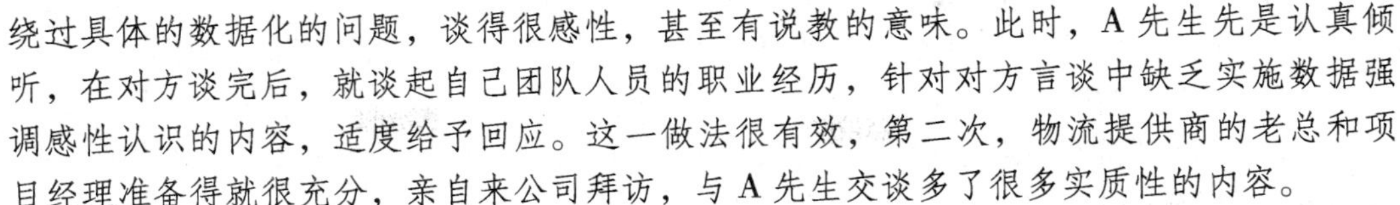
绕过具体的数据化的问题，谈得很感性，甚至有说教的意味。此时，A先生先是认真倾听，在对方谈完后，就谈起自己团队人员的职业经历，针对对方言谈中缺乏实施数据强调感性认识的内容，适度给予回应。这一做法很有效，第二次，物流提供商的老总和项目经理准备得就很充分，亲自来公司拜访，与A先生交谈多了很多实质性的内容。

趣味小思考9-10

请查阅资料，了解什么是零点——极点竞争谈判？

本章小结

(1) 双赢谈判策略和技巧的运用至少应满足三个标准：谈判要达成一个明智的协议；谈判的方式必须有效率；谈判应该可以改进或至少不会伤害谈判各方的关系。谈判的基础是互利互惠、彼此合作，谈判应使得双方都得到商务发展的机会。

(2) 双赢式谈判策略与技巧有开诚布公、休会、以退为进、情感交流、假设条件策略、有限权力策略、寻找契机策略和从容不迫等八大策略。

(3) 对己有利，并不意味着要以损害对方利益为代价，而是指在谈判中，谈判者在不断争取己方利益的同时，也应兼顾对方，主要有声东击西、先苦后甜、最后期限、攻心为上、疲劳战术、出其不意、得寸进尺、吹毛求疵、各个击破和拖延等技巧和方法。

(4) 无论是在双赢式谈判还是在利己型谈判中，人们既然愿意坐下来谈判，就意味着在准确理解对方利益的前提下，双方都有努力寻求各种解决方案的愿望。在解决一些棘手的利益冲突问题时，恰当的运用有限让步是达成谈判的非常有效的工具。但必须遵循一些基本原则：目标最大化原则、刚性原则、清晰原则和弥补原则等。从案例中可以学习让步的技巧。

(5) 各种谈判策略和技巧并没有严格的界限，往往是你中有我、我中有你，需要谈判者根据实际情况灵活运用，切忌生搬硬套、教条行事。

复习思考题

1. 什么是双赢式谈判？它要满足哪些基本原则？
2. 试说明双赢谈判的策略和技巧。
3. 试说明在对己有利型谈判中常使用的策略和技巧。
4. 如何理解有限让步？让步应遵循哪些原则？
5. 让步就一定能够促使谈判达成协议吗？为什么？随意让步会带来什么后果？

本章问题分析提示

引导案例

分析：在谈判前，供应商同样需要对采购方进行必要的调查和了解，具体可以概括为以下几个方面。

(1) 了解其内部的决策机制和两三年内的发展计划，以便准确把握谈判尺度和目标，

也能准确地定位，与正确的人谈合适的话题。

（2）详细掌握采购方所处行业的现状，包括其竞争对手的状况和最新动态、了解其经营状况和经营中所体现的商业观念，以确定合作范围和成本方面的问题。

（3）切实地理清自己行业的竞争对手在这个领域的项目经历和优、劣势，并将其与自己的优、劣势进行对比，确定有利于自己的切入点。

在此案例中，由于中外零售企业，对物流运作的看法和重视程度有所不同，供应商还必须清楚采购者对物流项目的看法。从 A 先生所了解的情况看，国内企业对物流主要有以下看法。

1）视物流为突破瓶颈之用，以控制成本为主。

2）虽然主要业务由自己运作，但倾向于全部或局部外包。

3）虽然主要业务实行外包，但倾向于(三、五年内)自主运作。

所以，供应商要确认与零售商在这个项目的短期、中长期，对己方有没有价值；要合理地评估项目的进入门槛和运营风险，切不可听说新项目就盲目去接洽。

这些前期准备和对项目的论证工作只是谈判的开端。“知己、知彼”这一行为贯穿在谈判工作之前、初期、中期、末期以及谈判结束后的每一环节。而且，每一环节需要关注的重点也不尽相同，例如在谈判的中后期，一般会进入僵持阶段，这时最需要的是通过各个渠道掌握更多信息，准确判断对方的意图，以便在自己的利益上作出得当的割舍，以求推进谈判进程，在涉及利益上的取舍时，也需要准确的信息来做判断依据。

趣味小思考 9-1

分析：采购方使用有限权力策略应注意以下几点。

（1）以权力限制作为借口，拒绝对方某些要求或提议时，尽可能不要伤到对方的面子。

（2）要利用此机会，及时向己方高层决策人联系请示，更好地商讨处理问题的办法。

（3）运用有限权力策略，还可以说服对方向己方让步，在有效权力的条件下进行谈判。

（4）有限权力不能滥用，过多使用这一策略或使用时机欠妥，会使对方对谈判者的身份、能力产生怀疑。一旦对方认为你不具有谈判中主要问题的决策权，就会失去与你谈判的兴趣与诚意，从而无法达成有效协议。

趣味小思考 9-2

分析：采用声东击西的策略可以达到以下目的。

（1）采用这种策略可能向对方表明，己方对这一问题很重视，进而提高该项议题在对方心目中的价值，一旦己方在该问题上作出让步后能使对方更为满意。

（2）声东击西的方式可以摸清对方的虚实，排除正式谈判可能遇到的干扰，为以后解决实质性问题铺平道路。

（3）通过声东击西还可以把某一议题的讨论暂时搁置起来，以便抽出时间对有关的问题进行更深入的了解，探知或查询更多的信息和资料。

（4）作为缓兵之计。如发现对方有中断谈判的意图或其他打算时，运用这一策略作出某种让步的姿态，可以延缓对方所要采取的行动。采购方可以借机寻找其他对策，较容易地达到己方目的。

趣味小思考 9-3

分析：当买卖双方的关注点不同时，可将谈判内容转移到第三个问题上。具体在本例中，这时声东击西的做法是力求把双方讨论的问题引导到订货数量等问题上，而不再讨论货款支付方式或货物价格，借以分散供应商对货款支付方式或货物价格这两个问题的注意力，然后伺机提出己方的建议。

趣味小思考 9-4

分析：谈判最容易将焦点集中在价格上。

通常情况下，采购方想让供应商在价格上作出让步，但又不愿增加订购数量。这时可采用先苦后甜的战术。除了价格以外，采购方可同时在品质、运输条件、交货和支付条件等几方面，提出较为苛刻的合同条款，作为谈判内容。在针对这些条款的讨价还价中，采购方可尽力使供应商感到，在几项交易条件上己方都忍痛作了让步。

这样，当转到价格谈判上时，供应商会感到自己占了不少便宜，采购方则往往不费多少口舌就能获得供应商的价格让步。

趣味小思考 9-5

分析：使用攻心策略时，不论是己方感情上的爆发，还是为对方制造负罪感，如使用不当都会产生很大的副作用。所以，尽管这种策略可以收到一定成效，但这并不是谈判中所倡导的，使用此策略时一定要注意适可而止，人身攻击则更是要坚决反对的。可以肯定地说，以此种方式所获得的合作，决不是长期友好的合作。

与之相对，还可以采取另外一种攻心策略，即减轻对方的对立情绪和防卫心理，增加双方的心理满足与愉悦，尽快实现谈判目的。

趣味小思考 9-6

分析：在价格谈判时，运用得寸进尺策略应注意以下几点。

（1）需进行科学的估算，当确信对方出价的水分较大时，可一再要求对方降价。

（2）弄清一些不需要的服务费用是否包括在价格之中。

（3）掌握市场行情，在某一商品的市场行情疲软的情况下，价格往往才有较大的回旋余地。

趣味小思考 9-7

分析：运用吹毛求疵策略要注意以下内容。

吹毛求疵的目的是寻找讨价还价的机会，机会一旦来临就会使谈判出现转机，朝有利于自己的方面发展。例如，只有掌握了商品的有关技术知识，才有助于对商品进行正确的估价，才能将毛病挑到点子上，使对方泄气。一般来说，采购方的挑剔范围是在商品质量、性能等使用价值和成本价格、运输等方面寻找“疵点”。如果在吹毛求疵时，面面俱到，抓不住重点、击不中要害，不但不足以说明问题，还会引起对方的怀疑，以为是故意刁难，这样，谈判就很难进行下去了。

吹毛求疵的方式常常采用对比法，即将某一商品及其交易条件与其他商品和交易条件相比较，使供应商不得不承认所提供商品的弱点和不足，伺机予以攻击，实现自己的谈判意图。另外，对一些优质产品、名牌产品，不能一味贬低，对某些商品的贬低如果过火，可能会激怒对方。

趣味小思考 9-8

分析：在实施让步策略中应该注意到以下几点。

（1）谈判对手的需求是有一定限度的，也是具有一定层次差别的。所以，采购方让步策略的运用必须是有限的、有层次区别的。

（2）让步策略的运用效果是有限的，每一次的让步只能在谈判的一定时期内起作用，是针对特定阶段、特定人物和特定内容起作用的，所以不要期望让步能满足供应商的所有意愿，对于重要问题的让步必须给予严格的控制。

（3）采购方要时刻对自己让步资源的投入与所期望的产出效果进行对比分析，必须做到产出大于投入积极的、有价值的让步。在使用让步资源时一定要有一个所获利润的测算，估计己方需要投入多大比例来保证所期望的回报，并不是投入越多回报越多，而是应寻求二者之间的最佳组合。

（4）在适当的时机和场合作出适当适时的让步，使谈判让步的作用发挥到最大，所起的作用最佳。

在谈判中，不能随意地只根据自己的喜好、兴趣、成见和性情等因素使用让步策略。否则将导致让步价值缺失、让步原则消失，并促使供应商的期望越来越高；而采购方则在谈判中丧失主动权，导致谈判失败，所以在使用让步策略时一定是有计划的，千万不要随意而为之。

趣味小思考 9-9

分析：掌握让步的分寸并让对方感受到是非常重要的。同时，要注意以下几点。

（1）只要对方感觉到已经得到了最后一点好处时，采购方就不应该再让步了。

（2）如果采购方的让步出乎对方的意料，那么，让步的结果将引来麻烦。

（3）让步应该是理性的，只有让对方满意的让步，才是理性的让步。

（4）不作无效让步，在重要问题上力求对方先让步，或以小让步获得双方的满足。

古人云："人可以谋人、可以谋事、可以谋天，亦可以谋地。谋则变，不谋则不变，谋则成，不谋则不成。"采购谈判是智慧、心理的较量，是知识、口才、修养的决斗，要想达到谈判的目的，必须注意谈判策略与技巧。

趣味小思考 9-10

分析：零点—极点谈判也被称为零和谈判，其特点是：谈判伊始，双方就集中在如何分配已存在的优势、劣势、盈利、损失、任务和责任上。一方得到的越多，另一方得到的越少，双方得失正好相反。这很容易导致一方认为自己是输家，另一方则认为自己是赢家，或双方都认为自己是输家，从而使通过谈判建立长期合作关系的可能性不大。

零点—极点谈判很容易发展成口角、欺诈、不愿倾听、单方辩论、不确定感、不信任感及伺机报复等，更重要的是虽然双方花费时间在谈判，却没有创造任何附加值。

本章学习路径

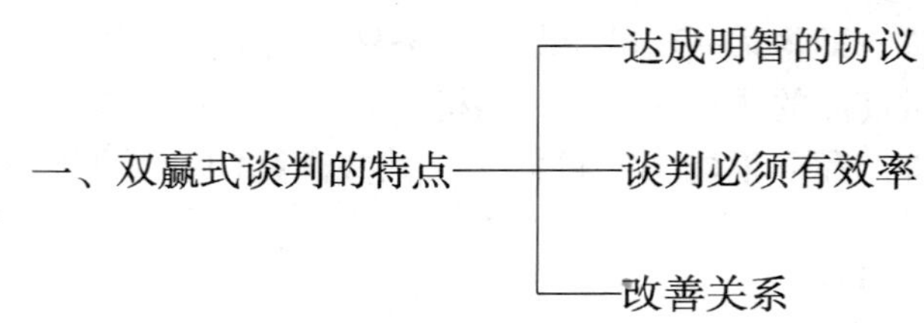

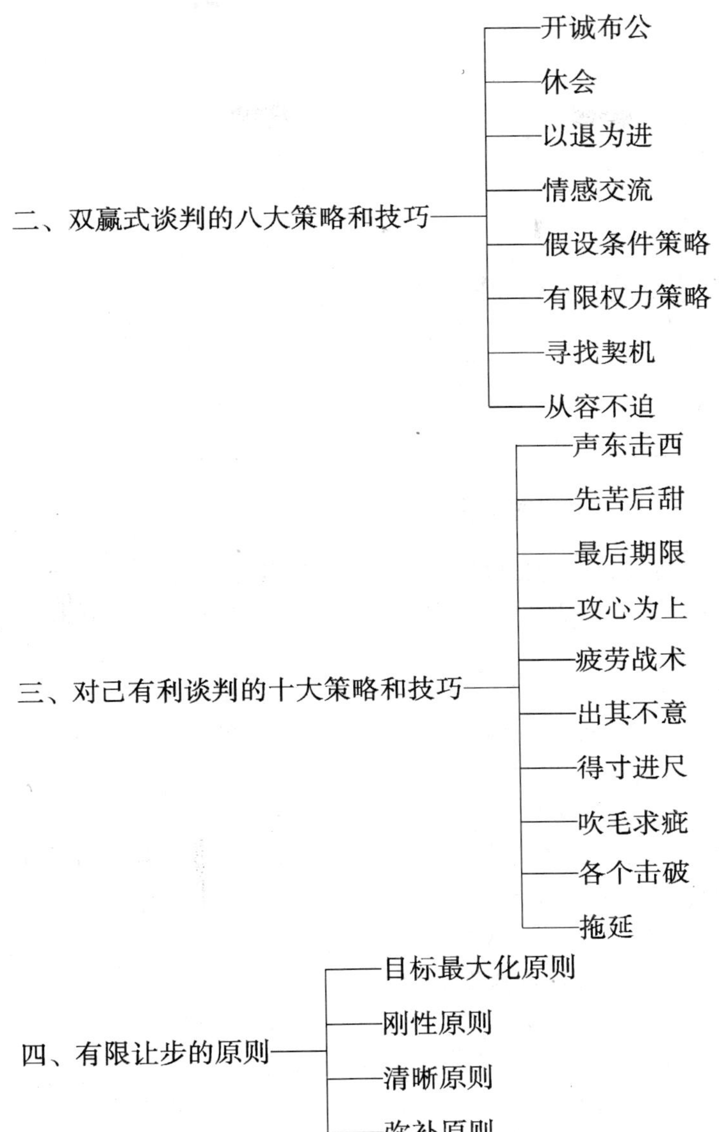
二、双赢式谈判的八大策略和技巧
开诚布公
休会
以退为进
情感交流
假设条件策略
有限权力策略
寻找契机
从容不迫
三、对己有利谈判的十大策略和技巧
声东击西
先苦后甜
最后期限
攻心为上
疲劳战术
出其不意
得寸进尺
吹毛求疵
各个击破
拖延
四、有限让步的原则
目标最大化原则
刚性原则
清晰原则
弥补原则

第10章

价格谈判策略

引导案例 **淡化客户对价格的关注**

——供应商针对价格谈判可能采取的策略

如果留心观察日常生活，就不难发现供应商淡化客户对价格关注的有效方法。

1. 强调产品优势

这种方式之所以一再被应用，是因为它的确可以帮助供应商排除在销售沟通中的种种阻碍，对沟通产生很多积极作用，尤其可以增强客户购买产品的欲望。当客户的购买欲望被激发到极致时就会减少对价格的关注。

2. 比较法

销售人员可以把客户特别满意的产品与其他不同档次的产品进行比较，然后让客户在多种产品之间进行选择。在比较的过程中，销售人员可以针对客户的实际需求对他们提出合理化建议。

客户："各方面条件都不错，只是价格太高了……"

销售人员："如果您觉得这一款价格较高的话，可以看看另外一款……"

客户："这一款不如刚才那款漂亮，性能也不太好……"

销售人员："是啊，虽然这一款价格比较低，可是各方面的条件都不如刚才那款更符合您的需求。我刚才向您介绍的那款性能优良、外形设计精美，而且做工也非常好，您用它可以……"

销售人员也可以把本企业的产品与其他价格较高的产品进行比较，从而使客户更容易接受你提出的价格。

"您也看到了，我们的产品价格是市场上最低的，这是因为我们公司直接从厂家以最低价进货，而且有自己的物流公司，所以成本要比其他公司都低……"

3. 价格分解法

价格分解法也经常被销售高手们灵活运用。

"这种电饭煲的使用寿命至少是8年，即使是按6年计算的话，您一年只需花费30元，一个月才花2.5元钱。而在使用过程中，您节省的做饭时间和燃料费用可要比这多得多……"

在采购谈判中，供应商听到客户对价格的询问后，通常会做以下三件事。

(1) 先明确客户需求，然后才决定是否进入沟通的核心。

(2) 把握客户需求，尽可能地激发客户的购买欲望，最后商讨产品价格。

(3) 了解客户可以接受的价格范围，在促进交易的前提下主动优惠，从产品的效用和客户的需求出发，降低客户对价格的敏感度。

虽然供应商总希望客户能够尽早和自己在价格问题上达成一致，因为这样的话往往代表销售目标的实现。但是当销售沟通真正进入到价格谈判的阶段时，销售人员反而要淡化客户对价格的关注，这样可以减少沟通中的障碍，因为价格总是双方关注的焦点。

本章关键词

采购价格、成本、底价、报价、议价

本章学习目标

- 了解影响价格的因素——成本、供求和竞争环境
- 了解底价的制作过程
- 了解如何进行询价
- 掌握报价技巧
- 掌握议价技巧
- 掌握价格谈判中的基本技巧

价值谈判是采购谈判的核心，而价值谈判又是主要围绕价值的表现形式——价格所展开的。现实中的采购谈判如同在引导案例中所看到的，双方主要就价格进行磋商，最终以什么价格达成协议，往往是各方综合实力对比的结果。

10.1 影响价格的因素

采购谈判涉及的交易对象不同，其价格的影响因素也有差别。商品价格的决定因素与服务价格的决定因素有所区别。影响商品价格的主要因素有以下几个方面。

10.1.1 商品的成本

一般情况下，商品的成本是其固定成本的分摊值和其可变成本之和，是成交价格的最低界限。成交价如果低于成本，供应商不仅无利可图，而且有亏损。

在一定范围内，当组织的产销量变动时，固定成本总额是保持不变的。所以，增加生产或销售可以降低单件产品所分摊的固定成本，进而降低产品的总成本。但这种降低并不是无限的，当达到一定的水平后，随着产量的变化而分配到单位产量的成本不是减少，反而会有所提高。

如果采购人员能够了解供应商的成本，并了解供应商的成本构成，就可以规划一个使

自己在价格上获利的谈判，从而在谈判中压低其商品和服务的价格。某供应商产品的成本构成如表 10-1 所示。

表 10-1　某供应商产品的成本构成

总 成 本	材　料	劳 动 力	管 理 费	利　润	其　他
100%	63%	8%	18%	9%	2%

但是，应该记住，了解供应商的成本并不仅仅是为了在谈判中压价，而是为了争取双赢的局面。为此，采购方还可以跟供应商一起分析成本构成因素，降低其比重最大的成本，从而也降低己方的采购成本，提高双方的收益。

换句话说，了解供应商的商品成本要以谈判中双方都能获得最佳结果为出发点。如果采购者希望与供应商建立长期的合作关系，就不能在谈判中把供应商逼到赔钱的地步。当然，己方的让步也应该适可而止。

趣味小思考 10-1

怎样估计供应商的产品或服务的成本？

10.1.2　市场竞争状况

在市场经济条件下，价格是由供求关系决定的。市场供给是指市场上商品的供应量；市场需求是指购买者有支付能力的需求。市场上某种商品的供求基本保持平衡，该商品的价格会趋于稳定。如供过于求，其价格就会下降；如供不应求，其价格则会上升。

而供求关系与供应商市场竞争状况是密不可分的，所以，采购方要充分了解所采购商品的市场竞争状况。

市场竞争环境可分为完全竞争、完全垄断、垄断竞争和寡头垄断 4 种模式。不同的市场竞争环境对价格的形成会产生不同影响。

1. 完全竞争市场

完全竞争是指市场上不存在任何垄断势力，买卖双方可以完全自由地从事各种经济活动的市场竞争环境。完全竞争市场具有如下特点。

（1）市场上有许多买者和卖者。由于市场上有足够多的买者和卖者，商品的成交价格和数量是在多次交易中自然形成的。相对于整个市场的总需求和总供给量而言，每个卖者和买者的商品购销量均微不足道。无论买多或买少、卖多或卖少，都不会对市场的价格水平产生任何影响。于是，市场中的每一个采购者或供应商对市场价格没有任何控制能力，都是市场价格的被动接受者。

（2）市场上每一个供应商提供的商品都是同质的。这意味着供应商所提供的商品的质量、规格、商标和服务等完全相同。对于采购方来说，购买任何一家的商品都是一样的。如果有一个供应商提价则其商品就完全卖不出去，当然供应商也不会单独降价。但有时供应商为了获得采购方的订单而尽可能地低报价，甚至跌破其成本线。这对于采购者来说并非一定有利，因为太低的价格可能会影响商品的质量，这是采购方要注意的。

（3）各种生产要素都能自由流动。这意味着新的供应商进入或老的供应商退出这一市场都是完全自由和毫无困难的。由于资源在供应商之间完全自由地流动，不存在任何障碍。这样，任何一种资源都可以及时投入这一市场获得最大的利润或从亏损状态退出。因此，缺乏效率的供应商将被淘汰，取而代之的是高效率的供应商。

（4）信息是完全的。市场上的每一个供应商和采购者都能掌握与自己经济决策有关的信息并作出最优的经济决策，从而获得最大的经济利益。由于信息的通畅和完全，采购方和供应商一般都按照既定的市场价格成交，欺诈现象不容易发生。

但实际上，现实的经济生活中并不存在这样理想的完全竞争市场。

2. 不完全竞争市场

除完全竞争以外的所有或多或少带有一定垄断因素的市场被称为不完全竞争市场。

（1）垄断。垄断是指市场中只有唯一一个供应商组织的市场情况。形成垄断市场的条件有以下三点：一是只有一个供应商生产和销售某种商品；二是该供应商独家拥有产品的生产技术，市场上没有任何相近的替代品；三是任何其他供应商想进入这个市场都极为困难或是不可能。

由于排出了各种竞争因素，供应商得以操纵整个市场的销售，从而控制和操纵市场价格。垄断市场常常是经济效益最低的。

但是，有些行业生产的规模经济效益需要在一个很大产量的范围和相应的巨大资本设备的生产运行水平上才能得到充分的体现，以至于整个行业的产量只有由一个企业来生产时才有可能达到这样的规模。而且，只要该企业的生产能力完全发挥，就可以满足市场需求。这样的供应商也就垄断了整个市场的生产和销售，自然垄断就是这样一种情况。

（2）垄断竞争。垄断竞争是介于完全竞争与完全垄断之间的市场环境，与现实经济生活比较接近。垄断竞争市场具有 4 个特点：市场中有许多买主和卖主；不同卖主所提供的商品存在差别；少数卖主在一定时间内处于优势地位；买卖各方在市场活动中都受到一定限制。

在现实生活中，垄断竞争市场组织在零售业和服务业中比较普遍，如旅店、百货商场和超市等。

在垄断竞争市场中，由于产品之间存在差别，不同的采购方由于需求不同，就可以选择不同的供应商进行谈判。同时，由于竞争的存在，供应商所提供商品的价格就存在变动的余地。

（3）寡头垄断。寡头垄断是指由少数几家大企业控制并操纵某种商品生产和销售的市场环境。在寡头垄断市场上，价格不是由市场供求状况决定的，而是由大企业以其共同利益为基础通过协议和契约来决定的。在不少行业都表现出寡头垄断的特点，如汽车制造业、大型机器设备和某些高技术产品等。

在寡头市场中，每个供应商的供货量都在市场的总供给量中占一个较大的份额，从而每个供应商的供给量和价格的变动都会对其他竞争对手以至于整个市场的供给量和价格产生举足轻重的影响。因此，每个供应商在采取某些行动之前，必须推测其他市场伙伴可能作出的反应，然后，在考虑这种反应的前提下自己采取最有利的行动。

与这样的供应商进行价格谈判可能会耗费较长的时间，并需要采购方仔细研究市场资料。

趣味小思考 10-2

如何打破供应商的垄断？

10.1.3 其他因素

除去成本和市场竞争两大因素外，影响价格的还有一些其他因素。

1. 相关服务

商品的销售一般都伴有相关的服务，例如设备安装调试、人员培训、产品维修、零部件供应和技术咨询等。

供应商为产品所提供的服务中所包含的内容越多，商品的价格往往也越高，计算机软件的销售就是一个典型的例子，它往往包含调试费、维护费及今后的版本升级等费用。

2. 交易费用

实现一项采购活动必须包括两项支出：一是直接支出即成交价格，它是为购买或获得一定量的商品所必须产生的货币支出；二是间接支出即交易成本，是所完成采购的交易活动所发生的系列管理费用，如工资福利费、市场信息调查费、会议费、律师费、交通费和交易过程委托服务机构代理所支出的代理费等。所以，采购价格的确定必须要考虑这些构成交易成本的因素。

3. 心理因素

采购者在确定自己愿意对某商品支付多高的价格时，心理因素的影响也十分明显。这取决于谈判人员对国内价格水平、国际价格水平以及对手情况等的了解程度。当然要做到完全了解很不容易，但也应当尽可能掌握相关资料，做到心中有底。

4. 己方生产情况

采购谈判人员要非常了解自己所在组织的产品结构、成本构成及生产周期；了解成本底线、生产情况和组织资金情况等。例如一些大型的采购谈判，往往要配备生产部门经理参加就是为了能在关键的时候及时做出决定以达成合同。

小贴士 10-1　　一些降低采购价格的机会

（1）送货。洽谈适合采购方的送货数量和次数，可以降低仓储和货运成本。

（2）延长保修期。保修期不要从发货日期开始计算，从首次使用产品的时间算起。

（3）付款条件。只要放宽正常的付款条件，都会带来节约。

（4）让最终客户参与。如果采购方能与自己的最终用户合作并给予他们信息，就可能削弱供应商的优势。例如，有时使用部门往往只认准一个品牌商标，因为他们不了解其他选择。这时，采购谈判者可以向他们解释只有一家货源的难处，他们往往就可以同意采购截然不同的产品，从而带来采购成本的降低。

（5）一次性采购。如果预计所采购产品的价格可能要上涨时，这种做法才可行。采购部门可以根据相关的支出和库存成本，权衡将来价格上涨的幅度；随时与组织的

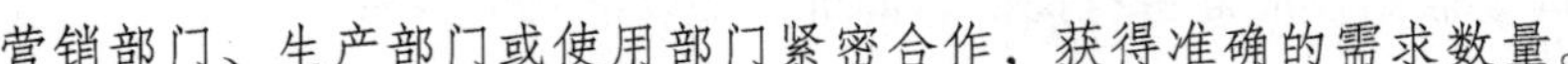

营销部门、生产部门或使用部门紧密合作，获得准确的需求数量。

(6) 协商长期合同。长期需要某种产品时，可以考虑订立长期合同，但一定要保证持续供应和价格的控制，如采取措施预先确定产品的最大需求量以及需求增加的时机等。

(7) 联合采购。与其他具有同样产品需求的公司联合采购，形成大批量采购从而获得规模效应。这样，由一方代表所有用户的采购会惠及各方。

10.2　确定目标价格

在采购谈判中，采购方必须确定好自己的目标价格，这是要经过细致准备的。

10.2.1　确定底价

底价是指采购方打算支付的最高采购价格。买方报价必须以底价为基础，在确保满足其他条件的情况下，力争最大限度地降低采购价格，为直接增加组织的利润创造条件，这是采购谈判的一项重要内容。底价并不是目标价格，目标价格往往低于底价。

底价的确定与所采购商品的品种及规格有相当密切的关系，其制作过程包括确立产品规格、收集价格信息和估计价格等三个步骤。

1. 确立产品规格

规格是对产品物理性状或化学性质的描述，是所采购商品的标准，在采购工作中极其重要。产品规格不仅决定所采购产品的品质，同时也影响交货日期、价格等采购条件。规格越复杂的产品，其加工过程也越复杂、生产时间也较长，价格相应也就越高。一般来说，常用的产品都有统一的规格，供应商一般也都有产品编号，根据产品编号可以方便地确定规格。

一些非常用的产品以及尚未制定统一规格的产品，采购单位或技术部门可以参考国家或其他同类机构的标准，由本单位人员按需要自行设计。对于一些无法事先说明规格的产品，可以制定企业标准来说明要求条件，或由采购方自行提供样品，作为采购的标准。

2. 收集价格信息

对于一般商品，谈判者可通过报纸、杂志、市场调查、供应商网站、报价单和展览会等各种渠道收集产品的价格信息，作为制作底价的参考。

对于专业化强、技术性高的非常用产品，采购方可邀请组织的专业人员如生产部门、研发部门等人员一起进行价格评估。

3. 估计价格

在了解了产品规格和价格信息后，谈判者要对所得到的资料进行整理、分析，撰写调查报告，并在此基础上估算出采购物品的价格。

底价的制定并不是一件容易的事。底价定得太高，会浪费钱财，增大组织成本；底价定得太低，会造成无法选择供应商或无法达成谈判协议。

10.2.2　正确进行询价

在制定完底价后，就要联络供应商进行询价。询价需要以下几个步骤。

1. 编制询价文件

采购询价文件是供应商进行报价的依据，一个完整、正确的询价文件可以帮助供应商在最短的时间内提出正确、有效的报价。因此，编制一个载有足量信息的询价文件是进行正确询价的首要条件。

一个完整的询价文件包括以下主要内容。

（1）询价项目的品名和编号。

（2）询价项目的数量。

（3）询价项目的品质、规格和包装要求。

（4）询价项目报价的基础要求。

（5）采购方的付款条件。

（6）询价项目的交货期要求。

（7）运送地点与交货方式。

（8）询价项目的售后服务与保证期限要求。

（9）供应商报价到期日。

（10）保密协定的签署。

2. 选择询价对象

采购部门首先要根据采购要求，制定被询价供应商的资格条件，对供应商的供货品种、信誉和售后服务网点等进行资格审查。然后根据资格条件以公平的方式确定被询价供应商的名单。

3. 发布询价通告

选择一定渠道向供应商联络，并向他们发布询价通知书，最好是以书面文件的形式发出。通知书上要附上采购人员的姓名以及联络电话，以便进行进一步的沟通，进而为一系列报价、议价奠定基础。

10.2.3 处理报价

采购人员在获得供应商的报价单后就需要对其进行处理。

1. 审查报价单

采购部门在接到对方的报价单后，要进行产品质量、数量、价格和交货期等方面的审查。

（1）是否为确定报价。是否为有效期报价，有效期截止到何时，品牌、名称是否确定，是否为确定价格，有无浮动价格条款，单价和总价有无差错等。

（2）质量是否恰当，所报产品规格是否明晰周详。

（3）数量是否恰当，其所声明的物资数量及单位是否开列清楚，如附有数量增减条款是否合理。

（4）交货期是否合理，如果是从国外采购，订立的装船条款是否合理；交货条款责任是否合理；包装是否符合运输要求。

（5）付款条款是否合理。

（6）有无其他特别条款。

2. 分析评价报价单

采购员在接到报价后要对各供应商价格的高低、交货期的长短、付款条件的宽紧、交货地点是否适中等进行分析评价，以便选择恰当的供应商。

同时，应写出一份简短的评价报告，与询价、报价等材料一同存档。

3. 确定可谈判的供应商

在形成报价单的评价报告后，采购方将结果通知所有报价的供应商。将报价与底价进行比较，选择可谈判的供应商。

这样，就为采购方在谈判中围绕目标价格提出价格要求进行了充分的准备。

10.3　报价技巧

所谓报价，是指在谈判中一方向另一方提出价格条款，而对方则可根据具体情况，决定是否接受对方报价。通常价格谈判都是围绕报价来进行的。

10.3.1　是否先报价

先报价的有利之处在于它对谈判的进行具有较大的影响。先报价实际上等于为谈判划定了一个框架或基准线，最终谈判结果会在这个范围内达成。

先报价的弊端在于供应商会依据我方报价及时调整原定计划，获得本来得不到的好处。另一方面，先报价后，供应商会在随后的谈判过程中，采取一切手段，集中力量攻击采购方的报价，迫使采购方一步步提价，而并不透露肯出多高的价格。

总之，先报价利弊共存，是否应先报价需视具体情况而定。

有经验的采购谈判者都知道，报价要选择时机，如果报价早会给自己带来很大的被动，因为对方都会议价。当己方的优势还没建立到足够大，或者对方还没认可的时候，最好在最后再谈价格。

10.3.2　报价的上下限

成交价格的高低并不能由一方随心所欲地决定，而是受供求和竞争以及供应商的状况等方面因素制约。采购谈判者在报价时不仅要考虑按此报价所能获得的利益，还要考虑报价能够被对方成功接受的可能性。

从采购方来讲，报价的下限是供应商的产品成本，上限是己方的购买力。

10.3.3　报价的起点

在基本掌握市场行情及其走势的基础上，谈判人员即可参照近期成本价格，结合己方的经营意图，拟定出价格的掌握幅度，确定一个大致的报价范围。

（1）报价的高低往往对最终成效水平有实质性影响，即开盘报价高，最终成交价也就比较高。采购方的报价关乎采购方所获得利益的大小，因而越低越好。报价越低，则采购方为自己留下的让步余地就越大，使己方在谈判中更富有弹性，便于掌握成效时机。

（2）“一分钱，一分货”，报价的高低也影响着供应商所能提供的商品或服务的真实价值。

（3）如何对报价进行解释。

1）对报价不要主动作任何解释或说明，因为不管己方报价多高或多低，对方总是会提出质疑。

2）报价后，对方会要求对报价作同解释。价格解释应遵循的原则是：不问不答、有问必答、避虚就实、能说不写。

（4）降低报价。降低报价是指在向对方报价后，又以某种原因为借口，降低报价。降价能否成功奏效，要看对方是否接受降价的理由，不可随意使用。

小贴士 10-2　　和供应商创造双赢局面

与供应商的双赢局面也不是一蹴而就的，这需要一个本着互相合作而进行磨合的过程，从而达成互相信赖、互相支持，共同营造双赢的局面。

当然选择双赢的供应商伙伴也需要充分考虑公司与公司之间的理念是否相同或相近；另外作为采购方，在采购价格上也要留给供应商合理的利润空间，而不是一味无休止地压价，这也是营造双赢的一种方法。另外与供应商一起分析并实施成本降低的解决方案，从而降低原材料的成本，也不失为营造双赢的一种方法。

采购的专业能力、谈判技巧和对谈判的把握能力等，也与能否营造双赢局面有着很大的关系。

10.4　议价技巧

议价即讨价还价。在一般情况下，当谈判一方报价之后，另一方不会无条件地接受这一报价，而是要求报价方提供更优惠的价格，报价方则会要求对方就报价提出自己一方的价格条件，谈判双方展开讨价还价。

10.4.1　讨价技巧

1. 评价报价

讨价时，首先要对报价进行评价或评论，以支持自己的讨价要求。评价可以从总体上谈己方对报价的看法。在对方改善报价后，也要对其作出新的评价，以便决定是否再次进行讨价。

2. 讨价的形式

讨价可以分为笼统讨价和具体讨价。

笼统讨价是指从总体价格上要求改善报价，常在第一次讨价时使用。

具体讨价是指就价格条款的各个分项要求改善报价，常用于供应商第一次改善报价后的讨价或不宜采用笼统讨价方式的场合。在供应商已经对报价作了一次改善后，可继续向其提出讨价要求。

3. 讨价的次数

讨价的次数服从于讨价的目的，同时也受心理因素的限制。

当讨价是按合同条款的不同部分具体进行时，每一部分至少应讨价一次，在对方就该部分改善报价后再往下进行，否则宁可原地不动，继续讨价，直到达到讨价的目的为止。

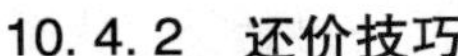

10.4.2　还价技巧

所谓还价，是指采购方根据供应商的报价和自己的谈判目标，主动应供应商的要求提出自己的价格条件，通常是由采购方在一次或多次讨价后应供应商的要求而作出的。

1. 还价起点

还价起点是指第一次还价的价位。还价起点的确定对谈判的进程有重要影响。从采购方来说，还价太高有损己方的利益，还价太低则显得缺乏诚意，均不利于谈判的正常进行。

还价起点受以下三个因素的制约：预定成交价、产品的实际成本和还价次数。预定成交价是采购方根据自己的预算所确定的可以接受的成交价格。从理论上讲，还价起点应在预定成交价之内。

还价必须要考虑供应商接受的可能性。事实上，采购方的第一次还价很少立即被供应商接受。因此，买方在确定还价起点时应考虑对方的再次攻击及自己的防守余地。若能一次还价成功，还价起点可适当降低。

2. 还价时机

还价时机是指何时还价。还价时机选择得当可以减少还价次数，改善还价效果，因此还价时机是谈判者应十分重视的问题。首次还价应在报价方改善其报价后进行，其最佳时机是在报价人对报价作了两次改善之后。

10.4.3　巧妙讨价还价

1. 直接议价

当通货膨胀或原材料上涨时，供应商往往对谈判有充足的信心。这时，采购人员要采用直接议价的方法，具体为：一口回绝供应商的想法，对其一切理由不予理睬，让供应商来提出解决办法或者放弃涨价念头。如果供应商继续强烈要求，采购人员则要考虑供应商失去客户的成本与提价的收益孰轻孰重，当发现供应商失去客户的成本远大于其提价所带来的收益时，采购人员就可以态度强硬；如果供应商失去客户的成本小于其提价收益时，采购可以设一个底线价格，在供应商没能降到底线价格时，采购人员可要求供应商提供涨价的详细原因。

很多时候，采购人员遇到诸如“地区总代理”等貌似垄断的供应商时，可选择其他区域的代理进行价格咨询，这样不仅可以辨别这些“总代理”的虚实，还可以达到降低价格的目的。

当谈判双方力量均衡且双方价格相差悬殊时，双方再次进行价格谈判，一般都会抱着折中处理的想法。此时可让供应商先提出中间价格，采购人员再尽力让对方再退让一些，从而达成一致。

2. 角色扮演

谈判小组的所有成员往往分别担任不同的角色，如红脸、白脸、强硬派、软弱派，也可能一个谈判者往往身兼几个相互补充的角色。一个好的谈判者，必须能够根据实际的谈判节奏和状况，不断调整自己的角色，并能对谈判中出现的问题随机应变，以控制好整个局面。在多次讨论无果，采购人员又没有足够的理由要求对方降价时，可以扮演互相限制的角色，以预算不足、公司的定价不能变等为由向供应商反复解释，把自己的理由一遍又一遍地灌输给对方，努力用自己的理由占据对方的思想。并可将谈判时间一再延长，从而传递给对方一个愿意合作但总也无法达成一致的信号，以争取供应商的理解和同情。如此反复再反复，对方一般都会让步。

3. 强调合作

在买方市场中，供应商都有着和客户相互沟通、相互帮助和平等互利的心理诉求。谈判中，采购人员可以向供应商传递这样的信息：很多客观原因对组织造成了不小的损失，此次谈判关乎项目乃至组织的发展，希望供应商能和己方同舟共济、共渡难关。特别是当供应商提出涨价时，采购人员可及时将组织现阶段损失的量化指标、项目或组织亏损严重等内容告知供应商，表示己方有长久合作的意向，但一定要价格合适才会采购。必要时，可以聊天或投标询价的方式进行表面看来是试探性了解的谈判，一旦价格、质量等条件合适，要立即签订合同。同时，要确实考虑与对方的长远合作。

趣味小思考 10-3

为什么一位经常买菜的老大妈能够比不经常去买菜的人购买到更低价格的蔬菜？

10.5 价格让步技巧

在采购谈判中，为促进交易双方在价格上都要作出一定程度的让步。

10.5.1 在次要问题上作出让步

当谈判中不得不作出让步时，要注意，一定是在次要问题上让步，不能在主要问题上让步。

因此，在准备价格谈判的时候，就必须界定好哪些是主要内容，哪些是次要内容。同时在谈判开始时要设定让步的底线。

如果在冲突中必须有所选择的话，应该区分主要目标和次要目标，在目标之间依照重要性和紧迫性建立优先顺序，优先解决重要及紧迫目标，例如价格、付款方式等，以保证整体利益的最大化。但同时也应注意目标不要太多，以免顾此失彼，给谈判对手以可乘之机。为了达成协议，在次要目标上可以主动让步，给予对方优惠，作出低姿态；但在关键问题上应坚持原则，绝不让步，死守底线。成功的让步策略可以起到以局部小利益的牺牲来换取整体利益的作用，甚至在有些时候可以达到“四两拨千斤”的效果。

10.5.2 不作没有条件的让步

让步不是单方面的，必须把握住“此失彼补”这一原则。可以进行一揽子的谈判，也就是把很多内容进行捆绑，夹杂在一起跟对方谈。如果对方对技术问题、价格问题、付款问题和交货日期等都很关心，就可以将这些放在一起谈，以便在次要的问题上作出比较大的让步，在主要问题上坚决不让。例如，共有 5 个议题，可将第 1 点和第 4 点进行配套，若对方在第 1 点上让步，己方便可在第 4 点上让步。

让步必须有所得，对于采购谈判各方都是如此。如果一定要采购方让出一步，供应商也要给予相应的东西，这是谈判的宗旨，实现双赢就要有舍有得。当然，在谈判时，如果发觉此问题己方若是让步可以换取别处更大的好处时，也应毫不犹豫地给其让步，以保持全盘的优势。

当然采购方舍弃的内容不是最关键的，而是次要的问题；但是如果对方舍弃的次要问题，对己方来讲是主要的问题，这就需要采购谈判者把握好时机，完成让步的交换过程。

作出一定的让步之后，一定要弄清楚让步能不能得到相应的内容。如果作出了让步，遭到对方的拒绝，最后的提议被否决了，让步等于白让，所以要特别注意避免这一点，如谈判中最敏感的报价问题。因为合同最终的结果是以价格来确定服务、付款等。

趣味小思考 10-4

价格及与价格有关的其他条款怎样谈判容易获得优势？

10.5.3　立场坚定

价格往往是双方利益的关键点。如果争执不下时，恰当地运用让步策略是非常有效的。但要采取一种非常坚定的态度，说明己方希望在谈判中得到更多，以便使己方利益最大化，或者要保存自己接下来谈判的机动空间。坚定往往可以制造一种氛围，让供应商认为采购方作出让步已是不太可能，与其在这里拖延时间，还不如自己先妥协一下，以便尽早解决问题。因此，立场坚定是一种缩短谈判时间的有效方法。

这时，沉默是可以帮助谈判者坚定立场的好方法。当每一次开出条件后，就应该耐心地等待供应商对此条件做出的反应。在等待的过程中，耐心和沉默是最好的谈判武器，这时，千万不要把供应商的沉默不语当成是拒绝。如果这时采购方沉不住气先作出让步，那就太不明智了，所以一定要等供应商回应之后再做出决定。

10.5.4　让对方感觉让步来之不易

妥协性让步的速度应尽可能慢，让步次数应尽可能少，一次让步幅度不宜过大，应做到步步为营、三思而后行。

不要过于轻易让步，因为轻易让步会给对方留下让步无所谓、报价存在很大水分的印象，要让供应商知道己方的让步已接近极限，并且要使供应商感觉到己方的每一次让步都损失惨重。供应商提出的要求即使在采购方的计划之内，也不要轻易应允。只有经过艰苦谈判后争取来的让步才会让对方更有成就感。

既然是谈判，那就应先谈而后再去判，再决定做事情，最好在谈判的最后阶段再让步。让步的时机要掌握好，而不要谈判一开始就让步。让步过早不行，让步太晚供应商会认为采购方没有合作的诚意。在最后时刻，往往可以作出小小的让步，如在交货期上可以晚一两天等。这很有效，因为重要的并不是让步多少，而是在适当的时机和场合作出了适当的让步。让步要让在刀刃上，让得恰到好处，使己方以较小的让步获得供应商较大的满意。

趣味小思考 10-5

在价格谈判中，如何用好交货期这一议题使对方让步？

实用范例 10-1　　一个采购人员的心得

在让步过程中，采购人员应注意以下问题。

(1) 不要作无谓的让步，要服务于己方的整体利益。

(2) 在未完全清楚让步的后果之前，不要轻易让步。盲目让步会影响双方的实力对比，让供应商占有某种优势。

(3) 让步要让在刀刃上，让得恰当好处，使己方以较小的让步获取对方较多的满意。

(4) 在对供应商重要的问题上，力求使对方先让步；在较为次要的问题上，根据情况采购方可能考虑先让步。

(5) 不要承诺作同等程度的让步，如供应商提出此种要求，可以己方无法承担予以拒绝。

(6) 让步要三思而行、谨慎从事，不要过于随便，给供应商留下无所谓的印象。

(7) 如果作出的让步欠妥，要及早收回，不要犹豫。

(8) 即使作出的让步不大，也要使供应商觉得让步来之不易，倍加珍惜。

(9) 一次让步幅度不宜过大，节奏也不宜太快，应做到步步为营。

(10) 接受对方的让步要心安理得。不要一接受供应商的让步就有义务感、负债感，马上考虑是否作出什么让步给予回报。否则，争取到的让步就失去了意义。

10.6 驾驭价格谈判

在采购谈判的开局、磋商和终局阶段，运用一些价格谈判的技巧，可以获得己方希望的利益。

10.6.1 为成功布局

在开局阶段，采购方的报价要低于所预期的底线，为谈判留有周旋的余地。谈判过程中，采购方的报价总不可能一再改变。因此，采购方所出的报价既要对己最有利，同时又能让供应商看到交易对他的益处。

如果对供应商了解越少，报价就应越低，原因包括两方面。首先，采购方对供应商的价格假设可能会有差错，或对其需求了解不深，可能供应商愿意接受的价格比想象得还要低。第二，如果与供应商是第一次合作，在报价上能作出较大的让步，就显得更有合作诚意。

反之，如果对供应商及其需求了解越多，就越需要调整报价。这种做法的不利之处是，如果对方不了解你，你最初的报价就可能令对方望而生畏。如果你的报价超过最佳报价价位，就暗示一下你的价格还有灵活性。如果供应商觉得采购方的报价过低，而采购方的态度又是“卖就卖，不卖拉倒”，那么谈判还未开始可能失败的结局就已注定了。

在提出低于预期的报价后，接下来就应考虑：报价应该是多少？己方已确定的目标价格就是支点。

10.6.2 磋商阶段保持优势

当谈判进入磋商阶段后，要谈的问题就变得更加明晰。这时谈判不能出现对抗性情绪，要让供应商感受到己方是在争取双赢方案，这点非常重要。

如果双方的价格南辕北辙、相差太大，过于力争只会促使供应商证明他坚持的价格是正确的。这时，可以暂时休会，让双方都冷静地考虑一下。

任何时候，供应商在谈判中要求采购方作出让步时，采购方都应主动提出相应的要求。如果供应商知道每次提出要求，采购方都要求相应的回报，就能防止供应商没完没了地提更多的要求。

10.6.3 终局赢得忠诚

赢得终局圆满的方法是最后时刻作出一点小让步。采购谈判高手深知，让供应商乐于接受交易的最好办法是在最后时刻作出小小的让步。尽管这种让步可能小得可笑，例如付款期限由 30 天缩短为 28 天等。但这个办法很有用，因为重要的并不是采购方让步多少，而是让步的时机非常合适。

采购方还可以说：“价格我们是不能再变了，但我们可以在其他方面谈一下。如果你接受这个价格，那么你可以只派一个人员来安装，这样你至少可以省去两个人的差旅费。”其实，这原本就是采购方可以接受的安排。但由于找对了时机，不失礼貌地调动了对方，使供应商作出积极的回应：“如果是这样，我方也就接受这个价了。”此时，供应商并不会觉得自己在谈判中输给你了，反而会觉得这是公平交易。

实用范例 10-2　　如何控制供应商产品的价格

——某采购高手给采购谈判者的建议

如何控制供应商产品的价格，这在采购领域是一个老生常谈的话题。有很多人认为控制价格没有什么，无非就是谈价钱，采购方压了再压，供应商降了再降。诚然，压价是控制供应商产品价格最直接的方法，但谈价不是只要给出一个很主观的目标价位，让供应商降降价就可以了。谈判价格也有一些技巧和方法，同时除了直接谈判价钱还有一些其他的方法可以达到控制供应商产品价格的目的。

1. 确定目标价格

谈判价格一定需要公开一个目标价格(Target Price)，这就有必要做一些相应的准备工作，这也是一个资料收集的过程，要相信合理的目标价格是能达成价格目标一个很重要的因素。

因此，采购方需要了解当前的价格情况：如果是正在进行的项目，要清楚当前价

格是多少，已实施了多长时间；如果是新项目，可以了解一下市场或者其他项目类似产品的情况，初步确定一个合理的价格范围。以下是一些必须要做的工作。

（1）业务的大致情况。了解一下与这家供应商已经做过多少业务，目前正在进行的项目的前景如何，未来的新业务机会如何等。

（2）供应商主要竞争对手的情况。主要包括竞争对手是谁？竞争对手目前的市场策略和价格策略以及商业兴趣如何？公司对其及其对手的长远策略如何等。

（3）如果是一些很复杂的商品，例如LCD及一些结构复杂的机构件，则有必要要求成本核定，可以请专家帮助认定，分析是不是所有的成本都是合理的。

这样一来，目标价格就基本上可以初步确定下来了，当然这个目标价格的确定还要考虑到公司的成本控制策略。

2. 谈判

谈判可能是面对面的，也可能是通过电话或电子邮件。不管是哪种形式的谈判，有些原则性的东西都是不能放弃的。

（1）不要放弃己方的价格底线。

（2）让供应商明白，采购方是在致力于一个双赢的方案。

需要提醒采购方注意的是，请记住你的供应商，尤其是一些战略性的供应商，他们不仅仅是你所在组织产品的提供者。采购谈判人员需要和他们建立良好的合作关系，这与你能否很好地控制成本也存在一种微妙关系。

除了直接谈判，还有一些方法可以同样达到降价的目的。例如，请谈判经验丰富的专家看看在你的谈判方案中，是否所有的程序都是必需的；定期地进行供应商价格评价等，都可以有效地控制供应商产品的价格。

趣味小思考 10-6

在谈判过程中作出让步应有哪些禁忌？

实用范例 10-3　　供应商的价格让步策略

一家医疗器械销售公司与某家大型医院洽谈业务，其中一款设备报价是800元，成交价格可以降到720元，因此供应商的谈判空间是80元。他将怎样让出这80元呢？

价格谈判往往是谈判的核心内容，了解供应商将如何“出牌”，对于己方的应对有着积极的参考作用。

下面是几种常见的让步方式。

1. 80元→0元→0元→0元

初级谈判者经常使用这种方法，因欠缺实战经验，比较担心因价格导致谈判的破裂，在初期就把所有的空间全部让出去。这种让步方法显然是极端错误的。

首先，采购方会认为价格虚高，轻易地就能让出如此大的幅度，一定还有很大的让利空间，于是在价格上继续步步紧逼，这时供应商已无路可退。即使交易达成，采购方也会怀疑供应商的诚意，从而影响到下一次的合作。

其次，这种方法违背了每次让步要换取对方相应回报的原则，价格一降到底将主动权双手奉出，无法获取对方的任何回报。

即使是经验老到的谈判者有时也会犯这样的错误。采购方会使用各种方法来试探供应商的底价，通常会拿竞争者的价格施加压力，他们经常会说："我们很欣赏贵公司的产品，很希望与您达成交易，但其他公司的报价确实低于你方。如果您执意保持现价，我们只有选择与其他公司合作了。"这句话并不陌生，下一步将如何处理？很多人迫于压力会选择降价，但降价一定会促成交易吗？确实有竞价产品吗？价格是否代表产品的全部？遇到这种情况时请先找到以上问题的答案，随后再做出决定。

2. 5 元→15 元→25 元→35 元

每个人都不是天生的冒险者，当遇到新鲜事物时总会谨小慎微，不敢轻易地下结论。有时个人的性格会转化成谈判的风格。

许多谈判者习惯于先让出一小部分，在观察对方的反应后作出下一个让步行动。例如在初期先让出 5 元，并告诉对方这是最后的底限，如此小的幅度采购方通常不会同意，要求再次让步，于是供应商分两步让出了 15 元和 25 元，但仍然被采购方无情地拒绝了。为了避免谈判破裂和得到订单，供应商只能把最后的 35 元全部让给了采购方。

在供应商让出所有的谈判幅度后就能如愿地拿到订单吗？其实这桩生意很难成交，道理很简单：在供应商每一次让步后，采购方所得到的越来越多，供应商在不经意间使采购方形成了一种期待心理，即使让出再多也不会满足。这不仅是谈判的心理，也是人类长期形成的思维定式。

这种让步方式并不是没有成交的可能，也许采购方欠缺谈判经验，在前两次让步后就达成了交易，可以节省下后面 60 元的让步幅度。但在谈判桌上不能存在任何的侥幸心理，谈判本身是一件非常严谨的事情，要用正确的方法去面对每一次交易，最终提高谈判的成功率。

3. 20 元→20 元→20 元→20 元

从表面上看这是一种四平八稳的让步方式，每一次让步幅度都不大，谈判破裂的风险也较低。实际上，在各种形式的让步中，任何两次相同的让步都是不可取的。采购方虽然不知道供应商究竟能让多少，但却了解每次让步 20 元的规律，在供应商进行最后一次让步后，采购方还会期待下一个 20 元。

以上三种典型的让步方式都是错误的，原因在于它们都会使对方产生更高的期待。正确的方式是：逐步缩小让步的幅度，让采购方认为价格已触及底限，不可能再有任何让步了。

H 先生曾经主持过一个谈判，当时报价是 220 万元。经过了解，采购方能够接受的价格大概是 170 万元，中间有 50 万元的差距。谈判进行一段时间之后，双方争论的焦点集中在该谁让步、让多少的问题上。采购方刚开始说可以接受 120 万元。H 先生给出 9 折的让步，对方要求的是 6 折；H 先生又从 9 折让到了 8.8 折。实际上此时 H 先生给出的信号是：价格让步的空间已经很小了，让步幅度不是 10% 而是 2%。这样，就把采购方对让步的期望值降低了。

本 章 小 结

（1）价格谈判是采购谈判中的重要内容，往往是各方综合实力对比的结果。进行价格谈判实际上涉及制作底价、询价、处理报价和讨价还价等过程。

（2）影响价格的主要因素有商品成本、市场竞争状况及其他因素如相关服务、采购心理、交易费用和己方生产情况等。

（3）底价是指采购方打算支付的最高采购价格。买方报价必须以底价为基础，在确保满足其他条件的情况下，力争最大限度地降低采购价格，为直接增加组织的利润创造条件。底价的制作过程包括确立采购规格、收集价格信息和分析信息估计价格。

（4）制定完底价后就要联络供应商进行询价。询价的步骤是：编制询价文件、选择询价对象、发布询价通告等。

（5）采购人员在获得供应商的报价单后就需要对其进行处理：审查报价单、分析评价报价单、确定可谈判的供应商。

（6）价格谈判都是围绕报价来进行的。是否先报价、报价的上下限和报价的起点等都是价格谈判中的重要内容。

（7）当谈判一方报价之后，双方总要展开讨价还价。为促进交易，双方在价格上都要作出一定程度的让步。让步的技巧值得反复学习、理解。

（8）价格谈判并不仅仅指多少钱，而包含送货、付款方式等很多交易条件。所以，在整个谈判过程中，从开局到终局都应把握好相应的策略。

复习思考题

1. 影响价格的因素有哪些？市场竞争状况会对价格产生什么影响？
2. 确定目标价格包括几个阶段？各个阶段应该做好哪些工作？
3. 试述报价技巧。
4. 讨价还价有哪些技巧？
5. 试述价格让步技巧，价格让步中应注意什么？
6. 分析谈判各个阶段的价格谈判技巧。

本章问题分析提示

趣味小思考 10-1

分析：当由于时间紧迫、准备不充分、突发事件或各种迫不得已的原因出现，使组织的采购落入供应商垄断供货的控制之中，即只有唯一一家供应商，或者该供应商受到强有力的专利保护，其他任何商家都不能生产同类产品。或者采购方已被“套住”，处在进退维谷的两难境地，另寻门路并不划算；如要更换，相应的使用也必须作出重大变动。这时，力量的天平明显偏向供应商。

尽管从表面上看来，采购方似乎无计可施，但天无绝人之路，采购方仍可以找到一些行之有效的措施打破供应商的垄断。

（1）全球采购。当得到许多商家的竞价时，可以深信数字 3 的神奇魔力。不管能实际供货的有几家，例如有 50 家供应商，只管要求 3 家报价，这样准能找到最佳供应商。

全球采购往往可以打破供应商的垄断行为。

（2）再找一家供应商。有时另找一家供应商也是值得的，再发展一家供应商的方式也可以有多种。

（3）增强相互依赖性。多给供应商一点业务，这样就提高了供应商对你的依赖性。同时，采购方也要考虑自己的采购量，而不是供应商的营业总额。

（4）更好地掌握信息。要清楚了解供应商对己方的依赖程度。例如某公司所需的电子元件只有一家货源，但它发现自己在供应商仅有的三家客户中是采购量最大的一家，供应商离不开这家公司，结果在要求提价时作出了相当大的让步。

趣味小思考 10-2

分析：可以通过参观供应商的设施，估计供应商的产品或服务成本。

组织团队参观供应商的设施，观察并适当提问获得许多有用的数据，以估计供应商的成本。记住，要估计供应商的成本，采购方必须了解产品所用的原材料、制造该产品的操作人员数量，以及所有直接用于生产过程的设备的总投资额。

在采购方的参观团队中至少应该包括采购部、使用所采购商品的部门、设计研发部和其他关键部门的人员。参观前，团队成员应先碰头，确定每人承担的角色以及参观重点。将需要考察的成本项目分配到每个人，如物料投入、总投资和人工费等，并要求每人就这些成本因素收集尽可能多的信息。

由于生产部门的人员可能对生产流程、人员配置和设备最为熟悉，通常指派他们了解所用到的全部生产设备以及这些设备的供货商，了解总投资和人工费；采购人员的任务是深入了解用于制造所采购商品的材料。

趣味小思考 10-3

分析："知己知彼，百战不殆"，尽可能了解对手的情况，有利于在谈判过程中赢得对己有利的价格。一位经常买菜的老大妈比那些一周甚至一个月才去一次菜市场、缺乏买菜经验的人更了解市场、了解卖菜人，所以她能够买到更低价格的蔬菜。

价格谈判更能体现出谈判人员对市场、产品和价格等信息的掌握和综合分析能力。

趣味小思考 10-4

分析：在谈价格的时候，供应商一般希望把价格和付款一起谈，而不是先谈好价格、折扣，再谈付款，这样在价格和付款上都得不到优势。但如果把价格和付款一揽子来谈，供应商就可以作出很大的让步。

例如想让供应商降价，就可以先谈付款的问题；如果付款快，供应商的价格可能会降低一点；如果延期付款，供应商的价格可能就降不下来，因为对方也要保证一个利润空间。所以用一揽子谈判的方法，可以得到适度的让步。

趣味小思考 10-5

分析：如果供应商在谈判中提出只能保证在开出订单后2天内到货，其实对于采购方而言3天内到货也是可以的。这时，如果要供应商让步比较困难，就可以告诉他："如果你们实在有难处，不妨在会后再商量一下，我们先谈别的吧。"

当谈到价格问题并且又相持不下时，采购方就可抛出前面的问题："好吧，考虑到贵公司的交货能力，我们将交货期延长1天，怎么样，在价格上您也让一让吧。"

有时候，采购方应先保留一些比较容易的议题，在关键时刻再拿出来主动让步，以换

取对方的“报答”。如果在谈判结束之前就全盘让步，最后时刻采购方手中就没有控制供应商或用来让步的资源了。

趣味小思考 10-6

分析：优秀的谈判者作出让步并非无所顾忌，必须注意以下 10 个禁忌。

（1）一开始提出的要求不能太接近己方的最终目标。

（2）不要认为己方的要求已经足够高了。很可能此要求太一般，太容易满足了。而对方可能都不知道自己想要什么，或者对于价格的认识与己方根本就不相同。

（3）不要作没有回报的让步。没有回报，或是未经过激烈地讨论，就不要轻易作出让步。

（4）不可接受对方第一次的要求。许多人往往因对方第一次提出的要求与己方预期的一样，便投降了。事实上，对方可能愿意再作让步；而且，对方可能还会觉得你太愚蠢。因此，无论哪种情况，都不应该太急于接受对方所提出的第一次的要求。

（5）不要随便让步。不要因为对方说，鉴于某些规则或是制度不能作出妥协，己方就随便表示同意。要记住，每个条件都是可以讨价还价的。

（6）别忘了你所作过的让步的总水平对己方的谈判优劣势有重要的作用，最好进行记录。

（7）不要降低自己的灵活度。灵活度就如账面上的钱一样，每作出一个让步，离最高的要求就接近一点。如果所有可能作出的让步都做了，但谈判还不能达成一致的话，僵局就很难避免了。

（8）不要拘泥于某个特定条件上的让步，谈判的全局要比单个的条件重要得多。因此，应该让供应商了解所有的让步都是不确定的，都是建立在采购方对整个协议满意的前提之上。人们常常在不该让步时，也咬紧牙关执行做过的允诺，担心如果说话不算话会有悖己方的诚信。这种坚持往往会让己方吃大亏，尤其是在对方根本就不讲信用的情况下。

（9）陈列各种谈判条件。谈判之前要将各种条件都列出来，包括谈判的水平、最低的界限及每个条件的最初要求。例如给每个条件都应有“必须”与“可让步”的项目，两者要结合起来以随时限制每一让步的弹性。

（10）在最后时刻退让。时间在谈判中是非常重要的，有效地利用时间是谈判者采用退让策略打破僵局的先决条件。为了使让步发挥较好的作用，收到理想的效果，许多谈判者都是在最后期限内让步，即不到万不得已，绝不让步。

采购谈判时如何用好手中的让步资源确实是一门学问。让步没有一个固定的模式，只有平时多学习、多实践，并及时根据自己的切身体会做好总结和反思，才能成为一个真正的谈判高手。

本章学习路径

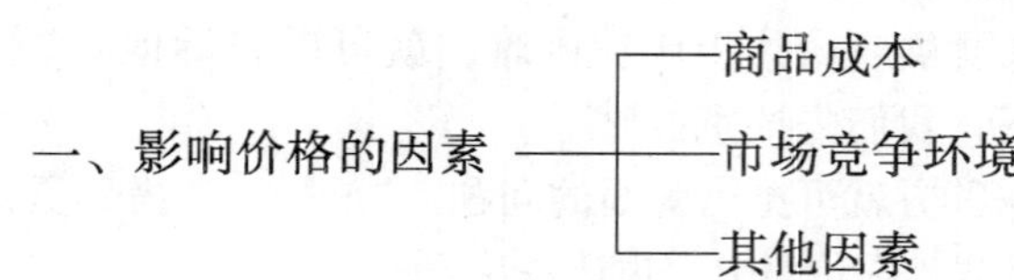

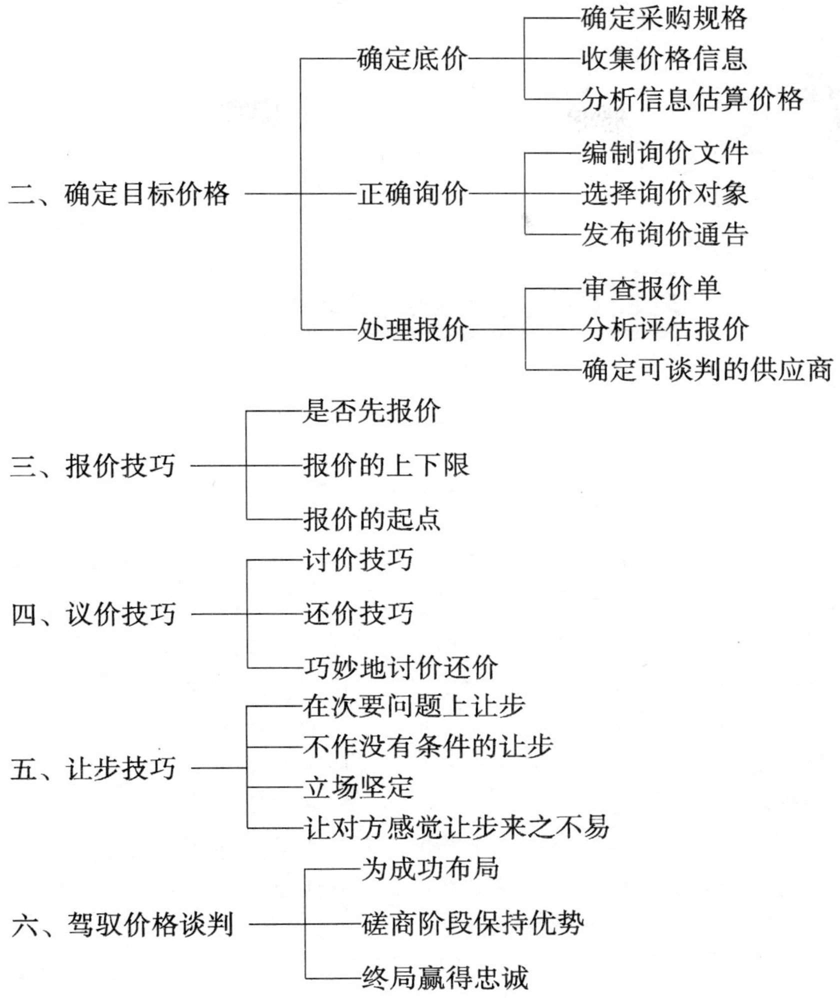
二、确定目标价格
确定底价
确定采购规格
收集价格信息
分析信息估算价格
正确询价
编制询价文件
选择询价对象
发布询价通告
处理报价
审查报价单
分析评估报价
确定可谈判的供应商
三、报价技巧
是否先报价
报价的上下限
报价的起点
四、议价技巧
讨价技巧
还价技巧
巧妙地讨价还价
五、让步技巧
在次要问题上让步
不作没有条件的让步
立场坚定
让对方感觉让步来之不易
六、驾驭价格谈判
为成功布局
磋商阶段保持优势
终局赢得忠诚

第11章

采购谈判礼仪

> **引导案例　　谈判礼仪的重要性**
>
> 某年夏天，A木炭公司经理柯女士到G市金属硅厂谈判其木炭的销售合同。A木炭公司是生产木炭的专业厂家，公司想扩大市场份额，因此对这次谈判很重视。会面那天，柯经理脸上粉底打得较厚，使涂着腮红的脸尤显白嫩，戴着垂吊式的耳环、金项链，右手戴着两个指环，一个钻戒，穿着大黄衬衫、红色大花真丝裙。G市金属硅厂销售科的马经理和业务员小李接待了柯经理。马经理穿着布质夹克衫、劳动布裤子，皮鞋不仅显旧，还蒙着车间的硅灰。他的胡茬发黑，使脸色更显苍老。
>
> 柯经理与马经理在会议室见面时，互相握手致意，马经理伸出大手握住柯经理白净的小手，马上就收回来了，并抬手检查手上情况。原来柯经理右手的戒指、指环扎了马经理的手。看着马经理收回的手，柯经理眼中掠过一丝冷淡。
>
> 问题：柯经理与马经理在礼仪方面做得如何？

本章关键词

礼仪、细节、尊重

本章学习目标

- 了解谈判的基本礼仪
- 了解谈判过程中的主要礼仪
- 了解涉外谈判的礼仪要点

礼仪是在社会生活中，由于风俗习惯而形成的人们共同遵守的品行、程序、方式、容貌和风度等行为规则和形式。

谈判礼仪是指人们在长期谈判实践活动中形成的一些约定俗成的礼仪规范。在谈判活动中，遵循一定的礼仪，不仅有利于营造良好的交易氛围，促成相互的合作与交易的成功，而且能体现个人与组织的良好素质，有助于树立与巩固组织的良好形象。

在正式谈判时，采购谈判者尤其是主谈者的临场表现，往往直接影响到谈判的现场气

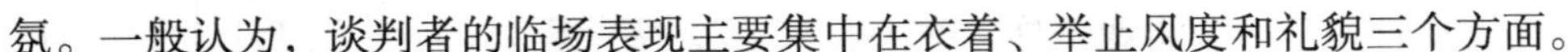

氛。一般认为，谈判者的临场表现主要集中在衣着、举止风度和礼貌三个方面。

11.1　基本礼仪

11.1.1　衣着打扮

参加谈判时，各方人员都应注意自己的穿着打扮。注意着装并不是为了炫耀，而是为了表示自己对谈判的高度重视。在谈判场合中，服饰的颜色、样式以及搭配得合适与否，谈判人员的精神面貌，给对方的印象和感觉等方面都会影响到谈判的成效。

1. 修饰仪表

参加谈判前，应认真修饰个人仪表。女士要选择端庄、雅致的发型，一般不宜染彩色发。此外，谈判者的指甲、胡须和体味等方面也均不得马虎或忽视，这些也是个人形象的组成部分。

2. 适度化妆

出席正式谈判时，女性通常应当化淡妆，以示对谈判对方的尊重。但是，谈判时的化妆应当淡雅清新、自然大方。切不可浓妆艳抹，有意将自己的化妆展示给别人，那样反而会适得其反，让别人看轻自己。

3. 着装规范

一般而言，在参加正式谈判时，应选择深色套装或套裙、白色衬衫，并配以黑色皮鞋，这才是最正规的。总体而言，着装应该充分体现出谈判人员的自信、自尊与自主。

特别需要指出的是，在谈判场合，女性的装饰很重要。得体的装饰会给人一种淡雅、整洁、大方之感，从而提高受尊重程度；反之，过分的鲜艳花哨会给人以比较轻浮、不够稳重的感觉，不但难以得到对方的尊重，甚至会使对方讨厌。

11.1.2　举止适度

在谈判场合中，整洁的服饰固然能给人一个先入为主的好印象，但正确的举止在给对方的印象方面影响更大。

谈判者的举止是指在谈判过程中就座、站立与行走时所应有的姿态及其给人的感觉，这些都会对谈判产生影响。在谈判场合中，对举止最基本的要求是适度。

所谓举止适度，是指就座、站立、行走等的姿态既要充满自信，又不能显得孤傲，令人难以接近；既热情友好，又不低三下四、曲意逢迎；既不要对有利于自己的谈话或时机喜形于色、乐不可支，也不要对不利于自己的谈话和时机垂头丧气、一筹莫展；举止动作既要落落大方、挥洒自如；又不能随意放肆、违反规矩。只有适度才能得体，谈判人员的举止要符合自己的地位、身份和教养，符合当时的环境气氛。

具体而言，举止适度就是要注意以下三个方面。

1. 坐姿

入座时从椅子的左边入座、从椅子的左边站起是坐椅子的一种常规礼貌。坐在椅子上转动或移动椅子位置则是违反正常礼仪的表现。坐下后，身体应尽量坐端正，并把两腿平行放好。反之，将腿向前伸或者向后靠，都会使人反感。

2. 站姿

正确的站姿应该是：两脚脚跟着地，两脚成45度，腰背挺直，自然挺胸，脖颈伸直，颌微向下，两臂自然下垂。

3. 行姿

男性走路的姿态应该是：昂首挺胸，收腹直腰，行走时上身不动，两肩不摇，给人以稳健、庄重之感。女性走路的姿态则有所不同：头部端正，但不宜抬得过高，目光平和，直视前方。两手摆动幅度要小，两腿并拢，小步前进，走成直线，步态要自如、匀称和轻柔。

11.1.3 把握分寸

与服饰、行为举止相比，一个人在谈判中的一些细节上的表现更能反映出其教养和能力。在谈判中，谈判人员要注意谈话的分寸。这种分寸就体现在双方谈话时的距离、手势和目光等方面。

1. 距离

空间距离的远近会直接影响谈判双方心理上的距离。谈判双方的距离一般在1~1.5米之间。如果距离过远，会使双方交谈不方便而难以接近，有谈不拢的感觉。若是距离过近，又会感到拘束、不舒服，不利于表达自己的意见，特别是存在不同意见时。

2. 手势

说话时的手势有利于表现自己的情绪，帮助说明问题，增强说服力和感染力。但做手势要注意自然而然，既不要故意去做某个手势，也不要每句话都带有手势，特别要注意的是手势的幅度纵向不要超过与对方距离的中界线，更不能直指对方。

3. 目光

在谈判场合中，一般要求谈判人员以平静的目光注视对方的脸部与眼睛，这样一方面可以表示在认真倾听对方的发言和意见，另一方面又可以通过注视对方的脸部表情和眼神来观察对方的心理活动，捕捉对方的思想。

11.1.4 保持风度

谈判桌上风云变幻，并不一定总是会有利于采购方。因此，在整个谈判进行期间，每一位谈判者都应当自觉地保持风度，以不变应万变。

1. 处变不惊

在谈判桌上，每一位成功的谈判者均应做到心平气和、处变不惊、不急不躁、冷静处事，既不故意惹谈判对手生气，也不自己生气。在谈判中，谈判者始终保持心平气和，有助于采购方在谈判的瞬息万变中明察秋毫、以静制动，争取谈判的主动权，同时也是任何高明的谈判者所应保持的风度。

2. 争取双(多)赢

谈判是一种利益之争，因此谈判各方无不希望在谈判中最大限度地维护或者争取自身的利益。然而从本质上来讲，真正成功的谈判应当以有关各方的相互让步为其结局。这就是说，谈判不应当以“你死我活”为目标，而是应当使有关各方互利互惠、各有所得，实现双(多)赢。在谈判中，只注意争利而不懂得适当地让利于人，只顾己方目标的实现而指望对方一无所得，既没有风度，也不会真正赢得谈判的。

11.1.5　礼貌待人

在谈判期间，采购谈判人员一定要礼待自己的谈判对手，尤其需要注意以下两点。

1. 对事不对人

在谈判中，必须明白对手之间的关系是“两国交兵，各为其主”的，指望谈判对手对自己手下留情，显然是不切实际的想法。

因此，要正确地处理采购方谈判人员与供应商谈判人员之间的关系，就是要做到人与事分别而论。换句话说，大家朋友归朋友，谈判归谈判。在谈判之外，对手可以成为朋友。在谈判之中，朋友依然可以成为对手，两者不容混为一谈。

2. 注意礼貌

在谈判过程中，有关人员不论身处顺境还是逆境，都不可意气用事，举止粗鲁、表情冷漠、语言放肆，不懂得尊重和体谅谈判对手。在任何情况下，谈判者都应该待人谦和、彬彬有礼，对谈判对手友善相待。即使与对方存在严重的利益之争，也切莫对对方进行人身攻击，恶语相加、讽刺挖苦，不尊重对方的人格。

11.2　谈判过程中的礼仪

在谈判过程的不同阶段，礼仪也有所区别。

11.2.1　开局阶段

在开局阶段，谈判双方接触的第一印象十分重要，言谈举止要尽可能创造出友好、轻松的良好谈判气氛。所以，在确定谈判人员时就要考虑其谈话举止是否与各自的身份、职务相当。

1. 座次礼仪

在谈判时，有关各方在谈判现场具体就座的位次，礼仪性是很强的。从总体上讲，排列正式谈判的座次可分为两种基本情况。

在一般性的谈判中，由两个方面的人士所参加的双边谈判最为多见。双边谈判的座次排列主要有两种形式可供酌情选择。

（1）横桌式。横桌式座次排列是指谈判桌在谈判室内横放，客方人员面门而坐，主方人员背门而坐。除双方主谈者居中就座外，各方的其他人士则应依其具体身份的高低，各自先右后左、自高而低地分别在己方一侧就座。双方主谈者的右侧之位可坐副手，而在涉外谈判中则应由翻译就座。

（2）竖桌式。竖桌式座次排列是指谈判桌在谈判室内竖放。具体排位时以进门时的方向为准，右侧由客方人士就座，左侧则由主方人士就座。在其他方面，则与横桌式排座相仿。

趣味小思考 11-1

对于有三方或三方以上人士参加的多边谈判，座次应如何安排?

2. 人员介绍

开局时，首先对谈判人员进行介绍，使谈判双方相互认识、了解。作自我介绍时要自然大方，不可傲慢、目中无人。被介绍到的人应起立微笑示意，可以礼貌地说“久仰”、“请多关照”之类。询问对方要客气，如“请问您贵姓”等。如有名片，要双手接递。介绍完毕，可选择双方共同感兴趣的话题进行交谈，稍作寒暄，以沟通感情，创造温和气氛。

开局阶段又称导入阶段。开局是谈判的起点。这是双方人员的初次正式亮相，双方都将以对方的表现为根据，迅速作出对对方人员的评价和对谈判前景的预测，因此，谈判人员不可掉以轻心。举止要落落大方，自我介绍、相互介绍、握手致意和互递名片等都要合乎礼仪。如果对方是外商，要尊重对方的习惯和风俗。

谈判之初的姿态动作也对把握谈判气氛起着重大作用。注视对方时，目光应停留于对方双眼至前额的三角区域正方，这样使对方感到被关注，觉得谈判对手诚恳严肃。谈判中不宜乱打手势，打手势时手心向上，以免造成轻浮之感。切忌双臂在胸前交叉，那样显得十分傲慢无礼。

谈判之初的重要任务是摸清对方的底细，因此要认真听对方谈话，细心观察对方举止表情并适当给予回应，这样既可了解对方意图，又可表现出尊重与礼貌。

3. 话题导入

为了给谈判创造一个和谐友善的氛围，话题导入应以一些非业务性的中性话题开头。如果对方是熟悉的供应商，就可以回顾以往愉快合作的经历、双方的共同爱好等。如果双方不熟悉，则可以谈谈旅途见闻、天气状况和新闻人物等内容。这些话题应是友好的、令人愉快的，有利于消除陌生感和尴尬的心理，创造出轻松诚挚的开局气氛。

简短的寒暄后要及时切入正题，进行各自的概述。双方应各自说明自己的基本意图和目的。采购方在说明己方的观点时应简洁、明确、突出重点；语气要自信、诚恳、坚定，语速不宜过快以免显出急躁，但也不宜过慢以免显得毫无生气。要利用自己的口头语言和体态语言恰如其分地表达自己的想法和态度，力求让对方感受到你的坦率和真诚。当供应商陈述时，则要认真倾听，并及时记录和分析，还可以用点头、微笑等肢体语言表示理解。这既是对供应商的尊重，也可以探听对方的虚实。一般来讲，谈判双方的陈述时间要大体相等。

开局阶段是一个相当微妙的阶段。双方都想通过开局后的简短交涉迅速摸清对方的谈判诚意、真实意图、准备情况、预期目标、谈判策略和对行情的熟悉程度等。而双方对己方的情况和意图往往也藏头露尾、闪烁其词，令人难以捉摸。所以，这时的谈话应该特别谨慎，决不要滔滔不绝地长篇大论。一些谈判高手往往在这一阶段能从对方的语言、神情和姿态中揣测到许多微妙的信息，如对手的经验和技巧、性格和作风、意图和希望。

11.2.2 磋商阶段

这是谈判的实质性阶段，主要是报价、讨价还价和解决矛盾的过程。

1. 报价

经过开局阶段的接触，双方谈判人员对彼此的谈判意图、谈判策略都有了初步的了解，谈判至此开始进入实质性阶段——磋商阶段的报价环节。这时，采购方可以按照预定策略或根据接触情况调整预定策略后，明确地向供应商提出自己的要求，一一罗列自己的谈判条件。报价时的陈述要清楚、准确，但该保密的部分还应保密，如谈判者的动机、权限和最后期限等。

在谈判的磋商阶段，双方都会互相提出问题和不同看法，也很容易产生分歧和矛盾。如果操作不当，友好、和谐的谈判气氛就会荡然无存，甚至充满火药味。所以要特别注意说话的语气和技巧。具体地说，就是要注意以下几点。

（1）提问时要注意语气的平和亲切，不能把询问变成质问或责难，引起供应商反感。

（2）交谈时语言要讲究礼貌，不要说出一些会伤害对方自尊心的话语，如“这个问题简单得很”、“那是最起码的常识”、“没遇到像你会这样谈问题的”等。

（3）提问时要做到条理清晰、逻辑性强，显示出提问者的深思熟虑和对此次谈判的重视。

（4）提问时要注意观察现场气氛和对方反应，不要提那些带有攻击性的问题。提问得到回答后应向对方表示感谢，使交谈洋溢着友好的气氛。

（5）对方提问时应认真倾听，随便打断对方的话是很不礼貌的。

（6）报价要明确无误、恪守信用、不欺蒙对方。在谈判中报价不要变化不定，对方一旦接受价格，即不再更改。

2. 讨价还价

在磋商时的讨价还价环节，是谈判过程中最紧张、最关键，也是最困难的阶段。这时双方为了各自的利益，唇枪舌剑，都力求在交锋中占据优势，控制局面。由于讨价还价事关双方利益，容易因情急而失礼，以致感情冲动、恼羞成怒、失态失礼的言行，大多容易发生在这个阶段。因此，越是在这个时刻，谈判人员越要注意谈判的礼仪，时刻把握好利益与礼仪的辩证关系。谈判人员更要注意保持风度、心平气和，求大同、存小异，发言措词应文明礼貌。

（1）要心平气和地讨价还价、讨论问题，要诚心诚意地探讨解决问题的途径，而不幻想一蹴而就，轻易取得成功。

（2）谈判交锋时态度要和善、语言要文明、举止要庄重。切忌狡辩、诡辩，无理纠缠；忌抓辫子、打棍子，抓住对方的偶尔口误不放；忌讽刺、挖苦、嘲笑，甚至进行人身攻击。当对方作出一定让步后，不要脱离实际，穷追猛打，导致谈判破裂。

（3）在较量阶段，要注意自己的体态语言，不要做引起对方误解的动作。例如双臂交叉胸前，往往被认为表示防备心理，或表示对对方的意见持否定态度；两腿不停地挪动或来回交叉，会被认为不耐烦或有抵触；揉眼睛、冷笑、擤鼻子和向后仰靠在椅背上，是不信任、有抵触或不愿继续谈的表示；说话时手心朝下通常表示高傲、自信、踌躇满志或暗示自己地位高；而摊开手掌，手脚自然放松不交叠，对方会认为你愿意开诚布公；而向对方方向挪挪椅子，对方会认为你很有诚意，想尽快成交，不再绕圈子。

（4）要善于用友好的方式打破僵局。较量阶段如果双方的想法和要求差距很大或各执己见，出现僵局时要用友好的方式打破僵局。例如暂时转移话题；插入几句幽默诙谐的语言以缓和气氛；还可以暂时休会或稍事休息。总之，要克服谈判障碍，千万不能伤了和气，伤害对方的自尊，失去对方的信任。

（5）事先要准备好有关问题，选择气氛和谐时提出，态度要开诚布公。切忌在气氛比较冷淡或紧张时询问，言辞不可过激或追问不休，以免引起对方反感甚至恼怒，但对原则性问题应当力争不让。对方回答提问时不宜随意打断，答完时要向解答者表示谢意。

（6）解决矛盾要就事论事，保持耐心、冷静，不可因发生矛盾就怒气冲冲，甚至进行人身攻击或侮辱对方。

（7）处理冷场时一定要灵活，可以暂时转移话题，稍作松弛。如果确实已无话可说，则应当机立断，暂时中止谈判，不要让冷场持续过长，稍作休息后再重新进行。

3. 让步的礼仪

在谈判中出现僵局或分歧，不要轻易放弃，要寻找一切可能的途径，达到预期目的。一般说来，有诚意地适当调整自己的目标，作些必要的妥协让步是十分有益的。

（1）让步是谈判中常用的技巧，其目的是为了双方的最终利益。运用让步技巧时，要做到有理、有利、有礼、有度。首先，让步要抓住时机，当谈判目标已达到，或对方再无让步可能的时刻，不要咄咄逼人、贪得无厌，把供应商逼入死角。事实证明，只有达到双赢的目的，才能真正加强彼此的合作。

（2）要掌握好让步的速度和幅度，不可一让到底。让步幅度过大、过快，反而会让对方生疑，影响谈判结果。

（3）在自己让步时，不必感到不好意思，甚至感到失礼、内疚。要知道正因为彼此的让步，才能使对方受到鼓励，增强成交的信心。如果谈判对手让步了，那么也要控制自己的情绪，不要喜形于色、得意忘形，要称赞对方的让步是多么明智和真诚。

（4）妥协让步一旦作出就不能反悔，要珍重信誉，重视自身形象以及企业形象。

11.2.3 终局

1. 把握谈判达成机会

双方经过几个回合的磋商、让步，最终达成了一致意见，这是谈判的结果。谈判的结果以合同或协议的形式形成书面文件，并经双方签字生效后，才标志洽谈的真正成功。在谈判的最后阶段，谈判人员应注意以下三点。

（1）在谈判的达成阶段，谈判人员仍须谦虚谨慎、不骄不躁，过于冲动、急于求成或反应迟钝都是不利的。

（2）要珍视成交信号，尊重彼此的合作。逐步接近目标时，谈判成效的种种迹象就会显示出来。这一要靠采购谈判者积极主动地诱导，二要靠采购谈判者悉心捕捉，否则会错失良机。

（3）顾全大局，不再纠缠枝节问题。在不妨碍总体协议内容成交的情况下，双方可以握手定案。遗留的细节问题可以以后个别再议，或让相关人员解决。

2. 签字仪式

一些重要的、规模较大的采购谈判，特别是跨国采购谈判，在协议达成后，都要举行比较隆重的签字仪式。

（1）签字仪式的准备工作。

1）确定参加人员。主签人员可以是本次谈判的主要负责人，也可以是本单位或上级机关的领导人。一般出席签字仪式的双方人员人数要大体相等。

2）准备协议文本。谈判结束后，双方应组织专业人员按谈判达成的协议做好文本的定稿、翻译、校对、印刷、装订、盖火漆印或单位公章等工作。

3）选择签字场所。签字仪式举行的场所，一般视参加仪式人员的规格、人数多少及协议中的内容重要程度等因素而确定。签字场所多数选择在客人所住的宾馆、饭店，或东道主的会客厅、洽谈室来进行。有时为了扩大影响，也可商定在某个新闻发布中心或著名会议中心、会客场所举行。无论选择在什么场所举行，都应取得对方同意，否则是失礼行为。

4）布置签字场地。一般在厅内设置一张长方签字桌。桌后放两把椅子，供双方主签人签字入座，东道主席在左、客商席在右，桌上安放今后各自保存的文本，文本前方放签字文具。对于涉外采购谈判，要在签字桌中间摆有一旗架，签字时旗架上面挂双方国旗。

（2）签字仪式的正式程序。

1）接待人员将所有宾客、签字人员引导至指定位置。签字人员入座时，双方的助签人员分别站立在各自签字人员的外侧，其余人排列站立在各自一方代表身后。

2）仪式开始。仪式主持人按预定计划宣布仪式开始，宣读重要来宾名单，奏国歌或与仪式相应的音乐。

3）进行主题活动。签字仪式开始后，签字人员在本国或己方保存的文本上签字完毕后，由助签人员互相传递，交换协议文本，签字人员再在对方保存的协议文本上签字；然后由双方签字人郑重地相互交换协议文本，并相互握手致意。协议文本交换完毕，双方人员握手致意后，其他人员应鼓掌祝贺。这时，由服务人员用托盘端上香槟酒，供宾主双方举杯庆贺。一般双方出席签字仪式的最高领导人及签字人相互碰杯即可。喝酒也只是象征性地表示一下庆贺礼仪，不能狂饮失态。

4）礼毕。主持人宣布礼毕后，应让双方最高领导及宾客先退场，然后东道主再退场。仪式后，可安排与会者观看文艺节目、参观展览、参加座谈会或宴会。

5）举办签字仪式并不复杂，但要办得隆重热烈，就要求谈判人员在整个过程中头脑冷静、准备充分、周到细致、热情有礼。实施时既要有工作的主动性，又要服从领导指挥，以保证签字仪式井然有序地进行。

11.3　涉外谈判的礼仪精要

11.3.1　着装

任何服装都应做到清洁、整齐、挺直。上衣应熨平整，下装熨出裤线。衣领、袖口要干净，皮鞋应上油擦亮。穿中山装要扣好领扣、领钩、裤扣。穿长袖衬衣要将前后摆塞在裤内，袖口不要卷起，长裤裤筒也不应卷起。两扣西服上衣若系扣子，可系上边一个，若是一扣或多扣西服上衣，均应扣全。男士在任何情况下均不应穿短裤参加涉外活动，女士夏天可光脚穿凉鞋；穿袜子时，袜口不要露在衣、裙之外。

参加各种涉外活动，进入室内场所均应摘去帽子和手套，脱掉大衣、风雨衣等送入存衣处。西方妇女的纱手套、纱面罩、帽子、披肩、短外套等，作为服装的一部分允许在室内穿戴。在室内外，一般不要戴黑色眼镜；有眼疾须戴有色眼镜时，应向客人或主人说明，并在握手、交谈时将眼镜摘下，离别时再戴上。

11.3.2 基本交往

握手也有先后顺序，应由主人、年长者、身份高者、妇女先伸手，客人、年轻者、身份低者见面先问候。多人同时握手，切忌交叉进行，应等别人握手完毕后再伸手。男子在握手前应先脱下手套，摘下帽子。握手时应双目注视对方，微笑致意，握手时间以三五秒钟为宜。

此外，有些国家还有一些传统的见面礼节，例如在东南亚信仰佛教的国家见面时双手合十致意；日本人行鞠躬礼；我国传统的拱手行礼，这些礼节在一些场合也可使用。涉外交往中，在与外商谈话时表情要自然，语言和气亲切，表达得体。谈话时可适当做些手势，但动作不要过大，更不要手舞足蹈，用手指点人。谈话时的距离要适中，太远太近均不适合，不要拖拖拉拉、拍拍打打。

交换名片也是相互介绍的一种形式。在送给别人名片时，应双手递出，面露微笑，眼睛看着对方；在接受对方名片时，也应双手接回，还应轻声将对方的姓名等读出，然后郑重地收存好。

在相互交谈时，目光应注视对方，以示专心。别人讲话不要左顾右盼、心不在焉，或注视别处、看手表等做出不耐烦的样子，或做伸懒腰、玩东西等漫不经心的动作。

谈话中要使用礼貌语言，如“你好”、“请”、“对不起”、“打扰了”、“再见”等。

11.4 就餐礼仪

在谈判过程中，免不了会有工作餐或宴请，这些方面的礼仪也是谈判礼仪的一部分。

11.4.1 喝酒的礼仪

“水酒于杯叙衷情”，以酒作为联络感情、增进谈判各方友谊的媒介未尝不可，但也应有所忌讳。

1. 谈判前不得喝酒

谈判前不得喝酒是在进入谈判工作之前如午饭、早餐等时候不应喝酒，以免与人谈话时口喷酒气熏人。休息时喝酒也要有节制，任何情况下的过量喝酒都是错误的；谈判时带有倦容酒态，不仅影响工作也很不检点。若醉意犹存坐在谈判桌前，将严重破坏谈判气氛，这是绝对不能允许的。

2. 礼貌劝酒

采购谈判中免不了有招待酒会，酒会之间与会者不要竞相赌酒、强行喝酒。如果喝酒如拼命、劝酒如打架，就会把文明礼貌的交际变成粗俗无礼的行为，这是极其失礼的。劝酒应该有礼貌，主人或在座客人看到某人酒杯空了，应有礼貌地先询问：“请再喝一杯。”如果用手遮掩杯口并说明不想喝了，则不必勉强。“舍命陪君子”是饮酒者的不自量而决不是有礼行为；劝酒不成而恼羞成怒则是劝酒者的无礼无德；劝酒不成而反目是一种不近人情，而又令人莫名其妙的失礼行为。

席间的干杯或共同敬酒一般以一次为宜，不要重复敬酒，碰杯时候杯沿的高度不要超过对方。碰杯和喝多少也应随各人意愿，勉强别人，不但达不到传递敬意的目的，而且会使对方感到为难而不悦。那种以喝酒多少论诚意的做法是不通情理的。

3. 不要贪杯好酒

喝酒时切忌贪杯，头脑要清醒，不可见酒而忘乎所以。猜拳行令、吵闹喧嚣、粗野放肆都是应该禁止的。醉酒呕吐十分失礼，当事人实际上扮演了粗俗的角色，既伤身体，当众现丑，又影响他人。酒能麻醉人的神经，使人思维紊乱，使其一部分神经亢奋，言语行为失控；即使酒量过人，如果借酒发疯，言行失控，无德、无才、无礼，也不过酒桶饭袋而已，给人留下极差的影响，往往会使人追悔莫及。

11.4.2 西餐礼仪

掌握就餐礼仪，有助于谈判者在就餐时表现得体、彬彬有礼，可以取得意想不到的成功。倘若表现不得体，甚至很糟糕，给人留下的坏印象也会很深刻，从而可能给谈判带来负面影响，尤其在涉外采购谈判时更是如此。这里介绍的主要是西餐的礼仪，其中的一些做法也很值得在吃中餐时借鉴。

1. 餐厅氛围

在西方，吃饭有两个概念，一是吃饱(Feeding)，即填满肚子，如在快餐店用餐，像麦当劳、肯德基等餐厅；二是享受用餐的情趣(Dining)。这类餐厅环境很安静，背景灯光较幽暗，餐桌有点燃的蜡烛，没有喧哗，偶尔伴有优雅轻柔的音乐。

餐桌一定是干净的，台布保持到饭后还是清洁干净的。如果有的地方弄脏了，请马上放一块餐巾纸盖在脏的地方。吃饭时，千万不可把骨头和不吃的东西放在台上或吐在地上，而应把骨头和不吃的东放在碗里或盘子的一角。就餐时每个人都应意识到自己的范围，拿靠近自己的东西；如果需要远处的东西时，应礼貌地请离得近的人传递，而不要站起来伸手去拿。在中式餐厅里，人们习惯说话音量提高，厅内灯光明亮，时而有人劝酒、划拳、大声嚷嚷，人们穿梭于餐桌之间。从西方人的角度看，他们不认为这是很好的用餐氛围，也不理解中国人为什么用餐那么讲究热闹的气氛。

入座时应从左边坐下去。一般要脱掉外套，放在椅背上用衣套套住，如有庞大件的行李或公文包，不可以将它们放在餐桌上。在进餐过程中，应避免随意脱下外衣、摘下领带、松开领口、挽起袖子、解开衣扣等动作。

在整桌女士没坐好之前，男士不要坐下去而应该最后坐下。如果旁边是位女士，男士应帮她拉开椅子。虽然一些职业妇女并不期望男士这么做，但男士如果能这么做，这将使这位男士看起来非常地有礼貌。作为宴会的主人，在入座之前，应走到每个没见过的客人旁，伸出手去自我介绍；对已经相识的客人，要叫出他们的名字打招呼，这样会给客人留下深刻的印象。

2. 基本行为

这是我们在吃西餐时必须要注意的。

(1) 保持安静。不要在餐厅里大声劝酒、划拳，好像在“争斗”似的吵闹。不要大声说话，喧闹嬉笑。越是高档优雅的饭店，越是要轻声轻气的。也不要像对二等公民似的对服务生吆喝，应该尊重他们，适当的时候要说“请”与“谢谢”。

(2) 不要把盘子装得满满的，吃多少装多少，尤其是在吃自助餐时。

(3) 放好餐巾。坐下后，第一件事就是把桌上的餐巾拿起来放在膝上。有人习惯把它压在盘底下，这在西餐氛围里是不容许的。在整个就餐过程中，可不时地用餐巾来擦手和擦嘴，但不要用来擦脸，也不可用来擤鼻涕。用餐结束时，把餐巾叠好放在桌子上，千万不要随便一扔了事。

（4）避免嘴里塞满东西讲话。只要小口吃，就会发现回答别人的问题其实很容易，也能方便地参与谈话。如果你想休息一下或和朋友聊会儿天，或要喝口酒、喝口水时，请把刀叉放在盘子的两侧。千万不要在交谈时，手在空中挥舞刀叉。

（5）学会坐端正了吃东西。不要习惯弯下头去吃东西，西方人习惯把食物拿起来，送到嘴里吃。坐直了，你就会记得把食物端高吃；同时，记住请别把臂肘和手臂放在桌上。

（6）吃东西时切不可发出声响，吃面条时在社交西餐中也得避免“吱溜”声。喝饮料、喝汤都不可发出声响。另外，还要当心别把餐具碰得叮当响；更不要在餐桌上梳理头发、挖鼻孔，这些事都应到盥洗室去做。

（7）吃饭时碰到骨头，绝对不要直接从嘴里“啐”的一声吐在桌上或地上，而可以用手指把嘴里的小骨头、鱼刺等直接拿出来，这不必介意。

（8）有必要起身时，不能扭头就走，要记住对旁边的人轻轻地道声对不起，然后安静地走开。不管男女，站起来就走是非常没有礼貌的。

（9）在就餐前和就餐时不要抽烟。即使在饭店可吸烟区，要抽烟也得征得同桌人是否介意。

（10）不要嘬牙。餐后，有人会大声嘬牙，想把留在牙缝里的残留物吸出来，这是很不好的习惯，应该改掉，没有什么比这个令人不愉快的动作和响声更能毁坏谈判者的良好形象。如果牙缝中真的塞了食物，那就到洗手间去。在那里，可以用力地漱口，也可以用牙签。

实用范例 11-1　　某公司对员工的礼仪规定

1. 在公司内员工应保持良好的个人卫生

（1）头发。员工的头发要经常清洗，保持清洁，男性员工的头发不宜太长。

（2）指甲。指甲不能太长，应经常注意修剪。女性职员涂指甲油尽量用淡色。

（3）胡子。胡子不能太长，应经常修剪。

（4）口腔。口腔应保持清洁，上班前不能喝酒或吃有异味的食品。

（5）女性职员化妆应给人清洁健康的印象，不能浓妆艳抹，不宜用香味浓烈的香水。

2. 工作场所的服装应清洁、方便，不追求修饰

（1）衬衫。无论是什么颜色，衬衫的领子与袖口不得污秽。

（2）领带。外出前或要在众人面前出现时，应佩戴领带，并注意与西装、衬衫颜色相配。领带不得肮脏、破损或歪斜松弛。

（3）鞋子应保持清洁，如有破损应及时修补，不得穿带钉子的鞋。

（4）女性职员要保持服装淡雅得体。

（5）工作时不宜穿大衣或过分臃肿的服装。

(6) 在办公室内服装要整齐，不得穿背心、短裤、拖鞋。

3. 在公司内职员应保持优雅的姿势和动作

(1) 站姿。腰背挺直，胸膛自然，使人看清你的面孔。两臂自然，不耸肩，身体重心在两脚中间。

(2) 坐姿。坐下后，应尽量坐端正，把双腿平行放好，不得傲慢地把腿向前或向后伸，或俯视前方。要移动椅子的位置时，应先把椅子放在应放的地方，然后再坐。

(3) 公司内与同事相遇应点头行礼表示致意。

(4) 握手时用普通站姿，脊背要挺直，不弯腰低头，要大方热情、不卑不亢，且目视对方眼睛。握手时，同性间应先向地位低或年纪轻的伸手，异性间应先向男性伸手。

(5) 出入房间的礼貌。进入房间，要先轻轻敲门三声，听到应答再进。进入后，回手关门，不能大力、粗暴。进入房间后，如对方正在讲话，要稍等静候，不要中途插话。如有急事要打断说话，也要看准机会，而且要说："对不起，打扰一下你们的谈话。"

(6) 递交物件时，如递文件等，要把正面、文字对着对方的方向递上去，如是钢笔，要把笔尖向自己，使对方容易接着；至于刀子或剪刀等利器，应把刀尖向着自己。

(7) 走通道、走廊时要放轻脚步。无论在自己的公司，还是在客户的公司，在通道和走廊里不能一边走一边大声说话，更不能唱歌或吹口哨等。在通道、走廊里遇到同事或客户要礼让，不能抢行。

(8) 办公室里严禁吸烟。

(9) 非休息时间不得在办公室闲聊，更不允许大声喧哗。

4. 正确使用公司的物品和设备，提高工作效率

(1) 公司的物品不能野蛮对待，挪为私用。

(2) 借用他人或公司的东西，使用后及时送还或归放原处。

(3) 工作台上不能摆放与工作无关的物品。

(4) 公司内以职务称呼上级，同事间以×工或×师傅等称呼；客户间以先生、小姐等相称。

(5) 未经同意不得随意翻看同事的文件、资料等。

5. 会客礼仪规范

(1) 接待工作及其要求。在规定的接待时间内，不缺席；有客户来访，马上起来接待，并给客户让座；来客多时按序进行，不能先接待熟悉客户；对事前已通知来的客户，要表示欢迎；接待客户时应主动、热情、大方、微笑服务。

(2) 介绍和被介绍的方式与方法。直接见面介绍的场合下，应先把地位低者介绍给地位高者。若难以判断，可把年轻的介绍给年长的。在自己公司和其他公司的关系上，可把本公司的人介绍给别的公司的人。

把一个人介绍给很多人时，应先介绍其中地位最高的或酌情而定。

男女间的介绍，应先把男性介绍给女性。男女地位、年龄有很大差别时，若女性年轻，可先把女性介绍给男性。

(3) 名片的接受和保管。名片应先递给长辈或上级；把自己的名片递出时，应把文字向着对方，双手拿出，一边递交一边清楚说出自己的名字；接对方的名片时，应双手

去接，拿到手后，要马上看，正确记住对方姓名后，将名片收起；如遇对方姓名有难认的文字，马上询问；对收到的名片妥善保管，以便检索。

（4）上下楼梯。上楼，女士先上，男士后上；下楼，男人先下，女士后下；不要让女士有危险感。

小贴士 11-1　　签字仪式的位次排列

从礼仪上来讲，举行签字仪式时，在力所能及的条件下，一定要郑重其事、认认真真。其中最为引人注目者，当属举行签字仪式时座次的排列方式问题。

一般而言，举行签字仪式时，座次排列的具体方式共有三种基本形式，它们分别适用于不同的具体情况。

（1）并列式。并列式排座是举行双边签字仪式时最常见的形式。它的基本做法是：签字桌在室内面门横放。双方出席仪式的全体人员在签字桌之后并排排列，双方签字人员居中面门而坐，客方居右、主方居左。

（2）相对式。相对式签字仪式的排座，与并列式签字仪式的排座基本相同。两者之间的主要差别，只是相对式排座将双边参加签字仪式的随员席移至签字人的对面。

（3）主席式。主席式排座主要适用于多边签字仪式。其特点是：签字桌仍须在室内横放，签字席仍须设在桌后面对正门，但只设一个，并且不固定其就座者。举行仪式时，所有各方人员包括签字人在内，皆应背对正门、面向签字席就座。签字时，各方签字人应按规定的先后顺序依次走上签字席就座签字，然后即应退回原处就座。

本章小结

（1）礼仪是在社会生活中，由于风俗习惯而形成的人们共同遵守的品行、程序、方式、容貌和风度等行为规则和形式。

（2）谈判者的临场表现中，基本礼仪主要集中在衣着、举止风度和礼貌三个问题。参加谈判时，各方人员都应注意自己的穿着打扮，以表示自己对谈判的高度重视。

（3）举止是指在谈判过程中就座、站立与行走所持姿态及其给人的感觉和对谈判所产生的效果。在谈判场合中，对举止最基本的要求是适度。一个人在谈判中的一些细节上的表现更能反映出其教养和能力。每一位谈判者都应当自觉地保持风度，礼待自己的谈判对手，以不变应万变。

（4）在谈判过程的不同阶段，礼仪也有所区别。谈判之初，言谈举止要尽可能创造出友好、轻松的良好谈判气氛。谈判中要礼貌地处理报价、查询和磋商等各个环节，解决矛盾、处理冷场。签约仪式及谈判中的座次安排也要符合基本规矩。

（5）涉外采购谈判中，除了遵循基本的礼仪外，更要特别注意着装、礼仪细节，尤其不可忽视各国不同的风俗习惯。

（6）在谈判过程中，经常会有工作餐或宴请，这些方面的礼仪也是谈判礼仪的一部分。尤其要注意喝酒的礼仪和西餐礼仪，千万不要因小失大。

复习思考题

1. 谈判的基本礼仪包括几个方面？试分别加以说明。
2. 在谈判的各阶段，应注意哪些礼仪？
3. 谈判中宴请喝酒时要注意哪些礼仪？
4. 试举出你所知道的西餐礼仪的 5 个方面。

本章问题分析提示

趣味小思考 11-1

分析：多边谈判的座次排列，主要可分为两种形式。

（1）自由式。自由式座次排列是指各方人士在谈判时自由就座，而无须事先正式安排座次。

（2）主席式。主席式座次排列是指在谈判室内面向正门设置一个主席之位，由各方代表发言时使用。其他各方人士，则一律背对正门、面对主席之位分别就座。各方代表发言后，也须下台就座。

本章学习路径

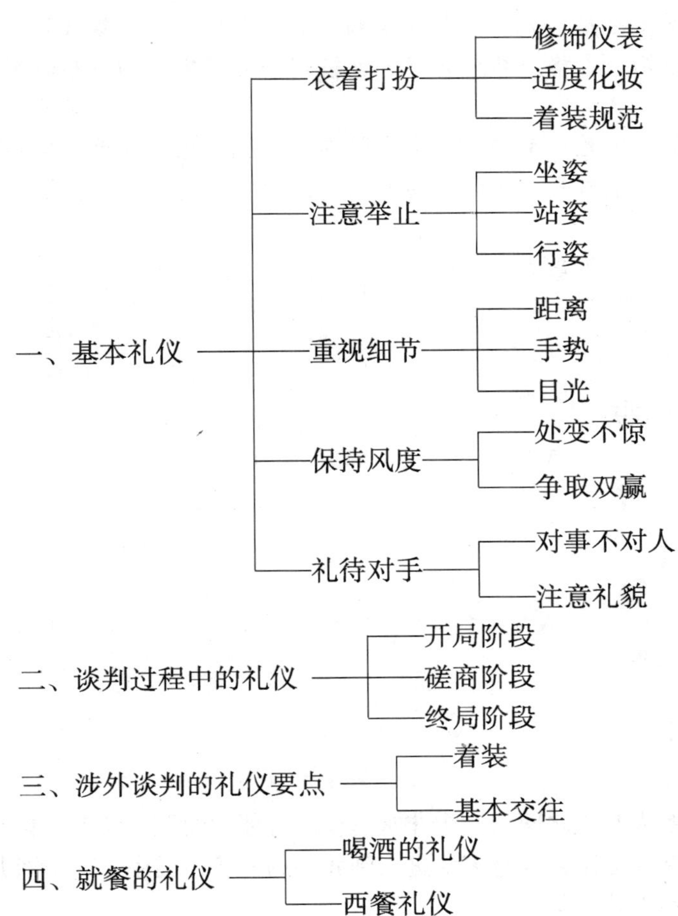

第12章

电 话 谈 判

引导案例 **信 息 透 露**

美国一家钢铁公司与一家矿石供应商在谈判桌前讨价还价，经过几个回合，仍没有达成协议。钢铁公司一位代表拿出移动电话拨通总部，同时作了记录。通话结束后，这位代表要求暂停谈判，并马上召集己方人员离开谈判室。几分钟后，钢铁公司人员返回到谈判室，表示绝不低于那个价格。结果，双方就按钢铁公司提出的价格达成了协议。

原来，钢铁公司的电话记录写着几家矿石供应商的存货情况，他们在谈判暂停时忘记带走记录而留在谈判室了。很自然，他们一离开，供应商便获得了信息，因而同意了钢铁公司提出的价格。

问题：钢铁公司如何巧用电话故意透露了信息?

本章关键词

电话谈判、电子谈判、函电谈判

本章学习目标

- 了解电话谈判的特点
- 掌握电话谈判的技巧
- 了解巧用电话的方法
- 掌握打电话时应该做的准备工作
- 了解电子谈判
- 了解函电谈判

在现代生活中，电话是联系人与人之间的一个非常重要而方便的纽带。随着现代通讯技术的发展，采用电话商谈某项事务正越来越多地进入到我们的经济生活中。电话谈判是指通过电话进行洽谈的一种谈判方式。

一般来说，电话谈判所用的时间和谈判议题都少于常规谈判，但这并不能说明电话谈判就不重要。采购者所接触的大部分谈判都是从电话沟通开始的，如交易双方确定谈判议题、谈判通则等内容大都是通过电话沟通完成的。很难想像不经过事先沟通就直接举行面对面谈判的双方，能取得什么样的谈判结果。

12.1 电话谈判的优劣势

由于电话谈判无法像面对面谈判那样直接交谈，所以，电话谈判既有优势也有劣势。

12.1.1 电话谈判的劣势

1. 很难判断对方的反应而造成判断失误

面对面谈判中可以观察到许多肢体语言，每一个细微的动作都会反映出供应商当时的心理状况，采购谈判高手能够通过察言观色来判断或修改对手及己方的谈判策略，从而建立谈判的相对优势。

电话沟通中，因为供应商在电话的另一端，无法摸清他的喜怒哀乐以及反应如何；不能观察对方的面部表情和行为的暗示，只能通过对方的语气作判断。但仅凭这一点很难准确地分析出供应商的真实意图，更何况如果对方是谈判高手，则极有可能会通过语音语调来迷惑采购方，从而加大采购方对供应商分析的难度，这对采购方的判断和决策带来了很大的障碍。同时，由于缺乏必要的反馈，打电话比亲自洽谈更容易造成误解。因为在电话中跟人说话，我们仅通过其声调来判断就容易犯错误，所以在电话中较难把握对方的话外之意。

2. 容易被拒绝

在任何面对面的采购谈判中，买卖双方或多或少地都会顾及对方的情绪，即使谈判破裂也会给对方留有面子。但在电话谈判中，双方则可能不会有太多的顾及，可能会直截了当地使用拒绝策略，当然并不一定是真实的否定，也可能是通过否定来达到自己的目的。

特别是当采购方的订单对供应商毫无吸引力时，供应商通常不会继续与采购者交流，甚至会直接挂断电话，几乎没有回旋的余地。例如少量的办公室用品采购时，供应商经常会以一些借口而把电话挂掉。所以，电话谈判中，这种马上被结束的压力非常大。

同样，供应商也最怕自己的产品或服务被买方毫无余地的拒绝，而恰恰在电话谈判中买方可以非常容易地、干脆地拒绝对方。所以，在电话中被人拒绝，或者拒绝他人都是很容易的，采购方也容易被供应商拒绝，这是电话谈判的一大劣势。

3. 精力容易分散

采购方与供应商在面对面谈判时，通常会在谈判间或封闭的会议室里进行，不容易受到其他人员或事务的影响，双方均能专心致志地谈判。电话谈判则恰恰相反，无论是电话的哪一端都很容易受到影响，双方的精力不容易集中，很可能会忽略一些重要的议题。例如有同事来了，或者有各种各样的噪声等，接电话时容易分神，打电话的时候有各种各样的事情，这些都会造成精力不集中。

而且，因为电话的沟通是要随时说话，如果一方一时不说话，对方就会以为掉线，或者对方有什么想法。因此，电话谈判要有不断的信息交互，在听的过程中往往会把一些重要的事情忽略掉。

4. 具有较大的冒险性

电话谈判要比面对面的谈判快得多。假如合同有点小麻烦，打电话与对方交涉最长可能持续 5 ~ 10 分钟。如果抽空亲自去一趟，那么这次谈话可能延长到1 ~ 2 小时，甚至花去半天时间。

正因为电话谈判必须比较快，那也就必然具有较大的冒险性。因而这样的谈判多半会产生胜者和败者分明的情况。

通常，快与冒险是同义词。一个冲突不论是以电话谈判或面对面谈判解决，过分求快都会使己方陷于潜在的危机中。谁越想快，谁就越缺乏准备，以至于失去对谈判局势的判断能力。所以，在电话谈判中，如果遇到想利用在电话中不能多说话的特点而尽快签约的对手时，就要格外当心。

趣味小思考 12-1

比较一下，在电话中说“不”，和面对面谈判时说“不”，哪个更容易？

12.1.2 电话谈判的优势

1. 电话有命令人注意的力量

电话有命令人注意的力量。无论在吃饭、看报、说话、睡觉甚至更为重要的事还在进行时，只要电话铃一响，人们都会本能地站起来去拿话筒。这样，如果想和一些不宜登门拜访但又必须交谈的供应商打交道时，打电话便是一个很好的选择。

2. 容易忽视身份差异

利用电话，可以忽视身份的差异。电话中，对方到底是总裁、经理，还是业务人员，其身份、地位、职务都显得不太重要。通过电话，双方各自阐述自己的条件和要求，电话两边人的无论对方身居何职，谈判双方面对的都只是一部电话机。这样，就避免了身份悬殊而造成的压力或紧张局势。如果想降低谈判双方地位的悬殊时，电话谈判就能收到预想的效果。

3. 容易控制信息流量

电话中可以截止自己信息的流出，可以控制信息的流量，这在面对面谈判中有时会比较困难。因为在电话中不会有很紧张的感觉，不会因对方表情、场合而受到压力。如果想中断交流，也比较容易。因为电话的两端一般只有一个人，如果想使谈判信息的流传面缩小时，采用电话谈判的方式，也便于保密，使信息不易扩散。

4. 提高效率降低成本

通过电话谈判，可以降低成本。电话谈判不需要专门的场所，不需要出差等，可以把谈判的成本降得很低。如果想与谈判对方快速沟通、尽早联系、尽快使谈判成交时，电话谈判是达到这一目标、取得谈判成功的捷径。

电话谈判的优缺点比较如表 12-1 所示。

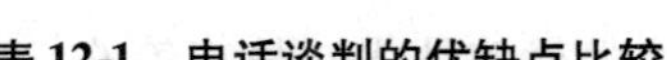

表 12-1　电话谈判的优缺点比较

优点	（1）由于通话时间不可能长，这就可以促使双方都迅速、明确地表明态度 （2）能够避免因彼此地位差异而对交谈效果的影响 （3）可以根据需要控制对方讲话的时间，因而电话谈判比较适用于对付不好打交道的对手 （4）节约时间、降低成本
缺点	（1）由于受时间的限制，双方都不能充分考虑对方或自己的意见，并且有通话随时都会结束的压力 （2）在时间压力下，简单的计算变得十分困难，也很难查阅资料；有时听电话的人一时情急，甚至连档案、铅笔也找不到 （3）容易误解对方的本意或忘记应该交谈的重要内容而采取极端态度 （4）容易分神

趣味小思考 12-2

在电话谈判中，如何占据主动？

12.2　提高电话谈判的效率

随着电话通讯方式被广泛使用，加之电话谈判可以大大提高业务员的工作效率，如今，利用电话进行的采购谈判也越来越多。为了卓有成效地利用电话这一工具，了解和学习电话谈判的知识和技巧、掌握和运用好电话谈判、提高电话谈判效率就显得特别重要。

12.2.1　事先做好准备

利用电话进行谈判，只有事先做好充分的计划和准备，才能真正取得主动权。一位谈判学家说过："在电话谈判中，你的准备一定要比对手的准备更加充分。"在电话谈判前的计划和准备内容主要包括以下几个方面。

1. 保持良好愉悦的心情

虽然电话中彼此看不到对方的面容，但接过话筒一打招呼，就能传递出很多信息。它能表明通话人的心情：如果声音随意、放松，那么说明正好有空闲；如果正皱着眉头，那么电话中的声音绝不可能洋溢温暖；同样，如果说话时面带微笑，那么电话就会传递微笑等，电话声音能惊人地显露通话人的表情，越友善，声音听起来就越亲切。所以，在接听电话时，要坐直身子，打起精神，满怀信心地与对方沟通。

2. 熟悉谈判内容

把即将在电话里进行的谈判在脑海中演练一遍，熟悉内容、加深记忆。同时，把要谈判的内容列一个详细的清单，尤其是重要事项不要遗漏，并应该把将要用到的资料、用具放在手边，如谈判中可能涉及的有关材料、数字，记录用的纸、笔；另外，准备一个计算器，便于随时用来计算。

3. 准备好"借口"

对于对方在谈判中可能采取的战略技术、技巧策略，要有所估计和预料，有充足的心理准备，以便做好相应的对策。要准备好一两个“借口”，以便在谈判不利的时候随时不失礼节地挂断电话。这样便可以避免谈判沿着不利的方向下滑，避免谈判局面进一步恶化，给己方争取思考的时间和回旋余地，这样的电话谈判是非常有效的；这样的结束也非常漂亮，为双方下一次的接触打下良好的基础。如果己方感觉缺少认真的分析、全盘的考虑和洞察各种利弊关系，那么可以用“借口”结束电话而不进行彻底的谈判。所以，不要试图打一次电话就能解决问题，万不可因为吝惜电话费而迫使自己仓促决策。

电话谈判对充分准备的人较为有利。无论如何，在电话谈判中很少有人会在急促的时间里，做出盈亏巨大的决定。成功的谈判者总是在经过长时间的酝酿后，在关键时刻做出果断英明的决定。

12.2.2 干净利落的开头

1. 调整好通话状态

由于电话谈判的不可间断性，它比面谈更需要重视与准备——做一次深呼吸、露出微笑、文件夹放在手边，事前写好一些便笺，甚至准备一杯水。准备充分才会更自信，谈判也会开始得更顺利。通电话时，开场白要干脆利落、不要啰嗦、不知所云。首先，要介绍自己的身份，说明自己的意图。

同时，如何接电话也很重要。很多人习惯于拿起电话“喂”一声，这是很不礼貌的。以一句正式问候话开始并同时报上自己的名字，是一种更积极的态度。如果己方现在没有时间谈，那么要询问对方可否另行安排适当的时间；如果电话是采购方打的，那么也应询问供应商此时是否合适，以表现对供应商的尊重，这很重要。

2. 确认对方此刻是否有时间

接下来要确认对方是否有时间谈。通电话时，如果对方正在开会或者正在接电话没有时间，那一定要再约个时间。约的时间快到时，再打电话提醒对方，而且要明确这是第二次给他打电话了，这样对方会觉得欠点什么。因为第一次来电话他没接，第二次又来了，而且是跟他商量好的，是大家认可的时间。这样，供应商一定会非常认真地和采购方沟通。

12.2.3 注意随时反馈

1. 询问对方是否听清楚

由于电话线路的清楚程度并不一定非常好，所以要非常礼貌地询问对方是否能听清楚，也就是说我们传递的信息是否能够得到对方的认可。因为双方不见面，信息的反馈是不直接的，所以要有礼貌地询问对方是否听清楚了。

因此，要特别注意通话时的音量，包括发音是否清楚，说的话对方能不能听清楚，语速是太快还是太慢。语调要抑扬顿挫，既便于对方倾听，也可以提高与之沟通的效率。

2. 态度积极

虽然在电话中双方不能见面，但对方还是可以通过你在电话中的声音判断你的感情是愉快还是消极，并由此推断你对对方的态度。所以在打电话的时候一定要以积极、热情的心态讲话。电话中，个人的态度、形象如何，完全取决于个人的声音魅力和谈话技巧。

电话谈判的一大特点是缺乏信息反馈。如果是对方在讲话，要尽量给予对方听觉上的反馈；如果一方长时间不出声，对方会认为电话断线或你心不在焉；如果是你在讲话，也可以在某一个观点结束时，礼貌地询问一下对方是否听清。

3. 多听少讲，集中精力

要把注意力完全集中在电话上，排除外界种种干扰，不可一心二用，与谈判无关的事待谈判结束后再做。因为电话是一个相互的过程，利用电话谈判的时候，一定要有效率。为了了解更多的信息，更容易与客户谈判，要多听少讲，尽量让对方多说话，学会聪明地沉默，从对方的滔滔不绝中获得更多的信息和资料。

4. 做好记录

无数次的经历告诉我们，一个君子协定(口头协定)往往会变化为一个非常不可靠的协议。因此，在电话谈判过程中做好笔记，应当非常仔细地写出电话中谈话的主要内容以及双方达成的共识。在通话结束之前，还应当告诉供应商，己方对谈话内容已经作了详细记录，并且最好能够征得对方的同意。

通话结束后尽快将电话记录整理归档，以求档案完整，便于事后随时查阅。假如事后发现谈判的结果对己方不公或不利时，可以这些记录为依据，毫不犹豫地要求对方重开谈判。

其实，不光在电话谈判后需要起草备忘录，在任何重大的面对面谈判之后，都应该写下一个正式的备忘录。

5. 在电话中告别

电话中是无法握手的，但可以说一些话，好像在握手一样。高效使用电话谈判与轻松幽默的谈话结束语并不矛盾。因此，最好用一些积极的、有远见的谈话来结束谈判。这种特殊的交流可以很好地展现谈判者的个性魅力及谈判者与他人的关系。

面谈结束时的告别规则也同样适用于打电话，如礼貌、友好等。

12.2.4 口头表达技能

由于不能面对面地交谈，口头表达技能如何就显得格外重要，人的声音就是人的个性的反映。所以，我们应努力使语调富有变化，并能对谈话内容中的特别之处加以强调；同时，还应努力避免使讲话速度过快。因为滔滔不绝的表述，可能会使对方产生歧义或不信任。

要使自己的声音具备两种素质：热情和积极主动。热情会使讲话响亮而欢跃；这种乐观振奋的语调不会让人怀疑你是在信口开河；积极主动的态度则有助于体现出对合作前景充满信心，也增强了对方的信息。尽管合作能否成功还需要了解双方的态度意愿，但也不要让对方从己方的语调中感觉出犹豫不决。只有自己充满自信、有积极主动的态度，才能影响谈判对方。

在这方面，可以通过这样几条途径锻炼自己。首先，要学会面带微笑地讲话，讲话时面带的微笑是一定会传达给对方的；其次，可以运用一些肢体语言来达到强调讲话内容的作用，即使对方无法看到，但他们会从你的声音里清楚地感受到。使自己的口头表达技能提高的另一个好办法是为自己的讲话录音，之后进行评点，从而扬长避短。

12.2.5 倾听的技能

在电话谈判中，倾听是一项极为重要的技能，因为这是获取对方反馈的唯一方式。认真倾听对方的讲话还可以帮助己方确定打电话的时机是否恰当。当面对面交谈的时候，很容易就能看出对方的情绪好坏，而使用电话交谈就无法看到这些，只有认真听，才能判断打电话的时机是否恰当。

听电话与听对方面对面的谈判是不同的。在面谈的时候，运用目光接触或点头示意等可以使供应商知道己方是否在注意地听。而在电话交谈时，要通过说“是的，我同意”、“我懂了”等话语来表明是否在认真地听。因此，尽管是在对方无法看到己方在听的情况下，也要让供应商能“听到”己方的确在听。此外，因为电话可以省去为传递或接收非言语表达行为的麻烦事，所以可以边听讲边作些记录。另外，为了做到富有成效的倾听，要保证情绪的稳定，使自己的谈话氛围不受烦心事等杂念所干扰，通过说“啊……我明白了……是这样吗”等来寻求反馈，并注意不要打断对方讲话。

不同的人有不同的讲谈风格。例如，有些人在电话交谈中喜欢极为言简意赅地陈述，直截了当地讨论，而有些人则喜欢在电话中闲聊。根据交谈时间的长短和语调，或是对问题的反应程度，可以判断出对方属于哪类人。这样，要成为一名优秀的谈判者必须能鉴别出对方的讲谈风格，使自己讲话的速度和所谈及的话题与对方的讲谈风格相协调。这和面对面谈判时的要求是一样的。

12.3 巧用电话影响谈判

通过电话不仅仅可以进行谈判，还可以作为一个道具对谈判发生影响，为谈判技巧的发挥产生影响。

12.3.1 赢得时间

面对面谈判遇到难题时，为避免对方迫使己方草率地作出决定，可以打个电话，请示上级，借助上级的要求来与谈判的对方讨价还价，使对方不便于正面攻击己方，以钝化其锋芒。这里提到的上级也可以是同事或亲朋好友，甚至可以根本不出现在电话中而只在你的头脑里。这是电话的独特作用。

对于谈判中出现的始料不及的问题，还可以随意拨个电话，设想与别人谈论一个重要的问题，以赢得时间来考虑谈判中的问题。也可以在电话中说：“我马上就来。”借此暂时离开谈判室，然后去请示上级或找同事商量。还可以借此名正言顺地提出休会要求。

这样，利用电话既可以用来接受一个新方案，也可以用来提出一个新方案；既可以用来打破僵局取得谈判成功，也可以用来避免接受一个于己不利的方案而上当吃亏。

小贴士 12-1　　如何了解自己的声音

在重大的电话谈判中，不妨先借助录音来听听你自己的声音。注意点及应具备的特征如表所示。

注意点	应具备的特征
音量	要使对方能够清楚地听到你的声音。过于微弱的低音或是令人烦躁的高音，都是对对方耐心的考验
发音	发音吐字必须清晰，不能含糊其辞。如果你有嘟嘟囔囔的习惯，那可以在声音中注入力量，以及加大嘴部动作以进行纠正。如果你对谈话内容不感兴趣，那也要装出兴奋的样子
语速	语速用适中的语速——不要过快或过慢
语调	语调在重要的词句上提高声音，在不怎么重要的词句上降低语调，这样可以避免使用单调的声音
口头禅	要尽可能避免“嗯”、“啊”、“这个”等口头禅。虽然这样可以避免沉默，但是停顿比它们的效果更好
情感	谈话中人们常会不自觉地将感情或态度融入特定的词语中。例如当说“我以前告诉过你”这句话时，你的声调可能会流露出生气、迁就或防卫等情绪；但若换个方式说：“我以前告诉过你”，也可以表达友好、喜悦或客观的态度。关键是要在声音中融入微笑

12.3.2 借故换人或放弃谈判

在谈判中，如果发觉由于言辞激烈等原因，双方产生了心理不相容的现象，为缓和紧张的谈判气氛，可以胡乱地拨个电话，在电话上说有急事要办，放下电话，再向谈判对方提出换人的要求。

当谈判中出现了难以对付的情况时，也可以用此方式要求换人。当发觉更为有利于己方的新谈判对象，或者继续谈判对己方不利或无法达到自己的目的时，还可以用这样的方式提出中止谈判的要求。

12.3.3 加强谈判地位

由于在电话中处理事务比较简单，经常会缺少足够的时间来交换彼此的信息和经历，因此也难以进行能满足双方需求的探讨。而且，电话交谈往往给人一种比较正式的感觉，结果造成了一个充满“输—赢”竞争行为的局面。在电话中，人们会倾向于比较客观地看待问题，往往更重视掌握谈判的中心内容。交谈内容往往不是自发性的，而是事先有计划有准备的。其结果是强势的一方会最终获胜。

另外，电话谈判中的发话人往往比受话人处于优势地位。所以，在潜在的互相对立的情况下，要尽可能主动地给对方打电话。如果供应商主动打电话给采购方，而采购方还没有准备好，那么采购方可以用类似的托词，例如，“对不起，我有一个重要会议要参加。我现在已经迟到了，什么时间你方便我再给你打过去?”。这样一来，情况就发生了根本变化，采购方就不再是一个被动的受话者了，当采购方准备就绪再打电话过去时，角色已由刚才的被动受话人转变为一个主动的发话者了。

这些做法都可以使一方的谈判地位得到加强。

12.3.4 促使协议达成

合同一经签订就不能变动了。因此谈判者在签订合同之前常常患得患失，迟疑不决。许多谈判最终归于失败的例子说明：当你希望签订合同而对方虽表露了愿意签订合同的意向却还不愿意即刻签订合同时，己方可以随便拨个电话，说有紧急事情要处理，或假装接一个电话虚拟一个竞争者，其实这个电话可能是预先安排好的。

时间上的紧迫感和“竞争对手”的出现，都可以催促对方抓紧时间下决心签订合同。总之，在谈判中，应当灵活巧妙地运用电话这个道具，使谈判更有利于自己并促成谈判达成。

实用范例 12-1　　电话中的有利与不利地位

一轮冗长而又枯燥的谈判正在进行，双方在谈判桌上都还没有取得什么实质性的进展而不得不休会。休会期间，甲突然给乙打了个临时电话，提出了一个方案，说可以解决这轮谈判中的问题。

可以设想，这一电话对于甲来说不是什么一时冲动的行动，尽管在通话中甲或许声称自己是临时想起这么一个建议。更多的可能性是在打电话前，甲衡量了几种可行的方案，并对此作了选择、比较，甚至对如何把这个建议告诉乙的方式也作了考虑。

甲选择了电话，可能因为电话最适合甲要达到的目的。这时甲做好了充分的准备，处于胸有成竹的状态：这次电话商谈新方案时所需的材料早已放在甲的手边，办公桌上也已准备好了纸、笔、计算器、复印机，而秘书也在协助他工作。甲目的清晰，想好了多项策略和计谋。此外，甲还预计了乙可能的反驳，对此甲也作了回答的准备，有把握反驳并予以推翻。

乙被突然来的电话而打搅了原先正在进行的工作，对甲提出的方案毫无准备，或许是闻所未闻。要对这个新方案说些看法，可资料又不在手边，一时也找不到秘书，甚至连笔和纸也没有准备好。加上有人找乙谈工作，又有别的电话找乙，许多事情正接踵而来。

在这样的条件下，乙是冒着很大危险在跟甲通话。由于甲准备得十分周到，乙就得服从甲的论辩与估计。如果甲是利他的、仁慈的和善良的人，甲便会对乙公正和宽厚；如果甲是一名狡猾的谈判者，甲就会愚弄乙。在这样的电话谈判中，甲占上风是明显的。

在任何电话交谈中，拨打电话的人，即发话人处于优势地位；意外接受电话的人则处于被动地位。这种优势和被动，在谈判中往往会变成有利和不利的地位。

趣味小思考 12-3

在电话中应怎样提问？

12.4　电话礼仪

要想取得电话谈判的成功，打电话的礼仪也非常重要。

12.4.1 接电话的礼仪

1. 迅速接听

电话铃一响，应尽快去接，最好不要让铃声响过三遍。若长时间无人接电话，或让对方久等是很不礼貌的，对方在等待时心里会十分急躁，己方也会因此给供应商留下不好的印象。即便电话离自己很远，听到电话铃声后，附近没有其他人，应该用最快的速度拿起听筒，这样的态度是每个人都应该拥有的，这样的习惯是每个办公室工作人员都应该养成的。如果电话铃响了5声才拿起话筒，应该先向对方道歉，若电话响了许久，接起电话只是“喂”了一声，对方会十分不满，会给对方留下恶劣的印象。

拿起电话应先自报家门，“您好，这里是××公司××部”；询问时应注意在适当的时候，根据对方的反应再委婉询问。切忌拿起电话劈头就问：“喂，找谁?”、“他不在”、“打错了”、“没这人”、“不知道”等语言。电话用语应文明、礼貌，态度应热情、谦和、诚恳，语调应平和、音量要适中。接电话时，应有“我代表着组织形象”的意识。

2. 认真记录

接电话时，对对方的谈话可作必要的重复，重要的内容应简明扼要地记录下来，如时间、地点、联系事宜和需解决的问题等。随时牢记“5W1H技巧”。所谓“5W1H”，是指：①When（何时）；②Who（何人）；③Where（何地）；④What（何事）；⑤Why（为什么）；⑥How（如何进行）。在工作中这些资料都是十分重要的，对打电话、接电话具有相同的重要性。电话记录既要简洁又要完备，还需要我们对5W1H技巧的训练。

3. 端正的姿态

打电话过程中绝对不能吸烟、喝茶、嚼口香糖或吃东西。这些不良姿态对方都能够“听”得出来。如果打电话的时候，弯着腰躺在椅子上，那么对方听到的声音就是懒散的，无精打采的；若坐姿端正，身体挺直，那所发出的声音也会是亲切悦耳、充满活力的。因此打电话时，即使看不见对方，也要当做对方就在眼前，尽可能注意自己的姿势。

声音要温雅有礼，以恳切的话语表达。嘴巴与话筒之间，应保持适当距离，适度控制音量，以免听不清楚、滋生误会；或因声音粗大，让人误解为盛气凌人。

4. 客气道别

结束电话交谈时，通常由打电话的一方提出，然后彼此客气地道别。电话交谈完毕时，应尽量让对方结束对话，等对方放下话筒后，再轻轻地放下电话，以示尊重；若确需自己来结束，那么应解释、致歉，然后客气地道别，应有明确的结束语，说一声“谢谢”、“再见”，再轻轻挂上电话，不可只管自己讲完就挂断电话。

12.4.2 打电话的礼仪

1. 选择适当的时间

一般的公务电话最好避开临近下班的时间，因为这时打电话，对方往往急于下班，很可能得不到满意的答复。公务电话应尽量打到办公室，若确有必要往谈判者家里打电话时，应注意避开吃饭或睡觉时间。

2. 开头语

打电话首先应该是向对方问候和自我介绍，其标准模式是“您好，我是××公司的××，我找贵公司的××”，将自己的单位、姓名一起报出。必要时，应询问对方是否方便，在对方方便的情况下再开始交谈。如果电话接通后，自己所说的头一句话是“喂，喂”或“A 公司吗”、“小王在不在”等，则既不礼貌，也不规范。

3. 语言简洁

打电话时所使用的语言，应当礼貌而谦恭。应尽快地用三言两语把要说的事情讲完，不要啰嗦，连自己都不明白“刚才说到哪儿了”，从而浪费别人的时间。若非事关重大的时间、数据，一般没有必要再三去复述已经讲过的话。

在打电话时，对一个人的电话形象影响最大的，当首推他自己的语言与声调。从总体上来讲，它应当简捷、明了、文明、礼貌。在通话时，声音应当清晰而柔和，吐字应当准确，句子应当简短，语速应当适中，语气应当亲切、和谐、自然。另外，打电话时，不要为自己的情绪所左右，例如要么亢奋激动、震耳欲聋；要么情绪低沉、断断续续，小声小气地如同耳语，让对方也听不清楚。这些都是电话谈判中所忌讳的。

无论什么原因使电话中断，主动打电话的一方应负责重新拨打。

4. 挂断电话

如果事情紧急或者赶时间，应用手指轻轻按断通话键，这样可以降低话筒放回主机可能产生的声音，切勿用手掌拍断电话或者将听筒重重地按断电话，以免对方引起误会。也可在电话旁竖立警示牌，提醒自己注意小心轻放，借以慢慢训练轻放话筒的习惯。

通话结束，最好等对方挂上电话之后，发话人再放下话筒，并且话筒应该轻放。通话中途万一断了，要主动打过去，并且向对方道歉。

如果打错电话时，则应向对方说“对不起，我打错了”、“打扰您了”等。切勿直接挂断电话，不作任何解释。

5. 留言或转接电话

如果对方不在，而事情不重要或不保密时，可请代接电话者转告。相反，应向代接电话者询问对方的去处和联系方式，或把自己的联系方式留下，让对方回来后再回电话。

来电话找的同事正在接电话时，要告诉对方他所找的人正在接电话，主动询问对方是留言还是等一会儿。如果留言，则记录对方的留言、单位、姓名和联系方式；如果只是等一会儿，则将电话筒轻轻放下，通知被找的人接电话；如果被叫人正在接一个重要电话，一时难以结束，则请对方过一会儿再来电话，或是留下回电号码，切忌让对方久等等。

对不指名的电话，判断自己不能处理时，可坦白告诉对方，并马上将电话交给能够处理的人。在转交前，应先把对方所谈的内容简明扼要地告诉接收人。

趣味小思考 12-4

某化工研究所与一家洗涤剂厂就一种新型的洗涤剂生产技术转让问题进行谈判。洗涤剂厂以该新型洗涤剂尚未接受市场检验一时难以打开销路为由，提出分两次付清技术转让费，而研究所则坚持在技术资料转让时一次付清，双方互不相让，谈判陷入僵局。后来研究所接到另一家洗涤剂厂打来的电话，说是他们想就新型洗涤剂技术转让问题进行洽谈。正在谈判的洗涤剂厂从旁听完电话后，便不再坚持分期付款了。

问题：什么原因促使洗涤剂厂尽快达成了协议？某化工研究所采用了什么技巧？

趣味小思考 12-5

一家汽车制造厂与某机电公司进行谈判，在电机价格上相持许久后，机电公司提出一个新方案：愿意将其中几种型号的电机价格降到比汽车厂所要求的价格还低，但要求将总金额提高1%。汽车厂听完后立即说有一件重要的事情要办理，拿起电话拨号并飞快地记录着。放下电话后，汽车厂表示可以接受新方案，因而谈判获得成功。

问题：汽车厂在这里是如何巧用电话的？

12.5 电子谈判

依据所借助的媒介，除去电话谈判外还有电子谈判、函电谈判等。

随着信息技术的日益发展、全球化的浪潮和组织结构的扁平化，谈判方式已经不仅仅局限在谈判桌上，谈判者开始使用更多灵活的形式，以 E-mail 谈判为代表的电子谈判就是其中之一。它是建立在现代信息技术基础之上的以互联网为主进行沟通的一种谈判形式。

12.5.1 电子谈判的主要特点

(1) 它能够在谈判双方之间制造一个“缓冲区”，使得谈判者有时间和空间进行更周密的思考。

(2) 电子谈判可以提高各方谈判者的平均参与程度，从而提高谈判成功的可能性，因为借助电脑网络进行联系和沟通后，人们更倾向于面对面地畅所欲言，提供更多的解决方案。

(3) 在面对面的情况下，男性首先提出可行决策的比率是女性的5倍，而在电子沟通的情况下，男性和女性的该比率趋向平均。

(4) 不可忽视的是，比起面对面谈判，电子谈判 E-mail 也可以在很大程度上节省谈判成本，它比电话谈判的成本更低。

(5) 电子谈判存在一些弱点。由于利用电子媒介进行沟通，双方缺乏进行非正式交流的机会，如谈判间隙的随意聊天，谈判双方不容易建立信任关系，冲突和误会更容易升级。因此难以促进对彼此的积极看法，误会也不容易消除。另外，由于电子谈判并不是实时的，谈判者无法从对方获得立即的反馈。如果反馈不及时，就会降低谈判者的动机水平。而且，在谈判中电子邮件造成的匿名感使谈判者更容易使用威胁、虚张声势等手段，不利于长期关系的建立。

12.5.2 电子谈判的影响因素

电子谈判作为一种特殊的谈判形式，除了谈判所固有的因素，如谈判者的动机水平、情绪和谈判策略等，还受到许多其他因素的影响。

(1) 双方的信任水平。如果谈判各方现有的信任较高，将促进彼此之间的沟通，电子谈判就更容易展开。

（2）目前的冲突水平。如果谈判各方就谈判协议达成容易产生冲突，也就是冲突的唤起水平较高，如果没有面对面地信息交换减少信息不完全，将不利于加强信任基础。这就使得冲突更容易升级，从而加大谈判的难度。

（3）谈判者的个人特征，在电子沟通中将比面对面沟通自我情绪与特点的展露更加充分，有可能会影响谈判的效果。

12.5.3 提高电子谈判的成功率

目前的趋势是电子谈判将随着信息科技和全球化进程而发挥日益重要的作用。因此，如何克服电子谈判的固有弱点，提高谈判成功率是一个值得关注的问题。

1. 内容

首先，内容要简洁、清晰。对 E-mail 内容的研究发现，人们很少能容忍冗长的邮件。因此，谈判者应该遵守简单规律，尽量把长度控制在一屏之内，使 E-mail 的内容简洁、清晰。

另外，多封较短的 E-mail 比一封长长的 E-mail 能达到更好的沟通效果。同时，在 E-mail 中要有意识地使用一些表示情感的流行符号或者图标，如“^_^”、“:)”等。

2. 程序

谈判双方应提前沟通谈判方式，即在电子谈判之前双方进行充分讨论，决定沟通方式和规则。例如，双方应该如何沟通，是否应在收到对方 E-mail 后马上回复？收到后回复的最长时限是多久？是否可以把 E-mail 转发给他人？对方的工作时间等。通过提前沟通，可以减少因为不能见面而产生的不必要误会。

3. 情感

情感是指努力为电子谈判中的交往增加人情味，如使用比较私人化的称谓，借以加强情感交流。有研究表明，加强情感交流可以改善 E-mail 谈判的效果。例如就双方个性化的信息进行交换，互换照片和简历；在谈判前利用电话互致问候，在谈判的过程中夹杂“闲谈”，那么将降低谈判的失败率。

另外，在电子谈判中，也要注意控制自己的情绪，避免冲突升级，避免使用威胁的手段。

12.6 函电谈判

函电谈判是一种书面谈判形式，它是指通过书面信函、电传和传真等途径进行磋商，寻求达成交易的书面谈判方式。函电谈判方式与电话谈判方式有相同之处，也有不同之处：两者都是远距离、不见面的磋商，但一个是用文字表达，而另一个则是用语言来表达。

12.6.1 函电谈判的优缺点

函电谈判作为传统的书面谈判方式，有其优点和缺点。

1. 优点

（1）方便、准确。函电谈判的电传、传真是现代化的通信手段，如同电话一样具有

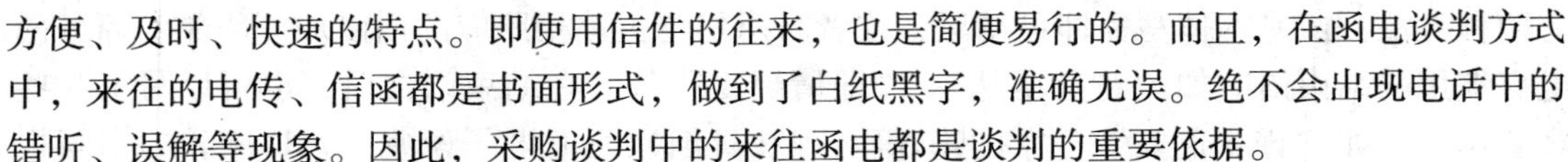

方便、及时、快速的特点。即使用信件的往来，也是简便易行的。而且，在函电谈判方式中，来往的电传、信函都是书面形式，做到了白纸黑字，准确无误。绝不会出现电话中的错听、误解等现象。因此，采购谈判中的来往函电都是谈判的重要依据。

（2）有利于谈判决策。函电谈判方式所提供的谈判的内容都是书面文字，既不像面对面的谈判方式那样必须当面决策，可以有较充裕的时间思考；又便于谈判双方与各自组织的相关人员进行充分的讨论和分析，甚至可以在必要时向有关专家咨询、请教，从而有利于慎重决策。

（3）材料齐全、有据可查。函电谈判方式可以充分利用文字、图表来表达，使谈判内容较之电话谈判方式要全面、丰富。而且，谈判双方经过了反复多次的函电磋商，这些来往的函电就是今后达成交易、签订合同的原始凭证，有根有据，便于存查，具有一定的法律效力。

（4）省时、低成本。由于函电谈判方式是借助于邮政、电讯手段来实现远距离谈判，使谈判人员可以坐镇办公室而无须四处奔波，一来省时，二来省去了差旅费等。因此，函电谈判方式的费用开支要比面对面谈判方式少。

（5）忽视身份差异。和电话谈判一样，函电谈判方式中的谈判人员是不见面的。双方谈判代表可以不考虑谈判对手的身份、地位和个性等，从而把主要的精力集中到交易条件的磋商上，成交较为理性。

2. 缺点

（1）函电谈判方式用书面文字沟通，有可能出现词不达意的情况，使谈判对方耗时揣摩。如果因此造成谈判双方各有不同解释，就容易引起争议和纠纷。

（2）谈判双方代表不见面，就无法通过观察对方的语态、表情、情绪以及习惯动作等来判断对方的心理活动，从而难以运用语言与非语言技巧。

（3）此外，谈判双方缺少了面对面的接触，讨论问题往往不深入、不细致，彼此印象、情感也不深刻。

12.6.2 函电谈判的基本要求

1. 函电的书写方式

用于函电谈判的函电，一般包括以下内容。

（1）标题。其基本要求包括函电的拟写与处理两个方面。标题即函电的题目或函电的名称，是对函电内容的集中和概括。标题要求简明、确切，不要文不对题，标题和函电内容应互相对应。

（2）函电编号。对函电进行编号，是为了收文和发文单位便于分类登记和进行查询。编号方式各组织有不同的规定。例如“中星字321号”中的“字”代表发文单位，“号”代表发文次序。

（3）收文单位。收文单位是指函电送达的对象。

（4）正文。正文是函电的主要部分。正文一般由三部分组成：①开头。正文的开头多从发函的原因写起，便于对方了解发函的原委，文字要求简明扼要。②主体部分。主体是函电最重要的部分。它的任务是阐述发函的目的和要求，一定要做到目的清楚、要求明确，即充分表达己方的意图、要求和条件，又使对方清楚明白、一目了然。③结尾。结尾有两种方法：或是主体写完即可结尾，或者写两句与主体相照应的话以加深印象。商务函电有惯用的结束语，如“特此函达”、“即请函复”等。在结束语之后，也可以写上一些客套用语，如“谨祝商安”、“商祺”等。现在日渐兴起的电子谈判中，E-mail 的书写也多采用这些规则。

函电书写要正确、及时，每次函电的内容应当正确、完整。对交易磋商、签订合同协议、处理争议问题等各类函电，都要抓紧时间及时处理，不能拖延，以免丧失良机，造成经济上的损失或带来不良影响。

（5）附件。随函电发出的销售合同、协议、报价单、发票和单据等都作为附件处理。附件的名称、号码和件数必须写清楚，写在函电的末尾。

（6）发文单位、日期、盖章。在函电末尾，写上发文单位名称，单位名称下写明发函时间即年、月、日等。在日期上面加盖发文单位的印章，加盖印章是表示对发函严肃负责，有些函件则需单位负责人签名才有效。

2. 函电的处理

在一些大型组织中，采购函电面广、量大、内容复杂、时间性强，因此对函电的处理应当做到有计划、分步骤、不积压、不遗漏、不出差错。要想把谈判函电的处理工作做好，我们还应注意做到以下几点。

（1）认真阅读电文。认真阅读电文，理解原文含义是处理函电的第一步，也是最重要的一步。完成这项工作的程序应当是：接到函电后先将函电全文通读一遍，选出其中较为重要和急需处理的部分仔细阅读，必要时要查阅有关的档案和资料，以便进行深入全面的分析，理解函电原意后考虑并拟定处理意见。

（2）分清轻重缓急。处理谈判函电时应遵循急件急办、重要件及时办、一般件不积压的原则。在步骤上，一般是先处理电报、电传，然后处理时间性较强的函件和洽谈成交的主要客户的来函，最后处理一般性函件。

（3）加强联系。采购任务一般都是由组织中生产、储运、财务等众多部门协同完成的。函电的处理和落实也涉及许多单位和部门。因此，采购谈判者必须加强与各单位、各部门之间的联系，一些函电要及时转达，避免工作脱节引起的纠纷，给组织造成经济损失。

函电谈判和电子谈判有许多共同之处，但也有很多不同。在现在的采购谈判中，电话谈判、电子谈判和函电谈判都在交替地使用着，使谈判的具体方式更加丰富。

本章小结

（1）电话在当今世界已经与人类的日常生活息息相关，不可分割。电话谈判是指通过电话进行洽谈的一种谈判方式。

（2）由于电话谈判无法像对方面对面那样直接交谈，所以，电话谈判既有优势也有劣势。

优势：电话有命令人注意的力量；容易忽视身份差异；容易控制信息流量；提高效率降低成本。

劣势：很难判断对方的反应而造成判断失误；容易被拒绝；精力容易分散；具有较大的冒险性。

（3）电话谈判有 6 个基本技巧：干净利落的开头；确认对方是否有时间跟自己谈；询问对方是否听清楚；态度积极；注意随时反馈；在电话中友好告别。

（4）对电话谈判效率的影响因素，主要包括口头表达技能、倾听技能、与对方的讲谈风格保持协调一致的能力和电话准备。

（5）通过电话不仅仅可以进行谈判，还可以将电话作为一个道具对谈判发生影响，为谈判技巧的发挥产生影响。例如搬出后台、延缓时间、借故换人和放弃谈判、加强谈判地位、促进协议达成。

（6）电话礼仪不仅存在于电话谈判中，也存在于日常工作中，需要我们有意识地训练。它包括接电话的礼仪、打电话的礼仪。

（7）随着信息技术的日益发展、全球化的浪潮和组织结构的扁平化，谈判者开始更多地使用以 E-mail 谈判为代表的电子谈判形式。电子谈判也存在鲜明的优缺点，改善电子邮件的内容、程序和谈判者之间的关系，有助于提高电子谈判的效率。

（8）函电谈判是一种书面谈判形式，它是指通过书面信函、电传和传真等途径进行磋商，寻求达成交易的书面谈判方式。它具有很多优点，在长期的使用过程中人们已经形成了对函电书写的基本规范。

复习思考题

1. 试分析电话谈判的优缺点。
2. 电话谈判有哪些技巧？你还能总结出一些实用技巧吗？
3. 如何提高电话谈判的效率？
4. 电话谈判前应做好哪些准备？请列出清单。
5. 电话如何对谈判技巧的发挥产生影响的？请举例说明。
6. 试述电子谈判的特点。怎样提高电子谈判的成功率？
7. 函电谈判有什么特点？
8. 电子谈判、函电谈判和电话谈判有什么异同点？怎样用好这三种谈判方式？

本章问题分析提示

引导案例

分析：实际上，这是采购方特意策划的。在谈判桌前，通过电话，可以故意(看似无意)透露一些信息给对方。这家钢铁公司正是利用了这一点，策划了促成谈判达成有利于自己协议的一幕。

（1）作为买方，可以故意透露几天后将与另一家洽谈的消息，或者物价有可能下跌等有利于己方的消息。由于这些消息是通过你与第三者在电话中对话而传到谈判对方的耳朵中的，就能给对方一种假象，似乎是天赐良机让其得知了重要信息，从而增加了可信度。

（2）作为卖方，可以透露出物价有可能上涨的消息，或者由于原材料紧张，涨价以及资金周转困难等原因，某产品可能暂停生产或缩减生产量等消息。这样，就有利于己方在谈判中处于主动地位，使谈判向有利于自己的方面转化。

趣味小思考 12-1

分析：电话中说“不”字比较容易，也不麻烦。

假如有人有事打电话找你，客气地说：“你若不介意，我希望……”对于这样的电话，你可以直截了当地回答：“不行！我现在很忙，对不起！”挂断电话，对方也便到此结束。

如果对方是亲自来找，就不那么容易摆脱。当对方走进你的办公室，喘着气说：“好不容易找到这里，真是难得呵……有点事打搅你……”说完后，你见他流着汗，或许还热泪盈眶、一副恳求你的神态，你就未必能够直截了当地说出拒绝的话。而且即便你说了拒绝的话，对方还可以再纠缠着你，使你既不便逐客又难得接受全部要求，最后，以让步而结束谈话。

这就说明，你若急需得到想要的结果，亲自出面会面要比打电话好。反之，对于某些不易接受的要求，则可以在电话中有礼貌地拒绝。

趣味小思考 12-2

分析：在利用电话进行谈判时，谁都想当主动者，由此如果在一个具有潜在敌意的情况下，接到了对方的电话，那么可以这样说：“对不起，我有一个重要的会议要参加，我快迟到了。什么时候方便，我会回电话给你的，好吗？”类似这样的回答，就可以使自己变没有准备而有准备，变受话而成为发话。这时，何时打电话给对方，谈什么主题等，就都掌握在你的手里了。

有了主动的地位，但主动性的真正获得和将这种主动保持到最后的合同中，还需要发话人在通话的内容上作精细、妥当的安排。

（1）准备好一份通话的大纲，它包含各个重点或要点。

（2）对重点或要点问题的话语必须认真思考，长途电话更需要简明、清楚。

（3）如果与谈判对方利益不一致可能产生对抗情绪时，就必须预测对方的回话与策略，事先准备好对答。

（4）通话时，所需资料应尽量放在桌上或手边。

（5）集中精力，避免在通话时做其他事情，以免分心。

（6）通话结束时，应把这次电话的要点，甚至协议的条文事项总结归纳，予以强调，并作记录。

（7）如果需要，须对下一步双方的行动作一公告。例如，是会面，还是电话、通信，要做哪些具体事情等，都应作出安排。

趣味小思考 12-3

分析：学会在电话中提问，可以很好地弥补电话谈判中的感情距离，以及反馈不及时的缺陷。

1. 试探对方是否准备好

“今天工作进行得怎么样？”或“现在谈判您觉得合适吗？”

2. 如果估计电话时间很长

“能给我半个小时时间吗？”或“我们是否应该约其他时间通电话？”

最好先询问一下对方的这类问题，以确认时间安排。预约通话时间还可提高电话内容的受重视程度。

3. 如果涉及资料

“文件夹在您办公桌上吗？”或“您还有什么东西要准备的吗？”

如果电话内容涉及一份文件或传真件，应确保对方手头也有这份文件，或已经收到你的传真件。同时，这样的问话也使你拥有权力和威严。

4. 防止对方走神

“您的语气好像有点不对，有什么问题吗?”或“您今天是否情绪不佳?”

这样的问话可以验证你所怀疑的事情，同时也可以制止对方走神。

5. 确认接收到的信息

随着谈判技巧的提高，你会发现能听到一些看不到的面部表情。如果你能确信这一点，就可以告诉对方“你听起来好像比较赞同这部分的观点”或“你对这一点有所疑问吗?”如果你的听觉正确，对方就会很欣赏你的领悟力；同时，也有益于进一步确认你所接收到的信息。

趣味小思考12-4

分析：研究所实际上是利用电话制造了一个“虚拟者”，从而影响了谈判对方的判断。

谈判前，可预先安排一个人在谈判的适当时候，作为竞争者(新的卖主)打来电话，能刺激与你正在谈判的供应商的销售欲，促使对方不再犹豫不决，从而作出决断；或者能软化对方的强硬态度，降低其要求，促使谈判走向成功。

趣味小思考12-5

分析：事实上，汽车厂方面并没有真正打电话，而只是随便拨个号码，以打电话为名，迅速地将电机公司提出的新方案进行计算，计算结果表明：新方案的总金额比汽车厂自己提出的方案总金额只略高一点。于是汽车厂便同意了新方案。

这也被人们称为借电话暗中进行“算计”的策略。

本章学习路径

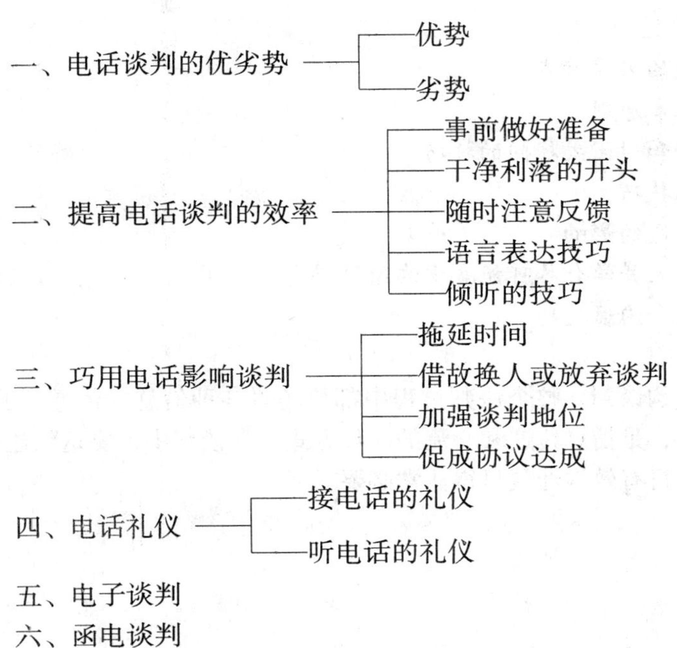

第13章

有效沟通

引导案例　　　　　　　　　　　　怪　谜

艾伦·金斯伯格是美国著名诗人。一次在宴会上，他向一位中国作家提出一个怪谜，并请中国作家回答。

这个怪谜是："把一包5斤重的鸡装进一个只能装1斤水的瓶子里，用什么办法把它拿出来?"

问题：如果你是这位作家，你将如何回答?

本章关键词

谈判类型、沟通原则、沟通障碍、跨文化沟通

本章学习目标

- 了解两种主要谈判类型的沟通特点
- 了解有效沟通的8项基本原则
- 掌握谈判中开放式提问和封闭式提问的技巧
- 掌握谈判中提问回答的技巧
- 了解肢体语言对有效沟通的影响
- 了解沟通障碍形成的原因并学会尽可能减少沟通障碍
- 了解跨文化沟通的障碍和沟通技巧

无论以何种形式进行的采购谈判，整个谈判过程中都伴随着各种信息的传递。因此，谈判实际上是沟通的一种形式，是信息传递和交流的一种方式。在谈判中，要达到建立信任和承诺，实现谈判目标，进行有效沟通就显得非常必要。

13.1　理解有效沟通

13.1.1　有效沟通的含义

沟通在我们的生活当中无处不在，从某种意义上说，沟通已经不再是一种技能，而是一种生存的方式。

沟通通常被定义为借助一定手段把可理解的信息、思想和情感在两个或两个以上的个人或群体中传递或交换的过程。目的是通过相互间的理解和认同，使个人或群体间的认识以及行为相互适应。

《大英百科全书》中认为：沟通是用任何方法彼此交换信息，即一个人与另一个人之间用视觉、符号、电话、电报、收音机、电视或其他工具为媒介所从事交换信息的方法。

有效沟通是指通过沟通的过程，使信息真实迅速地得到交流，并使彼此需要此信息的个体达成共识，完成沟通所要求达到的目的。沟通的有效性包括速度、范围以及沟通目的等。

美国著名未来学家奈斯比特曾指出："未来竞争是管理的竞争，竞争的焦点在于每个社会组织内部成员之间及其外部组织的有效沟通上。"在采购谈判中，实现有效沟通，有利于信息在谈判者之间充分流动和共享，有利于提高谈判的工作效率，增强各方决策的科学性、合理性。

13.1.2 有效沟通的基本原则

并不是所有的沟通都是有效的，要使沟通有效，必须遵循一定的原则和技巧。从经济学角度讲，无效沟通是对沟通资源，包括时间、精力、渠道和金钱上的一种浪费，不仅沟通本身毫无意义与价值，有时甚至还产生负效益，即沟通成本大于沟通的产出，不仅没有在各方之间建立起关系，反而伤害了相互之间已有的联系。所以要实现有效沟通必须遵循一些基本原则。

1. 信息的真实性

有效沟通所传递的信息必须是对方需要的、真实的信息。一个良好的谈判过程必须是相互需求信息的沟通，这是谈判能够存在、成立并达成协议的基础和首要前提。即在谈判中要实现有效沟通，沟通的信息必须是真实、有意义的，至少对其中一方是有用和有价值的。

2. 渠道的适当性

有效沟通必须将有意义的信息，通过适当和必要的沟通渠道传递给对方，不同的信息对于传递渠道的选择有不同的要求。真实的信息，如果选择了不恰当的渠道进行传递，就会产生信息误读或扭曲，导致沟通受挫或受阻，有时甚至产生沟通灾难。例如谈判中因场合而异或传递信息方式选择的错误都会造成误会，从而可能引起沟通问题。

3. 主体的恰当性

人们要想达成有效的沟通，信息的发出者和接受者都应该是而且必须同时是恰当的主体，这就是沟通主体的恰当性原则。

例如采购报价虽由己方适当的人员发出，但对方接受者不对；或者接受者对了，但发出者身份或地位不适当，都会导致沟通失败。只有有意义的信息从适当的主体发出，并准确地传送给了适当的主体及时接受，沟通才可能是有效的。

4. 传递的完整性

信息由适当的主体发出，通过适当的渠道传递，并且也由适当的主体接受了，但并不一定就能保证沟通有效完成。这是因为，由于各种原因的影响和各种因素的干扰，被传递的信息有可能在被传递过程当中人为或自然地损耗、变形。如果这种情况发生，那么，接受者接收到的信息已经不是发出者所发出的严格意义上的同一信息。既然已经不是同一信息，那么，就有可能发生沟通失误或误解信息。因此，沟通要完美和有效，信息在传递结束时必须仍然保持其内容的完整性。

5. 信息代码相同

在传递真实信息时，各方必须使用相同的信息代码系统，即发出者发出的信息，接受者接收信息，都必须以相同的代码系统进行解码。如果双方所使用的信息代码系统完全不同或存在较大差异，就会导致接受者对信息解读无法实现或解读错误，也就是导致沟通失败。人们常说的“我在说 A，而你却在说 B”，这就是信息代码系统不一致的表现。

一旦发生类似的错误，沟通的过程在形式上虽然是完成了，但在实际上没有形成有效的信息传递，真正有效的沟通就等于没有发生。例如与外商谈判时，由于语言或文化上的歧义而发生的沟通不畅，就可以视为信息代码不一致的情况。所以谈判者要尽量了解谈判对手的背景、文化、习惯，尽量使用各方都能较好理解的语言。

6. 目标原则

没有沟通目标的沟通，就很难把握与衡量其沟通效果，很难判断其是否与沟通的本意相偏离。沟通目标、目的不明确，也将造成信息发送者所发信息混乱、模糊、含混不清，接受者只能靠经验和场景猜测对方的用意，从而极易导致沟通误差或沟通失败。另一方面，不同的沟通目标，一般会对应于不同的沟通方式和沟通行为。

在采购谈判中，如果想得到供应商的支持，就应特别注意营造宽松的谈判氛围，增强和发展相互之间关系友好、合作的一面。这也是为什么我们在整个谈判过程中都要注意维护良好谈判氛围的原因之一。

7. 连续性原则

有效沟通还必须具有时间和沟通内容与方式上的连续性，这是因为人们都是依据自己的经验、情绪和期望对各种情形作出反应的。如果不了解沟通对象的过去，就会影响预测对方现在或将来的行为，而这种预测会明显影响己方与沟通对象的沟通行为。

人们对沟通对象的了解越多越深，人们就越容易找到有效沟通的切入点、恰当方式和途径。从沟通内容与方式上来讲，我们尽量不要改变对双方均已熟悉的沟通内容和方式，而是要尽可能保持一定的连续性，以有利于双方快速准确地理解需要沟通内容的内涵。

8. 及时性原则

小贴士 13-1　　完整的沟通过程

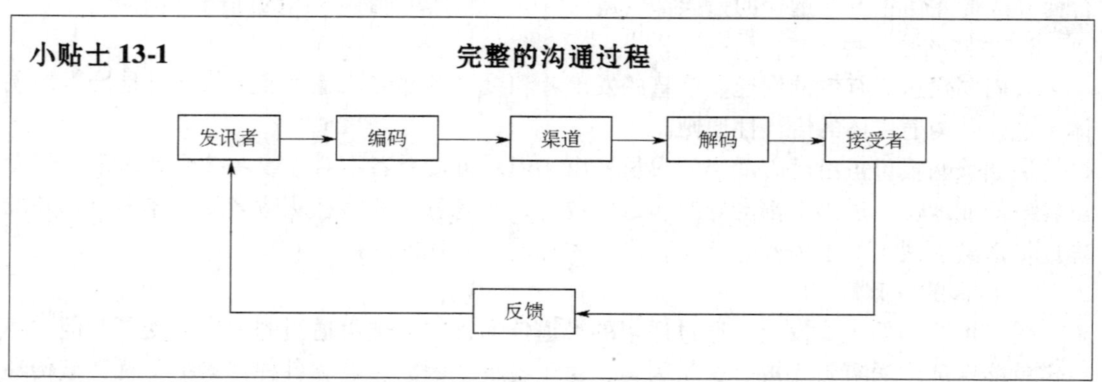

任何沟通都是有时间限制的，整个沟通的过程必须在信息发生的有效期完成，否则，

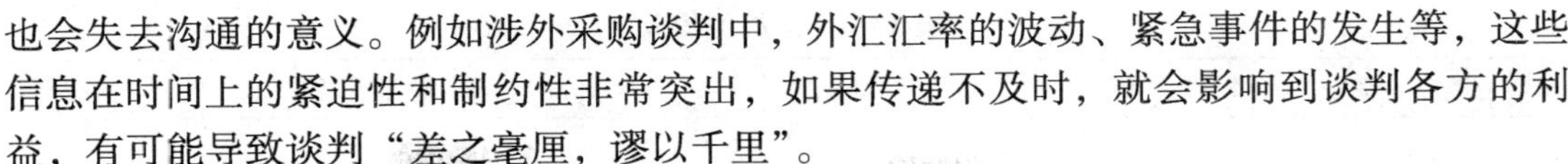

也会失去沟通的意义。例如涉外采购谈判中，外汇汇率的波动、紧急事件的发生等，这些信息在时间上的紧迫性和制约性非常突出，如果传递不及时，就会影响到谈判各方的利益，有可能导致谈判“差之毫厘，谬以千里”。

了解上述沟通的基本原则，有助于谈判人员在谈判过程中思考沟通问题。

（1）谈判目的：为什么要谈判？我要向对方表达什么？

（2）角色如何：我与谁沟通？我和对方的关系如何？我在沟通过程中扮演什么角色？

（3）怎样沟通：如何表达？如何让对方理解？

13.2 沟通技巧

要使沟通有效，除了遵循一定的原则外，还必须遵循一定的技巧。

13.2.1 如何提问

1. 提问的方式

提问是在谈判中进行有效沟通的关键工具。提问的主要作用在于：可以引起对方重视、获得自己所不知道的信息、传达自己的感受、打破僵局或控制谈判方向等。在谈判的各个阶段都有各种各样的问题可以提出，谈判者往往是通过提问了解对方的实力、掌握对方的心态、表达自己的观点等。

从对回答的限定程度来看，通常有两种提问方式，即提问开放型和提问封闭型。

（1）封闭型提问。封闭型提问一般是为引导对方作出己方所期待的某种回答，因此，所提出的问题也带有明显的倾向性。封闭型提问如表13-1所示。

表13-1 封闭型提问

类　型	目　的	典型问题
确定谈话方向	为引导对谈讨论	1. 我们是否应该考虑…… 2. ……可行吗 3. 我们是不是……
提供选择型	从所提供的选择中直接选择一项	1. ……其中哪个最好 2. A、B、C、D中你喜欢哪项
结束话题型	为了引出是或否的选择	与上述类似，但只有两种选择
整合、确认	为了获得认同或共识	1. 我们就这样办，好吗 2. 这几项中您同意的是……

（2）开放式提问。开放式提问一般是为了了解更多的信息而设立的，在谈判的磋商阶段这样的提问方式较多，目的是通过更好地信息交流，寻求解决达成协议的途径。开放型提问如表13-2所示。

表 13-2 开放型提问

类型	目的	典型问题
确定谈话方向	为了收集资料或展开讨论	是谁？是什么？什么地方？ 什么时候？什么原因？ 多少？怎么做
解释的	为了解释或寻求澄清	1. A 与 B 有哪些不同 2. 还有哪些方面需要考虑
澄清的	为了解他人意见的根据	“你为什么这样认为?” “如果……你感觉怎样?”

2. 提问的技巧

为了获得良好的提问效果，谈判者需要掌握一些基本技巧。

（1）预先准备好问题。有些有经验的谈判人员，往往是预先准备好问题，先提出一些看上去很一般，并且比较容易回答的问题，但这个问题恰恰是随后所要提出的比较重要的问题的前奏。

这时，如果对方思想比较松懈，突然面对所提出的较为重要的问题，其结果往往措手不及，而使提问者收到出其不意的效果。因为，对方很可能在回答无关紧要的问题时暴露了其真实的想法。这时，如果再让对方回答重要问题，对方只好按照原来的思路来回答问题，或许这个答案正是已方所需要的。

（2）把握提问的时机。首先，在对方发言时，如果脑中闪现出疑问，千万不要中止倾听对方的谈话而急于提出问题，可先把问题记录下来，等待对方讲完后，有合适的时机再提出问题。有时，在倾听对方发言时也会出现马上就想反问的念头，这时也不可急于提出自己的看法，因为这样做不但影响倾听对方下文，而且会暴露我方的意图。这样，对方可能会马上调整随后的讲话内容，从而使我们可能漏掉本应获取的信息。

其次，如果谈判中对方的发言拖拖拉拉、不得要领，或在细节问题上止步不前时，已方可以借对方停顿的间歇提出问题，以争取主动。例如，“这个问题我们已经进行了充分的讨论，请您再谈谈您对其他问题的看法，好吗？”等。

第三，可以在自己发言后提出问题，自问自答，目的是为了争取主动，防止对方接过话题，影响自己的思路。例如，“价格问题我们已经了解了，但质量和技术服务到底怎样呢？我先谈谈我们的要求”等。这样的提问可将谈判主动权掌握在自己手中。

（3）不强迫追问。如果对方的答案不够完善，甚至回避不答，这时不要强迫追问，而是要有耐心和毅力等待时机到来时再继续追问，这样做以示对对方的尊重。而继续回答问题也是对方的义务和责任，因为时机成熟时，对方也不会推卸。

在适当的时候，也可以将一个已经发生，并且答案已是采购方知道的问题提出来，验证一下对方的诚实程度，以及其处理事物的态度。同时，这样做也可给对方一个暗示，即采购方对整个交易的市场行情是了解的，对对方的信息也是充分掌握的。这样做可以促成进行下一步的合作决策。

（4）不连续多次提问。谈判中切忌以质问的态度来询问对方，接连不断地提问。

谈判是通过磋商解决问题、达成协议，需要双方心平气和地提出和回答问题。如果像法官一样询问谈判对方，就会造成对方的敌对与防范心理和情绪。而且重复连续地发问也容易会导致对方的厌倦、乏味而不愿回答，有时即使回答也是马马虎虎，甚至会出现答非所问的情况。

事实上，质问或连续不断地提问常常会给谈判的结局带来麻烦，明显影响谈判效果，给己方带来麻烦。

因此，提问时不仅要选择好时机，也需要把握火候。在考虑自己获得信息的同时，也要考虑对方的承受能力，不要因提问不当而引起对方反感，使谈判陷入僵局。

（5）耐心等待回答。当提出问题后，应该耐心等待回答。通常的做法是提出后就应闭口不言，这实际上也是于无形中给对方施加了一种尽快回答问题的压力；如果对方也保持沉默，则打破沉默的责任也将由对方来承担，回答问题就是对方打破沉默的方式。

而且，提问就是为了得到答复。耐心等待，既是一个谈判者应有的涵养，也是了解信息所必需的。

（6）态度诚恳、语言简洁。以诚恳的态度提问是获得对方认真回答的必要条件。特别是当提出一些对方不感兴趣或不愿回答的问题时，诚恳的态度就显得更加重要，它可以激发对方对回答的兴趣。当然，这时转换提问题的角度也是很重要的，或者将此问题留待以后适当的时机再提出来。这样不仅会使对方回答问题，也有利于沟通谈判者之间的感情，促进谈判顺利进行。

提问时要注意语言简洁，如果问题确实较长，也应该将其分解为几个短句。太长的提问既不便于对方记忆，也容易将采购方置于被动的地位，使对方不知提问者究竟想问什么。

13.2.2 回答的技巧

谈判中对问题的回答不同于学术研究或知识问答，没有对错之分，怎样回答、答案如何，该说什么，不该说什么，以及应该怎样说等，往往都是由谈判各方的策略所决定的。

但无论怎样，要避免回答给自己带来麻烦或使对方难以接受。同时，还应当立意巧妙，充分强化己方的观点，使回答能够收到良好的效果。以下回答提问的技巧，可供借鉴。

1. 留足思考时间

谈判中所提出的问题，往往涉及协议的达成条款、涉及各方的利益关系、还涉及将来对协议的执行等关键问题；谈判者提出问题的目的也往往是多样的，动机是复杂的。如果没有足够的时间深思熟虑，弄清对方的动机，按照常规来作出回答，往往就会效果不佳。所以，谈判中的提问不同于生活中对话，需要谈判者必须有时间慎重考虑、准确判断对方的用意，经过周密思考后作出一个有价值的回答。

一些性急的人喜欢将生活中的习惯带到谈判桌上去。对方提问的声音刚落，就急于马上回答，没有足够的时间思考问题和答案，这样很容易在谈判桌上将自己置于被动之地。

谈判中的回答问题，不是知识竞赛中的抢答，绝不是回答问题的速度越快越好，而是不要让答案为自己制造麻烦。

趣味小思考 13-1

小张认为：在谈判中回答对方提问时应该迅速，这样可以显示采购方的实力和优势地位。否则，会让对方感觉我方对该问题没有准备或被问住了，进而助长了对方的威风，灭了自己的志气。

你认为小张的看法对吗？为什么？

2. 不必回答所有问题

不必回答所有问题是指在回答问题的时候可以有意地将对方的问题缩小，因为有些问题不必回答或不值得回答。

在采购谈判中，供应商提出问题或是想了解采购方的观点、立场和态度，或是想确认某些事情。对此，如何回答、回答到什么程度应视情况而定。例如，有关价格的问题，可以不具体回答多少，而应着重谈采购方对质量和技术服务的要求；对于采购方认为应该让供应商了解，或者需要表明己方态度的问题则一定要认真回答；而对于那些供应商有明显误导或其他企图的问题，或会涉及泄密的一些问题，采购方也不必为难，可以避开供应商提问的主题而不予以回答。

要知道，谈判中并非任何问题都要回答，有些问题也是可以不回答的，或者对回答的前提加以修饰和说明，以缩小回答范围。但“无可奉告”这句话在谈判中不要随便使用。

3. 顾左右而言他

如果供应商提出的某个问题让采购方可能很难直接从正面回答，但又不能拒绝回答。这时，谈判高手们往往用似答非答、顾左右而言它的办法来回答，即故意避开问题的实质，将话题引向其他方向，既回答了供应商的问题，又不使自己为难。

其实，这只是应付供应商的办法之一。还可跟对方讲一些与此问题有关又无关的问题，跳出圈外，采用模糊语言、东拉西扯、不着边际地说一大堆话，看上去回答了问题，但其中并没有几句有价值的话，其实等于没有回答。经验丰富的谈判人员往往很会在谈判中运用这一方法，此法看上去似乎让人觉得此人头脑糊涂、思维有问题，其实这种人很高明，既回答了问题又不失礼，对方拿这样的人也没有办法。

实际上，在谈判中对所有问题都准确地回答不一定是好事，有时越准确的回答反而会将自己陷入被动；而似是而非、模模糊糊、转移话题，反而可以使自己主动。只有在极其必要或有充分的把握且对自己有利的前提下，才可以考虑作准确完整的回答。

趣味小思考 13-2

一位西方记者曾经用带有讥讽的口吻问周恩来总理：“请问，中国人民银行有多少资金？”周总理深知对方是在讥笑中国的贫困，他将如何回答？

4. 不回答不知道的问题

谈判人员并不是全能全知的人。谈判中尽管谈判人员都作了充分的准备，但也经常会遇到陌生难解的问题。这时，谈判人员切不可为了维护自己的面子或为了达成协议而强作答复。因为这样不仅有可能损害己方的利益，而且会影响对方对谈判的态度。当遇到不懂的问题，谈判人员应坦率地告诉对方不能回答或暂不回答，以避免付出不应付出的代价。

曾经，国内某公司与外商谈判合资建厂事宜时，外商提出有关减免税收的请求。中方代表恰好对此不是很有研究，但为了能够达成谈判就盲目地答复了。但事实上有关的减免税政策并不像其所答复的那样能够满足外商的要求，其结果是使该公司陷入十分被动的局面。

以上关于提问与回答的技巧，是建立在谈判人员之间的诚意与合作这一基础上的，目的是使谈判人员更好地运用提问的艺术来发掘问题、获取信息、把握谈判的方向，而不是为了展示自己而盲目使用。这一点，请务必牢记。

趣味小问题 13-3

在谈判过程中，当遇到对手逼你立即作出选择时，你如何回答？

13.3 沟通障碍

采购谈判就是把信息、观念和想法传递、交流给供应商。它和沟通过程一样，包括信源、接收器、信息、渠道、反馈、编码和译码。它始于发送者，由发送者把其想法或观点进行编码，然后以口头、书面或其他形式将其发送给接收者，接收者对信息进行译码，从而获得对发送者想沟通信息的理解。在任何沟通过程中要达到预期效果，信息的传递要达到互相理解，必须注意除去沟通障碍。

13.3.1 妨碍沟通的因素

很多因素都会成为妨碍沟通的因素，主要有以下几个方面。

1. 沟通的曲解

当一个人分不清实际材料和自己的观点、感觉和情绪等的界限时，就会发生曲解。人们都倾向于根据自己的观点、价值观念、意见、背景甚至成见来解释信息，而不对它作客观的解释。同时，由于语言及媒介使用不当、接收者也容易对信息发生误解而妨碍谈判的进行。例如由于沟通语言的结构导致了对事情本质的错误描述，常常会导致误解。尤其是信息中如果包含有多层意思时，导致误解的几率较高。这也是为什么提倡用词准确，而且尽可能用短句的理由。

2. 空间距离因素

在采用电话、传真和电子邮件等方式进行谈判时，由于空间距离的存在，使谈判人员不能像面对面谈判那样及时沟通，一些信息难免被误解或不能理解，而且这种误解通常也不太容易澄清。

3. 知识结构的限制

知识结构的限制主要表现在谈判各方由于知识结构的差异而使得沟通不畅，如工作经历、专业技术层次上的差异等。一方可能倾向于使用技术性语言或商务语言，而对方可能对这些术语知之甚少。若信息的发送者与接收者在知识结构上相差太大，在发送者看来很简单的内容，而接收者却由于知识结构的限制而理解不了，造成双方没有“共同的经验区”，即通常所说的“没有共同语言”。这样，接收者就不能正确理解发送者的信息，沟通就会出现障碍。

4. 主观意志

在谈判中，供应商会不自觉地在谈判中报喜不报忧、夸大产品或服务的优点、缩小产品或服务的缺点等。而采购者也往往处于不信任而不如实地理解信息，反而猜测这些信息的“言外之意”、“弦外之音”等。这些行为表明人们在传递和接收信息时，往往会把自己的主观意志掺杂进去。

5. 知觉及个性

人们在接收到一个信息时，对于符合自己需要又与自己利益有关的内容容易听进去，而对自己无利的则不容易听进去。这样就会在不经意中产生知觉的选择性，造成沟通障碍。

另外，谈判人员的个性也会障碍沟通。例如，当谈判发生冲突时，有时个性因素会占主导地位，问题也会因此而被个性化，使双方“对人不对事”，从而不能客观地看待事情而产生沟通障碍。例如“点头肯定意味着他们同意”、“她皱着眉头，肯定意味着我们的报价他们完全不能接受”等。知觉的选择性感知，容易使谈判人员把自己的设想想象成他人的观点，这也是常说的“以己度人”。

6. 自负

一些谈判人员由于自负或过于自信，或者源于“我知道所有事情”的优越情绪，而表现出漫不经心、自高自大，并不认真倾听对方的意见，或对对方作出的积极让步不及时给予反应，忽视对方的认知；或不是对谈判人员作出现实的评估，而是只顾寻找看上去不错的例子。这些态度和做法都会导致不恰当或错误的立场，妨碍有效沟通。

7. 身体语言

除了语言和书面沟通之外，谈判人员的眼神、肢体语言都会传递给对方信息，从而影响谈判结果。有调查表明，这些非语言沟通行为占整个沟通行为的50%。

一般来说，眼神交流说明个人愿意沟通、在倾听，认为对方的信息很重要。有人认为不看着对方就无法倾听对方，同时也是提示对方可以开始了。因此，从收发信息的角度来讲，眼神交流很重要。

身体的位置也很重要，表明是否在注意对方。端坐表示注意，上身挺直、略微前倾或面向对方表示愿意与之交流。相反，两臂交叉在胸前、低头、皱眉则表示不同意或拒绝对方。肢体行为及眼神所表达的态度如表 13-3 所示。

表 13-3　肢体行为及眼神所表达的态度

态　度	举　例
厌倦	强忍住的哈欠、眼皮打架、眼神交流减少
欺骗	面无表情、躲避眼神交流、身体转向其他方向、语调发生变化
防卫	两臂交叉在胸前、手掌藏起来、双拳紧握
怀疑	以手掩口、手抚下巴或胡子、挠头
受挫	握紧松开拳头、握紧桌子、紧闭双唇
紧张	频频咽口水、舔嘴唇、清嗓子、出汗、咬指甲
愿意	身体前倾、手掌展开、两臂不交叉、点头

13.3.2 沟通中的噪声

噪声是影响沟通的一切消极、负面因素。通常可以把沟通噪声定义为妨碍信息沟通的任何因素。它存在于沟通过程的各个环节，并有可能造成信息损耗或失真。

典型的噪声主要包括发送噪声、传输噪声、接受噪声、系统噪声、环境噪声和背景噪声等六大噪声。

1. 发送噪声

发送噪声是指发生在沟通过程当中的信息发送环节的噪声。一旦出现这类错误或不足，沟通的信息发送就会产生噪声，使对方不能很好地理解而使沟通无法较好达到目标。例如电话谈判中说话人声音沙哑、含混不清等就是典型的发送噪声。

2. 传输噪声

传输噪声是指发生在信息传递过程当中的噪声。在沟通的信息传递通道或渠道中存在的妨碍沟通的因素，都属于传输噪声即沟通渠道噪声。例如由于电话线路的故障，接到的电话可能声音很小或有嘈杂声而难以听清。

3. 接受噪声

接受噪声是指沟通过程中信息接受者在接受信息的过程中发生的噪声。接受者受自己个人心理需求、意向系统、文化教育水平、理解能力、心理期望、社会角色地位和人生阅历等因素的影响，对所接收到的同样信息会有不同的理解和反应。一般倾向于只接受那些自己愿意或期望接受到的部分信息，而对其余部分信息缺乏兴趣或敏感性。表现在谈判中，一些接受者由于个人智力、经验和思想等方面的局限而无法对对方所准确传递的信息达成理解。

因此，要强调应该由不同经历、知识和能力的人组成谈判小组，以弥补个人可能存在的由于知觉不同而产生的信息接受误差。

4. 系统噪声

系统噪声是指沟通系统中的重要部分——沟通的信息代码系统差异或缺陷所引发的沟通噪声。沟通的双方在进行沟通时，必须借助于一种双方都能理解和熟悉的信息符号代码系统，如同一种文字、统一对产品规格描述的标准体系、使用同样的专业术语等。否则，双方的沟通难以实现。例如用专业的计算机语言和一个音乐家大谈电脑程序是很难达到预期效果的。所以，在采购谈判中，要求各方的谈判人员知识背景相似，以便能够在谈判桌上找到共同语言。

5. 环境噪声

环境噪声是指在沟通过程中，影响沟通效果的一切客观外在环境干扰因素。例如当我们用手机打电话时，周围马达轰鸣或人声嘈杂，都会对沟通的预期效果产生不利影响，使沟通的过程产生噪声。这就是环境噪声。所以，谈判地点一般要选在安静的地方，而不要在公共场所。

6. 背景噪声

背景噪声主要是指沟通者的心理背景、社会背景和文化背景的差异导致信息传递受损或不顺而产生的沟通噪声。例如文化背景不同，会给谈判造成或大或小的干扰和难度。当不同文化背景的人员组成一个谈判小组或与不同文化背景的人谈判，沟通不良还会产生人际冲突和文化冲突，这是谈判小组必须高度重视的。

因此，要提高沟通效率，就必须设法使客观存在于信息沟通过程中的沟通噪声尽量减少。

趣味小思考 13-4　　以下情况各属于哪种噪声

（1）提供给对方的询价单逻辑混乱，或语言太艰深、晦涩，致使对方看不懂。

（2）用电话沟通时，电话线路不好，对方无法听清；用电子邮件进行沟通时，电子邮件设置出现问题，对方无法按时收到或出现乱码；用书面正式文件进行沟通，但经过多次复印后，该文件部分字迹已不清晰，致使对方无法准确理解；请人传话时，传话者对信息进行了修改或表述不清等等问题。

（3）“对牛弹琴”。

（4）聋哑人和不懂手语的陌生人沟通；在涉外谈判中不懂英语等。

（5）正式的谈判在夜总会或酒吧举行等。

（6）美国文化强调和重视个人价值，而东方文化强调和推崇的是集体价值，这也会给沟通造成或大或小的干扰和难度。

13.3.3　减少谈判中沟通障碍

采购谈判中能否实现有效沟通，取决于信息的提供者与信息的接收者对信息的理解是否一致。为减少沟通障碍的产生，可以注意以下几个方面。

1. 选择好谈判小组成员

采购谈判小组成员应尽可能具备对等的知识、经验和文化背景等。如果谈判各方在性别、年龄、智力、社会地位、兴趣、价值观和能力等方面的相似性越大，沟通效果就越好；谈判中，如果供应商的兴趣、观点表示认同，沟通则会更顺利。在沟通时，要尽量考虑对方的背景、知识、经验以及过去沟通的状况等，准确地表达信息，使接收者充分理解。因此，采购各方应加强对供应商的了解。

2. 建立信任和睦的关系

在采购谈判中，沟通双方的诚意和相互信任至关重要，这是实现有效沟通的关键。而相互间的猜忌只会增加抵触情绪，减少坦率交谈和有效沟通的机会。在谈判中，虽然不能强迫供应商相信自己，但可以通过改善自己的态度和方法，使信任和睦的关系更容易建立。如果采购方的行为表现出对供应商的尊重、信任和周到的考虑，就会自然而然地发现对方的态度也会越来越积极。建立信任和睦关系的回报是巨大的，它巩固了谈判的沟通基础，从而使谈判进程更加轻松和充满乐趣，从而推进谈判向着对双方有利的方向发展。

3. 明确沟通的目的

谈判各方人员必须清楚，必须能够清楚地回答诸如进行这次谈判的目的是什么、要对方理解什么等问题。这样能够更容易地给出合适的信息，也能够更容易地接收信息，并对信息作出适当的反应，也使沟通既可以获得更深入的看法，也容易获得对方的支持。在谈判中的沟通，不仅要着眼于现在，还应该着眼于未来。

4. 正确运用语言文字

采购谈判文件或当面交流，都要使用供应商易懂的语言，表达要明确，条理要清楚，不能模棱两可；语言要精练，针对性要强，表达要轻松自如。有些沟通中的问题还可以配以图表等加以说明，使其更直观、容易理解。谈判不是炫耀自己的知识或水平，准确易懂的语言表述就是好的，千万不可为显示自己的水平而用过于专业甚至生僻的语言，或夹杂过多的方言、外语，这都容易引起供应商的反感。

5. 及时追踪与反馈

采购谈判是一个过程，信息传递后必须设法取得积极的、建设性的反馈，以弄清供应商是否已确切了解、是否愿意遵循、是否采取了相应的行动等，以便作出正确的判断和安排己方的下一步谈判计划。而且，在下一轮谈判开始时，采购方首先应该根据实际情况和信息反馈，纠正原来谈判方案中不切实际的部分，采用符合实际的做法，而不是直奔谈判目标。这样才有利于实现预期的结果。

小贴士 13-2　　沟通的种类

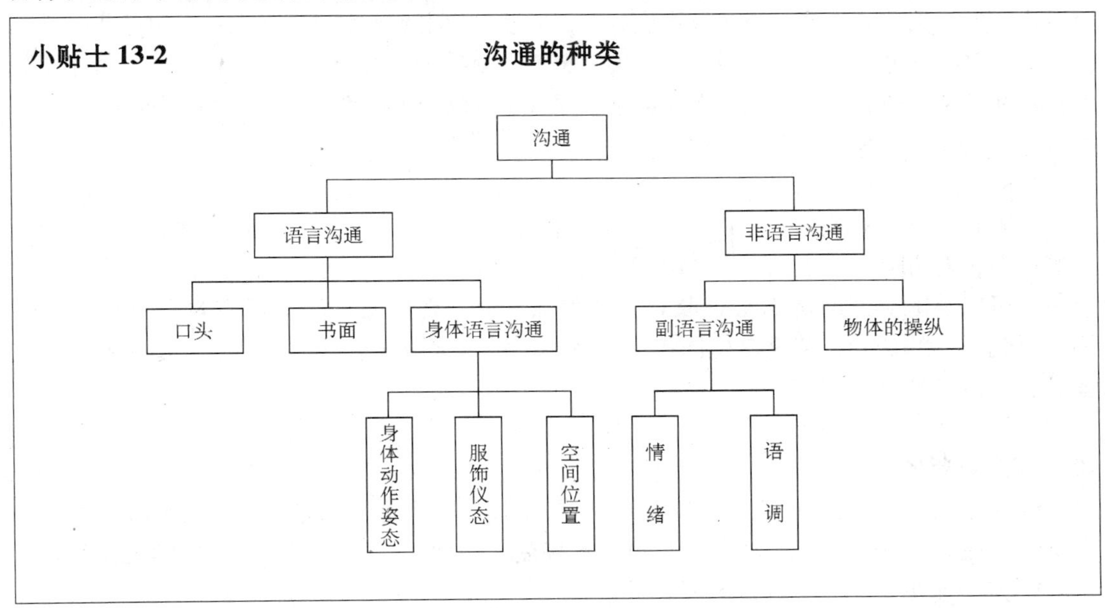

13.4 良好倾听

13.4.1 倾听的重要性

美国著名的“玛丽·凯化妆品公司”创始人玛丽·凯说：“一位优秀的管理人员应该多听少讲，也许这就是上天为何赐予我们两只耳朵、一张嘴巴的缘故吧。”倾听，对于谈判者而言有着多层积极的意义。

1. 为说作准备

善听才能善言。谈判人员常常因为急于表达自己的观点，根本无心思考对方在说些什么，甚至在对方还未说完的时候，心里早在盘算自己下一步该如何反驳。实际上，倾听的一个很重要功能就是帮助谈判人员获取重要的信息。通过倾听，谈判人员可以了解供应商要传达的消息，同时感受到对方的感情，还可据此推断对方的性格、目的和诚恳程度。

对于不明白的地方可以准确提问，通过提问澄清不明之处，或是启发对方提供更完整的资料。

2. 掩盖自身弱点

无论是什么人，在自己讲话时都希望有听众倾听并附和，这会使说话者觉得自己的话有价值。认真倾听就会激发对方的说话欲望，对方也因为有人愿意听而愿意说出更多更有用的信息。对于谈判者而言，这正是求之不得的事情。称职的倾听者还会促使对方思维更加灵活敏捷，启迪对方产生更深入的见解，使双方皆受益匪浅。

因此，对谈判中不知道或不懂的问题，静默地倾听可以帮助谈判人员掩盖若干弱点，从倾听中获得有益的知识。所以，俗话说“沉默是金”、“言多必失”，如果谈判者对别人所谈的问题一无所知或未曾考虑，那么保持沉默便可以不表示自己的立场。

3. 发现说服对方的关键点

谈判的主要目的之一就是在谈判桌上说服别人接受自己的想法，多听对方的意见会使说服更加有效。因为倾听可以使一方能从对方的谈话中找出其出发点和弱点；可以分析是什么原因让其坚持己见，这就为说服对方提供了契机。倾听还可以让对方感到你已充分考虑了他的需要和见解，使其更愿意接受你的意见。倾听还可以训练谈判人员以己度人的心态，锻炼思考力、想象力和客观分析能力等。

4. 获得友谊和信任

大多数人都喜欢发表自己的意见，谈判者也一样。这时，如果一方愿意给对方一个表达的机会，对方立即会觉得你和蔼可亲，值得信赖。因此，作为一名谈判者，倾听对方的想法，可以消除对方的疑虑，获取对方的信任。耐心地倾听，还可以减少对方自卫的意识，得到对方的认同，甚至产生同伴、知音的感觉，促进彼此的沟通了解。毫无疑问，这些对达成协议都是有利的。

13.4.2 倾听的技巧

谈判专家麦科马克认为，如果想给对方一个让步，自己又丝毫无损，注意倾听就是一个使己方最省钱的让步，而对方也会很乐意接受。因此，采购谈判人员必须学会倾听。

1. 集中精力倾听

专心致志地倾听对方讲话，就是要求谈判人员在听对方讲话时，要特别聚精会神，同时，还要配以积极的态度去倾听。

为了专心致志，就要避免出现心不在焉“开小差”的现象发生。即使对自己已经熟知的话题，也不可充耳不闻，绝不可在对方讲话时将自己的注意力分散到研究对策问题上去。否则，万一讲话者的内容有隐含意义时，就容易造成理解错误或被遗漏。

在倾听时要注视讲话者，主动与其进行目光接触，并做出相应的表情以鼓励讲话者。例如可以上扬一下眼眉，或是微微一笑，或是赞同地点点头，或否定地摇摇头，也可不解地皱皱眉头等。这些动作配合，也可以帮助我们集中精力，起到良好的收听效果。

在采购谈判过程中，有时不太理解对方的发言或觉得令人难以接受时，也不能关闭自己的耳朵拒绝倾听，这样的做法对谈判非常不利。作为一名谈判人员，应该养成耐心倾听对方讲话的习惯，这也是良好的个人修养的标志。

趣味小思考 13-5

为什么人们在倾听过程中常常由于精力的富余而“开小差”?

2. 养成记笔记的习惯

通常情况下，人们即席记忆并保持的能力是有限的，为了弥补这一不足，应该在听对方发言时做大量的笔记。记笔记的好处在于，一方面可以帮助自己回忆和记忆，而且也有助于在对方发言完毕之后，就某些问题向对方提出质询。同时，还可以帮助自己进行充分的分析，理解对方讲话的确切含义与精神实质。

对于谈判这种信息量较大且较为重要的活动来讲，一定要养成记笔记的习惯，不可过于相信自己的记忆力。因为谈判过程中，人的思维在高速运转，大脑接收和处理大量的信息，加上谈判现场的气氛又很紧张，所以只靠记忆想记住所有的关键问题是办不到的。而且，记笔记也还可以帮助谈判人员清除倾听障碍。

3. 尊重对方

人们在倾听时的内心感受，常常会自觉不自觉地表示在行为上，例如，对对方的存在不屑一顾或对对方的谈话充耳不闻等。在谈判中，这种轻视的做法不仅表现了自己的狭隘，更重要的是使己方难以从对方的谈话中获得所需要的信息，有百害而无一利。同时，轻视对方还可能招致对方的敌意，甚至导致谈判关系破裂。

谈判中，抢话的现象也是经常发生的。抢话不仅会打乱别人的思路，也会耽误自己倾听对方的全部讲话内容。因为在抢话的同时，大脑的思维已经转移到如何抢话上去了，这是一种不尊重他人的行为。如果没有听完对方讲话就急于反驳，往往会阻塞双方的思路和感情交流的渠道，对创造良好的谈判气氛非常不利，对良好的收听更是不利。

4. 不要先入为主

对于自己已经了解或自己已有结论的事，人们容易先入为主地倾听，而忽略了对方的本意。这样，往往会扭曲说话者的意愿，忽视或拒绝与自己心愿不符的内容。这时，听话者不是从谈话者的立场出发来分析对方的讲话，而是按照自己的主观意识来听取对方的谈话。其结果往往是听到的信息变形地反映到自己的脑中，导致信息接受不准确、判断失误，从而造成行为选择上的失误。所以，良好的倾听必须首先克服先入为主的做法，将讲话者的意思听全、听透。

5. 创造良好的倾听环境

创造良好的倾听环境不仅仅是指环境是否安静，也包括谈判者对环境的熟悉程度。一般来说，人们都有这样一种心理，即在自己所熟悉的环境里交谈，比较容易集中精力，无须分心去熟悉环境或适应环境；而在自己不熟悉的环境中交谈，则往往容易变得无所适从，导致正常情况下不该发生的错误。可见，有利于己方的谈判环境能够增强己方的谈判地位和谈判实力。

因此，对于一些关系重大的采购谈判工作，如果能够进入主场谈判是最为理想的，这有利于采购方谈判人员在自己熟悉的环境中发挥出较好的谈判水平。如果不能争取到主场谈判，至少也应选择一个双方都不十分熟悉的中性场所，这样可避免由于客场谈判给供应商带来便利，而给己方带来的不便。

6. 有鉴别地倾听

在专心倾听的基础上，为了达到良好的倾听效果，可以采取有鉴别的方法来倾听对手发言。

多数时候，人们说话时是边说边想，想到哪说到哪，有时表达一个意思要绕着弯子讲许多内容，从表面上听，根本谈不上什么重点突出。因此，听话者就需要在用心倾听的基础上，鉴别信息的真伪，去粗取精、去伪存真，以抓住重点，才能收到良好的倾听效果。

事实上，如果我们对对方的讲话听得越详尽、全面，反驳起来就越准确、有力。相反，如果对方谈话的全部内容和动机尚未全面了解时，就急于反驳，不仅使自己显得浅薄，而且常常会使己方在谈判中陷入被动，对自己十分不利。

小贴士 13-3　　谈判中的沟通分析

Lewicki 等对谈判中的沟通进行了分析，它可以帮助我们理解谈判中的沟通。

（1）出价和还价。对实质性问题的讨价还价使得议价范围缩小，最终达成协议。

（2）关于替代方案的信息。即使不向对方透露谈判协议的最佳被选方案，它仍会有力地影响更高目标的实现。

（3）关于谈判结果的信息。结果的评价应妥善保存在组织内部，如果你占了上风，对方可能会不快。

（4）社会对失误、立场或坏消息的容忍度。研究发现，社会容忍度越高，谈判结果越好。

（5）关于谈判过程信息。对谈判过程的阶段性回顾是解决负面冲突的好办法。

对沟通信息的理解，对谈判起着重要的作用，即搞清楚发出的信息和收到对方回复信息的意思，信息通常取决于谈判者的经验。

（资料摘自英国皇家采购与供应学会《采购与供应谈判》,P148.）

小贴士 13-4　　谈判类型与信息传递

谈判类型	所讨论的问题	特　点
整合性谈判	在较长的时间内使利润最大化 考虑对方的需要、利益和态度 非对抗性风格 重视共同收益 注重实质性内容	花较多的时间交换信息
分配性谈判	通过交易使利润最大化 考虑对方的需要、利益和态度 除非以获利为目的，否则，不存在合作行为 军事作战风格 对对方的战术采取强有力的防御 控制谈判，以求占据优势地位	花较多的时间讨价还价

在不同类型的谈判中，信息传递的特点是不同的。整合性谈判中花较多的时间交换信息，分配式谈判中，花较多的时间讨价还价。了解这些，有助于我们思考：传达什么？如何表达？向什么人传达等。

实用范例 13-1　　你必须学会倾听

乔·吉拉德被誉为当今世界最伟大的推销员，回忆往事时，他常常会记起一个令其终身难忘的故事。

在一次推销中，乔·吉拉德与客户洽谈顺利，正当看样子就要快签约成交时，对方却突然说不买了。这对于乔·吉拉德来说太意外了，为什么快进笼子的鸟又飞走了？

当天晚上，他仔细回忆了自己的行为，还是想不通顾客为什么会突然改变主意。于是，他按照顾客留下的地址，找上门去求教。客户见他满脸真诚，就实话实说："你的失败是由于你虽然在自始至终听我讲的话，却没有用心。例如，就在我准备签约前，我提到我的独生子即将上大学，而且还提到他的运动成绩和他将来的抱负。你要知道，任何一个好孩子都是做父母的骄傲，我是以他为荣的。但你当时却没有任何反应，而且还转过头去打电话，你太不在乎我的感受了。我一气之下就改变了主意！"

此一番话重重提醒了乔·吉拉德，使他深刻地领悟到"听"的重要性：如果不能自始至终地倾听对方讲话的内容，认同顾客的心理感受，并作出适当的反馈，难免会失去自己的顾客。

这个故事虽然简短，但却意味深长，历来为很多人引用。

13.5 跨文化沟通障碍

跨文化沟通这个概念是从英文的"Cross-Cultural Communication"翻译过来的，是指不同文化背景的个人之间的交流，也就是不同文化背景的人之间所发生的相互作用。伴随着越来越多的采购活动在不同国家或地区的企业之间展开，采购谈判也越来越多地在不同文化背景的组织间展开，跨文化沟通的障碍也越来越为人们所重视。

13.5.1 障碍产生的深层原因

跨文化沟通的主要特点是文化的差异性，文化的差异性是影响跨文化沟通的关键因素。

1. 价值观和思维方式的差异

在跨文化沟通中，来自不同文化背景的人，他们的价值观和思维活动方式是不同的。例如由于东西方文化的差异所形成的价值观的不同导致了管理方式方法的差别。东方人强调协作和共同承担责任，西方人则重视个人价值的实现，提倡竞争并奖励创新。这些都容易给跨文化沟通造成障碍。

2. 成见

成见是影响信息沟通的另外一个重要因素。由于不能充分地将每个人的特点加以处理和区分，人们就用各种方法将这种复杂的感知简单化。这种不考虑个体特征，用一组特性表示群体的特征就称为成见，是交往中一种懒惰的方法，一种防卫机制。

成见也涉及己方对不同个人组成的群体的信赖，这种信赖常常基于先前的知识或经验形成的对人或事的比较固定的看法、观念和态度。成见在跨文化沟通的背景中是十分常见的现象，它隐藏在人们的内心深处，是引起跨文化沟通诸多问题的重要原因，也是种种矛盾和冲突的根源。

3. 文化优越感

文化优越感实际上是文化中心主义的一种表现，是人们作为某一特定文化成员所表现出来的优越感。由于文化中心主义通常是无意识的，并且总是在意识的层面反映出来，因而很难追寻根源。这种偏见，在跨文化沟通中表现为由于优越感产生的自负而难以听进对方的意见。

4. 缺乏共鸣

所谓共鸣感，就是设身处地地体味他人的苦乐和遭遇，从而产生情感上认同和共鸣的能力。沟通过程中缺乏共鸣感的主要原因是人们经常站在自己的立场而不是他人的立场上去理解、认识和评价事物。自我中心主义、文化优越感都可能导致谈判者在沟通中不愿意去理解他人，而一味按自己的想法和理解作判断。

5. 沟通能力欠缺

与来自其他文化背景的人进行有效的沟通，对于一个谈判者来说十分必要。但由于有些谈判者缺乏广博的文化知识，文化敏感力和适应力较弱，没有熟练掌握相应的沟通技巧和方法，或者对沟通的重要性认识不够，面对因文化差异引起的冲突时，不能很好的协调和处理。

13.5.2 跨文化沟通技巧

不同的文化具有不同的价值观，人们总是对自己国家的文化充满自豪，大多数人总是有意无意地把自己的文化视为正统，而认为其他文化总是稀奇古怪的。而事实上这些看似古怪的文化现象、价值观念对该文化所属的人们来说是再自然不过的了。因此，在跨文化谈判中要尽可能地消除这种文化优越感，对别的文化要尊重和理解，以平等的态度交流。在此基础上，找到两种文化的结合点进行交流和谈判。

1. 承认文化的差异

承认文化的差异是跨国采购谈判前必须要做好的心理准备。这样在出错的时候能及时调整好心理状态，这也是建立相互信任、相互理解和相互尊重的谈判基础所必需的。

首先，采购谈判者要了解自己所在的文化，了解跨文化基本理论和具体国家文化的知识。通过学习和训练在了解自己文化的基础上，可以提高对其他文化的敏感度和对其他不同文化的认知。例如，欧洲企业非常人性化，私人时间和工作时间分得非常清楚。不论公司有什么事，哪怕是天塌下来也好，只要是在非工作时间，都不允许工作打扰员工的私人生活。假如供应商是欧洲人，那么在下班后或休息日采购方也不要因为工作问题而打扰对方；美国人同样也是公私分明，但是他们的公私分明和欧洲人完全不同，美国人绝对不会在工作时间内、在公司里，向一个同事说有关个人的事情。假如与美国人谈判，就要收起自己的好奇心，不要打探他们的私事；也不必关心他们的家人、家事，否则关心换来的是敌意等。

2. 耐心倾听并认可对方的想法

倾听是谈判的一项重要活动，对于跨文化谈判者来说更是如此。在跨文化谈判中，谈判者的首要任务就是收集信息，从而增进对对方的了解，寻找共同点。作为谈判者，你可以明白对方的观点，但却可能完全不同意对方的想法；你也希望自己的想法被对方理解，而对方的理解也并不等于同意。因此，如果在倾听过程中不断地点头，或者重复对方的观点，努力了解对方的想法、需要和条件，就会使对方逐渐感到满意和被理解，从而对你所提出的观点也会表示理解。

更重要的是，主动仔细地倾听，有助于澄清因文化差异造成的一些模糊不清的问题，增加谈判成功的可能性。国外谈判专家认为："最便宜的让步就是让对方知道，他的话已被听进去了。"

3. 尽量让对方听懂

最佳方法是学习其语言，通过语言了解和熟悉不同文化的价值观。为了让对方了解你的想法，说话一定要简洁，让对方明白你的谈话，说话内容太多或缺乏针对性，会妨碍谈判的效率，浪费时间和精力对双方都是一种损失，尤其是针对欧、美国家的谈判人员来说。那种声东击西、兜圈子的话，含糊不清的语言和动作，往往会让对方摸不着头脑，不会增加谈判成功的可能性。日本等一些国家的谈判人员比较含蓄，此时，如果己方也含蓄，那么谈判过程将更难。因此，采购谈判者要学会表达自己的感受，否则会对沟通造成一定的麻烦。

在跨国采购谈判中，采购方必须理解对方谈判者语言的语用功能而不是语义，这样才能领悟对方谈判者的用意。同时，还要了解非语言行为与语言行为一样，因文化的不同往往赋予不同的意义，往往会产生误解。非语言行为包括手势、身体语言和会话距离等无声的语言，同样具有传递信息和表达感情的功能。非语言行为在整个谈判过程中的比例并不少，同样的动作在不同国家、民族有不同的意义。所以，在跨国采购谈判中，除了注意语言交流外，也必须注意非语言行为。

文化差异是客观存在的，正如世界上没有完全相同的两片树叶一样，世界上也没有完全相同的两种文化。差异并不表明文化之间的优劣之别。正是文化差异的存在，造就了多元多样的人类。随着经济全球化的发展，跨国采购谈判也将越来越多地出现在组织的业务中。人们可以通过各种跨文化沟通方式不断地沟通接触，通过有效的培训，尽量减少文化背景差异在谈判中所带来的负面影响，获得双赢。

小贴士 13-5　　谈判的语言技巧

成功的谈判都是谈判双方出色运用语言艺术的结果。

(1) 针对性强。在采购谈判中，语言的针对性要强，做到有的放矢。模糊啰嗦的语言会使供应商疑惑、反感，降低采购方威信，成为谈判的障碍。

针对不同的商品、谈判内容、谈判场合和谈判对手，要有针对性地使用语言。另外，还要充分考虑谈判对手的性格、情绪、习惯、文化以及需求状况的差异。

（2）方式婉转。谈判中应当尽量使用委婉语言，这样易于被对方接受，要让对方相信这是他自己的观点。在这种情况下，谈判对手有被尊重的感觉，他就会认为反对这个方案就是反对他自己，因而容易达成一致，获得谈判成功。

（3）灵活应变。谈判过程中往往会遇到一些意想不到的尴尬事情，要求谈判人员具有灵活的语言应变能力，与应急手段相联系，巧妙地摆脱困境。

（4）无声语言。谈判中，谈判人员通过姿势、手势、眼神和表情等非发音器官来表达的无声语言，往往在谈判过程中发挥重要的作用。在有些特殊环境里，恰到好处的沉默可以取得意想不到的效果。

本章小结

（1）整个采购谈判过程中都伴随着各种信息的传递。因此，谈判实际上是沟通的一种形式，是信息传递和交流的一种方式。要达到建立信任和承诺，实现谈判目标，实现有效沟通是非常必要的。

（2）要实现有效沟通，有 8 项需要遵循的基本原则：信息的真实性原则、渠道的适当性原则、主体的恰当性原则、传递的完整性原理、信息代码相同性原则、目标性原则、连续性原理和及时性原则。

（3）要使沟通有效，除了遵循一定的原则外，还必须遵循一定的技巧。例如提问的方式、提问的技巧、回答的技巧等，都需要注意。

（4）除了语言和书面沟通之外，谈判者的眼神、肢体语言都会传递给对方信息，从而影响谈判结果。

（5）在任何沟通过程中要达到预期效果，信息的传递必须达到互相理解，必须注意去除沟通障碍或噪声。妨碍沟通的因素主要表现在 7 个方面，沟通中的噪声也可以分为 7 种。

（6）谈判过程中，只有认真倾听才可能获取准确的信息，从而提高沟通的有效性。理解倾听的重要性和掌握倾听的技巧。

（7）跨文化沟通的主要特点是它的差异性，文化的差异性是影响跨文化沟通的关键因素，是跨文化沟通障碍产生的深层原因。

复习思考题

1. 实现有效沟通要遵循哪些基本原则？
2. 应该注意的沟通技巧主要有哪些方面？
3. 妨碍沟通的因素有哪些？沟通中的噪声分为几种？
4. 减少沟通障碍有哪些方法？
5. 试述倾听的重要性和技巧。
6. 分析跨文化沟通的阻碍因素，并思考进行跨文化沟通的技巧。

本章问题分析提示

引导案例

分析：这是一个需要机智回答的问题。

中国作家回答道："您怎么放进去的，我就会怎么拿出来。您凭嘴一说就把鸡装进了瓶子，那么我就用语言这个工具再把鸡拿出来。"

这个回答就是建立在准确地把握对方提问动机和目的基础上的回答，精彩而绝妙。作家并没有苦思冥想具体用什么方法。如果采购谈判人员能在谈判桌上发挥出这种水平，就是比较出色的谈判人员。

趣味小思考 13-1

分析：小张的想法欠妥。

谈判经验告诉我们，在绝大多数情况下，谈判各方在对方提出问题之后，都需要一定的时间思考。当然，如果各方大眼瞪小眼地互相打量，会在无形中给人造成压力，干扰自己的思路，影响对问题的思考。这时，可以点支香烟或喝口茶，或调整一下自己的坐姿，或整理一下桌子上的资料文件，或翻一翻笔记本等，来延缓时间和分散对方的注意力，也使自己可以平静地考虑对方的问题。这样既自然、得体，又可以转移对方视线，特别是对那种喜欢盯着对方看的人，从而减轻和消除自己心理上的不适感，而且不会因此使对方对己方产生不良看法。

趣味小思考 13-2

分析：面对外国记者棘手的提问，周总理如果实话实讲，自然就中了对方的圈套。于是周恩来总理答道："中国人民银行的货币资金，有十八元八角八分。中国银行发行面额为十元、五元、二元、一元、五角、二角、一角、五分、二分、一分的十种主辅人民币，合计为十八元八角八分。"周总理的回答就巧妙地避开了对方的话锋，使对方无机可乘，多年来这个故事一直被人们传为佳话。

趣味小思考 13-3

分析：此时可以看看表，然后有礼貌地告诉对方："真对不起，我得与一个约定的朋友通电话，请稍等 5 分钟。"于是，便很得体地赢得了 5 分钟思考的时间。

但如果说："让我想一想"之类的语言，会被对方认为缺乏主见，从而在心理上处于劣势。

趣味小思考 13-4

分析：这里所列举的分别是不同噪声的表现形式。

(1) 这种情况属于发送噪声。

(2) 这种情况属于传输噪声。

(3) 这种情况属于接受噪声。

(4) 这种情况属于系统噪声。

(5) 这种情况属于环境噪声。

(6) 这种情况属于背景噪声。

趣味小思考 13-5

分析：据心理学家统计证明，一般人说话的速度为每分钟 120～180 个字，而听话及思维的速度，则大约要比说话的速度快 4 倍左右。因此，往往是说话者话还没有说完，听话者就大部分能够理解了。这样一来，听者常常由于精力富余就会"开小差"。这时，万一对方讲话的内容与己方理解的内容有偏差，或是传递了一个重要信息，如果没认真听，就会聪明反被聪明误，后悔也来不及了。

本章学习路径

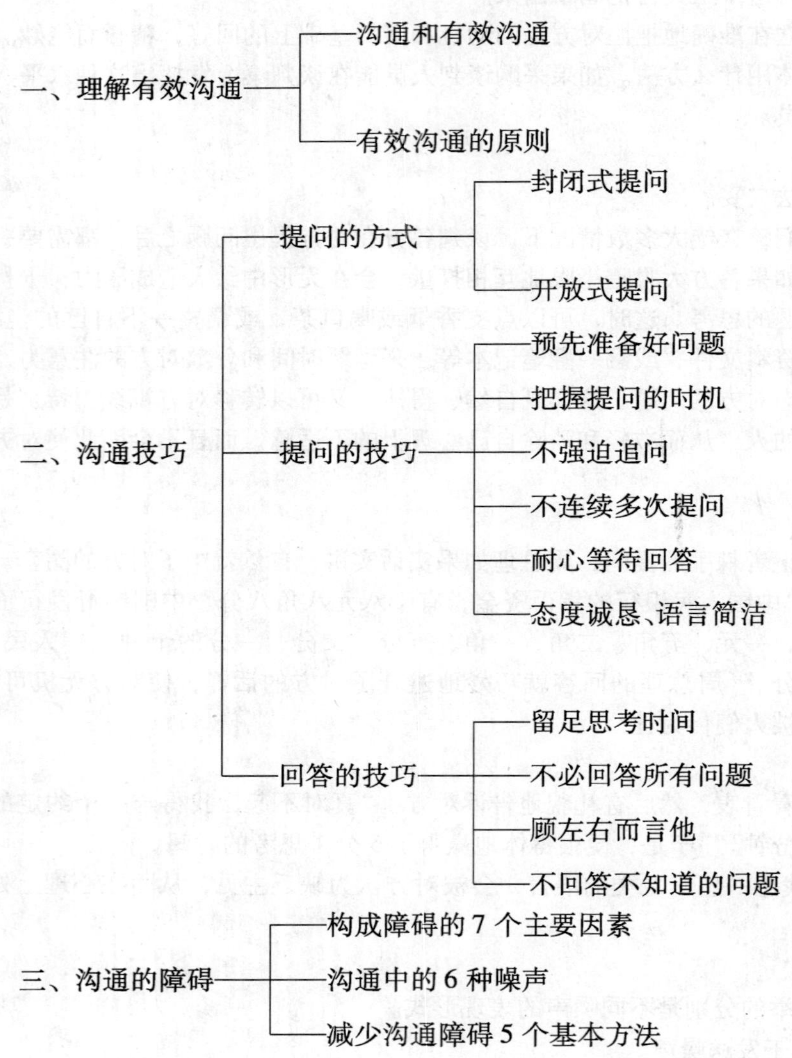

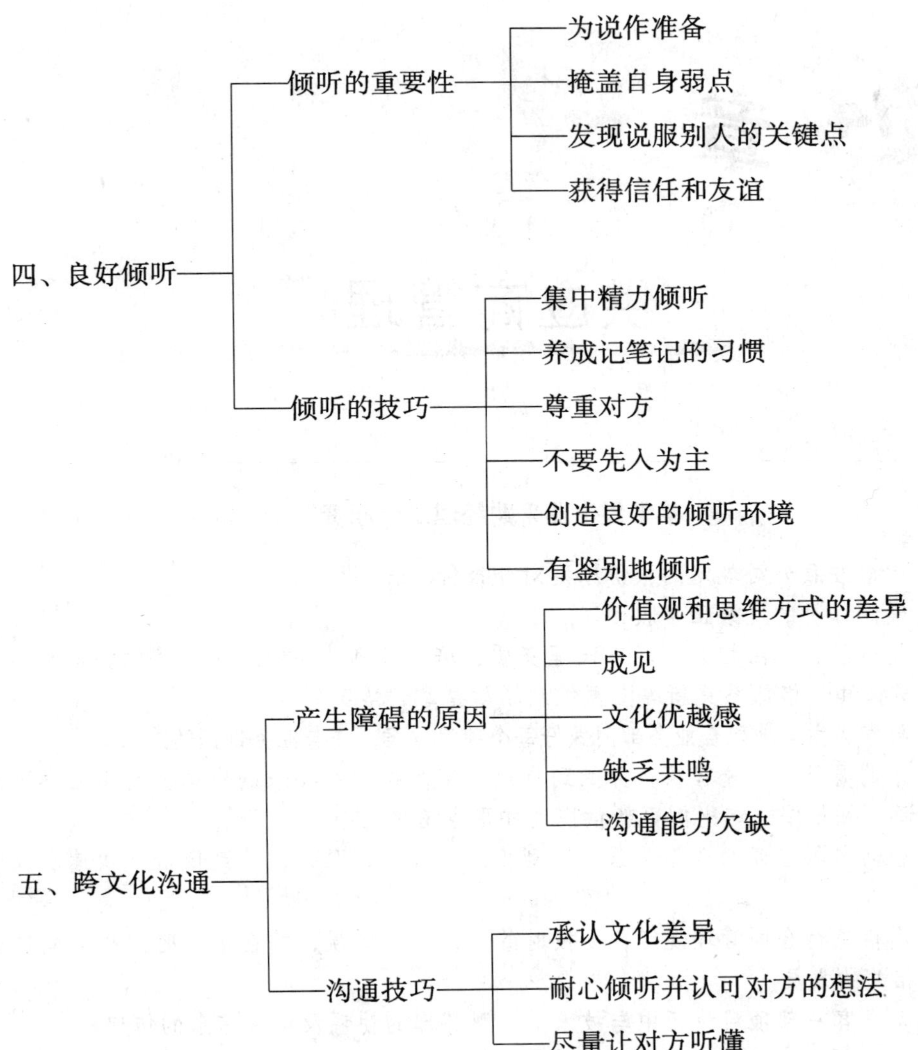
四、良好倾听
倾听的重要性
为说作准备
掩盖自身弱点
发现说服别人的关键点
获得信任和友谊
倾听的技巧
集中精力倾听
养成记笔记的习惯
尊重对方
不要先入为主
创造良好的倾听环境
有鉴别地倾听
五、跨文化沟通
产生障碍的原因
价值观和思维方式的差异
成见
文化优越感
缺乏共鸣
沟通能力欠缺
沟通技巧
承认文化差异
耐心倾听并认可对方的想法
尽量让对方听懂

第14章 供应商管理

引导案例　　某零售企业采购经理工作职责

(1) 严格按照公司规定的报价原则对外报价。

(2) 确保每月的发票正常收回。

(3) 凡与经销产品相关的厂家代理资质、培训计划、促销政策、奖励、返点、厂家资源的掌握和价格体系更新等必须做到了如指掌，落实到人。

(4) 要积极主动地配合业务部门做好每个项目方案，并与业务部门达成共识。

(5) 采购要严格按流程执行并做到货比三家，控制降低采购成本，对供应商进行管理及考评，每年按一定比例更新供应商并形成清单。

(6) 密切与供应商的合作关系，做到投入、细致、深知，达到低价、快速、及时供货。

(7) 严格执行合同管理规定，要按时签订，不得延误，并在第一时间将合同传递给与项目相关的人员。

(8) 负责客户部项目执行中与技术部、财务部的协调及结算信息的传递。

(9) 综合调配公司库存资源，订货时必须要了解当前的库存情况，在有库存的情况下要以先出库存为主。

(10) 负责卖场销售产品的选型、市场导向和宣传资料。

(11) 组织本部门员工的业务培训。

(12) 树立公司的专业形象，保证公司的名誉不受到侵害。

本章关键词

供应商管理　供应链、供应商开发、供应商评审

本章学习目标

- 了解供应商管理的主要内容
- 了解供应商开发与选择的原则、步骤和基本方法
- 了解供应商评审的基本内容

迫于市场竞争的压力，采购总是要面临不断降低采购成本的要求，但如果只是关注于价格、质量和交货期，可能会导致供应商伙伴的信任和信心丧失，最终付出高昂代价，组织也将因此而面临困境。因此，注重供应商管理，做好伙伴式的供应商开发，是采购工作中一个非常重要的环节，它有助于建立更为牢固的采购方与供应商的关系，在供应链中构建基于长期协作、互相信任的伙伴。从供应链管理的角度看，供应商是组织供应链上重要的一环，供应商管理是整个采购体系的核心，它关系到整个采购部门的业绩，影响整个组织的经营和发展。采购管理的发展趋势之一就是完善供应商管理体系，从而帮助采购人员选择最佳供应商和采购策略，提升采购谈判能力，确保采购工作高质量、高效率及低成本执行，使组织具有最佳的供货状态。这些都是供应商管理需要完成的工作。

事实上，如同引导案例中所示，在很多组织，无论是在谈判前的准备还是在谈判达成后的执行阶段，如何管理供应商都是采购人员的重要工作内容之一。

14.1　供应商管理概述

供应商管理的重要性早在 20 世纪 40 年代就受到发达国家的重视。60 多年来随着经济环境的变化，不断出现新的内容，现在供应商管理已经有了很多优秀的理论和实践成果。

14.1.1　供应商管理的含义

1. 供应商

供应商是指那些向采购方提供产品或服务并相应收取货币作为报酬的实体，是可以为组织生产和经营提供原材料、设备、工具及其他资源的组织。作为组织外部环境的组成部分，供应商必然间接或直接地对组织造成影响。

任何供应商，不管是不是已经与组织有直接关系还是没有直接关系，他们都是组织采购所要面对的资源市场的组成部分。资源市场中商品的供应总量、供应价格、竞争态势和技术水平等，都是由该市场中所有成员共同形成的。而组织的采购只能从这个资源市场中获取所需商品，所以采购商品的质量水平和价格水平都必然受到资源市场每个成员的共同影响。

组织要维持正常运行，就必须要有一批可靠的供应商提供各种各样的商品供应，因此供应商对组织的商品供应起着非常重要的作用。

2. 供应商管理

所谓供应商管理，是指对供应商的了解、评估、选择、开发、使用和控制等综合性管理工作的总称。其中，考察了解是基础，选择、评估、开发和控制是手段，使用是目的。供应商管理的目的就是要建立起一个稳定可靠的供应商队伍，与之建立起稳定的合作关系，完善采购过程，为组织经营和发展提供可靠的供应保障。

供应商管理行为通常包括：正式的供应商认证，制定服务协议（包括行为规范和正式评估）、理解供应商成本构成、与供应商进行稳定合作等。

供应商管理的目标是获得符合组织质量和数量要求的产品或服务；以最低的成本获得

产品或服务；确保供应商提供最优的服务和及时的送货；发展和维持良好的供应商关系；开发潜在的供应商。

14.1.2 供应商管理的意义

供应商是一个与采购者独立的、以追求利益最大化为目的的利益主体。按传统的观念，供应商和采购者是利益互相冲突的矛盾对立体，供应商总是希望从采购者手中多赚一点，采购者总是希望向供应商少付一点，为此双方常常斤斤计较，甚至在商品的质量、数量上做文章。例如供应商会以劣充优、降低质量标准、减少数量和制造假冒伪劣产品坑害购买者。采购者为了防止伪劣质次产品入库，需要花费很多人力、物力加强商品检验，大大增加了商品采购检验的成本。

供应商管理的意义在于与供应商建立相互信任、相互帮助的合作伙伴关系，在风险共担和利益共享的基础上，与供应商结成一个直接面向市场和客户的动态联盟，使供应商和组织能够主动默契地协调工作。这不仅有利于组织提高自己的竞争优势，也有利于供应商提高自己的核心竞争能力。

实行供应商管理，建立合作伙伴关系，意味着组织可以不再像原来那样面向很多的供应商，而是可以选择更少的供应商，并帮助供应商维持其价格的竞争性。这样，供应商数量的减少实际上意味着交易费用的大大降低，同时能更好地适应市场需要。

供应商管理最重要的是它提高了双方的获利能力。从采购者的角度看，它能够从供应商管理中获得这样一些好处：更快的反应速度、品质的改善、专业性的提高以及更低的价格；而供应商可以增加销售、保持长久而持续的购销关系、防止竞争者的中途破坏等，这种双赢的结果也是供应商管理的主要目的。

供应商管理的意义，具体而集中地表现在两个方面。

1. 节省成本

供应商管理可以使组织之间的流程简单化，变得更快、更低廉也更有效率。尤其在互联网技术发展的今天，通过电子数据交换系统的建立与共享，采购者和供应商的一些共同数据资料如下单、生产安排、收据、记账、存货或运输信息等，只需一次性地键入到双方都可以读取的数据库中，就可使信息达到共享，省去了数据资料重复输入的高成本；同时，还可以享受一些附加的利益，如更快地取得数据资料，减少运输、仓储、物流与配送系统以及存货管理等的重复步骤，从而达到节省成本的目的。

事实上，很多组织实行供应商管理后，一些长期的采购合同都与供应商建立起了稳定的关系，使供应商的库存水平、产品质量和报废率等方面的运营指标都有很大的改进。而供应商降低的成本，将会体现在组织采购价格的降低。

2. 产品设计与制造过程的保证

与供应商的合作伙伴关系建立后，采购者与供应商之间可以在战略合作的基础上，彼此提供资金、技术以及人力的支持，帮助对方更新生产和配送设备，加大对技术改造的投入，提高配送质量。采购者还可以使供应商更多地参与组织新产品的设计、工艺及生产过程；组织也不再是仅仅被动地接受供应商的产品，而是对供应商的设计和制造过程进行更充分、更多的了解。本着双赢的原则，供需双方都将对对方设计和生产中的缺陷和问题提出及时的改进意见，从而使生产成本大大降低。而供应商供应质量的提高，也降低了采购

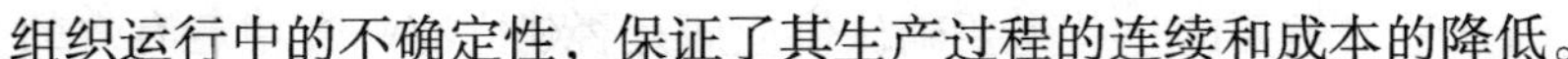

组织运行中的不确定性，保证了其生产过程的连续和成本的降低。

14.2 供应商开发与选择

供应商开发与选择是供应商管理的核心，它关系到整个采购部门的业绩。供应商开发是在客户和供应商之间构建双赢的商业伙伴关系，从而建立更为强健的组织供应链，通过发展供应商的长期能力来降低整个组织的采购成本。

一般来说，供应商开发与选择包括的内容有：确定开发供应商的类别、寻找合格供应商、确定开发供应商的负责人、供应商市场竞争分析、潜在供应商的开发、供应商的审核评估、询价报价和合同谈判、最终供应商的选择等。

14.2.1 供应商开发和选择的原则

供应商开发和选择要本着“QCDS”原则，也就是质量、成本、交付与服务并重的原则，实行货比三家、价比三家，择优确定供货单位。“QCDS”是 4 个英文单词的字头，其中，“Q”是品质，即 Quality；“C”是成本，即 Cost；“D”是 Delivery，即交货期；“S”是售后服务，即 Service。

1. 供应商交货期原则

供应商的交货期原则可以从两个方面理解。

(1) 交货能力。交货能力包括：交货的及时性；扩大供货的弹性；提供样品的及时性；对增、减订货的反应能力。要确定供应商是否拥有足够的生产能力，是否具有生产所需特定产品的设备，人力资源是否充足，有没有扩大产能的潜力。

(2) 现有合作状况。现有合作状况包括：合同履约率；年均供货额和所占比例；合作年限；合作融洽程度等。

2. 供应商品质原则

供应商品质原则主要从三个方面考虑。

(1) 质量水平。质量水平包括商品的优良品率、质量保证体系、样品质量和对质量问题的处理。

(2) 技术能力。技术能力包括工艺技术的先进性、后续研发能力、产品设计能力和技术问题的反应能力。

(3) 人力资源水平。人力资源水平包括经营团队和员工素质。要确认供应商是否建立有一套稳定有效的人力资源管理体系，一个企业员工尤其是技术人员和高层人员流动频繁的供应商，是很难保证产品供应和顺利履行合同的。

3. 供应商成本原则

供应商成本原则主要从其价格水平来考虑，包括优惠程度、消化涨价的能力和成本下降空间等。对于成本与价格，可运用价值工程的方法对所涉及的产品进行成本分析，并通过双赢的价格谈判实现成本节约。

4. 供应商服务原则

供应商服务原则主要指后援服务，包括零星订货保证，售后服务能力如技术培训、设备安装等，服务正变得越来越重要。对供应商的售前、售后服务的记录要有详细的了解。

以上4个原则中质量因素是最重要的，首先要确认供应商是否建立有一套稳定有效的质量保证体系，是否通过ISO 9000/ISO 14000标准体系认证，然后确认供应商是否具有生产所需特定产品的设备和工艺能力。在交付方面，要确定供应商是否拥有足够的生产能力，满足供货要求的人力资源是否充足(技术人员、管理人员的能力)，有没有扩大产能的潜力，是否能保证做到按时按需供货，以及具有满足意外需求的潜力。可以运用价值工程的方法对所涉及的产品进行成本分析，并通过双赢的价格谈判实现成本节约，在保证供应商一定商业利润的前提下实现采购费用的降低。

14.2.2 供应商开发与选择的步骤

1. 有效区分供应商

采购人员要了解在组织的采购商品市场中，谁是市场的领导者、目前市场的发展趋势如何、各大供应商在市场中的定位如何等，从而对潜在供应商有一个大概的了解。

根据所采购的商品，采购部门经过市场调研后，对所获得的信息进行分析，评估供应商的工艺能力、供应的稳定性、资源的可靠性以及其综合竞争能力等。按组织需求的特殊性，对供应商应当区别对待，通常分为一般供应商、重点供应商和特殊供应商。

(1) 一般供应商。一般供应商是指在买方市场条件下，一部分产品尤其是通用性强的产品市场资源相对过剩，或者采购不具有特别的意义。采购这部分产品时，市场上能够实质响应采购的有众多的供应商，这部分供应商即是一般供应商。对一般供应商只要选择适当的采购方式如公开招标、询价采购和竞争性谈判采购，在完成采购任务的同时也就完成了对这类产品供应商的开发与选择。

(2) 重点供应商。重点供应商是指对组织采购实质性响应的供应商对采购具有特殊意义。其对象主要包括新材料、新产品的供应商。这些产品的供应商就是重点供应商，对提高采购的经济效益有特别的意义。

(3) 特殊供应商。为了满足组织的特殊需求，有些产品在技术上有一定的特殊要求，如特殊材料与专用机电产品等，还有一部分所需可能属于非标准产品，市场上没有现成的供应商和供应品，因此需要开发特殊供应商。

对供应商开发对象区别对待，有利于突出开发工作的重点、节省开发时间、降低开发成本、提高开发成效。加强对重点供应商的管理，可以确保顺利优质、高效的完成组织的商品采购任务。

采购部门应该用统一标准的供应商情况登记表管理供应商信息。这些信息应包括供应商的注册地、注册资金、主要股东结构、生产场地、设备、人员、主要产品、主要客户和生产能力等。在这个步骤，最重要的是对已知供应商作出初步的选择，提出5~10家潜在供应商名单。

趣味小思考 14-1

通过哪些途径可以得到供应商的信息?

2. 供应商的审核评估

采购部门的各类采购人员依据已确立的采购规划或采购计划，区别一般供应商、重点供应商和特殊供应商后，提出需要开发的重点供应商的类别建议，然后进行汇总，由采购部门负责人组织有关专业采购人员共同审议确定，报采购单位分管领导审批。

接着，采购部门应该对供应商进行实地考察，必要时可以邀请有关质检部门和专业工程师一起参与，并把实地考察的材料和评估反映在供应商档案中。

供应商评选小组通常由采购、质检、技术、组织和管理部门组成。不同部门的参加者不仅会带来专业的知识与经验，共同审核的经历也会有助于采购部门在公司内部的沟通和协调。

一般供应商的开发可以由专业的采购人员负责；重点供应商的开发与选择，可以成立专门的开发工作小组负责，小组成员通常应包括采购部门负责人、产品技术专家、财务专家和质检专家等，分别负责协调与决策、技术评估、成本与价格评估、质量保障评估等。

采购商与供应商信任、合作、开放性交流的供应链长期合作关系，必须建立在对市场竞争环境的分析基础之上。通过分析组织现在的产品需求、产品类型和特征，确认是否有建立供应链合作关系的必要。对于公开和充分竞争的供应商市场，可以采取多家比价、控制数量和择优入围的原则。

而在只有几家供应商可供选择的有限竞争市场和垄断货源的独家供应市场，采购方则需要采取战略合作的原则，以获得更好的品质、更紧密的伙伴关系、更低的成本和更多的支持。对于实施战略性长期伙伴关系的供应商，可以签订“一揽子协议”。在建立供应链合作关系之后，还要根据需求的变化确认供应链合作关系是否也要相应的变化，一旦发现某个供应商出现问题，应及时调整供应链战略。

这样便可得出一份合格的供应商名单。对没有得到审核通过的供应商，应请其继续改进，保留其未来候选资格。而对已通过审核的供应商，可以开始实施采购：如发出询价文件，一般包括图纸和规格、样品、数量、大致采购周期和要求交付日期等细节，并要求供应商在指定的日期内完成报价。这些都是采购谈判准备阶段的工作内容。

趣味小思考 14-2

组织的采购量占供应商产能或供货能力的比例是多少比较合适?

3. 询价报价和合同谈判

在供应商审核完成后，采购部门应该对合格供应商发出询价文件，文件内容一般包括规格、样品、数量、大致采购周期和要求交付日期等细节，并要求供应商在指定的日期内完成报价。在收到报价后，采购部门应该对其条款仔细分析，对其中的疑问要彻底澄清，而且要求用书面方式记录，包括传真、电子邮件等。

随后进行报价分析。报价中包含有大量的信息，如果可能的话，可以要求供应商进行成本清单报价，要求其列出材料成本、人工和管理费用等，并将利润率明示。通过比较不同供应商的报价，并对其合理性进行初步了解后，就可以确定最终的供应商。

在价格谈判之前，一定要有充分的准备，设定合理的目标价格。对小批量产品，其谈判的核心是交货期，要求其提供快速的反应能力；对流水线、连续生产的产品，核心是价格，但一定要保证供应商有合理的利润空间。

同时，价格谈判是一个持续的过程，每个供应商都有其对应的学习曲线，在供货一段时间后，其成本会持续下降。组织如果与表现优秀的供应商达成策略联盟，促进供应商提出改进方案，可以最大限度地节约成本。

实际上，每个供应商都是所在领域的专家，采购者多听取供应商的建议往往会有意外的收获。例如曾有供应商主动为某采购企业推荐替代的原材料，用韩国的钢材代替瑞士产品，其成本节约高达50%，而且性能完全满足要求，这是单纯依靠谈判所无法达到的降价幅度。

还有非常重要的一个方面是隐性成本。采购周期、库存和运输等都是看不见的成本，采购方要把有条件的供应商纳入适时送货系统，尽量减少存货，降低组织的总成本。

14.2.3 选择供应商的具体方法

通常，组织对市场上的所有供应商并不是都有所了解的，而已知的供应商又可能存在这样或那样的问题。如何从众多已知或未知的供应商中选出组织所需要的供应商，采用的选择方法至关重要。

1. 招投标法选择供应商

招投标是指采购人事先提出货物、工程或服务采购的条件和要求，邀请众多投标人参加投标并按照规定程序从中选择交易对象的一种市场行为。招投标是市场经济条件下进行大宗货物买卖、工程建设项目的发包与承包以及服务项目的采购与提供时所采用的一种交易方式，也是组织追求最大限度地降低采购成本、科学合理选择供应商的有效途径。

招投标法利用市场竞争机制，通过充分竞争和过程公开，使市场主体在平等条件下公平竞争、优胜劣汰，从而实现资源的优化配置，对规范购销行为，优化采购意义重大。其本身也在实践中逐步形成了许多公认的惯例，如程序的公开性、程序的竞争性和程序的公平性等。随着招投标影响的不断扩大，许多国家还通过专门的法律确定了招标采购及专职招标机构的重要地位。

招投标适用于批量采购或项目采购，并且所采购商品的市场竞争比较充分。招投标法的优点是投标者众多，容易获得较低的价格，新的竞争者也容易进入。但其缺点也比较突出，如招标、评标的工作量大，加大了供应商选择和质量控制的难度。

2. 比质比价法选择供应商

对于那些批量不大、采购周期短而不宜于实行招标采购的商品，可采用比质比价的方式选择供应商。也就是说在满足质量要求、避免质量过剩造成浪费前提下，经过询价和多次价格谈判，选择最佳性价比的供应商，充分利用市场竞争的优势，最大限度地降低采购成本。

ISO 9000 系列标准和 ISO 14000 系列标准，是由国际标准化组织（ISO）发布的企业质量认证和环境管理认证体系，明确了市场经济条件下对企业质量管理和环境管理共同的基本要求。企业通过贯彻这一系列国际标准，证实其满足顾客需求、提供合格的产品或服务的能力和在预防与控制污染、提高资源与能源的利用效率等方面所达到的标准。

所以，在比质比价过程中，供应商是否通过了 ISO 标准体系认证，可以有效地帮助采购者对供应商的质量管理、环境管理等能力进行认定。

3. 成本法选择供应商

组织在选择供应商时如果将成本列为需要考虑的最重要因素，则通常会采用成本计算法。也就是说根据组织对其供应商的要求，分析供应链上产品的实际成本构成，包括价格成本、质量成本、库存成本、缺货损失成本和运输成本，并通过定量计算产品的各种成本进而得到其综合成本。以所计算出的成本为依据，选择综合成本最低的供应商为合作伙伴。

成本计算法试图消除在供应商选择时评选人员主观因素的影响，为组织选择供应商提供一种科学客观、切实可行的方法。

4. 零库存法选择供应商

零库存是一种特殊的库存概念。它的含义是以仓库储存形式的某种或某些种物品的储存数量为零，即不保持库存。组织所需采购的商品如果不以库存形式存在就可以免去仓库存货的一系列问题并节省大笔支出，如仓库建设、管理费用、存货维护、保管、装卸和搬运等费用，以及存货占用流动资金及库存商品的老化、损失和变质等问题。

但此方法对远距离的供应商是不太适用的，而比较适用于地理位置距采购方较近的供应商。较近的地理位置有利于采购方利用供应商的库存，可由供应商按采购方的使用计划直接送达使用目的地，从而实现零库存。

14.3　供应商管理制度

随着市场经济的发展，供应商正在从单纯的货物和服务的提供者转变为采购方的商业伙伴。采购方更多地从双赢的目的出发帮助供应商改进流程，降低营运成本，同时采购方通过减少供应商数目，一方面控制自身供应商管理成本，另一方面增加单个供应商采购量，提高供应商依赖度。在更紧密的共同利益联系下，建立严格而科学的供应商管理制度尤为重要。

14.3.1　建立供应商管理措施

1. 建立供应商档案管理和准入制度

对所有调查过的供应商都应按类别档次，分别归类保存。供应商档案除有编号、详细联系方式和地址外，还应有付款条款、交货条款、交货期限、品质评级和银行账号等，每一个供应商档案应经严格的审核才能归档。

对合作可能性大，产品质量符合要求，价格适合采购方发展需要的供应商要重点标注，作为备用供应商。有开发价值的供应商也应标注，以供需要时再行开发。

组织的采购必须在已归档的供应商中进行，供应商档案应定期或不定期地更新，并有专人管理。

同时，还要建立供应商准入制度。重点采购商品的供应商必须经质检、物料和财务等部门联合考核后才能进入组织，如有可能要实地到供应商生产地考核，根据调查结果填写供应商基本资料表，详细注明供应商的具体情况。组织要制定严格的考核程序和指标，要对考核的问题逐一评分，只有达到或超过评分标准者才能成为归档供应商。

2. 定期检查

为保证采购商品的质量，采购方的质检部必要时可会同采购、研发、生产和技术部门，制定各采购商品的验收标准和验收规程。对重要的供应商可派遣专职驻厂员或经常对供应商进行质量检查，定期或不定期地对供应商商品进行质量检测或现场检查，并及时、准确地出具质量检验单。

3. 分散风险

为减少采购方对个别供应商大户的过分依赖，要分散采购风险，每种采购商品必须由两三家供应商同时供货，不再增多，也不能减少；供应商的供货额度要有区别，一家供应商承担的供应额最高不超过80%，而且也不能超过该供应商产能的50%。这样既可保持较低的管理成本，又可保证供应的稳定性，并且在出现意外需求或是其中一家供应商停止供货时，能迅速从其他的供应商处得到补充供应。如果仅由一家供应商负责供应100%的货物，则风险较大。一旦该供应商出现问题，势必影响整个组织的生产。公司对重要的、有发展潜力的、符合公司投资方针的供应商，可投资入股，建立与供应商的产权关系，为适应外部变化，减少风险而努力。

14.3.2 建立供应商评价制度

对于已进入采购方档案的供应商并不意味着万事大吉。采购方还必须有相应的评价系统，考查供应商的持续合作和供货能力，不断确定最好的供应商或淘汰不合格的供应商，实现对供应商的动态管理。

阶段连续性评价方式就是供应商评价制度的一种，它将供应商评价体系分为供应商进入评价、运行评价、供应商问题辅导、改进评价及供应商战略伙伴关系评价几个方面。这种方式使供应商的选择不仅仅是入围资格的选择，而且是一个连续的可累计的选择过程。

1. 建立供应商运行评价体系

建立供应商运行评价体系，一般采取日常业绩跟踪和阶段性评比的方法。例如采取QSTP加权标准，即供货质量Quality（35%评分比重）、供货服务Service（25%评分比重）、技术考核Technology（10%评分比重）、价格Price（30%评分比重）。根据对供应商业绩的跟踪记录，按照月度或季度对供应商的业绩表现进行综合考核。对供应商的评价要抓住主要指标或问题，例如交货质量是否改善了、交货期是否缩短了、交货的准时率是否提高了等。通过评价，把结果反馈给供应商，和供应商一起共同探讨问题产生的根源，并采取相应的措施予以改进。

（1）产品质量指标，包括到货批次合格率和到货商品抽检缺陷率。

$$到货商品批次合格率 = (合格批次/总批次) \times 100\%$$

$$到货商品抽检缺陷率 = (抽检缺陷总数/抽检样品总数) \times 100\%$$

通过这两项指标来评价供应商提供产品的质量水平。此外应将供应商是否通过ISO 9000/ISO 14000认证或者其质量体系审核，是否达到一定水平也纳入评审，同时应要求供应商提供质检报告。

（2）价格水平。要根据采购方掌握的市场行情进行比较，或者根据供应商实际成本及利润率进行判断，同时对供应商报价的及时性、客观性、透明度以及产生的其他费用进行认真分析，通过谈判形式来确定商品价格。另外，还应将供应商付款状况纳入评价范围，考察其是否积极配合采购商提出的付款要求与办法，开出的发票是否正确、是否及时、是否符合有关财税要求等。

（3）供应服务能力指标，包括准时交货率、交货周期等，反映供应商交货及时性、

管理水平和售后服务。

按时交货率 =（按时交货的实际批次/订单确认的交货的总批次）×100%

交货周期：自订单开出之日到收货时的时间长度，以天为计量单位。

服务水平包括服务表现、沟通能力、合作态度、售后服务以及保密状况等。通过这些评价内容考查供应商对交货时间和产品质量投诉的反映是否能及时有效处理；采取的沟通手段是否适合于采购商的要求，供应商的高层主管是否重视采购商的要求及重视程度如何；供应商售后服务的主动性、及时性等。

（4）技术考核。供应商的生产技术及工艺过程是否随着行业技术进步而改进或更新。

具体实施时，可由采购部和仓库共同收集供应商基本资料，提供过往合作表现报告，报告重点为质量状况、交期、配合程度、服务态度和价格等，填写供应商月供货评审表，交由生产、技术、采购和管理部门等组成的供应商评审委员会。由供应商评审委员会依据收集的资料及供应商评审表等对供应商进行等级评估，原则上过半数为最终结论。对于 A、B 级供应商优先订货，但应视其生产负荷确定采购量；对 C、D 级供应商维持原有订量或减少订量；采购员还应负责 C、D 级供应商的改善，并追踪查核，对于 E 级供应商则限期整改或取消供货。

供应商评审合格名单应发给各个部门，以便相互协调和沟通。

2. 建立供应商评分制度

按照评价体系首先需要对供应商管理体系、资源管理与采购、产品实现、设计开发、生产运作、测量控制和分析改进等 7 个方面进行现场评审和综合分析评分。对以上各项的满意程度按照从不具备要求到完全符合要求且结果令人满意，分为若干分数段（如 0～100 分区间），根据各分项要素计算平均得分。例如 80 分以上为体系合格供应商，50 分以下为体系不合格供应商，50～79 分为需讨论视具体情况再定的持续考核供应商。合格的供应商方可进入公司的供应商体系。

对供应商持续表现的监察，可由仓库、采购部具体负责日常持续表现的考核评分，并体现于供应商考核评分表上，由仓库、采购部每月或每季定期向供应商评审委员会呈报，必要时由采购部对供应商发出改善意见，并追踪结果。

供应商运行评价是通过供应商的进入和过程管理，对采购方与供应商的合作战略采取分类管理的办法。重点在于对供应商表现的持续监控和改进。供应商相应评价等级与供货选择建议表如表 14-1 所示。

表 14-1　供应商相应评价等级与供货选择建议表

优秀：≥90～100 分	A	优先订货或加大订货量，建立合作伙伴关系
良好：≥80～90 分	B	优先订货或维持原有订货量
合格：≥70～80 分	C	维持原有订货量或适量减少订货量
基本合格：≥60～70 分	D	列为下年度重点改进供方，减少订货量
不合格：<60 分	E	限期整改或取消供货

小贴士 14-1　　关于 ISO

国际标准化组织(International Organization for Standardization)简称 ISO，是一个全球性的非政府组织，是国际标准化领域中一个十分重要的组织。其成员由来自世界上 100 多个国家的国家标准化团体组成，代表中国参加 ISO 的国家机构是中国国家技术监督局(CSBTS)。

ISO 的主要功能是为人们制定国际标准达成一致意见提供一种机制，以促进国际间的合作和工业标准的统一。其主要机构及运作规则都在名为《ISO/IEC 技术工作导则》的文件中予以规定。ISO 的任务是促进全球范围内的标准化及其有关活动，以利于国际间产品与服务的交流，以及在知识、科学、技术和经济活动中发展国际间的相互合作。

ISO 9000 族标准是 ISO 在 1994 年制定的国际标准。凡是通过认证的企业，表明企业在各项管理系统整合上已达到了国际标准，能持续稳定地向顾客提供预期和满意的合格产品。

ISO 14000 是关于环境管理的系列国际标准，是 ISO 环境管理技术委员会制定的一套对所有组织强调环境管理一体化，预防污染与持续改进的管理标准。

ISO 9000 管理对象是“质量”，而 ISO 14000 的管理对象是“环境”。ISO 9000 的相关方是“顾客”，而 ISO 14000 则有着更多的相关方，如公众、社会、政府，消费者，员工和经营者以及绿色和平组织等。

ISO 9000 强调持续地符合要求，而 ISO 14000 更加注意持续改进。

3. 供应商辅导和改进

采购方对存在问题的供应商进行辅导和改进工作，是通过专项专组辅导和结果跟踪的方法实现的，是采购方对供应商给予协助，帮助供应商降低成本、改进质量、加快产品开发进度，增加对供应商和整个供应链业务活动的共同责任感和利益的分享。

例如某电子企业的采购中心设有货源开发组，他们根据所负责采购物料特性把货源开发组员分为几个小组，如板卡组、机械外设组、器件组和包装组等，该小组的工作职责之一就是对供应商进行辅导和跟进。

供应商评价体系要做到流程透明化和操作公开化，所有流程的建立、修订和发布都通过一定的控制程序进行，保证相对的稳定性。评价指标尽可能量化，以减少主观干扰因素。

随着市场竞争的加剧，不稳定的供应商关系给组织带来的经营风险也越来越大。目前，很多采购方通过供应商管理与供应商之间建立了相互合作的伙伴关系。只有加强供应商管理，通过信息共享，选择最有价值的供应商，并保持长期的双赢合作关系，才能达到低成本、高效益的目标。这对于进一步优化资源配置，增强买卖双方的竞争优势，降低营运风险，提高购销双方的谈判效率等也有着重要的意义。

趣味小思考 14-3

在选择供应商时，你认为通常应该提出哪些问题？

实用范例 14-1　　某企业的供应商开发实施办法

一、目的

对供应商合理评定和选择，建立良好的采购渠道及确保供应商提供符合本公司规定要求的产品的能力，满足公司采购需求。特制定本办法。

二、适用范围

本办法适用于本公司除零星采购外的所有生产用原（辅）物料、设备、零件、工具、办公用品和劳保用品等的合格供应商名录的增加、删除、更改。

三、职责

（1）采购部负责对供应商开发各步骤相关事项的执行，对时间进度进行管控，对现有供应商进行管理和绩效评估。

（2）相关人员（品管、生产、业务）负责样品的确认及填写样品确认结果。参与新供应商的开发和评审。

（3）品管部负责将品质报表交采购部对供应商进行考核，并对供应商进行品质辅导。

（4）总经理或副总经理负责审批各相关表单，并提出相关意见。

四、供应商开发程序细则

步　骤	目　的	具 体 内 容
（1）编制供应商开发进度表	明确寻找开发供应商的目标	A　要求何时开发成功 B　需要何种原材料或零部件 C　年/月需求量为多少 D　要求供应商有什么样的生产能力及品质管控能力 E　欲开发什么性质的供应商
（2）寻找供应商资源并初步取得联系	通过若干渠道获得相关的供应商资讯	A　访问国际互联网 B　电话黄页、各采购指南或商情杂志、各展销（示）会、新闻传播媒体等 C　通过同行或供应商介绍 D　公开征询、招标采购 E　供应商主动联络及其他
（3）选择合格供应商	进一步取得联系	A　联系他们的目的、自己的需求，并初步了解供应商的产品 B　对于较近的企业可要求访问该厂，并要求其带相关样品进行面谈 C　对于较远的企业，可让供应商传真或寄送相关公司简介、产品资料 D　将本公司的《供应商调查表》传真给供应商并要求供应商如实填写回传

（续）

步　骤	目　的	具体内容
（4）访问工厂	进一步了解供应商	A　了解供应商的生产区、办公区 B　了解供应商的生产设备、生产能力及生产工序 C　了解供应商的仓库、现场状况 D　了解供应商检验及测量仪器等
（5）产品报价	询价、报价、比价、议价	A　采购可将要询价的产品价格填写一份《询价单》传真至供应商，要求供应商填写回传 B　确定供应商价格的合理性可通过：其一，将不同供应商的价格进行比较；其二，与制定的底价进行比较，并通过成本法、市场法进行确定 C　产品打样及样品论证 D　供应商提供样品时，应根据产品类别提交下列全部或部分资料 A　材质证明 B　安全证明 C　检验报告（一般包括外规、尺寸、功能等项目） D　符合证明书 E　采购人员收到样品后，应填写一份《样品确认表》随样品送至品管或相关人员进行相关检测、试验及装配并填写好确认表交还采购部 F　对于技术含量功能性比较高的样品应填写一份《零件检测结果表》 J　采购人员应及时把样品在检测、装配过程中发现的问题反映给供应商以让供应商进行改善 H　采购人员应保存相关记录，并由品管封样给供应商
（6）批量试产	确定物料是否合格	有些物料需要经过“精挑细选”，才能确定是否合适，可以批量采购
（7）正试接纳为合格供应商	确定为稳定供应商	对新供应商的工厂审核及样品评估均达到采购方的要求，就可以将其纳为合格供应商，并加入至合格供应商名录中

五、供应商的评审程序

项　目	目　的	具体内容
（1）对新开发供应商的评审	是否能积极满足采购方的需求	A　供应商的组织性质、规模 B　供应商的财务状况 C　供应商的经营理念、管理方式和管理水平 D　供应商的工程技术能力、生产能力 E　供应商的品质保证能力 F　供应商长期、稳定的供货能力 G　供应商的长期发展规划 考察方法 A　发函书面调查（供应商调查表） B　工厂实地考察 C　口头调查或查询组织网站

（续）

步　骤	目　的	具 体 内 容
（2）对现有合格供应商的评审	工厂评审、绩效评估	对供应商工厂评审一般包括如下几个项目： A　生产设备的维护及其记录 B　生产过程的监控及发生问题时的处理方式 C　检验与试验情况 D　品质记录的真实性与完整性 E　新进人员的上岗培训等 F　客户提供的图纸、技术文件及样品保管与分派 G　客户投诉处理情况与其记录 对供应商的绩效评估一般采取月评及年评的方式进行。评估内容中包括：价格、品质、交期、配合度等。在《供应商月考核明细》体现，针对每月考核倒数前三名者应对其进行辅导，要求其改善，连续三个月未改善者可将其淘汰

本 章 小 结

（1）供应商是指那些向采购方提供产品或服务并相应收取货币作为报酬的实体，是可以为组织生产提供原材料、设备、工具及其他资源的组织。作为组织外部环境的组成部分，供应商必然间接或直接地对组织造成影响。

（2）所谓供应商管理，是指对供应商的了解、评估、选择、开发、使用和控制等综合性管理工作的总称。其中，考察了解是基础，选择、评估、开发和控制是手段，使用是目的。供应商管理的目的，就是要建立起一个稳定可靠的供应商队伍，与之建立起稳定的合作关系，完善采购过程，为组织经营和发展提供可靠的供应保障。

（3）供应商管理的意义在于与供应商建立相互信任、相互帮助的合作伙伴关系，在风险共担和利益共享的基础上，与供应商结成一个直接面向市场和客户的动态联盟，使供应商和组织能够主动默契地协调工作。这不仅有利于组织提高自己的竞争优势，也有利于供应商提高自己的核心竞争能力。

（4）供应商开发与选择是供应商管理的核心，它关系到整个采购部门的业绩。供应商开发是在客户和供应商之间构建双赢的商业伙伴关系，从而建立更为强健的组织供应链，通过发展供应商的长期能力来降低整个组织的采购成本。供应商开发和选择要本着“QCDS”原则，也就是质量、成本、交付与服务并重的原则，实行货比三家、价比三家，择优确定供货单位。

（5）随着市场经济的发展，供应商正在从单纯的货物服务的提供者转变为采购方的商业伙伴。采购方更多地从双赢的目的出发帮助供应商改进流程，降低营运成本。同时采购方通过减少供应商数量，一方面控制自身供应商管理成本，另一方面增加单个供应商采购量，提高供应商依赖度。在更紧密的共同利益联系下，建立严格而科学的供应商管理制度尤为重要。

复习思考题

1. 试述供应商管理的含义。实施供应商管理有什么积极意义？

2. 供应商开发与选择应遵循什么原则？
3. 试述供应商开发与选择的步骤。
4. 选择供应商有哪些具体方法？
5. 如何建立完善的供应商管理制度？
6. 供应商管理与采购谈判有什么关系？请举例说明。

本章问题分析提示

趣味小思考 14-1

分析：采购部门可以通过各种公开信息和公开的渠道得到供应商信息。这些渠道包括以下几种途径。

（1）通过组织注册机构查询。采购部门可以通过各级政府工商组织登记注册的管理机构向其查阅供应商的注册信息、经营范围等资料。

（2）利用各种信息媒体查寻。采购部门可以利用各种报刊、城市公共广告、电视广告和互联网等信息媒体寻求潜在的供应商。

（3）公开征寻。采购部门可以利用报刊、信息网络向社会公开发布公告，广泛征寻潜在的供应商。

趣味小思考 14-2

分析：从供应商风险评估的角度，半数原则要求购买数量不能超过供应商产能的50%。如果仅由一家供应商负责100%的供货和100%的成本分摊，则采购商风险较大，因为一旦该供应商出现问题，按照“蝴蝶效应”的发展，势必影响整个供应链的正常运行。不仅如此，采购商在对某些供应材料或产品有依赖性时，还要考虑地域风险。

因此，在确定供应商时应遵循供应货源数量控制原则。即实际供货的供应商数量不应该太多，同类物料的供应商数量最好保持在2~3家，有主次供应商之分。这样可以降低管理成本和提高管理效果，保证供应的稳定性。

趣味小思考 14-3

分析：在选择供应商时，有经验的采购谈判者建议应当回答10个问题，再决定是否能够像合作伙伴那样信任这家供应商。它来自于许多人的经验总结。

1. 谁是客户

从侧面了解谁是供应商的客户，然后直接向这些客户询问他们的合作经历。试着让供应商透露不成功的项目的细节。例如，“当客户的系统出问题时你们做了什么？”并询问问题是如何得到解决的，以及解决问题的速度，这比听供应商介绍成功案例有用多了。

2. 是否有这一行业的经验

以在行业中的经验为标准选择供应商并不总是必要的，但是，如果你想了解他们是否懂行业术语，是不是刚刚进入这个市场，是否可以有来自其他行业的经验，以及他们是否正在与你的竞争对手合作，这个信息是非常有用的。

3. 有数据证明吗

当供应商承诺可以做某项工作时，必须有数据能证明这项工作需要多少人，多长时间，耗费多少费用，否则你就无法判断供应商建议的合理性。

4. 财务年度起止是什么时间

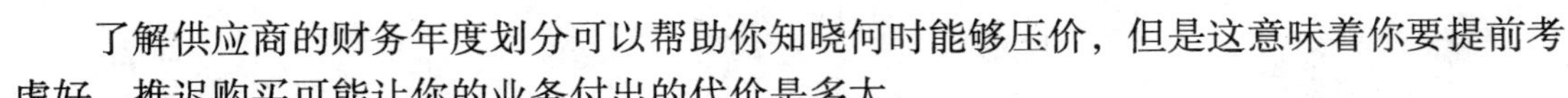

了解供应商的财务年度划分可以帮助你知晓何时能够压价，但是这意味着你要提前考虑好，推迟购买可能让你的业务付出的代价是多大。

5. 双方的 CFO 能会面吗

当涉及供应商的财务状况时，请专家们来参与。要求得到他们所有的财务数据，并约定 CFO 之间的会面。

6. 供应商的员工人数有多少？国内员工与海外员工的比例是多少

如果你是为某项工程采购时，需要了解为你提供物料及服务的供应商的人员构成。如果人员大多在境外，可能意味着供应上缺少本地经验和知识，可能风险较高。

7. 供应商内部采用何种等级制度

当谈判必须请出更高层人士的时候，了解供应商内部的人员结构，以及谁是谁的上级就变得十分重要。

8. 如果……将会怎么样

了解供应商的真实面目，也许没有比询问你已经知道答案的问题更好的办法了。

9. 谁担任我们的客户经理

为了防止一些客户经理中途换人，要求供应商在谈判开始时任命客户经理，并保证这个人将一直担任这个职务。

10. 供应商的战略规划是什么

一个重要的步骤是签订不披露协议，然后审查供应商的未来 5 年技术路线图和战略计划。这使你可以了解所购买产品的生命周期是否与自己的业务需要和发展战略相适应。

本章学习路径

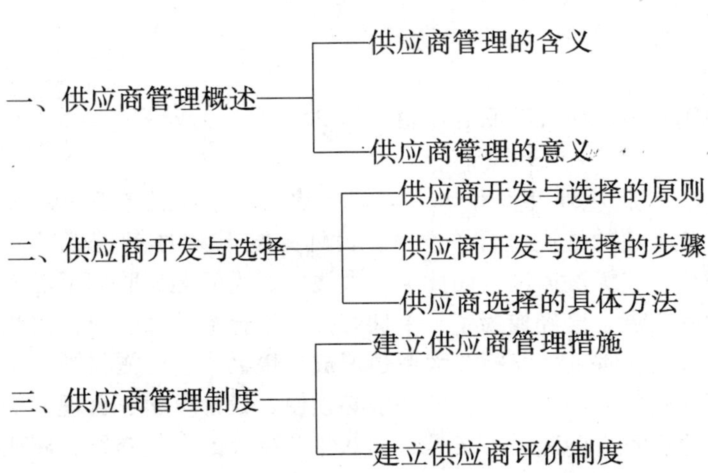

第15章

精彩案例

在实践中，人们积累了很多精彩的采购谈判和供应商选择的案例。认真阅读这些案例，对理解采购谈判和供应商选择，理解谈判过程，理解各种知识、技巧在谈判中的运用很有帮助。

案例1　购买设计图

案例引导

某市中外合资企业A公司要建设××大厦，但设计方案已经跟不上时代的发展，因此有意向澳大利亚著名设计师B购买其设计。A公司如何能以低价格购买到这一设计呢？

案例正文

时间：1999年

地点：上海

谈判双方：A公司谈判代表团，澳大利亚著名设计师B

1. 背景

（1）A公司的情况。A公司于1989年获得××大厦的建设权。经过筹备，该公司领导人聘请了当地的设计师对该大厦的建设进行了设计，设计方案于1991年完成。但是由于当时的资金短缺问题该项目一直无法启动，因此××大厦的建设问题就耽搁了下来。最近几年，该公司得到了很大的发展，已经成为了一个拥有上亿资金流的大企业，因此××大厦的建设问题再次被提上日程，并致力于把该大厦建设成一幢豪华、气派，既方便商务办公，又适于家居生活的现代化综合商住楼，这就要求必须使之设计科学、合理，不落后于时代潮流。但是××大厦建设现有的建设方案是在七八年前设计的，其外形、外观和立面等方面都有些不合时宜，与跨世纪建筑的设计要求存在很大差距。显然，这个设计已经不符合20世纪90年代末的建设要求了。因此，A公司为大厦建设寻找新的设计方案成了重中之重。

（2）B设计师的基本情况。澳大利亚著名设计师B在我国注册了一家甲级建筑设计公司。在上海注册后，B设计师很快赢得了上海建筑设计市场。但是，内地市场还没有深入，该公司希望早日在大陆内地的建筑市场上占有一席之地。

2. 谈判前奏

正当A公司寻找新的设计师的时候，公司总经理获悉澳大利亚著名建筑设计师B将在上海做短暂的停留，B是著名的当代建筑设计师。得知这一消息之后，具有长远发展眼光的总经理便立即委派高级工程师作为全权代表飞赴上海，与B设计师就设计问题进行洽谈。A公司代表在到达上海之前就与这位著名的设计师进行了通话，并约定了见面的时间和地点。

3. 谈判过程

1999年6月22日下午3点钟，A公司的代表到达上海，稍事休息之后便赶赴了当初的约定地点——B设计师所住的饭店。两人见面之后，A公司代表无比激动地向B设计师表达了敬慕之情："久闻您的大名啊，我看过您设计的大楼，真是让人感叹不已啊！这次我们也是慕名而来！"紧接着A公司代表就进入了主题："我们正在建设××大厦，××大厦主要是这样一种情况——我们当时的设计和现在的情况不符合了，我们的目标是把它建设成为一栋豪华、气派，既方便商务办公，又适于家居生活的现代化综合商住楼。"A公司代表一面向这位澳洲著名设计师咨询，一面又请他帮助公司为××大厦设计一套最新方案。全权代表一边介绍，一边将事先准备好的有关资料，如施工现场的照片、图纸，国内有关单位的原设计方案和修正资料等，提供给B设计师一行。由于有这样一个良好的机会，B设计师一行对这一项目也很感兴趣，他们同意接受委托。显然双方都很有意愿合作。

但是当进行到实际阶段时，设计方的报价为40万元，这一报价令A公司难以接受。设计方的理由是：他们公司是一家讲求质量、注重信誉并且在世界上有名气的公司，报价稍高是理所当然的。而且，鉴于内地的工程造价，以及中国内地的实际情况，这一价格已是最优惠的价格了。根据谈判代表了解，设计方在上海的设计价格为每平方米6.5美元。若按此价格计算，××大厦250万平方米的设计费应为16.26万美元，根据当天的外汇牌价，应折合人民币136.95万元。的确，40万元人民币的报价算是优惠的了！"40万元，是充分考虑了内地情况，按每平方米设计人民币16元计算的。"B设计师说道。

但是，考虑到公司的利益，A公司代表还价："20万元(人民币)。"对方感到吃惊。A公司代表解释道："在来上海之前，总经理授权我们10万左右的签约权限。我们出价20万元，已经超出了我们的权力范围……如果再增加，必须请示正在内地的总经理。"双方僵持不下，谈判暂时结束。第二天晚上，双方又重新坐到谈判桌前，探讨对建筑方案的设想、构思，接着又谈到价格。这次设计方主动降价，由40万元降为35万元。并一再声称："这是最优惠的价了。"内地方面的代表坚持说："太高了，我们无法接受！经过请示，公司同意支付20万元，不能再高了！请贵公司再考虑考虑。"对方谈判代表嘀咕了几句，说："鉴于你们的实际情况和贵公司的条件，我们再降5万元，就30万元好了。低于这个价格，我们就不做了。"A公司的代表分析，对方舍不得丢掉这次合作的机会，有可能还会降价。所以，A公司仍然坚持出价20万元。过了一会儿，设计方的代表沉默着开始收拾笔记本等用具，准备退场。眼看着谈判陷入僵局。

这时，A公司的代表急忙说："请您与我公司的总经理通话，待我公司总经理决定并给我们指示后再谈，您看这样好不好?"紧张的气氛这才缓和下来。随后，设计方打了很多次电话，与A公司总经理联系。在此之前，A公司代表已与总经理通话，向总经理详细汇报了谈判的情况以及对谈判的分析和看法。总经理要求A公司谈判人员要不卑不亢保持心理平衡！所以当设计方与总经理通话时，总经理作出了具体指示。最后，在双方报价与还价的基础上，某公司出价25万元，设计方基本同意，但提出8月10日才能交图纸，这比原计划延期两周左右。经过协商，双方当天晚上草签了协议。一天后，双方签订正式协议。

案例思考

（1）在谈判的过程中，有哪些关键点？双方围绕这些关键点分别采用了什么策略？表现在哪些方面？

（2）A公司代表表现了哪些娴熟的谈判技术和得体的外交礼仪？

（3）电话在这一谈判中起到了什么作用？

案例分析提示

当对方提出的要求超出己方的要求时，可以以超出权力范围为由加以拒绝。在这个案例中，A公司代表就以超出自己的权力为谈判筹码，迫使对方在急于进入内地市场的情况下以低的价格达成这次的协议。

以下一些场景是经常用到有限权力策略的，谈判人员不妨认真体会。

（1）对方咄咄逼人的情况下。在业务谈判的过程中，如果已经作出的让步仍无法让对方满意，面对对方咄咄逼人的让步要求，不妨说："我只有这么多的权限了，没办法再让了！"

（2）对方要求你作出让步。如果对方知道你手中有决定的权利，就不会轻易放弃说服你让步的愿望。然而，如果你以未经授权为由，就可以优雅地向对方说"不"，因为没有让步的权利，这往往会使对方大伤脑筋，迫使对方只能根据目前的权限范围考虑问题，放弃进一步的要求。

（3）对方急于求成。如果对方急于完成谈判，虽然知道会损失某些利益，也不得不妥协拍板，否则就得冒谈判失败的风险。

因此，谈判中最有实力的不一定是那些当时有权处理和决定一切事情的人。精心筛选出的权利限制，能成为谈判制胜的重要因素。

资料来源：http：//www. buyer. org. cn/discuz/archiver/tid-2619. html.

案例2　日航低价购买麦道客机

案例引导

日本航空公司决定向美国麦道公司购进10架新型麦道客机，指定常务董事任领队，财务经理为主谈，技术部经理为助谈，组成谈判小组去美国洽谈购买事宜。

案例正文

时间：2003年

地点：美国

谈判双方：日航代表队，美国麦道公司谈判代表队

1. 背景

（1）日本航空公司的基本情况。日本航空公司于1951年8月1日成立，在中日航线上保持许多"之最"的纪录，例如：它是最早往返中日定期航线的航空公司；现在是中日航线上航

班最多的航空公司；中国已成为它在全球通航城市最多的国家……

2002年，日本航空公司与日本佳速航空公司合并，合并后整体实力增强，拥有以波音系列为主的飞机287架，国际航线184条(包括代码共享航班)，每周承运1 370个往返航班；日本国内航线162条，每天承运989个航班(包括代码共享航班)。公司职员5万多人，是日本最大的航空公司。在全球航空业界中年承运量排名第六，收入额排名第三。航空运输业界权威杂志《世界航空运输》高度评价日航在企业经营方面的改革和挑战精神，评选日航为2002年世界最佳航空公司。

2002年4月成田机场第二条跑道启用后，中日之间增加了往来的航班。目前日航集团公司的航班往返中国10个城市(包括香港)，超过往返最多8个城市的美国航空市场。2002年日航已开通中日间定期往返航班每周172班，不仅航班数量比2001年增长了50%以上，旅客数量也同比增长了50%以上。从2002年9月起，日航与中国东方航空公司在上海至东京、大阪和青岛至东京、大阪等航线上全面进行代码共享合作，为旅客提供更多的选择机会。日航为方便中国旅客，在飞机上提供中文菜单和读物，并在中日航线的每个航班上安排两名中国籍空姐。在日本主要机场增设了中文标示牌，增加了中文翻译等服务，尽力为中国旅客提供优质服务。1972年9月29日，日航的首航班机由东京经大阪到达北京，成为第一家飞行定期日中航线的航空公司。2002年是中日邦交正常化30周年，也是日航初航中国30周年。1972年中日航线开通当年的航班总数达到204班，旅客达15 975人次。当时飞往中国的外国航班极少，因此中日航线不仅将中日两国联结起来，还起到欧美与中国之间的桥梁作用。

(2) 麦道公司基本情况。麦道飞机公司(McDonnell Douglas)是一个美国飞机制造商，它制造了一系列著名的民用和军用飞机。从1997年开始成为波音公司的一部分。

公司创立人是詹姆斯·史密斯·麦克唐纳和唐纳德·威尔士·道格拉斯。两人都是麻省理工学院的毕业生，都曾在马丁飞机公司工作。道格拉斯以前是马丁飞机公司的主工程师。1920年他在洛杉矶建立戴维斯—道格拉斯公司。1921年他将他的合作人的股份买下来后将公司的名称改为道格拉斯飞机公司。1928年麦克唐纳在威斯康星州米尔瓦基建立了麦克唐纳与合作者公司。他想造一架供家庭使用的个人飞机。1929年的经济危机使他的计划破产，他的公司倒闭。他到马丁飞机公司工作。1938年他离开马丁公司在密苏里州的圣路易斯附近再次建立了一个自己的公司——麦克唐纳飞机公司。

第二次世界大战中道格拉斯是一个重要的赢家。从1942～1945年，该公司制造了近30 000架飞机，职员增加到16万人。该公司建造了一系列飞机，包括C-47(对DC-3的改进)、A-20和A-26等。道格拉斯还在战争时期建立了一个空军思想库，这个组织后来发展为著名的兰德公司。

战后麦克唐纳飞机公司、道格拉斯飞机公司都因政府订货的停止和滞产飞机过多而受挫。两家公司都大量裁减人员，道格拉斯飞机公司几乎解雇了10万人。

为了生存，道格拉斯继续发展新飞机，包括非常成功的四引擎飞机DC-6(1946年)和它们的最后一架螺旋桨民用飞机DC-7(1953年)。此后公司转向喷气式推动，它们的第一架喷气式飞机是军用的：比较常规的F3D空中骑士(1948年)和更加“喷气时代”的F4D空中射线(1951年)。道格拉斯也开始制造民用喷气式飞机，1958年推出DC-8来与波音707竞争。麦克唐纳也开始发展喷气式飞机，因为该产品比较小，所以也更加特殊。

朝鲜战争使麦克唐纳成为重要的军用飞机提供者，尤其是它在1958年制造的F-4幽灵II非常畅销。后来，两个公司都开始进入新的火箭市场。道格拉斯从生产空对空导弹开始，后来成为雷神弹道导弹计划的主要合作者，获得与美国国家航空航天局签订合同，尤其是生产巨大的土星五号火箭的部分。麦克唐纳也生产火箭，还试验超音速飞行，并得到了美国国家航空航天局的水星计划和双子座计划的合同。

两个公司都有许多雇员，但也都有不少问题。道格拉斯受DC-8和DC-9的牵连，两个公司开始考虑合并。1963年双方开始谈判。1966年12月，道格拉斯请麦克唐纳开价并接受了其价钱。1967年4月28日两个公司正式合并成立麦道飞机公司。1968年，公司开始生产DC-10，1971年，首架交付。1977年，公司开始推出后来称为MD-80的DC-9后代系列。这个项目后来非常成功。DC-10的后代MD-11是至今为止是世界上唯一的三喷气式飞机。从1986年开始共售出200架MD-11，但麦道与波音合并后MD-11不再出售，因为它与波音777竞争。麦道的最后一架飞机是1988年推出的MD-90。MD-90比MD-80长。MD-95是一种缩短了的MD-90，它是与波音合并后唯一还被生产的麦道飞机。

在这些年中，麦道公司也生产了不少成功的军用飞机，包括F-15鹰式战斗机(1974年)和F/A-18黄蜂式战斗攻击机(1975年)以及BGM-109战斧式巡航导弹。1970年的石油危机对民用航空来说是一个巨大打击，麦道公司也不得不缩小，并开始使其产品多样化来减轻将来石油危机的影响。1984年，麦道公司收购了一家直升机公司并将它改名为麦道直升机公司。

2. 谈判过程

(1) 日航先赢一招。日航代表飞抵美国稍事休息，麦道公司立即来电，约定第二天在其公司会议室开始谈判。第二天，三位日本绅士仿佛还未消除旅途的疲劳，行动迟缓地走进会议室，只见麦道公司的一群谈判代表已经端坐在一边。谈判开始，日航代表慢吞吞地小口啜着咖啡，还在缓解时差的不适。狡猾而又注重实效的麦道方主谈，利用客人的疲惫这一时机，在开门见山地重申双方购销意向之后，迅速把谈判转入主题。

从早上9: 00～11: 30，三架放映机相继打开，字幕、图表、数据、电脑图案、辅助资料和航行画面应有尽有。麦道欲使对方仿佛置身于迪斯尼乐园的神奇之中，会不由自主地相信麦道飞机性能和定价都是无可挑剔的。孰料日航三位谈判代表自始至终默默地坐着，一语不发。麦道的领队大惑不解地问："你们难道看不明白吗？你们不明白什么呢？"日航领队笑了笑，回答："这一切。"

麦道主谈急切地追问："这一切是什么意思？请具体说明你们从什么时候开始不明白的？"

日航主谈歉意地说："对不起，从拉上窗帘的那一刻开始。"日方主谈随之咧咧嘴，用连连点头赞许同班的说法。

"笨蛋！"麦道领队差一点脱口骂出声来，泄气地待在门边，松了松领带后气馁地呻吟道："那么，你们希望我们再做些什么呢？"日航领队歉意地笑笑说："你们可以重放一次吗？"别无选择，只得照办。但麦道公司谈判代表重复那2小时介绍时，已经失去了最初的热忱和信心。是日本人开了美国佬的玩笑吗？不是，他们只是不想在谈判的开始阶段表明自己的理解力，不想用买方一上来就合作使卖方产生误解，以为买方在迎合、讨好对方。谈判风格素来以具体、干脆、明确而著称的美国人，哪里会想到日本人有这一层心思呢？更不知道自己在谈判伊始已经输了一盘。

（2）获得主动权。谈判进入交锋阶段，老谋深算的日航代表忽然显得听觉不敏、反应迟钝，显得很难甚至无法明白麦道方在说些什么，这让麦道公司代表十分恼火，觉得自己是在跟愚笨的人谈判，早已准备好的论点、论据和推理根本没用，精心选择的说服策略也无用武之地。连日来，麦道方已经被搅得烦躁不安，只想尽快结束这种与笨人打交道的灾难，于是直截了当地把球踢向对方："我们飞机性能是最佳的，报价也是合情合理的，你们有什么异议吗？"

此时，日航主谈似乎由于紧张，忽然出现语言障碍。他结结巴巴地说："第——第——第——"，"请慢慢说。"麦道主谈虽然嘴上是这么劝着，心中却不由得又恨又痒。"第——第——第——""是第一点吗？"麦道主谈忍不住问。日航主谈点头称是。"好吧，第一点是什么？"麦道主谈急切地问。"价——价——价——""是价格吗？"麦道主谈问。日航主谈又点了点头。"好，这点可以商量。第二点是什么？"麦道主谈焦急地问。"性——性——性——""你是说性能吗？只要日航方面提出书面改进要求，我们一定满足。"麦道主谈脱口而出。

至此，日航一方说了什么呢？什么也没说。麦道方做了什么呢？在帮助日方跟自己交锋。他们先是帮日方把想说而没有说出来的话解释清楚，接着推测出对方后面的话，就不假思索地匆忙作出许诺，结果把谈判的主动权拱手交给了对方。

（3）乘胜追击。麦道轻率地许诺让步，日航就想得寸进尺地捞好处。这是一笔价值数亿美元的大宗贸易，还价应按国际惯例取适当幅度，日航主谈却故意装做全然不知，一开口客要求削价20%。麦道主谈听了不禁大吃一惊，再看看对方是认真的，不像是开玩笑，心想既然已经许诺让价，为表示诚意就爽快地让吧，于是便说："我们可以削价5%"。

双方差距甚大，都竭力为自己的报价陈述大堆理由，第一轮交锋是在激烈的讨论中结束的。经过短暂的沉默，日方第二次报价，削减18%，麦道方还价6%。于是唇枪舌剑，辩驳对方，尽管口干舌燥，可谁也没有说服谁。麦道主谈此时对成交已不抱多大希望，开始失去耐心，提出休会："我们双方在价格上距离很大，有必要为成交寻找新的方法。你们如果同意，两天后双方再谈一次"。

休会原是谈判陷入僵局时采取的一种正常策略，但麦道公司注入了"最后通牒的意味"，即"价钱太低，宁可不卖"。日航谈判代表这时不得不慎重地权衡得失：价钱还可以争取削低一点，但不能削得太多，否则将触怒美国人，那不仅丧失主动权，而且连到手的6%让价也捞不到。倘若空着两手回日本，怎么向公司交代呢？他们决定适可而止。

（4）以最低价格成功采购。重新开始谈判，日航一下子降了6%，要求削价12%；麦道公司增加1%，只同意削价7%，谈判又形成了僵局。沉默，长时间沉默。麦道主谈终止交易，开始收拾文件。恰在这时，口吃了几天的日航主谈突然清除了语言障碍，十分流利地说道："你们对新型飞机的介绍和推销使我们难以抵挡，如果同意降价8%，我们现在就起草购买11架飞机的合同（这增加的一架几乎是靠对方削价赚来的）。"说完他笑吟吟地起身，把手伸给了麦道主谈，笑着说："同意！"。麦道公司的谈判代表们也笑了，起身和三位日本绅士握手："祝贺你们，用最低的价钱买到了世界上最先进的飞机。"的确，日航代表把麦道飞机压倒了前所未有的低价位。

案例思考

(1) 双方在哪些关键点的谈判上陷入了僵局？僵局是如何解冻的？

(2) 美国主谈欲采取什么策略来争取主动？成功与否？为什么？

(3) 日航代表采取的什么策略？

(4) 你认为日航代表取胜的因素有哪些？

(5) 在整个谈判的过程中日本代表队是如何掌握局势的？美国代表队又是如何一步步陷入日本代表队的陷阱中的？

案例分析提示

麦道公司的主谈一开始就陷入了日航代表精心设计的"局"中。日航代表先给麦道公司代表留下"笨"、"迟钝"、"不熟悉公约"等一系列的印象，让对方急躁、甚至放松警惕，并诱导麦道公司代表进入其设计好的陷阱，一步步逼着麦道代表团让步，并最终取得了胜利。

资料来源：王为人. 采购案例精选[M]. 北京：电子工业出版社，2007.

案例3 陆厂长的谈判技巧

案例引导

A塑料编织袋厂要引进一套先进的生产线，得知日本某株式会社正准备向我国出售，就积极与该株式会社进行洽谈。

案例正文

时间：2005年

地点：长春

谈判双方：S塑料厂的厂长，日本H株式会社代表

1. 背景

(1) S塑料厂的基本情况。S塑料厂是长春市较大的塑料生产厂，多年来一直生产温室大棚用薄膜，产品远销全国各地甚至海外，发展势头良好。但是由于近几年竞争对手纷纷引入新技术，加大了其竞争的压力。为了保住市场份额，在竞争激烈的形势下获得一席之地，S塑料厂领导层决定引入新的生产线。一方面可以更新设备，引入新技术，以避免被竞争者击败；另一方面也是为了提高产量以满足不断增长的需求。

(2) 日本H株式会社的基本情况。日本H株式会社也是从事塑料的生产企业，其技术水平比较高，拥有先进的生产线，并不断地开发出新的生产线。一方面它满足自身企业对于技术的需求，另一方面也向较落后的企业出售自己的生产线，以得到相应的回报。

2. 谈判过程

一次偶然的机会，S塑料厂的陆厂长看到日本H株式会社准备向我国出售先进的塑料生产线的信息。得知这个信息后陆厂长立即提出与日商谈判。在谈判桌上，日方代表一开始就开价240万美元，陆厂长立即答复："据我们掌握的情报，贵国某株式会社所提供的产品与你们完全一样，但开价只是贵方的一半，我建议你们重新报价。"很快，日本人列出了详细的价目清单，第二天报出总价180万美元。随后在持续9天的谈判中，日方在130万美元价格上不再妥协，谈判陷入僵局。陆厂长故意同另一家西方公司进行了洽谈联

系，日方得悉，总价立即降至 120 万美元。陆厂长仍不答应，日方代表非常生气，甚至说出了不友好的话来。陆厂长针锋相对，大声地说：“先生，你们的价格、你们的态度都是我们不能接受的！”说罢，生气地把手提包甩在桌子上，里面那些西方某公司设备的照片散落地上。日方代表大吃一惊，赶紧说：“陆先生，我的权限到此为止，请允许我再同公司联系，请示后再商量。”第二天，日方宣布降价为 110 万美元。陆厂长拍板成交的同时，提出安装所需费用一概由日方承担，又迫使日方让步。

案例思考

（1）进行谈判的过程中，陆厂长是如何利用合理的策略争取到了最低的价格？他运用了哪些技巧？

（2）陆厂长在谈判中稳操胜券的原因有哪些？

（3）请分析日方最后不得不成交的心理状态。

案例分析提示

陆厂长在这次谈判中准备得非常充分，对除日方以外的公司也进行了大量的调查和资料、信息的收集。在陷入僵局时，陆厂长又巧妙地缓解了僵局，他甩包的动作极其自然但又设计得非常巧妙，在极其自然的状态下给对方以压力和造成危机感。

资料来源：http：//www. mie168. com/manage/有改动。

案例 4 中外机床购销谈判

案例引导

2002 年 11 月 M 公司总经理与国外 Y 公司谈定了合作意向，但回国后发现这个意向对自己不利。

案例正文

时间：2002 年

地点：北京

谈判双方：M 公司总经理，Y 公司董事长

1. 背景

（1）M 公司基本情况。M 公司是一家为大型机械生产配件的工厂。为了提高生产效率，减少人工成本，欲从国外采购新的自动机床。

（2）Y 公司基本情况。Y 公司是外国一家从事大型机器设备生产的企业，每年都可以售出几百台大型机床，但是市场一直在其国内和我国香港等地区，近来有意扩张市场。

（3）谈判背景。2002 年 11 月，国内 M 公司总经理到国外 Y 公司考察，与 Y 公司谈定引进 5 台自动机床，一台自动镗床，总价值 360 万美元的意向，同时约定 Y 公司派代表到北京与 M 公司签订正式协议。M 公司总经理回国后，经专家论证，360 万美元的价格偏高，但第一轮谈判价格已经确定，很难变动，只能通过第二轮谈判在一些方面加以挽回。

2. 谈判过程

12 月 20 日晚上，Y 公司的董事长和其助手来到北京，与 M 公司总经理进行第二轮谈判。在此之前，M 公司总经理对 Y 公司及其董事长的情况和特点进行了详细的调查和研究。21 日上午 9 点谈判准时开始，经验丰富、老练精明的 Y 公司董事长立即表示：“谢谢

主人对我们的欢迎，我们这次来贵公司，是带着诚意来的，希望我们尽快按照以前商定的意向签订协议，最好在圣诞节之前的22日就签订好协议，这样我们可以乘坐22号下午的飞机回去过圣诞节了。”很显然，Y公司的董事长气势逼人，希望速战速决。

M公司总经理则不慌不忙地笑着说：“董事长先生，离圣诞节还有几天呢，何必急着回去呢！作为主人，我们很愿意陪同客人到处看看，像长城、十三陵、故宫和颐和园等都是著名的风景区、旅游区，来到北京不去看看的话，那会遗憾终生的。另外，我想我们应该将协议仔细、认真地磋商一下，如果匆忙签字，那会让大家都不愉快的。”

Y公司董事长碰了个软钉子，意识到马上签字是不可能的了。M公司总经理慢慢地翻阅着协议书，笑着说：“Y先生，在协议中我方还有一点不清楚的地方，我想向您请教一下。在我方向贵公司购买的机械设备中，没有说明是否包括一些附属设备？”

“当然不包括任何附属设备。”

M公司总经理马上严肃地说：“董事长先生，这就不太合理了。我们购买机器设备是为了工作的，不是玩具，供人看的。例如用户购买了一台电脑，怎么会不包括必要的键盘、连接导线、鼠标呢？这恐怕不符合商务惯例吧。”董事长先生一愣，自觉刚才的回答不妥当：“好吧，那就写上。”他想反正这点东西也值不了多少钱，不要因小失大，只要能签订协议就行。

M公司总经理接着说道：“我方购买的贵公司的5台自动车床，怎么没有包括必要的配套电子操作平台呢？”1台电子操作平台价值2.5万美元，5台总价值12.5万美元。Y公司董事长一听就急了：“不，不行，如果包括这个电子操作平台，那我们是无法接受的。”拉锯式的谈判就此开始了，直到中午，Y公司的董事长才同意让步，答应下午签署协议。

下午，M公司总经理亮出了自己的底牌：“我希望董事长先生能够谅解，按照目前的协议条件，我还是无法签字。我们所购买的这些设备，现在只能加工生产一般的机械产品；我们希望也能生产高精确度的机械产品，这需要贵公司提供相关的技术资料；同时我们还希望贵公司能够派专人来帮我们安装、调试设备。作为合作诚意的象征，我们将再向你们多订购一台自动镗床。”

Y公司董事长一听，非常生气地说道：“我听说中国是礼仪之邦，可没想到你们如此没有合作的诚意，看来我们无法签订协议了。”说完欲起身离去。

M公司总经理也义正词严地说道：“不是我们没有合作诚意，坦率地告诉你，贵国另一家公司正在与我们接洽，他们所提供的价格比你们优惠许多。我们以前达成的意向性协议不是合同，不具有法律效力。我们之所以与贵方花这么多的时间和精力谈判，正说明我们中国人是非常重视与朋友的友谊的，希望与贵方做成这笔生意。当然，不必勉强，实在不行，那就另当别论了。”Y公司的董事长听后，沉默了一会儿，说到：“好吧，我们再谈谈。”

谈判一直持续到晚上6点，仍未达成协议，关键是生产高精确度产品的技术，Y公司董事长无论如何也不肯让步。晚上8点，在客人下榻的饭店继续谈判，一直到第二日凌晨2点，谈判仍在僵局中。M公司总经理起身告辞：“今天就谈到这里吧！明天我还有重要的工作，你们也要休息了。”说完便告退了。

第二天早晨，又开始谈判，可是上午仍无结果。M公司总经理遗憾地对Y公司的董事长说道："非常遗憾，我们没能达成一致意见。希望以后有机会再合作！下午我们派专车送你们去机场。"午饭时，董事长先生和他的助手只是低头吃饭，没有任何表示。

午饭后，行李已经搬上停在饭店门口的汽车上了。M公司总经理与客人握手告别，送上轿车，微笑着对客人挥手："再见，一路顺风！"

轿车引擎发动了，突然Y公司的董事长对M公司总经理说："先生，你如果能上车陪我们，还可以再谈谈！"M公司总经理无动于衷地说："你们不是下午的飞机吗？恐怕时间不够了。""如果途中谈不好，我们可以把飞机改期为明天。""如果先生真想谈，我可以派人帮你们改期，请你们下车谈。"

Y公司董事长先生下车了，不到1个小时，董事长作出让步，双方在协议上按M公司总经理的要求签了字。

案例思考

(1) 面对已经谈好的对自己不利的合作意向，M公司是如何力挽狂澜，扭转大局的？

(2) 双方陷入僵局后是如何打破的？

(3) M公司总经理是通过哪些方面来弥补意向价格上的不利因素？

(4) Y公司董事长在将要离开之际采用了什么样的策略？

(5) M公司的做法有哪些值得借鉴？

资料来源：马克态. 商务谈判理论与实务[M]. 北京：中国国际广播出版社.

案例5 购买运输卡车

案例引导

H公司准备采购一批运输用载货汽车，本来打算购买普通的载货汽车就可以了，最后却在销售员的诱导中购买了高成本的载货汽车。

案例正文

时间：2005年

地点：山东

谈判代表：H公司的采购员，B公司的销售员

1. 背景

(1) H公司的基本情况。H公司是从事远程货物运输的私人企业，前几年，运输用载货汽车已经由于高耗损出现了故障，为明年的运输做好准备，H公司决定购买一批新车。

(2) B公司的基本情况。从1990年开始，B公司就从事车辆的销售，具有良好的信誉，深受客户的信赖。

2. 谈判过程

H公司的采购员小张担任了这次的采购人物。小张选定了一家信用较好的供应商B公司。

见到了B公司的销售员后，小张说明来意，双方就展开了正式的谈判。以下是小张(买主)与B公司销售员(卖主)的对话。

卖主："你们需要的载货汽车，我们有。"

买主："多少吨位的？"

买主："我们需要的是2吨的"

卖主："你们运的货每次平均多重？"

买主："一般来说，大概2吨左右。"

卖主："有时候多些，有时候少些是吗？"

买主："是的。"

卖主："到底需要哪种型号的车，一方面要看你的货是什么，另一方面要看汽车在什么路上行驶，是吗？"

买主："是的，不过……"

卖主："如果你的车在丘陵地区行驶，而且你们那里冬季较长，这使汽车所要承受的压力是不是比正常的情况下大一些？"

买主："是的。"

卖主："你们冬天出车的次数比夏天多，是吧？"

买主："是的，多得多。"

卖主："有时候货物太多，在冬天的丘陵地区行驶，汽车是不是经常处于超负荷状态？"

买主："是的，你说得不错。"

卖主："你再决定购车型号时，是不是应该留有余地？"

买主："你的意思是……"

卖主："从长远的眼光来看，是什么因素决定购买一辆车是否值得？"

买主："当然是看它的使用寿命啦。"

卖主："一辆车总是满负荷，另一辆却从不过载，你认为那辆车的寿命长？"

买主："当然是马力大、载货量多的那一辆……还有我们需要大概6辆这样的车，价格上能否再优惠一些？"

卖主："这个，我要跟总经理请示一下。我们出售的卡车都是性价比最高的。"

经过协商，最后小张决定购买6辆4吨的卡车，尽管每辆多花3500元，还是觉得物有所值。

案例思考

（1）结合案例说明使用提问技巧的有效方法，体会恰当使用提问技巧的效果。

（2）通过这个案例说明在谈判中强调运用提问技巧的目的是什么？

（3）供应商的什么策略让H公司的采购员改变了原来的主意呢？

案例分析提示

这是一个供应商成功的案例。如何避免这种情况的发生，这将是这个案例留给我们的思考。该案例是运用提问技巧的成功案例，整个谈判过程都是运用提问与回答的方式进行的，使用了多种提问技巧，通过利用这些提问技巧，最终目的是使买主自觉产生认同心理，愿意与供应商合作。这个案例说明运用提问进行谈判要注意抓住对方的需要，表达要简明，更重要的是结论要让对方自己得出。

资料来源：方其. 商务谈判：理论、技巧、案例[M]. 北京：中国人民大学出版社，2004.

案例6 原材料采购过程中的谈判

案例引导

A公司欲采购一批特殊的原材料，面对众多的供应商，A公司是如何选定供应商的？采取了什么策略？

案例正文

时间：1999年

地点：湖南

谈判双方：A公司代表，L供应商销售部代表

1. 背景

（1）A公司的基本情况。A公司是一家规模很大的机床生产企业，每年都要生产各种类型的机床设备，供应给各种性质的加工型企业，也有大量的出口，每年还有许多新产品问世。一次原材料的采购是非常重要的过程，企业有专门的采购供应部负责采购业务。

（2）L公司与K公司的基本情况。L公司与K公司都是从事机床材料销售的企业，他们对原材料进行初步的加工，然后再为客户提供他们所需的材料。

2. 谈判过程

当年A企业正在进行一种新产品的生产，其中要使用一种特殊材料，由于以前没有使用这种新材料的使用记录，第一次采购就显得非常重要而慎重。首先是因为原材料的质量优劣直接影响到本企业的产品质量；第二，这种特殊材料价格较高，直接影响到A公司产品的成本，其在总成本中占有很高的比例，约占到35%左右；第三，供应商的供货能力非常重要，因为A企业已向自己的用户确定好了这项新产品的交货期，不能因为原材料的脱期而影响产品生产。所以采购供应部门的领导非常重视，专门设立了一个采购项目小组。首先查阅了大量的资料，根据过去的经验选择了两家这种特殊材料的制造厂家K和L，并落实老张和小李负责具体事务。

老张和小李走访了K公司的销售部，销售部王先生热情地接待了他们，向他们介绍了K公司的情况，重点介绍了这种产品的特点，因为是第一次接触，大家互相都不太了解。老张重点了解了K公司的主要客户，也索取了产品的详细说明，然后再没有做任何表态的情况下，结束了第一次见面。

随后，老张和小李分头通过各种关系联系到了K公司的几个重要客户，重点了解他们对K公司的认识，包括质量保证、价格的水平和交货期的承诺等方面。在将这些信息和自己产品的生产要求进行比较之后，觉得有选择K公司的可能，准备再接触一次。

对K公司的第二次访问，老张和小李还邀请了技术部的陈工程师和生产计划部的梁经济师参与。接待他们的是K公司的销售部经理白先生和王先生。在互相交换了名片之后，白经理致了很简短的欢迎词，并介绍了产品的情况和生产情况。老张介绍了A公司的情况和对材料的具体要求，包括技术、质量和交货期等，但没有提及价格问题。陈工程师提出要参观一下现场，白经理表示同意，并陪同他们一起参观了主要的生产车间。参观过程中，陈工程师问了很多技术上的问题，梁经济师问了许多生产调度方面的问题，白经理一一进行了回答。最后，白经理还出示了质量检验部门的合格检验

报告以及权威部门认可的认证证书。

之后，老张和小李以同样的方式和另一家企业 L 公司进行了联系。

A 公司的相关部门在负责生产经营的副总经理主持下，对两个供应商 L 和 K 进行了评价。最后决定以 K 公司为重点，L 公司为备选。

老张根据公司的意图向两个供应商发出询价公函，很快收到了 K 公司和 L 公司的回信及其产品完整的价格和构成材料。当老张和小李再次去 K 公司时，带去了一份 A 公司材料采购的格式化合同，具体商谈采购合同的具体事项。销售部王先生对该合同的一些提法和要求提出了疑问，老张对问题进行了一一解释，并对条款作了一些修改。最后双方认定了这份合同，并签字、盖章，承诺按合同履约。

第二天，小李打电报给 L 公司销售部的负责人，通报了公司已经和 K 公司建立了购买关系，并表示了对于没能和 L 公司进一步合作，深感歉意，希望以后在新的项目中有合作的机会。

案例思考

(1) A 企业在正式谈判前都做了哪些准备工作？是如何做的？

(2) 谈判过程中最困难的是什么？

(3) 为什么要选两家供应商？如何选择了 K 公司？

(4) 为什么最后要给 L 公司发致歉电报？

案例分析提示

这是一次较为顺利的谈判，因为双方准备充分，基本没有造成太大的沟通障碍和误会，双方也都没有花费太多的精力和时间。

A 企业关注的不仅是价格，重点是质量和交货能力，并在这方面花费了相对较多的时间和精力。

资料来源：仰书纲. 商务谈判理论与实务[M]. 北京：北京师范大学出版社.

案例 7 一次失败的采购谈判

案例引导

东北某林区木材厂是一个近几年生意红火的中型木器制造厂。几年来，依靠原材料有保证的优势，就地制造成本比较低的传统木器，获得了可观的经济效益。但是该厂的设备落后，产品工艺比较陈旧，限制了工厂的发展。因此，该厂决定投入巨资引进设备和技术，进一步提高生产效率，开拓更广阔的市场。于是他们通过某国际经济技术合作公司代理与外国某木工机械集团签订了引进设备合同，总价值 110 万美元。

案例正文

外方按照合同规定，将设备运到岸进厂，并专派人员来厂进行调试安装。中方在验收中发现，该设备的部分零件磨损痕迹严重，开机率不足 70%，根本不能投入生产。中方向外方指出，你方产品存在严重的质量问题，没有达到合同机械性能保证的指标，并向外方征询解决办法，外方表示将派强有力的技术人员赴厂研究改进。2 个月后，外方派来的工作组到厂，更换了不符合标准的部分零件，对机器进行了再次的调试，但经过验收仍然不符合合同规定的技术标准。

调试结束后外方应允回去研究，但一去三个月无下文。后来厂方经过代理公司协调，外方人员再次来厂进行调试，验收仍未能通过。中方由于安装、调试引进的设备已基本停产，半年没有经济效益。为了尽快投入生产，中方认为不能再这样周旋下去，准备通过谈判，作出一些让步，只要保证整体符合生产要求即可。这正中外方下怀，中方提出这个建议后，他们马上答应，签署了设备验收备忘录后，外方公司又进行了三次调试。但调试后，只有一项达到标准，中方认为不能通过验收。但外方公司认为已经达到规定标准，双方于是引起纠纷。

本来，外方产品质量存在严重问题，中方完全有理由表示强硬态度，据理力争，但双方纠纷发生后，外方却显得理直气壮，反而搞得中方苦不堪言。其症结到底在哪儿呢？

原来，双方签署的备忘录中，经中方同意，去掉了部分保证指标，并对一些原规定指标进行了宽松的调整，实际上是中方作出了让步。但是让步必须是有目的的和有价值的，重新拟订的条款应该更需要做有利于中方的、明确清晰的规定。否则，可能造成新的被动。但该备忘录中竟然拟订了这样的条款标准：某些零部件的磨损程度“以手摸光滑为准”；某某部件“不得出现明显损伤”等。正是这种空泛的、无可量化的、无可依据的条款让外方钻了空子。根据这样的模糊规定，他们坚持认为达到了以上标准，双方争执不下。因为你中国人摸着不光滑，我外国人摸着就是光滑，拿什么来做共同依据呢？显然，这是掉在人家设的圈套里了！

外国公司所采取的是精心炮制好了的策略，一段套着一段走。一开始，他们给中方一套不合格的设备，能蒙就蒙，能骗就骗。如果骗不过去，就采取第二步——拖，逼着中方主动让步，结果就拖出一个备忘录来。外方的调试显得很有耐心，但中方的效益却随之流失。中方的一位负责人说，签订合同时，有关索赔条款的很多内容他都不是很清楚，也未请律师，当时只把索赔看成了一种不可不有的合同模式，也根本未想到会出现纠纷。可见这位负责人的法律意识是多么淡薄。没有正确的纠纷意识，又怎会有强烈的竞争意识呢？

中方在外商一改耐心诚恳的态度，拒不承认产品质量不符合标准的情况下，终于被迫求助于法律，聘请了律师，要求外方按原合同赔偿损失。外方在千方百计地拖延一个月之后，才表示愿意按实际损失来赔偿。中方认为，赔偿后至少可以保本，但结果又是南柯一梦！在原合同中，精明的外方在索赔条款中写进了一个索赔公式，由于这个公式相当复杂，签约时中方人员根本没有认真研究就接受了。他们没有想到会有纠纷，也根本没有把这公式当回事。现在，外方拿来这个公式，面对面地给中方算细账。结果一出来，外方看着屏幕微笑，中国人看着屏幕发呆。原来，按照这个公式计算，即使这套设备完全不符合要求，视同报废，外方也仅仅赔偿设备引进总价的0.8%！还不说你已承认其中一项指标符合标准！110万美元的损失只赔偿约1万美元，中方负责人被激怒了，外方却始终彬彬有礼地微笑。

此时，纠纷的解决已无可能，律师写上建议依法提出仲裁。但查看合同有关仲裁的条款时，令人大吃一惊。如按合同进行仲裁，吃亏的仍然是中方。因为合同中写道：“如果在本合同中，发生一切纠纷，均需执行仲裁，仲裁在被诉一方所在国进行。”这就是说，如果中方向提出仲裁，只能在对方所在国进行，中方将要付出巨大的代价。但如果不提出仲裁，中方将受到巨大的损失。但外方不可能提出仲裁。如果中方要向外方提出仲裁，中方只能有一种手段，就是拒付货款。在国际贸易中，中国银行出具的不可撤销的保证函已与合同一起生效，银行方面保证信誉，遵守国际惯例根本不可能拒付。也就是说，中方违约不存在客观可能性。在这种情况下，仲裁与否中方真是进退两难。

外方则对此胸有成竹。他们非常了解中方想仲裁而又不愿意到外国仲裁的矛盾心理。当中方每次提出干脆以仲裁的方式解决时，他们马上旁敲侧击提醒说他们国家仲裁历时要多么长，花销要多么大等。待中方一次次望而却步时，他们却又要新的花招，开始新的进攻。他们利用中方这种欲进不能、欲罢不止的情况，一再提出所谓的新的解决方案。最后，中方在万般无奈的情况下，接受了对方总额为12%的赔偿，同时提供另外3%零件的最终方案。那台机器两年来根本就不能运转，没有创造任何经济效益。现在，虽然能勉强运转，仍需要不断地调整修理。即便如此，也只有60%左右的生产效率。

案例思考

(1) 中方为什么在赔偿的谈判中总是显得底气不足?

(2) 中方在合同签署上存在哪些问题? 应该如何避免?

(3) 外方在整个过程中要了什么花招?

案例分析提示

在这个案例中，中方在签订合同时没有仔细地确定合同的细节，而只是想当然地认为不会发生纠纷，并且对合同条款认识不清楚，最终上当受骗，给企业造成无法挽回的重大损失。因此，在谈判和签订合同的时候，要注意确定谈判和签约的细节，不能马虎大意，否则容易引起纠纷，于己于人都是不利的。

细节决定成败。交易过程中，往往是一个细节决定了全局的命运。所以，谈判人员在确定交易细节的过程中，要有重视细节的精神，不能忽视任何一个细节。

另外值得注意的是，谈判是一个互相斗智的工作，可能出现的情况是，双方为了各自的利益而不顾其他，有时候为了自己的利益而欺骗对方，尤其是对于不熟悉的客户，或者不是长期业务合作的客户。这时候，就要小心谨慎，不能自以为是。而要在合同签署之前，确认每一个细节条款，对于不合理之处，要及时指出，共同商讨。如果不能达成一致的话，那么宁愿放弃这次谈判。

当然，还要注意，合同的细节一般来说应该由双方商讨制定，不能由一方单独确定。否则，即为无效的条款。

资料来源：http：//bbs. purchasingbbs. com/redirect. 有改动。

案例8　印刷机生产线设备技术引进项目价格谈判

案例引导

1992年11月中旬，沈阳市某印刷厂周厂长一行5人来到德国，进行为期11天的技术考察及采购谈判工作。

供应商为德国海德堡某公司，是世界一流的该类设备的制造企业，其技术先进在世界上首屈一指。因此，中方估计价格谈判难度将相当大。所以在考察过程中，中方在精心准备的基础上就开始采取心理战策略。

案例正文

德方陪同中方考察的是一位技术副总监。针对他自信自己公司的技术设备最好和鄙视他国同行设备技术水准的心理，在对德国本土和西班牙、比利时等海德堡公司生产厂和其几家用户企业进行考察的过程中，中方人员对该公司制造厂家的生产手段、产品和制造技术水平，不作任何肯定和赞扬的表示，相反倒是多提出疑问，使其忙不迭地介绍、解释，中方因此得以尽最大可能了解掌握该公司产品的性能、特点、质量水准及制造使用与维护的深度技术问题，包括产品存在的尚未解决的不足之处。

另一方面，中方故意向他询问了解别的国家同类设备产品的技术水准与市场价格行情，使其感觉中方并非只重视他公司的产品，还关心别国的同类生产线设备和技术，并通过他将中方的态度间接反馈给他的公司，使其对销售能否成功打上问号，让其心中无数，从而达到打击德方自认为产品好、价格高也无可争辩的自信心理。

同时中方提前对使用该公司产品的用户企业进行了认真的考察，重点了解和掌握设备存在的问题和不足，以及该公司制造的五色套色印刷机生产线的维修难点及易损备件的配备和消耗情况，以增加谈判的筹码。例如中方在位于法兰克福的一家名为麦菲尔的印刷厂车间里，看到自己要引进的由该公司制造的五色套色印刷机生产线在工作，便通过向管理人员了解后知道，该印刷机在每次换裁纸刀之后都会出现运行不稳和印刷辊转速不同步的问题，这会影响印刷质量，需要重新调整，进而会影响到生产效率。可见，该公司设备制造技术及产品水准虽然属于世界一流，但并非完美。

在参观考察完后，双方在德方海德堡公司本部的谈判室，有关设备技术问题的技术谈判一天就谈完了。在第二天的价格谈判中，德方出场5个人，以施·布劳恩先生为主谈，他们首先对在中国国内第一次接触谈判的报价218万美元进行再次强调，并充分强调他们的设备是世界一流的。这一点，中方事先已经充分估计到，因此中方依据事先掌握的设备生产线报价水平，提出了远低于他们可能接受的报价170万美元。中方这样做的目的，是避免对方提出的难以接受的报价不好下压。中方超低回价必定激起对方的强烈反应。果然，德方的销售经理冯·克德利斯先生激动地站了起来，几乎是吼了一声："这不可能，难以想象！"他坚持他们的产品一流，不可挑剔，报价218万美元不能减。针对他的这一说法，中方随即使用法兰克福郊区那个生产企业生产线存在的问题反驳他："贵公司生产的五色套色印刷机生产线是有欠缺的，问题是存在的"，并当场请陪同考察的那位技术总监先生作证，那位在场的技术总监没有否认，这表现了德国人实事求是的负责精神。这时冯·克德利斯先生才慢慢地坐回了椅子上，不再坚持了。

沉寂了一阵后，德方又提出了210万美元的报价，而中方回报175万美元……就这样，双方争执了半天，未能达成一致。至此，按照中方预先研究的方案，已经达到了使德方动摇其所出示的报价的目的。为了扩大战果，中方决定暂时中止谈判，提出休息一下，另外确定时间再谈。对方同意了。

鉴于设备技术谈判双方已经基本确定，以及中方最初低报价已经抛出并经过一番交锋，中方已经摆脱了被动，甚至已经取得了一定的主动。因此，中方决定进一步施加心理压力，采取了不再主动提出续谈要求，以使德方误以为中方不愿再谈并有可能转向他国或德国其他供应商询价，从而迫使该公司主动找中方约谈，以加强谈判地位。整整两天，中方除自行研究外，未向德方约谈。

到了第四天下午，德方终于沉不住气了，主动找到中方住处，提出进一步会谈的要求。正如中方设计的那样，德方诚恳地同意续谈。在谈判室，始终没有发言的施·布劳恩先生明确表示了态度："我们双方可以合作，向双方都能接受的方向努力……"，而且非常客气地请中方先提一个接近的报价。中方看到对方的阵脚和价格防线已经动摇，即按照预定方案提出185万美元的新价。对方互相研究了一下，对中方的报价未置可否，却由冯·克德利斯先生提出了一个200万美元的回价，请中方考虑。中方人员此时感到对方让了一大步——10万美元，这次再次体现了欧洲企业的特点，这样大幅度的一步让价在和日本、韩国企业的谈判中是不可能的。但同时也感到对方的价格谈判进程已接近终局了，只能有最后一次讨价机会，否则谈判将陷入绝境。中方立即进行了磋商，决定抛出最后报价，并争取主动。于是中方表示对200万美元报价不能接受。再次说明为表示合作诚意，中方最终可接受报价将不超过190万美元，而且条件是增加部分易损备用件，否则我们将不再谈了。

最后的坚决态度无疑给了对方一个震动，德方看来没有估计到中方不远万里来到欧洲，竟然能先提出拒谈的意向，整个谈判室内气氛顿时有些紧张。这时始终处于沉默状态的施·布劳恩先生缓缓坐直了身躯(看得出他不愧是一个谈判老手)，在沉着冷静中突然放声大笑，笑得十分自然可亲。笑毕，他语气沉静而坚定地讲了一句话："我讲了我们双方可以合作，我认为我们双方都能接受的合理报价应该是193万美元，大家不要再争了，我们尊敬的中国客人认为可以吗?"他的一锤定音，应该说是最后的不可再争的价格，也确实也在中方此次价格谈判的理想目标195万美元之内。中方人员互相交换了一下眼神后，鼓掌表示同意。施·布劳恩先生也很兴奋，走过来和中方人员一一握手相互表示祝贺。他巧妙地在最后一轮报价200万美元和中方最后一轮报价185万美元之间取了一个中间价，还占了中方1万美元的便宜。而中方人员此刻的心情一点也不比他差，毕竟经过努力，在218万美元的基础上又压下来25万美元。

据了解，该公司的同类设备技术的售价从未浮动过10万美元，与拥有世界一流的设备技术水准的德国公司谈判得到现在的价格结果，中方感到满意。中德双方均表示高兴，说明双方实现了双赢。

剩下的时间，双方就备品备件事宜进行了友好的磋商，并就运输、保险和安装等均达成了协议，顺利签了约。

案例思考

（1）中方在谈判之前做了哪些准备?

（2）中德双方在谈判过程中都采用了哪些策略?

（3）施·布劳恩先生的高明之处在哪里?

（4）在中方终止谈判时，德方是否可以要求明确下次谈判日程，而不要主动上门约谈呢?

（5）如果德方不主动上门约谈，中方能坚持多久呢?届时怎么办?

（6）德方最后一手出了193万美元，出195万美元行吗?

案例分析提示

（1）利用客地探虚实。中方在德方所在地谈判，利用参观德方生产现场、用户，深入了解了所采购设备的技术特性及性能，尤其是存在的弱点，对谈判极为有利，做到了心中有数，谈判不慌。而对方却在强势中显出了弱点，谈判突破口也为中方利用。

（2）注重心理，营造心理氛围。德方在技术上、市场上拥有绝对的优势，能否处于谈判优势呢？中方运用心理战的技巧，影响或减弱了德方谈判的心理优势，动摇了德方的价格立场。

从考察过程中的态度到日程安排，以及最后出价，中方都注意了在心理上博取优势，至少与德方形成平等之势，增强了谈判地位。

(3) 对价格条件的分寸把握适度。德方在我国谈判室报价218万美元，双方约定考察后再最终确定价格。结果中方通过考察，还挑出了德方的技术问题，出价很低，约为德方报价的78%，无疑是很大胆的出价，也是适于谈判的价。后来经过谈判，让到175万美元、185万美元、190万美元，经过了4天，其节奏也适当。德方从200万美元的立场上看中方190万美元的还价，找出了193万美元是求成交的做法，中方适可而止，显得成熟。

(4) 利用对方人员。考察中德方派人陪同，陪同人员的态度、反应将影响谈判。中方利用了德方陪同人员是技术人员而非商务人员这一点，扩大了信息的收集范围，传递了心理战的信息，证明了德方设备存在技术缺陷，效果很好。

资料来源：丁建忠. 商务谈判教学案例[M]. 北京：中国人民大学出版社，2005.

案例9　巴西谈判小组混沌签约

案例正文

巴西一家公司到美国去采购成套设备。巴西谈判小组成员因为上街购物耽误了时间。当他们到达谈判地点时，比预定时间晚了45分钟。美方代表对此极为不满，花了很长时间来指责巴西代表不遵守时间，没有信用，如果老这样下去的话，以后很多工作很难合作。并且指出浪费时间就是浪费资源、浪费金钱。

对此，巴西代表感到理亏，只好不停地向美方代表道歉。谈判开始以后，美方似乎还对巴西代表迟到一事耿耿于怀，一时间弄得巴西代表手足无措，说话处处被动，无心与美方代表讨价还价，对美方提出的许多要求也没有静下心来认真考虑，匆匆忙忙就签订了合同。

等到合同签订以后，巴西代表平静下来、头脑不再发热时才发现自己吃了大亏，上了美方的当，但已经晚了。

案例思考

(1) 巴西谈判者的失误在哪里？美国谈判者使用了什么策略？

(2) 巴西谈判者可以用什么方法化解自己的尴尬处境？

案例分析提示

挑剔式策略是指在谈判时，对对手的某项错误或礼仪失误严加指责，使其感到内疚，从而达到营造低调气氛，迫使对方让步的目的。本案例中美国谈判代表成功地使用挑剔式策略，迫使巴西谈判代表自觉理亏，在来不及认真思考的情况而匆忙签下对美方有利的合同。

资料来源：http://zhichang.china.cn/zcsy/txt. 有改动。

案例10 一次失败的询价

案例正文

天津某公司欲购日本丰田佳美轿车，先直接向丰田公司驻中国代表处询价，没有得到答复。于是该公司转而请北京A公司（与丰田公司有过交易）代其向丰田公司询价。天津某公司代表给北京A公司打了多次电话催问结果。A公司代表也找到了在丰田公司的熟人探讨可能性。丰田公司代表认为汽车进口许可证，所需资金的金额也比较大，需落实了才愿报价。A公司把条件转告天津公司代表。天津某公司代表认为可以开信用证、进口许可证等车到码头后再说。于是北京A公司代表和丰田公司代表均不再表态了。天津某公司代表又多次打电话催探询结果，均未得到报价。

案例思考

（1）天津某公司为什么没有得到丰田汽车的报价？

（2）应该如何正确询价？要做好哪些准备工作？

案例分析

天津某公司代表用了直接探询和间接探询的方式。它直接向丰田公司询价为直接探询，电话委托北京A公司向丰田公司询价为间接探询。

天津公司打电话给北京A公司委托其向丰田公司询价，虽然方式上为间接探询，但在法律上尚未构成委托探询关系。双方没有明确的责权利的约定和探询条件的约定，委托人只能是“朋友式”地问问而已，不能界定为正式探询。

天津某公司代表的探询工作做得不成功。首先，组织不够严谨，没有准备好探询的条件，也没有很好地考虑选择探询方式和预测后果，直到丰田公司不理睬才换探询方式。其次，在间接探询时，委托人员虽然选得正确，但在做法上却不规范：双方关系不明、责任不清、利益无保证，使间接探询的力度也不够。最后，在策略上也有漏洞，急需之情流露无遗，探询结果自然也不会好。

资料来源：http：//open. xsrtru. com/media _ file/有改动。

案例11 某采购员对供应商的成本分析

案例引导

A电器公司最近要扩大生产规模因此急需采购一种特殊的电子零件。面对对方提供的报价，A公司的采购员是如何通过自己的聪明才智迫使对方降低价格的？

案例正文

时间：2002年

地点：河北

谈判双方：A电器公司的采购员，B供应商的谈判代表

1. 背景

（1）A电器公司基本情况。A电器公司从事电器组装行业，其供货商遍及全国各地，该公司生产的电器一直备受欢迎，最近其接了一个出口的大单，需要对现有的生产条件进

行改进，这种改进需要一种特殊的电子零件。于是公司派采购员小李到河北去进行采购。

以前小李采购过两次该种电子零件。零件历史采购记录显示出：第一次采购时以1 500元/个的价格采购了5个，第二次采购时以1 350元/个的价格采购了5个。这次，小李要采购10个特殊的该种电子零件。

（2）该种零件的供应情况。河北省内生产该种零件的企业有5家，市场份额基本上平分。但近两年来发展势头较好的是B公司。小李对其进行了分析，得出B公司产品质量有保障的结论。于是小李将采购对象锁定在了B公司。

2. 谈判过程

经过了3天的实地考察，小李找到了B公司销售部的负责人，跟其洽谈电子零件的购买事宜。经过2天的接触，双方达成了合作的意向。于是小李要求供应商对本次采购提供报价，供应商提供的单位产品价格构成如表15-1所示。

表15-1　供应商的报价

项　目	价格/元	项　目	价格/元
直接人工成本：18小时	261	管理费用（占售出的商品成本的10%）	90
制造间接费用（占直接人工的100%）	261	利润	100
原材料成本	385	总的单位价格	1 097

供应商指出在对该种零件的成本估算中采用了90%的学习曲线。采用90%的学习曲线，是因为研究表明这个改进比率在整个生产过程中是可以实现的。生产第一批5个产品所需要的实际时间是20个小时的技术和规划时间，以及96个小时的生产时间。但采购方要求供应商提供生产第二批5个产品所需要的时间时，供应商告诉采购方暂时还没有这项信息，因为第二批产品还在生产中。

直接人工的工资率是：技术和规划人员的平均工资率为20元/小时，熟练的车间职员的平均工资率是11元/小时，不熟练的车间职员的平均工资率是8.54元/小时，并且估计年工资增长率为10%。

供应商的物料清单如表15-2所示。

表15-2　供应商的物料清单

数量/个	种　类	单位价格/元	数量/个	种　类	单位价格/元
10	电阻器	12	1	包装	40
1	集成电路	15		其他材料	3
5	电容器	20		10%废料补贴	35
5	二极管	110	总计		385
1	变压器	150			

间接费率、间接管理费用和管理成本由供应商的会计部门每半年修改一次，这种修改是以经验为依据的。废品率是依据所有产品的经验而得出的。

小李指出，技术和规划成果可以用第一次采购的。如果这次采购中需要技术和规划，那么也只需要少许的技术和规划，技术和规划部门年工资率6%是比较合理的。于是他要求看变压器供应商报价的记录。

采购记录表明变压器的供应商以如表15-3所示的价格报价。

表15-3 供应商的报价

数量/个	单位价格/元	数量/个	单位价格/元
1~5	200	11~25	120
6~10	150		

针对供应商的报价，小李提出了质疑并进行了分析，其分析过程如下。

（1）直接人工分析。

1）人工工资率。因为订单没有要求技术和研发，所以可以只使用车间人工和6%的人工工资增长率来重新计算工资率。

供应商提出的人工工资率（单位为元/小时）

=[（20元/小时+11元/小时+8.54元/小时）÷3]×1.1

=14.5元/小时

采购方提出的人工工资率（单位为元/小时）

= [（11元/小时+8.54元/小时）÷2] ×1.06

=10.36元/小时

2）直接人工工时。供应商为一对11~20单位的人工估算是18时/单元的人工工时。采用学习曲线的方法，假设供应商的学习曲线90%是合理的，以生产第一个产品的时间为参考依据，生产第一批5个产品的总时间是从第一个到第五个地改进因素的综合（90%学习曲线的改进因子总和是4.339 2）。因此由于生产使用了96时人工，除以4.339 2后得出第一个产品的人工工时是22.1。

如果继续使用90%的学习曲线，那么以第一个产品的生产为参考依据，生产第11~20个产品的总时间时90%的学习曲线11~20个产品的改进因子的总和，这个值是6.613 4。生产11~20个产品的总工时是：6.613 4×22.1=146.2

平均每单位产品14.6人工工时。

3）总人工成本。

估算的单位产品的人工成本就是每单位平均人工工时14.6小时，乘以采购方给出的人工工资率10.36元/小时，即得出估算的单位产品的人工成本是151.26。

（2）原材料成本分析。原材料成本分析不包括变压器在内的原材料的成本总值是200元。由于10%的废料的原因是总价值变为220元/单位。采购10个变压器的总成本是1 500元，然而供应商可以利用在变压器上的数量折扣，采购11个总成本确实1 320元。因此包括废料的变压器的成本是132元/单位。那么总的原材料成本是：220元+132元=352元。

（3）新价格计算。用新人工和原材料估算新成本如表15-4所示。

表 15-4 新估算的成本

成 本 项	价格/元	成 本 项	价格/元
直接人工	151.26	管理费用	65.45
间接制造费用	1.26	利润	100
原材料	352	总计	669.97

经过小李这样的计算与供应商提供的价格差出不少。这仍然是比较“粗略”的计算方法，因为它还没有涉及供应商的利润。如果供应商的利润被采购方当做成本来计算，则利润加成幅度是 11.3%。当供应商是用新成本估算时，就会得到一个 801.33 元的总成本。

然后小李向 B 厂商提交了自己的分析结果，B 厂商十分惊讶，但不得不将价格降下来，最终小李以他的计算价格购买到了公司需要的产品。

案例思考

(1) 供应商 B 欲采用什么策略来蒙蔽小李?

(2) 小李是如何挽回的局面? 运用了什么策略?

(3) 如果你是小李，你会怎么做?

资料来源：王为人. 采购案例精选[M]. 北京：电子工业出版社.

案例 12 小故事大道理

1. 农夫卖玉米

一个农夫在集市上卖玉米。因为他的玉米棒子特别大，所以吸引了一大批买主。其中一个买主在挑选的过程中发现很多玉米棒子上都有虫子，于是他故意大惊小怪地说：“伙计，你的玉米棒子倒是不小，只是虫子太多了，你想卖玉米呢还是卖玉米虫呀? 可谁爱吃虫子呢? 你还是把玉米挑回家吧。我们到别的地方去买好了。”

这位买主一边大声说着，一边打着夸张而滑稽的手势，众人哄笑。农夫见状，一把从他手中夺过玉米，面带微笑却又一本正经地说：“朋友，我说你是从来没有吃过玉米还是咋的? 我看你连玉米质量的好坏都分不清。玉米上有虫子，这说明我在种植中没有施用农药，是纯天然食物，连虫子都爱吃我的玉米棒子就证明了我这玉米好吃又健康，由此可见你这人不识货!”接着，他又转过身对其他的人说：“各位都是有见识的人，你们评评理，连虫子都不愿意吃的玉米棒子就好吗? 比这小的玉米棒子就好吗? 价钱比这高的玉米棒子就好吗? 你们再仔细瞧瞧，这些虫子都很懂道理，只是在玉米棒子上打了一个洞而已，玉米可还是好玉米呀! 我可从来没有见过像他这么说话的人呢!”

说完这番话，他又凑到那位故意刁难的买主身边，故作神秘地小声说道：“这么大又这么好吃的棒子，我还真舍不得这么便宜就卖了呢!”

农夫的一席话，把他的玉米棒子个儿大、好吃，虽然有虫但是售价低这些特点都充分地表达出来了。众人被他的话语说得心服口服，觉得很有道理。不一会儿，农夫的玉米棒子便销售一空。

案例分析提示

说话要讲究艺术，这似乎是一个非常简单的问题，因为在生活中，语言是人与人之间交流的一种最基本的手段。但同样一句话，不同的人说效果会不同，反过来说和正过来说效果也不同。例如一个人对牧师说："我可以在祈祷的时候抽烟吗？"这表现了他对宗教的不尊重；反之，如果他说："我可以在吸烟的时候祈祷吗？"这恰恰表现了他对宗教的虔诚。

在本案例中农夫就充分运用了语言的艺术，利用不同的表述方式，反映了问题的不同方面，从而使问题由对自己不利的方向转向对自己有利的方向。

2. 夫妻买座钟

一对夫妻在浏览杂志时看到一座老式座钟非常喜爱。妻子高兴地说："这座钟是不是你见过最漂亮的一个？如果把它放在我们的过道或客厅当中，看起来一定不错吧？"丈夫答道："的确不错！我也正想找个类似的钟放在家里，但不知道多少钱？"仔细研究之后，他们决定要在古董店里寻找那座钟，并且商定只能出500元以内的价钱。

经过三个月的搜寻后，他们终于在一家古董店的橱窗里看到了那座钟。妻子兴奋地叫了起来："就是这座钟！没错，就是这座钟！"丈夫沉稳地说："记住，我们绝对不能超出500元的预算。"他们走近那座钟看到标价是750元。妻子失望地说："时钟上的标价是750元，我们还是回家算了，不能超过500元的预算的，你记得吗？""我记得，"丈夫回答："不过还是试一试吧，我们已经找了那么久，不差这一会儿。"

于是这对夫妻私下商量好，由丈夫作为谈判者，争取以500元买下。随后，丈夫鼓足勇气，对售货员说："我注意到你们有座钟要卖，那座钟蒙了不少灰尘，显得有些旧了。"之后，他又说："告诉你我的打算吧，我给你出个价，我只出一次价。你可能会心里接受不了，但我只出那价"。他有意停顿了一下以增强效果，说："你听着，我的出价为250元。"不想那位售货员完全没有反应，连眼睛也不眨一下，便说道："好的，那座钟是你的了。"

那位丈夫的第一个反应是什么呢？得意扬扬？"我真的很棒！不但得到了优惠，还得到了我想要的东西。"不！绝不！他的最初反应必然是："我真愚蠢！我该对那个家伙出价150元才对！"你也知道他的第二反应："这座钟怎么这么便宜？一定是有什么问题！"

这对夫妻把座钟买回来了并放在客厅里，这座钟看起来非常美丽，与房间非常协调，好像也没什么毛病。但是他和妻子却始终感到不安。那天晚上他们安歇后，半夜曾三次起来，因为他们觉得没有听到时钟的声响。这种情形持续了无数个夜晚，导致他们的健康迅速恶化，他们开始感到紧张过度并且都患有高血压的毛病。

为什么会这样？原因在于那位售货员不经过价格磋商就以250元的价格把钟卖给了他们。

案例分析提示

这对老夫妻，最后的疑神疑鬼都是出自卖方爽快地答应其报价。在企业的采购中采购谈判人员通常也会遇到这样的问题，所以采购谈判人员面临的是如何让对方开口报价，让对方报实价。这需要采购人员对于所采购的物品有相当多的了解，因此就需要在采购前搜集充分的资料。

资料来源：http：//zhichang. china. cn/zcsy/txt. 有改动。

案例 13 如何进行采购商品定价

Kingfisher 是欧洲最主要的零售集团之一，在 16 个国家拥有超过 2 900 家零售商店，主要销售两种产品：家具装潢类产品和电器。翠丰亚洲有限公司是 Kingfisher 在亚洲的办事处，总部设在香港。他们采购的主要产品有：家庭用品如家具、建材、电动工具、灯具，以及电器类产品如音响设备、DVD 等。

随着中国大陆产品在国际市场上越来越有竞争力，一些大的国际连锁店都加大了在中国大陆的采购力度。翠丰亚洲有限公司也在上海设立了代表处，主要负责在大陆地区的采购业务，以适应不断增长的采购需求。目前该公司有 20 多位员工，采购地点主要集中在华东、华中和华北地区。所有 Kingfisher 商店出售的商品几乎都可以在中国大陆采购到。预计在未来的 4 ~5 年时间里，公司在亚太地区的采购额将达到 10 亿英镑，按 70% 的比例计算，在中国大陆地区的采购量就能达到 7 亿英镑。那么，翠丰亚洲有限公司在采购时会关心哪些问题？以下是翠丰的负责人对相关问题的回答。

1. 制定采购决策要考虑价格以外的因素吗

价格固然重要，但是在决定是否同一个供应商合作时，还需要综合考虑其他同样重要的因素。在翠丰公司看来，一个可靠的供应商必须是产品质量优良、价格有竞争力，并且交货期准时的。所以，翠丰亚洲有限公司在作采购决策的时候，会平衡价格和其他因素，而不是只考虑价格。

翠丰像其他大型采购商一样，有一套严格的体系对供应商进行评估，其中重要的一项要求是关于社会责任的。Kingfisher 所倡导的理念是希望帮助人们获得更好的生活方式。这里所指的人们不仅包括购买翠丰公司产品的顾客、本公司的员工、供应商，而且还包括同翠丰公司合作的供应商所雇佣的员工。翠丰公司希望他们因为翠丰公司的采购业务活动而有一份赖以谋生的工作，而且他们的工作环境必须安全，对身心没有危害。

所以，在决定是否同一家供应商合作前，翠丰会实地考察该工厂的生产条件、工人的生活条件、是否雇佣非法劳工和童工、生产过程是否会对环境造成污染等。

同时，翠丰公司认为还应该重视质量和交货期这两个价格以外的因素。如果顾客因为从 Kingfisher 的商店里购买一件质量有问题的产品而造成人身伤害或财产损失，翠丰公司不仅要对这种产品全面回收，赔偿损失，还可能被起诉。这样的后果是谁都不想发生的。而如果已经确定好交货期的货物不能按时运送，商场就可能已经提前在广告里通告了顾客，因为断货可能引起前来购买的顾客投诉，影响商场的信誉，而且预留的货架也会因此空置，影响营业额，损失利润。因此，对顾客负责是比价格更重要的因素。

2. 如何为所采购的商品定价的

翠丰公司决定采购某种产品时，会对采购价格做一些调查。俗话说：货比三家。翠丰公司会比较 3 ~4 家供应商的报价，但还会权衡报价以外的其他因素，并不是谁报价低就能得到翠丰公司的订单。

还有一种办法，翠丰公司在与供应商接洽之前，先确定一个目标零售价。例如 Kingfisher 准备销售中国制造的某种产品，就会调查出市场上其他商家的零售价格，据此确定一个有意义的促销价。例如正常的市场价格可能应该是 22 英镑，但翠丰公司降低一点利润率，确定19.9英镑的零售价。

然后翠丰公司按照这个价格倒推计算，这个目标零售价减去预期利润、海运费、内陆运费、分销中心的成本和进口关税等就可得出一个FOB价格，翠丰公司就拿着这个价格去寻找合适的供应商。

3. 哪些因素影响采购价格

作为大型零售商的供应商应该对零售业的营销管理有一些了解，这种了解可以让双方更好地理解和满足彼此的需求。零售商经常会通过印发一些广告目录册的方式来进行促销和推广，Kingfisher这种广告册的印数高达数百万份，对出现在上面的商品的销量会有很大促进，这对供应商意味着更多的订单，所以翠丰公司希望供应商能承担一些这种促销成本，那么体现在采购价格上，就会比平常低一些。但这是一种互利的合作方式，对双方都有好处。

另外一个例子就是，零售业讲求商场的单位面积对销售额的贡献率，所以产品的包装大小是需要考虑的。大的包装能吸引顾客的注意，销售得快。但是大包装的商品占用的货架面积大，包装的材料费高，运输成本也高。所以，同样一种商品，在包装不同的时候，翠丰公司的采购价格也会不同。

4. 采购价在什么情况下会相应调整

在激烈的市场竞争环境下，采购价需要经常调整。如果一件工具的零售价，翠丰公司卖4.99英镑，而竞争对手的类似产品出现了3.99英镑的零售价，翠丰公司就会马上开始检讨价格，并将相关价格信息反馈给供应商，促使他们降低供货价格。

翠丰公司还时刻关注所有可能影响采购价格的因素，如原材料价格的变化及中国政府的政策调整。如果一种成品的原材料价格降低，翠丰公司也会要求供应商调低价格。中国出口退税税率有几次调整，供应商因为这种调整而成本有所下降，翠丰公司也会调低采购价格。

5. 在产品质量优良、交货期准时等情况下，会接受供应商较高的报价吗

毫无疑问，在条件相同的几家供应商中，翠丰公司肯定是倾向选择价格最低的那一家。对于一种报价较高的产品，翠丰公司会考虑：消费者是否有这种需要？是不是一定要购买这种产品？如果是的话，有没有其他价格更低的替代品？例如，一家工厂生产的杯子形状非常别致、杯身的图案也很精美，但是其报价高出普通的杯子很多，就要先判断这种设计新颖的杯子是不是现在的流行潮流，会不会在市场上畅销，而不是被价格的高低左右决策。

6. 如何帮助供应商提高价格竞争力

供应商的价格竞争力是其综合实力的体现。翠丰公司希望同供应商建立长期的、双赢的合作关系，而不只是短期的买卖关系。对于主要供应商，翠丰公司都有一个成本削减方案，即通过考察供应商的生产运作流程、质量管理体系、原材料供应状况、外包和协作单位的实力等因素，找出可以降低成本、节约资源的环节，帮助供应商加以改进。

供应商的成本控制得好，翠丰公司的采购价格也就相应降低了。所以，供应商对自身供应链的管理也极其重视，尽量做到高效率、低成本。

案例思考

（1）影响翠丰公司采购价格的影响因素有哪些？

(2) 翠丰公司是如何为采购商品定价的?

(3) 翠丰公司与供应商之间有着怎样的合作关系?

资料来源:来自网络,作者不详。

案例 14 Kodak 公司是这样降低采购成本的

随着竞争的日益加剧,Kodak 公司不得不时刻注重降低成本。而降低成本的重要途径之一就是精简供应商数量,这又要求公司必须与更少的供应商保持更密切的合作。Kodak 公司在这方面的切入点就是对电气和流程控制设备进行标准化,以及对其供应商的合并。Kodak 公司的工作分为以下 5 个阶段。

阶段 1

建立全球性的工作小组。Kodak 公司的所有人士都意识到,公司要获取最大收益,必须制定全球性的,而不仅仅是美国化的标准。所以来自全球的控制工程师们都要对今后可能用于所有生产工厂的标准进行讨论并提出建议。全球性工作小组下一步的工作就是确定选择供应商的标准及其管理措施。整个过程还邀请了固定资产设备和 MRO 的采购人员一起参加,以确保有关的商业和技术问题都被考虑进去。这个负责供应商伙伴关系开发的工作小组得到了 Kodak 公司高层管理的全力支持。

阶段 2

公司赋予工作小组拥有充分权力采取任何必要的行动权力。首先,工作小组要决定哪些标准是需要的,同时要清楚伙伴关系所带来的好处。经过分析,工作小组估计设备价格应不高于总成本的 1/3。由于工程、安装及维修等都是总成本的重要因素,所以公司参照了非竞争对手的同类产品,然后对典型的流程控制安装的总成本进行分析。分析的结果是,安装的成本几乎等于设备的价格,而工程和维修成本分别为价格的 75% 和 50%。基于这些情况,Kodak 公司对控制系统的成本重新作了估计,其中包括技术的标准化和供应商技术的重新组合,工作小组发现,每年完全可以节约 10% 的总成本。工作小组还一改以往的根据单个产品进行采购的方法,采用一个供应商提供一系列类似产品的方法来降低成本和改善绩效。

接下来的任务就是寻找和选择伙伴型供应商。工作小组首先确定了伙伴关系的目标,其中最关键的前提是 Kodak 公司和供应商之间必须是双赢关系,因为只有这样,双方才能互相吸引,长期有效地合作。

阶段 3

确定好目标供应商后,Kodak 公司就向它的供应商征求方案。公司向最大的 9 个电气和控制硬件和软件的全球供应商发出提案请求。这些供应商必须作 1 ~ 2 个小时的介绍,内容包括产品/服务范围、地域的覆盖以及全球客户的管理。Kodak 公司的目标就是让这些伙伴供应商成为 Kodak 公司全球化的资源。具体的选择标准有:在世界范围内提供广泛的产品和服务;最大限度地节约非价格性成本;同意将每一年的供应产品打包谈判,而不是一个个项目地谈判议价;有加入 Kodak 公司伙伴关系的愿望;提供能与现有 Kodak 的设备相匹配的成套产品/服务。在初期,工作小组只是试验性地开发了两家世界性供应商,以积累经验,并力争为公司创造最大的利益。

阶段4

在签订互惠协议之前，公司作了大量的调查分析。首先，就是将新资源的价格同现有的进行比较，确保比目前的价格低。另外就是保持世界范围内价格结构的一致性，即同一供应商就同一产品在不同地区的价格应该相同。而且，资本设备的OEM厂家都被要求使用Kodak公司指定的供应商。被选中的供应商应该提供培训、咨询以及有充足及时的库存。

由于新技术的生命周期已越来越短，从这方面的收益也正逐步减弱，所以Kodak公司将重点放在供应商开发及管理上。为此，负责全球生产制造事务的公司副主席向Kodak公司的所有生产厂发了一封信，向他们解释公司对这一过程的承诺和对工作小组的支持。每个生产厂的负责人必须同意这一行动并给予极大的支持与配合。最终，公司在各地生产厂共举行了一百多次介绍会，讲解自己的措施，同时还要求供应商一同参加并解答有关问题。

阶段5

这一阶段是指对伙伴关系的持续监督和评估。这也许是最困难的一项工作，哪些因素该加以评估？由谁来评估？多长时间评估一次？很多公司在这方面都不能取得满意的成效。而Kodak公司却很成功，所有的评估标准由工作小组讨论制定，每6个月评估一次，评估结果向高层管理汇报，同时也反馈给对应的供应商。

Kodak公司的伙伴策略实施一年后，公司的国际采购量(占年采购量比例)从1993年的54%上升到1994年的74%。而供应商总数则减少了30%。在前6个月中，成本节约(相对于总采购量)下降了25%。生产周期也大大缩短，各种质量问题和管理成本也明显减少。其效果远远超出了Kodak公司的预期。

总评述

通过实施伙伴策略，Kodak公司与其供应商所获得的益处与经验总结如下。

(1) Kodak公司获得的益处。

1) 采购时间和总成本都显著节约。

2) 公司内部与供应商之间交流沟通明显改善，供应商能尽早地参与产品开发和采购流程。

3) 同时为Kodak公司解决了很多技术问题。

4) Kodak公司能较容易说服供应商持有和保管库存，使公司的库存成本大大下降。

(2) 供应商获得的好处。

1) 长期的伙伴关系，使供应商能更好地筹划未来的投资和资源的利用，有利于自身的长期发展。

2) 伙伴供应商有更多机会开发与Kodak公司的OEM的生意。

3) 没有了竞标和报价请求，供应商的管理成本也显著减少。

4) Kodak公司的公司客户管理系统能创建更强的国际性客户/供应商网络，使供应商与Kodak公司的伙伴关系能进一步得到改善与加强。

资料来源：来自网络，作者不详。

案例 15　降低采购成本的"金钥匙"

仪征化纤通过直供和代储代销的形式，淘汰了 150 多家供应商，2004 年一年减少流动资金占用 2.5 亿多元，仅利息就少支付 1 000 多万元。通过物资采购方式的改革，尽管企业在供应商关系管理上需要投入更多的成本，如时间和精力，但仍然使企业降低了采购成本。

1. 代储代销提高供应效率

在包装材料等物资实行直供的基础上，仪化又开始在部分仪表、电气、轴承和阀门等易耗品实行代储代销的形式组织物资供应。代储代销是一种新型的物资流通模式，由于仪化公司物资采购的数量大、品种多，许多设备配件的供货周期长，一开始有不少供货商因代储代销占用很多的流动资金，都不太愿意做。仪化公司物资供应部门通过座谈、走访等形式，与供应商进行交流、沟通，使供应商逐步接受了代储代销的供应方式。随后，仪化公司挑选了为其供货多年甚至十多年的企业资信、产品质量及售后服务都比较好的 56 家供应商进行试点。

在推行物资代储代销的过程中，仪化公司通过实施供应商绩效考评，加强考核和过程控制，实现了供应工作优选化，并形成了代储代销供应商优胜劣汰的动态管理机制。2004 年仪化公司淘汰了 150 多家不符合要求的供应商。同时，通过这种形式许多供应商不仅占领仪化这块大市场，还获得了比较好的效益，现在许多供应商争着做仪化公司的代储代销供应商。仪化公司利用这一有利时机，逐步扩大代储代销物资的范围，现在各种泵、机封、熔体泵内的齿轮等备件也成为代储代销的物资，到 2004 年底，代储代销的供应商已达 110 多家。

实行代储代销方式后，也使物资供应的效率有明显提高。过去，像设备大修中采购急需的配件，从计划、找供应商，到进行询比价，最后备件运到现场，最快也要一个星期的时间。2004 年 3 月份，仪化公司的 PTA 生产中心大修时，泰州一家供应商主动抽调人员进入仪化公司大修现场，他们根据大修的需要及时为现场加工密封垫等配件。仪化公司实行物资供应代储代销后，没有发生一起因质量问题的退货，或因备货不定、交货不及时而影响生产的现象。

2. 供应商协助清仓利库

仪化公司通过代储代销工作，利用与供应商建立的良好合作关系，进一步挖掘降低成本的潜力。他们针对过去一些备品配件库存多的情况，与供应商进行协调，促使供应商逐步回购库存物资，使仪化公司库存积压的物资不断减少。通过与供应商一起清仓利库处理积压物资，进一步改善了库存结构。仪化公司过去采购泰州一家公司的密封件，一直没有用完，造成了物资的积压，经过努力，泰州这家公司克服自身的困难，为仪化公司回购了 40 多万元积压的物资。通过组织供应商回购积压物资。2004 年，仪化公司通过供应商回购的方式，减少了 750 多万元的积压物资。

仪化公司近几年的发展给许多供应商带来了很大的市场机遇，许多供应商一方面感到与仪征化纤做生意诚信度高、没有资金风险，并有广阔的市场前景；另一方面也为自己积累了无形资产，因为在双方的合作中，有眼光的供应商追求的不单纯是买卖关系，而是通过合作建立良好的长期伙伴关系。

资料来源：中国石化报，2005 年 1 月 14 日。

案例 16　某企业如何对供应商进行财务分析

人们在进行证券投资时常常要进行财务分析。借助它，可以帮助我们分析供应商的财务状况，以便作出适当的选择。

1. 财务分析的主要内容

（1）收益性分析。收益性分析是指对供应商获利能力的分析。一个企业当前投入的资本如何运用、获利状况如何，是衡量公司有无活力、经济效益优劣的标志，也是采购者选择该供应商的主要依据。因为经济效益的好坏决定着供应商现在和今后的供货能力及品质保证。作为采购者，当然应该选择利润丰厚、成长性好的供应商作为长期的合作伙伴。

（2）安全性分析。安全性分析是指对公司偿债能力的分析。采购者在选择供应商时应注意防范风险，以确保安全采购。在某一时点上，公司的获利能力与偿债能力并不完全成正比。有的公司当前盈利不错，但资金结构不合理，偿债能力差，这样的公司就潜藏着极大的风险。当公司因资不抵债宣告破产之日，也就是采购者不得不另作选择之时。而这时采购者再重新选择往往会付出较高的转移成本。因此，采购者应配合财务部门加强对长期合作的供应商流动性状况及资本结构的分析，如出现偿债能力下降因素，应及时作出决策以转移风险。

（3）成长性分析。成长性分析是指对供应商扩展经营能力的分析。对于一些大宗需求和成长性需求，采购者不能只看到供应商的当前效益或者短期效益，而更应注重该供应商未来的发展前景和发展能力。有多大的能力进行扩大再生产，足以满足采购者的成长需求。

（4）周转性分析。周转性分析是指对供应商经营效率的分析。一个组织经营效率的高低可通过分析财务报表中各项资金和资产周转速度的快慢反映出来。例如资金周转速度快，说明资金利用效率高，组织经营活动畅顺，结构协调、管理得法，将这样的供应商作为采购者的主要合作者是比较合适的。

2. 运用比较分析法

如果供应商是上市后公司，那么利用公开的财务报表，可以作比较分析。

（1）横向比较。横向比较是指根据供应商连续数期的财务报表，就其中的同一项目或同一比率进行数值比较，以判断公司未来经营状况的发展变化趋势。这种比较既可以是同一项目绝对数值的比较，也可以是增长率的比较。

（2）纵向比较。纵向比较是指将供应商财务报表中各个具体项目数据与一个基本项目数据进行比较，算出百分比，并就不同时期或时点的数值进行对比，以判断某一具体项目与基本项目的关系、某一具体项目在表中的地位以及这种地位增强或减弱的趋势。这种分析也称共同比较分析。

（3）标准比较。标准比较是指将供应商各个会计项目数据与一个设定的标准数据进行比较，以考察其各项指标是否达到或超过社会平均经营水平。标准比较的关键是确定反映社会平均经营水平的标准数据。这一般可通过大量经验数据统计而得到，其中有些是国际或国内公认的既定标准。例如国际公认的流动比率正常标准为2∶1，速动比率为1∶1；我国公认的资本利润率平均水平为10%等。此外，还应将公司的有关数据指标与公司所在行业的平均值或最佳值进行比较，以判断公司的有关指标在同行业中处于何种水平。当然，在作这种比较时，应具体情况具体分析，不能生搬硬套。

资料来源：来自网络，作者不详。

参考文献

[1] 李品媛. 现代商务谈判[M]. 大连：东北财经大学出版社，2005.
[2] 白远. 国际商务谈判—理论案例分析与实践[M]. 北京：中国人民大学出版社，2002.
[3] 丁建忠. 商务谈判教学案例[M]. 北京：中国人民大学出版社，2005.
[4] 方其. 商务谈判：理论、技巧、案例[M]. 北京：中国人民大学出版社，2004.
[5] 杨晶. 商务谈判[M]. 北京：清华大学出版社，2005.
[6] 温卫娟. 如何进行采购与供应商管理[M]. 北京：北京大学出版社，2004.
[7] 刘园. 国际商务谈判[M]. 北京：首都经济贸易大学出版社，2004.
[8] 郭芳芳. 商务谈判教程：理论·技巧·实务[M]. 上海：上海财经大学出版社，2006.
[9] 王为人. 采购案例精选[M]. 北京：电子工业出版社，2007.
[10] 刘志超. 商务谈判[M]. 广州：广东高等教育出版社，2006.
[11] 靳羽西. 中国绅士[M]. 北京：中信出版社，2006.
[12] 黄卫平，董丽丽. 国际商务谈判[M]. 北京：机械工业出版社，2008.
[13] 王平辉. 商务谈判规范与技巧[M]. 南宁：广西人民出版社，2008.
[14] 陈双喜，巴丽，杨爱兰. 国际商务谈判[M]. 北京：中国商务出版社，2008.
[15] 周庆. 商务谈判实训教程[M]. 上海：华中科技大学出版社，2007.
[16] 张炳达，满媛媛. 商务谈判实务[M]. 上海：立信会计出版社，2007.
[17] 贾蔚，栾秀云. 现代商务谈判理论与实务[M]. 北京：中国经济出社，2006.
[18] 潘肖珏，谢承志. 商务谈判与沟通技巧[M]. 上海：复旦大学出版社，2006.
[19] 吴建伟，沙龙·谢尔曼. 商务谈判策略[M]. 北京：中国人民大学出版社，2006.
[20] 王正琪，等. 商务谈判[M]. 杭州：浙江大学出版社，2002.
[21] 石永恒. 商务谈判实务与案例[M]. 北京：机械工业出版社，2008.
[22] 金木、罗德. 谈判是双赢的[M]. 杭州：杭州出版社，2001.
[23] 胡军. 国际采购理论与实务[M]. 北京：中国物资出版社，2000.
[24] 刘宪代，等. 谈判谋略[M]. 北京：经济科学出版社，1995.
[25] 肯尼斯·莱桑斯，布莱恩·法林顿. 采购与供应链管理[M]. 北京：电子工业出版社，2007.
[26] 罗伊 J 列维奇，等. 谈判学[M]. 北京：中国人民大学出版社，2006.
[27] 凯瑟琳·凯利·里尔登. 谈判的力量：精通商务谈判语言技巧[M]. 北京：当代中国出版社，2005.
[28] 罗伊 J 列维奇，等. 谈判学：阅读、练习与案例[M]. 北京：中国人民大学出版社，2005.
[29] 斯坦利 E 福西特. 采购供应管理环境[M]. 北京：电子工业出版社，2005.
[30] 罗伯特 M 蒙兹卡，罗伯特 J 特伦特，罗伯特 B 汉德菲尔德. 采购与供应链管理[M]. 北京：中信出版社，2004.
[31] 米歇尔 R 利恩德斯. 采购与供应管理[M]. 北京：机械工业出版社，2003.

后　记

2007 年 9 月由教育部全国高等教育自学考试办公室召开了全国高等教育自学考试课程大纲、教材编前会，会上确定了采购谈判与供应商选择课程大纲编写的指导思想、基本原则和要求。

本大纲由中国政法大学商学院的葛建华老师负责编写，大纲写成后，由中央财经大学储福灵教授、北京航空航天大学方虹教授审稿，同时，全国考办柳博、东晓华、姜月香三位同志参加了本大纲的编写及审定工作。在此一并表示感谢。

全国高等教育自学考试指导委员会
经济管理类委员会
2008 年 4 月